수능

감[感]

잡기

KB190405

국어영역

국어

| 교재 내용 문의 | 교재 및 강의 내용 문의는 EBSi 사이트 (www.ebsi.co.kr)의 학습 Q&A 서비스를 활용하시기 바랍니다. | 교재 정오표 문의 | 발행 이후 발견된 정오 사항을 EBSi 사이트 정오표 코너에서 알려 드립니다. 교재 ▶ 교재 자료실 ▶ 교재 정오표 | 교재 정정 신청 | 공지된 정오 내용 외에 발견된 정오 사항이 있다면 EBSi 사이트를 통해 알려 주세요. 교재 ▶ 교재 정정 신청 |

내신에서 수능으로
수능의 시작, 감부터 잡자!

국어, 영어, 수학Ⅰ, 수학Ⅱ, 확률과 통계, 미적분

내신에서 수능으로 연결되는 포인트를 잡는 학습 전략

내신형 문항
내신 유형의 문항으로
익히는 개념과 해결법

**동일한
소재·유형**

수능형 문항
수능 유형의 문항을
통해 익숙해지는 수능

수능 감[感] 잡기

국어영역
국어

이 책의 **특징과 구성**

이 책의 특징

❶ 대학수학능력시험을 처음 준비하는 예비 학습자들이 '국어영역' 6과목의 기본을 익히고 수능 문제 풀이의 기초를 다질 수 있도록 구성하였습니다.

❷ 내신형 문항과 수능형 문항 풀이 비교 연습을 통해, 수능형 문항 풀이에 친숙해지도록 구성하였습니다.

❸ 문학 · 독서 · 언어 · 작문 · 화법 · 매체의 6과목으로 구성하였습니다.

❹ 과목별 주요 작품 및 자료 제시는 물론, 효과적인 읽기 방법을 제시하여 감상 및 독해 능력을 높일 수 있도록 하였습니다.

❺ 동일 작품 및 자료로 내신과 수능 문항을 동시에 학습할 수 있도록 하여, 수능 실전 문제에 적응하는 훈련을 할 수 있도록 구성하였습니다.

❻ 단기간에 체계적인 학습이 가능하도록 전체를 22강으로 나누어 구성하였으며, 과목별 마무리를 위해 '수능의 感 완성하기'라는 실전 연습 문제 코너를 과목마다 추가로 제공하였습니다.

이 책의 구성

기본 적용 학습 – 작품 및 자료 읽기

내신 탄탄 문항과 수능 탄탄 문항 비교 풀이를 위한 작품 및 지문입니다. 6과목별 주요 작품 및 자료를 까다롭게 선정하여 제시하였고, 주요 작품 및 자료를 읽은 후 '읽기 탄탄'이라는 코너를 통해 작품과 자료 읽는 방법에 대한 상세한 설명은 물론, 효과적인 읽기 방법을 제시하였습니다. 이 책에 수록된 작품 및 자료를 완벽하게 읽는 방법을 터득하는 것만으로도 수능 감 잡기에 한 발 더 가까워진 자신을 확인할 수 있을 것입니다.

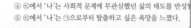

01 ㉠~㉢과 관련하여 '나'를 이해한 내용으로 적절하지 않은 것은?

① ㉠에서 '나'는 자신의 삶에 대해 문제점을 느끼지 못했다.
② ㉡에서 '나'는 '아내'의 물건을 가지고 놀며 재미를 느꼈다.
③ ㉢에서 '나'는 '아내'와의 관계를 유지해 나가야 할지 혼란스
④ ㉢에서 '나'는 사회적 문제에 무관심했던 삶의 태도를 반성함
⑤ ㉢에서 '나'는 ㉠으로부터 탈출하고 싶은 욕망을 느꼈다.

내신 탄탄

학교 시험에서 자주 출제되는 유형의 문제이며, 기본 다지기 성격의 문제로 구성하였습니다. '개념 탄탄' 코너를 통해 문제 풀이의 기초가 되는 지식을 정리 및 제시하였습니다.

수능 탄탄

수능형 문항이 무엇인지를 보여 주는 코너입니다. 내신 탄탄 문항과 비교하여 이 문항이 왜 수능형 문항인지를 잘 보여 주도록 구성하였습니다. 그리고 '풀이 탄탄' 코너를 통해 수능형 문항 풀이 접근법을 상세하게 제시하여, 수능 문제 풀이의 감에 가까워지도록 하였습니다.

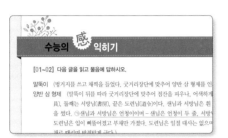

수능의 感 익히기

내신 탄탄과 수능 탄탄에서 익힌 실력을 점검해 보는 코너입니다. 다양한 작품과 문항을 고루 접하여 실전 감각을 익힐 수 있도록 구성하였습니다.

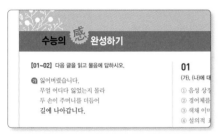

수능의 感 완성하기

수능의 감을 익힌 후에, 수능의 감을 완성하는 마무리 코너입니다. 실전에 임하는 자세로 문항을 마주해 보세요. 수능의 감은 이미 잡혔습니다.

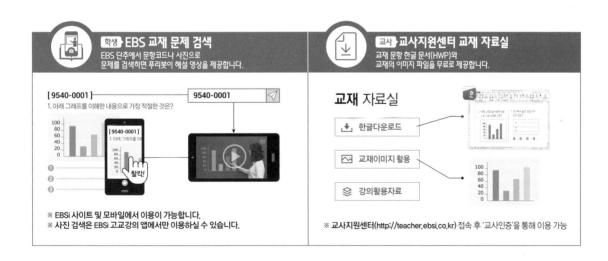

EBS 수능 감(感) 잡기 국어영역 국어

이 책의 **차례**

문학			쪽
01강	현대시	화자의 정서와 태도 추론	8
02강	고전 시가	표현상 특징 파악	14
03강	현대 소설	인물의 심리나 태도 추론	20
04강	고전 소설	다양한 맥락을 고려한 감상	31
05강	극 · 수필	형상화 방식의 이해	40
수능의 感 완성하기			49

독서			쪽
06강	인문	비판의 적절성 평가	56
07강	사회	추론의 적절성 판단	64
08강	과학	구체적 사례에의 적용	72
09강	기술	시각 자료에의 적용	80
10강	예술	핵심 정보의 파악	88
수능의 感 완성하기			96

언어		쪽
11강	음운	102
12강	단어	107
13강	문장 및 문법 요소	113
수능의 感 완성하기		121

작문		쪽
14강	자기표현과 사회적 상호 작용	자기표현과 사회적 상호 작용을 위한 작문	126
15강	설명	작문 계획의 적절성	134
16강	설득	글쓰기 전략	142
수능의 感 완성하기			147

화법		쪽
17강	자기표현과 사회적 상호 작용	자기표현과 사회적 상호 작용을 위한 화법	152
18강	설명	정보 전달을 위한 화법	157
19강	설득	주장과 근거를 통한 설득의 화법	164
수능의 感 완성하기			171

매체		쪽
20강	매체의 본질	매체의 유형과 특성	176
21강	매체 언어의 탐구와 활용	매체 자료의 생산과 수용	182
22강	매체에 관한 태도	매체 자료의 비판적 수용과 매체 문화의 발전을 위한 노력	189
수능의 感 완성하기			194

이 책의 **저자들**이 들려주는
수능 국어영역 공부법

'수능 국어 공부를 열심히 해 보자!'라고 단단히 마음먹습니다. 그리고 계획을 세워 공부를 시작하려 합니다. 그런데 이때 '어떻게 해야 하는 거지?'라는 의문을 품고 막막함을 느낍니다. 어떤 학생들은 그 막막함 때문에 수능 국어 공부를 멀리하는 경우도 있습니다.

수능 국어영역 공부를 하고자 할 때, 막막함을 느끼는 까닭은 그 범위가 화법, 작문, 언어, 매체, 독서, 문학 등으로 넓으며, 사실적, 추리적, 비판적, 창의적 사고 능력 등 다양한 사고 능력을 측정하기 때문입니다.

범위도 넓고 측정하는 사고 능력도 다양한 수능 국어 시험!
그렇다고 효율적으로 공부하기 위한 방법이 없는 걸까요?
수능 국어 공부 방법을 멀리서 찾으려 해서는 안 됩니다. 그 답은 가까이에 있습니다.

수능 국어 시험은 교육과정을 토대로 출제됩니다. 교육과정에는 '성취 기준'이란 것이 있는데, 그것들은 교과서에 학습 목표로 제시됩니다. 이는 교과서가 수능 국어 공부의 출발점임을 의미합니다. 그래서 이 책에서는 교육과정의 성취 기준을 고려한 내신형 문제로부터 수능 국어 공부를 시작할 수 있도록 구성해 놓았습니다.

수능 국어 공부는 논리적으로 읽고 문제를 해결하는 방법을 체계적으로 익히는 것이 중요합니다. 이 책에서는 그 방법을 '수능의 감(感)'이라고 합니다.

여러분이 수능 국어 만점을 위한 올바른 방법, 즉 '수능의 감'을 체계적으로 익힐 수 있도록 '읽기 탄탄', '내신 탄탄', '수능 탄탄', '수능의 감 익히기', '수능의 감 완성하기'로 구성하였습니다.

'읽기 탄탄'으로 지문에서 출제 요소가 되는 핵심 정보를 어떻게 찾고 논리적으로 핵심 정보들을 어떻게 이해하는지, 방법을 공부하십시오. 그리고 '내신 탄탄'부터 '수능 탄탄'을 거쳐 '수능의 감 익히기'와 '수능의 감 완성하기'로 심화 학습해 가는 과정을 통해 논리적으로 읽고 문제를 해결하는 방법, 즉 '수능의 감'을 온전하게 자신의 것으로 만들기를 바랍니다.

이 책에서는 올바른 수능 국어영역 공부법을 제시합니다. 교과서와 학교 수업 중심으로 공부하면서 이 교재와 EBS 방송 강의를 통해 실력을 더욱 더 '탄탄'하게 다지시기 바랍니다.

01 현대시

화자의 정서와 태도 추론

■ 다음 글을 읽고 물음에 답하시오.

시(詩)를 믿고 어떻게 살어가나
서른 먹은 사내가 하나 잠을 못 잔다.
먼— 기적 소리 처마를 스쳐 가고
잠들은 아내와 어린것의 벼개 맡에
밤눈이 내려 쌓이나 보다.
무수한 손에 뺨을 얻어맞으며
항시 곤두박질해 온 생활의 노래
지나는 돌팔매에도 이제는 피곤하다.
먹고산다는 것,
너는 언제까지 **나를 쫓아**오느냐.
등불을 켜고 **일어나 앉는다.**
담배를 피워 문다.
쓸쓸한 것이 오장을 씻어 내린다.

노신(魯迅)*이여
이런 밤이면 그대가 생각난다.
온— 세계가 눈물에 젖어 있는 밤
상해(上海) 호마로(胡馬路) 어느 뒷골목에서
쓸쓸히 앉아 지키던 등불
등불이 나에게 속삭어린다.
㉠여기 하나의 상심(傷心)한 사람이 있다.
여기 하나의 굳세게 살아온 인생이 있다.

— 김광균, 「노신(魯迅)」

*노신 중국의 작가 루쉰(1881~1936)을 우리 한자음으로 읽은 이름.

읽기 탄탄

김광균, 「노신(魯迅)」

현대시는 개인의 정서를 담담하게 풀어내는 것은 물론이고, 삶의 본질에 대해 심도 있게 탐구하기도 합니다. 현실의 모순과 부조리를 고발하며 사회의 정의나 집단의 자유를 노래하기도 하지만 생물학적 인간, 생활인으로서의 실존과 걱정에 관해 성찰하기도 합니다. 따라서 우리는 현대시를 읽을 때 우선 화자가 **누구인지, 시적 상황은 어떠한지 파악**해야 합니다. 이 시에서 화자인 '나'는 '서른 먹은 사내'이고 '잠을 못' 자고 있습니다. '잠들은 아내와 어린것'이 있으니 한 가족의 생계를 책임져야 할 가장이라는 것을 알 수 있습니다.

다음으로 **화자의 정서와 태도를 파악**해야 합니다. 화자가 시적 상황에서 어떤 정서를 느끼고, 이에 대해 어떤 태도를 보이는지를 유기적으로 연결하여 이해하는 것이 필요합니다. 이 시에서 '나'는 '시를 믿고 어떻게 살어가나'라고 하며 생활의 노래가 '항시 곤두박질해' 왔다고 합니다. 그것은 '먹고산다는 것'의 문제로 분명하게 제시됩니다. 즉 화자는 시를 써서 먹고살아야 하는 걱정에 잠들지 못하고 뒤척이고 있는 것입니다.

마지막으로 **시를 통해 화자가 전달하고자 하는 주제를 파악**해야 합니다. 시를 읽으며 화자나 시적 상황 등을 개별적으로 잘 파악했다고 하더라도, 이를 종합하여 화자가 궁극적으로 전달하려는 바를 파악해 내지 못한다면 현대시 감상이 충분히 이루어졌다고 보기 어렵습니다. 이 시의 마지막에서 근심하던 화자는 중국의 문인 노신을 떠올립니다. 노신은 '온— 세계가 눈물에 젖어 있는 밤' '어느 뒷골목에서 / 쓸쓸히 앉아' 불을 지켰습니다. 화자는 이런 노신의 모습과 자신의 모습을 일치시키며 노신을 본받아 괴로움을 끝까지 견디겠다고 노래합니다. 그러니까 이 시는 시인으로서 느끼는 생활의 고통과 그 극복 의지를 담담하게 그려 냈다고 할 수 있습니다.

내신 탄탄

○ 9540-0001

01 윗글에 대한 감상으로 적절하지 <u>않은</u> 것은?

① '서른 먹은 사내'는 화자 자신을 객관화해 시적 대상으로 삼고 있음을 나타내고 있군.

② 처마를 스쳐 가는 '먼— 기적 소리'와 '밤눈'은 작품의 분위기를 형성하고 있군.

③ '먹고산다는 것'이 '나를 쫓아'온다는 것은 화자가 생계라는 현실적 문제에 시달리고 있음을 드러내고 있군.

④ '일어나 앉'아 '담배를 피워' 무는 행위는 화자가 괴로운 심정에 휩싸여 있음을 보여 주고 있군.

⑤ '이런 밤이면' 생각나는 '그대'는 이상과 현실의 괴리로 인한 갈등을 유발하는 대상으로 제시되고 있군.

개념 탄탄 이것만은 꼭 알고 가자!

■ **화자**

화자는 시에서 말하는 사람으로, 이야기를 들려주는 존재를 의미합니다. **화자는 시인이 자신의 생각이나 느낌을 전달하기 위해서 설정한 일종의 대리인입니다.** 화자는 '나'와 같이 시의 표면에 직접적으로 드러나는 경우도 있지만, 시의 표면에 선명하게 드러나지 않는 경우도 있으므로 유의해서 살펴보는 것이 필요합니다.

■ **화자의 정서**

'정서'란 사람의 마음에 일어나는 여러 가지 감정을 의미합니다. 시에서 화자는 다양한 시적 상황에 처하게 됩니다. 이때 화자는 기쁨, 슬픔, 애상, 한(恨), 허무, 절망감, 상실감, 만족감, 그리움, 괴로움 등의 다양한 정서를 갖게 됩니다. **화자는 이와 같은 정서를 직접적으로 표출하기도 하고 혹은 이를 절제하며 간접적으로 드러내기도 합니다.**

〈선택지에 자주 출제되는 '정서'〉

정서	개념
애상(哀傷)	슬퍼하거나 가슴 아파함.
한(恨)	몹시 원망스럽고 억울하거나 안타깝고 슬퍼서 응어리진 마음
허무(虛無)	무가치하고 무의미하게 느껴져 매우 허전하고 쓸쓸함.
절망감(絶望感)	바라볼 것이 없게 되어 모든 희망을 끊어 버리게 된 느낌
상실감(喪失感)	무엇인가를 잃어버린 후의 느낌이나 감정 상태

■ **화자의 태도**

화자의 정서를 정밀하게 파악하기 위해서는 화자가 시적 상황에서 어떤 태도를 보이고 있는지를 눈여겨보아야 합니다. 태도란 어떤 일이나 상황에 대해 취하는 자세를 의미합니다. 화자는 시적 상황에서 고백적, 관조적, 성찰적, 비판적, 예찬적, 의지적, 저항적, 체념적, 자조적, 친화적 태도 등을 드러냅니다. 이때 **화자가 취하는 태도는 정서와 무관한 것이 아니라 밀접한 관련**이 있습니다. 따라서 화자의 정서와 태도를 연관 지어 복합적으로 시를 감상하는 것이 필요합니다.

〈선택지에 자주 출제되는 '태도'〉

태도	개념
고백적(告白的)	마음속에 생각하고 있거나 감추어 둔 것을 숨김없이 말하는 태도
관조적(觀照的)	고요한 마음으로 사물이나 현상을 관찰하거나 비추어 보는 태도
성찰적(省察的)	지나간 일을 되돌아보며 반성하고 살피는 태도
예찬적(禮讚的)	무엇이 훌륭하거나 좋거나 아름답다고 찬양하는 태도
체념적(諦念的)	희망을 버리고 아주 단념하는 태도
자조적(自嘲的)	자기를 비웃는 듯한 태도
친화적(親和的)	사이좋게 잘 어울리는 태도

○ 9540-0002

02 〈보기〉를 참고할 때, 윗글의 주제와 관련하여 ㉠을 이해한 내용으로 가장 적절한 것은?

⊣ 보기 ⊢

　　노신(魯迅)은 중국 현대 문학의 아버지로 불린다. 관비 유학생으로 일본에서 의학을 배우던 노신은 글을 통해 조국에 기여하려고 문학으로 전향했다. 그는 혁명기에 정치적으로 갖은 고난을 겪고도 의지를 잃지 않았고, 문학이 사회의 부조리에 대한 분노와 민중에 대한 사랑을 담아야 한다는 자신의 문학관을 일관되게 견지하였다.

① 현실적인 고통으로 인해 화자가 노신과 달리 문학적 신념을 지킬 수 없음을 고백한 것이군.
② 노신이 견지했던 문학관의 영향을 받아 화자가 민중에 대해 느끼게 된 사랑과 연민을 표현한 것이군.
③ 괴로움을 끝까지 견뎌 냈던 노신의 삶을 떠올리면서 화자가 노신의 의지를 본받으려는 태도를 드러낸 것이군.
④ 노신처럼 자신도 타인에게 수모를 겪은 것을 회상하면서 화자가 사회의 부조리에 대해 느끼는 분노를 표출한 것이군.
⑤ 조국을 위해 삶의 방향을 바꾸었던 노신처럼 화자 자신도 문학이 아닌 새로운 길을 택하겠다는 계획을 암시한 것이군.

풀이 탄탄 〈보기〉를 참고하여 '화자의 정서와 태도'를 추론하기!

1단계
　　우선 내신 탄탄과 개념 탄탄에서 짚어 보았던 이 시의 시적 상황과 화자에 대해 정리해 보면 좋습니다. 이 시의 **화자인 '나'는 깊은 밤 잠든 가족들을 바라보며 고뇌에 빠져 있습니다. 고뇌의 원인은 시인이자 한 가정의 가장으로서 가족의 생계라는 현실적인 문제를 책임져야 하기 때문입니다.** 그러면서 중국의 문인이었던 노신을 떠올립니다. 다음으로 〈보기〉의 내용을 파악하는 것이 중요합니다. 〈보기〉에는 노신에 대한 정보가 담겨 있습니다. 노신은 중국 현대 문학의 아버지이며, 고난을 겪고도 의지를 잃지 않았고, 자신의 문학관을 견지하였다고 제시되었습니다.

2단계
　　㉠과 관련하여 '여기 하나의 상심한 사람'에 대해 생각해 보아야 합니다. **이 시의 화자가 고뇌 끝에 중국의 노신을 떠올린 이유는 화자와 노신 모두 문인이라는 점, 고난을 겪는다는 점 등의 상황이 닮아 있기 때문이라고 생각해 볼 수 있습니다.** 즉 '여기 하나의 상심한 사람'은 노신을 가리킴과 동시에 고난을 겪는 화자라고 추론해 볼 수 있습니다.

3단계
　　'여기 하나의 굳세게 살아온 인생'에 대해서도 생각해 봅시다. 과거 중국의 노신과 닮아 있는 현재의 화자는 노신이 견지한 문학관에 대해서도 떠올렸을 것입니다. **노신이 어려움을 견디고 일관된 문학적 신념을 견지했던 것처럼 자신도 그 태도를 본받겠다고 생각했을 것입니다.** 즉 '여기 하나의 굳세게 살아온 인생'은 노신과 화자 자신을 가리키는 것이며, 노신의 의지를 본받으려는 태도를 드러낸 것이라고 할 수 있습니다.

[01~02] 다음 글을 읽고 물음에 답하시오.

산 너머 **고운 노을을 보려고**
그네를 힘차게 차고 올라 발을 굴렀지
노을은 끝내 어둠에게 잡아먹혔지
나를 태우고 날아가던 그넷줄이
오랫동안 삐걱삐걱 떨고 있었어

어릴 때는 나비를 쫓듯
아름다움에 취해 땅끝을 찾아갔지
그건 아마도 끝이 아니었을지 몰라
그러나 살면서 몇 번은 땅끝에 서게도 되지
파도가 끊임없이 땅을 먹어 들어오는 막바지에서
이렇게 뒷걸음질치면서 말야

살기 위해서는 이제
뒷걸음질만이 허락된 것이라고
파도가 아가리를 쳐들고 달려드는 곳
찾아 나선 것도 아니었지만

끝내 발 디디며 서 있는 땅의 끝,
그런데 이상하기도 하지
위태로움 속에 아름다움이 스며 있다는 것이
땅끝은 늘 젖어 있다는 것이
그걸 보려고
또 몇 번은 여기에 이르리라는 것이

— 나희덕, 「땅끝」

01

○ 9540-0003

윗글에 대한 설명으로 가장 적절한 것은?

① 설의적 표현을 사용하여 주제를 강조하고 있다.
② 음성 상징어를 활용하여 화자의 의지를 부각하고 있다.
③ 유사한 형식의 어구를 반복하여 운율감을 형성하고 있다.
④ 물음을 던지는 형식을 통해 화자의 의도를 표출하고 있다.
⑤ 선경 후정의 방식을 활용하여 삶에 대한 인식을 드러내고 있다.

02 대표 유형

○ 9540-0004

〈보기〉를 참고하여 윗글을 감상한 내용으로 적절하지 <u>않은</u> 것은?

┤ 보기 ├

「땅끝」에는 상황에 대한 화자의 인식 변화가 나타나 있으며, 이에 따라 화자의 정서와 태도의 변화 역시 나타나 있다. 화자는 현실 세계를 긍정적이고 희망적으로 인식했지만, 성장하는 과정에서 현실의 부정적이고 절망적인 면들을 확인하게 되면서, 이에 대한 기존의 인식이 바뀌게 된다. 하지만 화자는 삶의 여러 체험을 통해 부정적이고 절망적인 현실 상황 속에서도 긍정적이고 희망적인 면을 발견할 수 있다는 삶의 깨달음을 얻게 된다.

① '고운 노을을 보려고'는 현실에 대한 화자의 긍정적 인식이 행동으로 나타난 것이라고 볼 수 있어.

② '노을은 끝내 어둠에게 잡아먹혔지'는 화자가 현실에서 부정적인 면을 경험한 것이라고 볼 수 있어.

③ '파도가 끊임없이 땅을 먹어 들어오는 막바지'는 위기감을 느낄 수 있는 현실의 극한 상황을 의미한다고 볼 수 있어.

④ '끝내 발 디디며 서 있는 땅의 끝'은 현실 세계가 화자가 원하는 긍정적인 방향으로 변화될 것이라는 기대가 표출되는 공간이라고 볼 수 있어.

⑤ '땅끝은 늘 젖어 있다는 것이'에는 절망적인 상황 속에도 희망적인 요소가 포함되어 있다는 화자의 인식이 내포되어 있다고 볼 수 있어.

[03~04] 다음 글을 읽고 물음에 답하시오.

가 우리들의 사랑을 위하여서는
이별이, 이별이 있어야 하네.

높았다, 낮았다, 출렁이는 물살과
물살 몰아 갔다오는 바람만이 있어야 하네.

오— 우리들의 그리움을 위하여서는
푸른 은핫물이 있어야 하네.

돌아서는 갈 수 없는 오롯한 이 자리에
불타는 홀몸만이 있어야 하네!

┌ **직녀여, 여기 번쩍이는 모래밭에 / 돋아나는 풀싹을 나는 세이고⋯⋯**

  허이언 허이언 구름 속에서 / 그대는 베틀에 북을 놀리게.
[A]
  눈썹 같은 반달이 중천에 걸리는 / 칠월 칠석(七月七夕)이 돌아오기까지는,

└ **검은 암소를 나는 먹이고, / 직녀여, 그대는 비단을 짜세.**

– 서정주, 「견우(牽牛)의 노래」

나 산산히 부서진 이름이어! / 허공 중에 헤어진 이름이어!
불러도 주인없는 이름이어! / 부르다가 내가 죽을 이름이어!

[B]
심중에 남아 있는 말 한마디는 / **끝끝내 마저 하지 못하였구나.**
사랑하던 **그 사람**이어! / 사랑하던 그 사람이어!

붉은 해는 **서산 마루**에 걸리었다. / **사슴의 무리**도 슬퍼운다.
떨어져 나가앉은 산 위에서 / 나는 **그대의 이름을 부르노라.**

설움에 겹도록 부르노라. / 설움에 겹도록 부르노라.
부르는 소리는 빗겨가지만 / 하늘과 땅 사이가 너무 넓구나.

선 채로 이 자리에 돌이 되어도 / 부르다가 내가 죽을 이름이어!
사랑하던 그 사람이어! / 사랑하던 그 사람이어!

– 김소월, 「초혼」

03

9540-0005

(가), (나)의 공통점으로 가장 적절한 것은?

① 시어를 반복하여 운율감을 형성하고 있다.
② 공간의 이동을 통해 정서의 변화를 나타내고 있다.
③ 설의적 표현을 활용하여 화자의 정서를 드러내고 있다.
④ 계절감을 나타내는 시어를 통해 애상적 분위기를 환기하고 있다.
⑤ 실현 불가능한 상황의 설정을 통해 시적 긴장감을 조성하고 있다.

04 대표 유형

9540-0006

[A]와 [B]에 대한 이해로 가장 적절한 것은?

① [A]의 '직녀'와 [B]의 '그 사람'은 모두 화자가 그리워하는 대상이라고 볼 수 있군.
② [A]의 '검은 암소'와 [B]의 '사슴의 무리'에는 모두 화자의 감정이 투영되어 있다고 볼 수 있군.
③ [A]의 '번쩍이는 모래밭'과 [B]의 '서산 마루'에는 모두 희망적 이미지가 나타난다고 볼 수 있군.
④ [A]의 '그대는 비단을 짜세.'에는 화자의 소극적 태도가, [B]의 '끝끝내 마저 하지 못하였구나.'에는 적극적 태도가 나타난다고 볼 수 있군.
⑤ [A]의 '돋아나는 풀싹을 나는 세이고……'에는 관조의 태도가, [B]의 '그대의 이름을 부르노라.'에는 성찰의 태도가 나타난다고 볼 수 있군.

02 고전 시가

표현상 특징 파악

■ 다음 글을 읽고 물음에 답하시오.

산수간 바위 아래 띠집을 짓노라 하니
그 모른 남들은 웃는다 한다마는
어리고 향암*의 뜻에는 내 분(分)인가 하노라
〈제1수〉

보리밥 풋나물을 알맞추 먹은 후에
바위 끝 물가에 슬카지 노니노라
그 남은 여남은 일이야 부럴 줄이 있으랴 〈제2수〉

잔 들고 혼자 앉아 먼 뫼를 바라보니
그리던 님이 오다 반가움이 이러하랴
말씀도 웃음도 아녀도 못내 좋아하노라 〈제3수〉

누고셔 삼공(三公)도곤 낫다 하더니 만승(萬乘)이
이만하랴
이제로 헤어든 소부 허유(巢父許由)가 약돗더라
아마도 임천 한흥(林泉閑興)을 비길 곳이 없어라
〈제4수〉

내 성이 게으르더니 하늘이 알으실사
인간 만사(人間萬事)를 한 일도 아니 맡겨
다만당 다툴 이 없는 강산을 지키라 하시도다
〈제5수〉

강산이 좋다 한들 내 분으로 누웠느냐
임금 은혜를 이제 더욱 아노이다
아무리 갚고자 하여도 하올 일이 없어라 〈제6수〉

– 윤선도, 「만흥」

*향암 시골에서 지내 온갖 사리에 어둡고 어리석은 사람.

읽기 탄탄

윤선도, 「만흥」

고전 시가는 우리의 고전 문학 중 운문 문학의 여러 가지 장르를 망라하는 영역입니다. 구체적으로 고대 가요, 향가, 한시, 고려 가요, 악장, 경기체가, 시조, 가사, 민요 등이 여기에 해당합니다. 현대인들이 삶 속에서 느끼는 내밀한 정서나 부조리한 사회 현실 등을 현대시로 표현하는 것처럼, 우리 선조들 역시 삶 속의 다양한 경험과 이로부터 발생하는 정서를 시가 양식으로 표현했습니다. 그리고 이를 표현할 때에는 자신이 살아가던 시대의 시가 양식과 문학적 관습을 따랐습니다. 그래서 고전 시가를 제대로 이해하기 위해서는 **각각의 고전 시가 장르가 가지고 있는 형식과 특성 등에 대한 배경지식을 습득**해 두는 것이 좋습니다.

한편 고전 시가를 감상할 때에는, **화자는 과연 누구이고, 어떤 정서를 가지고 있으며, 또 그것이 어떤 문학적 표현 방식으로 실현되고 있으며, 궁극적으로 무엇을 독자에게 전달하려고 하는지를 이해**하며 읽습니다. 그리고 이러한 감상의 과정 속에서 고전 시가 장르의 형식이나 특성이 어떤 방식으로 실현되고 있으며 이를 통해 어떤 문학적 효과가 나타나는지를 생각해 보며 감상할 수 있어야 합니다.

이 시를 살펴보면, 각 수가 **3장 6구의 형식**을 보이고 있으며 **4음보의 특성**이 나타나는 것을 확인할 수 있습니다. 또 **6수가 모여 하나의 작품**을 이루고 있으므로 조선 시대에 등장했던 연시조라는 것을 알 수 있습니다. 그리고 이 시에는 화자가 **자연 속에 은거하며 유유자적하게 살아가는 삶의 흥겨움**이 드러나 있는데, 이를 표현하기 위해 시 전반에서 상징적 시어들이 사용되고, 동일한 종결 어미가 반복되고 있음을 알 수 있습니다. 제2, 3, 4, 6수에서는 설의법을, 제3, 4수에서는 비교의 방식을, 제4수에서는 중국의 고사를 사용한 것을 확인할 수 있습니다.

9540-0007

01 윗글에 사용된 표현 방식으로 적절하지 <u>않은</u> 것은?

① 비교의 방식을 활용하고 있다.

② 정형적 율격을 사용하고 있다.

③ 중국의 고사를 활용하고 있다.

④ 동일한 종결 어미를 반복하고 있다.

⑤ 자연물에 인격을 부여하여 화자와 동일시하고 있다.

개념 ☞탄탄 *이것만은 꼭 알고 가자!*

■ **시의 표현 방식**

(1) 비유법: 표현하려는 대상(원관념)을 다른 대상(보조 관념)에 **빗대어 표현**하는 방식

　예 직유, 은유, 대유, 풍유, 의인 등

(2) 강조법: 표현하려는 대상을 **선명하게 부각하여 표현**하는 방식

　예 과장, 반복, 영탄, 열거, 점층 등

(3) 변화법: 시구의 변화를 통해 단조로운 인상을 배제하고 **참신한 인상을 주도록 표현**하는 방식

　예 대구, 도치, 반어, 설의 등

■ **고전 시가의 장르별 특성 및 형식**

장르	시대	특성 및 형식
고대 가요	고대(삼국 시대까지)	4언 4구 한역시, 집단 가요적, 주술적 특성
향가	신라, 통일 신라	4구체, 8구체, 10구체(낙구의 감탄사)
고려 가요	고려	3음보, 후렴구, 분장체, 구전되다 궁중 음악으로 사용되며 문자로 정착, 대부분 작자 미상
시조	고려 말, 조선, 현대	3장 6구 45자 내외, 4음보, 연시조·사설시조로 발전
가사	조선	4음보 연속체, 조선 후기로 갈수록 주제 다양화, 장형화

○ 9540-0008

02 윗글과 〈보기〉를 비교하여 감상한 내용으로 적절하지 <u>않은</u> 것은?

┤ 보기 ├

공명(功名)도 날 꺼리고, 부귀(富貴)도 날 꺼리니,
청풍명월(淸風明月) 외에 어떤 벗이 있사올고,
단표누항(簞瓢陋巷)에 헛된 생각 아니 하네.
아모타, 백년행락(百年行樂)이 이만한들 어찌하리.

– 정극인, 「상춘곡」 중에서

① 윗글과 〈보기〉 모두 자연물에 대한 친근감이 드러나 있군.
② 윗글과 〈보기〉 모두 설의법을 사용하여 화자의 의도를 강조하고 있군.
③ 윗글과 〈보기〉 모두 계절감을 활용하여 자연의 변화를 묘사하고 있군.
④ 윗글과 달리 〈보기〉는 대구법을 활용하여 운율을 형성해 의미를 강조하고 있군.
⑤ 윗글과 달리 〈보기〉는 주객이 전도된 표현을 사용하여 시적 의미를 강조하고 있군.

풀이 탄탄 작품의 장르를 판별하고, 두드러지는 표현법을 확인하라.

1단계
　　고전 시가의 표현상 특징을 파악하며 읽을 때에는, 먼저 **제시된 작품의 형식이나 특성 등을 통해 작품의 장르를 확인**해 보고, 이와 관련한 장르적 특성, 작품 경향, 시대 등에 대한 배경지식을 환기합니다. 그리고 작품을 읽으며, 두드러지는 표현 방식들을 표시해 두거나 메모해 가며 읽습니다. 단, 작품의 표현 하나하나에 집착하기보다는 작품의 주제나 화자의 정서를 이해해 가는 과정에서 어떤 표현 방식이 사용되었고, 그것이 어떤 효과를 주는지 생각하며 읽어야 합니다. 그리고 특정 시어나 어구에만 집착할 것이 아니라 전체적인 작품의 구조나 작품 전반에 걸쳐 사용되는 표현상 특징이 있는지 확인하며 읽는 것이 좋습니다.

2단계
　　이 문항은 지문으로 제시된 작품뿐만 아니라 〈보기〉에 제시된 **작품의 표현 방식을 파악하고 이를 비교하여 감상하는 능력**을 평가하려는 문제입니다. 따라서 이 문항을 해결하기 위해서는 먼저 지문으로 제시된 작품과 〈보기〉의 작품에서 드러난 표현 방식들을 정확히 파악하여야 합니다. 작품을 읽으며 작품에 사용된 표현 방식에 밑줄을 긋거나 표시를 해 두는 것이 좋습니다. 그리고 이러한 과정을 통해 「만흥」에서는 상징적 시어, 설의법, 비교, 중국의 고사 인용 등의 표현 방식을 사용하여 '자연 속에 은거하며 유유자적하게 살아가는 삶의 흥겨움'이라는 주제를 형상화하고 있음을 이해합니다. 다음으로 〈보기〉의 「상춘곡」은 4음보 연속체의 가사이며, 의인화, 추상적 대상의 구체화, 주체와 객체의 역전적 관계 설정, 설의적 표현 등을 통해 안분지족하며 사는 삶의 즐거움을 형상화하고 있음을 확인합니다.

3단계
　　2단계에서 이해한 내용을 바탕으로 **선택지의 적절성을 판단**합니다. ①의 경우, 「만흥」의 제3수에서는 먼 산을 바라보는 화자의 반가움이 드러나 있고, 〈보기〉에서는 화자가 '청풍명월'을 벗으로 여기고 있으므로 적절한 감상 내용이라고 볼 수 있습니다. ②는 「만흥」의 경우, 제2, 3, 4, 6수에서, 〈보기〉는 2, 4행에서 설의법이 사용된 것을 확인할 수 있으므로 역시 적절한 감상 내용입니다. 하지만 ③은 「만흥」에서는 '풋나물'이라는 단어를 통해 제한적이지만 계절감을 드러낸 것으로 볼 수 있으나 〈보기〉에서는 계절감을 나타내는 시어가 사용되지 않았으므로 적절한 감상 내용이 아님을 알 수 있습니다. ④는 「만흥」에서는 대구가 사용된 부분을 찾을 수 없고, 〈보기〉에서는 1행에 대구가 사용되었으므로 역시 적절한 감상 내용임을 알 수 있습니다. 마지막으로 ⑤는 「만흥」에서는 주체와 객체의 관계가 역전적으로 설정된 부분을 찾을 수 없지만, 〈보기〉에서는 주체인 화자와 객체인 '공명'과 '부귀'가 역전되어 주객이 전도된 표현이 사용된 부분을 확인할 수 있으므로 역시 적절한 감상 내용임을 알 수 있습니다.

[01~02] 다음 글을 읽고 물음에 답하시오.

가 내 님믈 그리ᅀᆞ와 우니다니
  산(山) 졉동새 난 이슷ᄒᆞ요이다
  아니시며 거츠르신 ᄃᆞᆯ 아으
  잔월효성(殘月曉星)이 아ᄅᆞ시리이다
  넉시라도 님은 ᄒᆞᆫᄃᆡ 녀져라 아으
  벼기더시니 뉘러시니잇가
  과(過)도 **허믈**도 천만(千萬) 업소이다
  ᄆᆞᆯ힛마리신뎌
  ᄉᆞᆯ읏븐뎌 아으
  니미 나ᄅᆞᆯ ᄒᆞ마 니ᄌᆞ시니잇가
  아소 **님**하 도람 드르샤 **괴오쇼셔**

                                    – 정서, 「정과정」

나 개야미 불개야미 준등 부러진 **불개야미**
  압발에 **정종(疔腫)*** 나고 뒷발에 **죵귀** 난 불개야미 광릉(廣陵) **십재*** 너머 드러 **가람***의 허리를 가ᄅᆞ 무러 추혀
  들고 북해를 건너닷 말이 이셔이다 님아 님아
  온 놈이 온 말을 ᄒᆞ여도 **님**이 **짐쟉ᄒᆞ쇼셔**.

                                    – 작자 미상

***정종** 부스럼. ***십재** 샘고개. ***가람** 범. 몸에 어룽어룽한 줄이 있는 범.

01
◎ 9540-0009

(가), (나)에 대한 설명으로 가장 적절한 것은?

① (가)는 (나)와 달리 자연물에 화자의 감정을 이입하고 있다.
② (가)는 (나)와 달리 직유를 통해 대상의 이미지를 구체화하고 있다.
③ (나)는 (가)와 달리 대상이 변화하는 과정을 제시하고 있다.
④ (가)와 (나) 모두 감탄사를 통해 화자의 감정을 드러내고 있다.
⑤ (가)와 (나) 모두 동일한 시구의 반복을 통해 운율을 형성하고 있다.

02 대표 유형

> 9540-0010

〈보기〉를 참고하여 (가), (나)를 감상한 내용으로 가장 적절한 것은?

┤ 보기 ├

　정서의 「정과정」과 작자 미상의 사설시조 「개야미 불개야미 ~」는 모두 화자의 말을 들어 주는 대상인 청자가 작품 전면에 드러나 있으며, 두 작품 모두 청자에 대한 화자의 정서가 직설적으로 드러나 있다. 「정과정」의 작가 정서는 고려 의종 때 참소를 받아 귀양을 갔는데, 정서는 임금이 곧 부르겠다는 약속에도 불구하고 자신을 20여 년 동안 부르지 않자, 「정과정」을 지어 임금을 향한 자신의 정서를 표현하였다. 한편 「개야미 불개야미 ~」는 가상의 상황을 설정하여 독자들이 경계해야 할 내용을 전달한 작품이다.

① (가)의 '잔월효성'은 화자가 동경하는 대상을, (나)의 '불개야미'는 화자가 동정하는 대상을 의미한다.
② (가)의 '벼기더시니'와 (나)의 '온 놈'은 모두 화자의 정서를 대변하는 인물이라고 볼 수 있다.
③ (가)의 '과'와 '허믈', (나)의 '정종'과 '죵귀'는 모두 화자와 청자를 멀어지게 하는 장애물이라고 볼 수 있다.
④ (가)의 '님'은 화자가 그리워하는 임금을, (나)의 '님'은 화자가 자신의 정서를 전달하고자 하는 독자를 의미한다.
⑤ (가)의 '괴오쇼셔'는 화자가 청자에게 바라는 행위를, (나)의 '짐쟉ㅎ쇼셔'는 청자가 경계해야 하는 행위를 의미한다.

[03~04] 다음 글을 읽고 물음에 답하시오.

가 백설(白雪)이 잦아진 골에 구름이 험하구나
　　반가운 매화(梅花)는 어느 곳에 피었는고
　　석양(夕陽)에 홀로 서서 **갈 곳** 몰라 하노라

　　　　　　　　　　　　　　　　　　　　　　　　　　　- 이색

나 산촌(山村)에 눈이 오니 돌길이 묻혔어라
　　사립문 열지 마라 **날 찾을 이** 뉘 있으리
　　밤중만 한 조각 달이 내 벗인가 하노라

　　　　　　　　　　　　　　　　　　　　　　　　　　　- 신흠

다 강호(江湖)에 기약을 두고 **십 년**을 분주(奔走)하니
　　그 모른 백구(白鷗)는 더디 온다 하려니와
　　성은(聖恩)이 지중(至重)하시매 갚고 가려 하노라

　　　　　　　　　　　　　　　　　　　　　　　　　　　- 정구

03 대표 유형

○ 9540-0011

(가)~(다)의 공통점에 대한 설명으로 가장 적절한 것은?

① 선경 후정의 방식을 통해 시상을 전개하고 있다.
② 자연물을 활용하여 시적 정서를 형상화하고 있다.
③ 동일한 시어의 반복을 통해 주제를 부각하고 있다.
④ 반어적인 표현을 통해 화자의 의지를 표출하고 있다.
⑤ 선명한 색채 대비를 통해 대상의 외양을 표현하고 있다.

04

○ 9540-0012

〈보기〉를 참고하여 (가)~(다)에 대해 보인 반응으로 적절하지 않은 것은?

┤ 보기 ├

　사대부들은 성리학적 세계관을 바탕으로, 그들의 삶 속에서 충효를 실천하고 입신양명의 욕망을 실현하고자 하였다. 하지만 사대부들은 이러한 욕망을 실현하는 과정에서 수많은 정치적, 도덕적 시련을 경험해야 했으며, 그들이 창작한 작품에는 이러한 상황에 대처하는 사대부들의 자세와 의지가 다양하게 형상화되어 있다.

① (가)의 화자가 '갈 곳'을 몰라 하는 것은 자신이 경험해야 했던 심리적 괴로움을 표현한 것이군.
② (나)의 화자가 '사립문'을 열지 말라고 한 것은 충효를 실천하지 못한 화자의 성찰적 태도를 드러낸 것이군.
③ (나)의 화자가 '날 찾을 이'가 없을 것이라고 한 것은 자신이 처한 현실에 대한 인식을 드러낸 것이군.
④ (다)의 화자가 '강호'로 돌아가는 것이 더딘 이유는 임금의 은혜에 보답하려는 화자의 의지 때문이군.
⑤ (다)의 화자가 분주하게 보냈던 '십 년'은 성리학적 세계관을 실현하기 위해 애써 온 시간을 의미하는군.

03 현대 소설

인물의 심리나 태도 추론

■ 다음 글을 읽고 물음에 답하시오.

　나는 어디까지든지 ㉠내 방이 — 집이 아니다. 집은 없다. — 마음에 들었다. 방 안의 기온은 내 체온을 위하여 쾌적하였고, 방 안의 침침한 정도가 또한 내 안력을 위하여 쾌적하였다. 나는 내 방 이상의 서늘한 방도, 또 따뜻한 방도 희망하지 않았다. 이 이상으로 밝거나 이 이상으로 아늑한 방을 원하지 않았다. 내 방은 나 하나를 위하여 요만한 정도를 꾸준히 지키는 것 같아 늘 내 방에 감사하였고 나는 또 이런 방을 위하여 이 세상에 태어난 것만 같아서 즐거웠다.

　그러나 이것은 행복이라든가 불행이라든가 하는 것을 계산하는 것은 아니었다. 말하자면 나는 내가 행복되다고도 생각할 필요가 없었고, 그렇다고 불행하다고도 생각할 필요가 없었다. 그냥 그날그날을 그저 **까닭 없이 펀둥펀둥 게으르고만** 있으면 만사는 그만이었던 것이다.

　내 몸과 마음에 옷처럼 잘 맞는 방 속에서 뒹굴면서, 축 처져 있는 것은 행복이니 불행이니 하는 그런 세속적인 계산을 떠난, 가장 편리하고 안일한, 말하자면 절대적인 상태인 것이다. 나는 이런 상태가 좋았다.

　이 절대적인 내 방은 대문간에서 세어서 똑 — 일곱째 칸이다. 럭키 세븐의 뜻이 없지 않다. 나는 이 일곱이라는 숫자를 훈장처럼 사랑하였다. 이런 이 방이 가운데 장지*로 말미암아 두 칸으로 나뉘어 있었다는 그것이 내 운명의 상징이었던 것을 누가 알랴?

　㉡아랫방은 그래도 해가 든다. 아침결에 책보만 한 **해가 들었다**가 오후에 손수건만 해지면서 **나가 버린다.** 해가 영영 들지 않는 윗방이 즉 내 방인 것은 말할 것도 없다. 이렇게 볕 드는 방이 아내 방이요, 볕 안 드는 방이 내 방이요 하고 아내와 나 둘 중에 누가 정했는지 나는 기억하지 못한다. 그러나 나에게는 불평이 없다.

　아내가 외출만 하면 나는 얼른 아랫방으로 와서 그 동쪽으로 난 들창을 열어 놓고, 열어 놓으면 들이비치는 볕살이 아내의 화장대를 비춰 가지각색 병들이 아롱이지면서 찬란하게 빛나고, 이렇게 빛나는 것을 보는 것은 다시없는 내 오락이다. 나는 조꼬만 '돋보기'를 꺼내 가지고 아내만이 사용하는 지리가미*를 끄실러 가면서 불장난을 하고 논다. 평행 광선을 굴절시켜서 한 초점에 모아 가지고 그 초점이 따근따근해지다가, 마지막에는 종이를 끄시르기 시작하고 가느다란 연기를 내면서 드디어 구멍을 뚫어 놓는 데까지에 이르는 고 얼마 안 되는 동안의 초조한 맛이 죽고 싶을 만치 내게는 재미있었다.

　이 장난이 싫증이 나면 나는 또 아내의 손잡이 거울을 가지고 여러 가지로 논다. 거울이란 제 얼굴을 비출 때만 실용품이다. 그 외의 경우에는 도무지 장난감인 것이다.

　이 장난도 곧 싫증이 난다. 나의 유희심은 육체적인 데서 정신적인 데로 비약한다. 나는 거울을 내던지고 아내의 화장대 앞으로 가까이 가서 나란히 늘어놓인 고 가지각색의 화장품 병들을 들여다본다. 고것들은 세상의 무엇보다도 매력적이다. 나는 그중의 하나만을 골라서 가만히 마개를 빼고 병 구멍을 내 코에 가져다 대고 숨죽이듯이 가벼운 호흡을 하여 본다. 이국적인 센슈얼한 향기가 폐로 스며들면 나는 저절로 스르르 감기는 내 눈을 느낀다. 확실히 아내의 체취의 파편이다.

〈중략〉

　나는 어디로 어디로 들입다 쏘다녔는지 하나도 모른다. 다만 몇 시간 후에 내가 ㉢미쓰꼬시 옥상에 있는 것을 깨달았을 때는 거의 **대낮**이었다.

　나는 거기 아무 데나 주저앉아서 내 **자라 온 스물여섯 해를 회고하여** 보았다. 몽롱한 기억 속에서는 이렇다는 아무 제목도 불그러져 나오지 않았다.

　나는 또 내 자신에게 물어보았다. 너는 인생에 무슨 욕심이 있느냐고, 그러나 있다고도 없다고도, 그런 대답은 하기가 싫었다. 나는 거의 나 자신의 존재를 인식하기조차도 어려웠다.

　허리를 굽혀서 나는 그저 금붕어나 들여다보고 있었다. 금붕어는 참 잘들 키웠다. 작은 놈은 작은 놈대로 큰 놈은 큰 놈대로다 ─ 싱싱하니 보기 좋았다. 내리비치는 오월 햇살에 금붕어들은 그릇 바탕에 그림자를 내려뜨렸다. 지느러미는 하늘하늘 손수건을 흔드는 흉내를 낸다. 나는 이 지느러미 수효를 헤어 보기도 하면서 굽힌 허리를 좀처럼 펴지 않았다. 등허리가 따뜻하다.

　나는 또 회탁의* 거리를 내려다보았다. 거기서는 피곤한 생활이 똑 금붕어 지느러미처럼 흐늑흐늑 허비적거렸다. 눈에 보이지 않는 끈적끈적한 줄에 엉켜서 헤어나지들을 못한다. 나는 피로와 공복 때문에 무너져 들어가는 몸뚱이를 끌고 그 회탁의 거리 속으로 섞여 들어가지 않는 수도 없다 생각하였다.

　나서서 나는 또 문득 생각하여 보았다. 이 발길이 지금 어디로 향하여 가는 것인가를…….

　그때 내 눈앞에는 아내의 모가지가 벼락처럼 내려 떨어졌다. 아스피린과 아달린*.

　우리들은 서로 오해하고 있느니라. 설마 아내가 아스피린 대신에 아달린의 정량을 나에게 먹여 왔을까? 나는 그것을 믿을 수는 없다. 아내가 대체 그럴 까닭이 없을 것이니.

　그러면 나는 날밤을 새면서 도적질을, 계집질을 하였나? 정말이지 아니다.

　우리 부부는 숙명적으로 발이 맞지 않는 절름발이인 것이다. 내나 아내나 제 거동에 로직을 붙일 필요는 없다. 변해*할 필요도 없다. 사실은 사실대로 오해는 오해대로 그저 끝없이 발을 절뚝거리면서 세상을 걸어가면 되는 것이다. 그렇지 않을까?

　그러나 나는 이 발길이 아내에게로 돌아가야 옳은가 이것만은 분간하기가 좀 어려웠다. 가야 하나? 그럼 어디로 가나?

　이때 뚜─ 하고 **정오** 사이렌이 울었다. 사람들은 모두 네 활개를 펴고 닭처럼 푸드덕거리는 것 같고 온갖 유리와 강철과 대리석과 지폐와 잉크가 부글부글 끓고 수선을 떨고 하는 것 같은 찰나, 그야말로 현란을 극한 정오다.

　나는 불현듯이 겨드랑이가 가렵다. 아하, 그것은 내 인공의 날개가 돋았던 자국이다. 오늘은 없는 이 날개, 머릿속에서는 희망과 야심의 말소된 페이지가 딕셔너리 넘어가듯 번뜩였다.

　나는 걷던 걸음을 멈추고 그리고 어디 한번 이렇게 외쳐 보고 싶었다.

　날개야 다시 돋아라.

　날자. 날자. 날자. 한 번만 더 날자꾸나.

　한 번만 더 날아 보자꾸나.

― 이상, 「날개」

*장지 방과 방 사이의 칸을 막아 끼우는 문.
*지리가미 '휴지'를 뜻하는 일본어.
*회탁의 회색의 탁한.
*아달린 최면제나 진정제로 쓰는 디에틸브롬아세틸 요소로 만든 약품.
*변해 말로 풀어 자세히 밝힘.

읽기 탄탄

이상, 「날개」

현대 소설을 제대로 감상하기 위해서는 **인물과 갈등, 구성과 시점, 배경과 문체 등에 주목**해야 합니다. 소설은 인물들이 겪는 다양한 갈등을 중심으로 이야기를 전개합니다. 따라서 이야기를 이어 가는 기술과 방법이 필요한데, 이를 '구성'이라고 합니다. 일반적으로 소설의 구성은 '발단-전개-위기-절정-결말'의 5단계로 구분됩니다. 또한 소설에서는 반드시 그 이야기를 이끌어 가는 존재가 있는데, 이를 '서술자'라고 합니다. 한편 소설에서는 배경을 통해 작품에 사실감을 부여하기도 하며, 주제를 효과적으로 드러내기도 합니다. 그리고 소설에서 주제를 드러내는 방법 중 하나로 이야기를 이끌어 나가는 문장들의 독특한 표현적 특징인 문체가 있습니다.

이 작품은 주로 **의식의 흐름을 바탕으로 한 주인공의 내적 독백**으로 이루어져 있습니다. 이 작품에서 '나'와 '아내'의 관계는 당대 보통의 부부 관계와 달리 역전된 형태로 그려집니다. 생활력을 잃고 현실로부터 격리되어 무기력하게 살아가는 '나'의 어두운 방은 '아내'의 방과 격리되고 대조를 이루어, 1930년대 식민지 지식인의 무기력한 삶과 심리를 효과적으로 드러내는 역할을 합니다. '나'가 어두운 '나'의 방을 벗어나 집 밖으로 나가고, 결국 미쓰꼬시 옥상에서 '날개야 다시 돋아라.'를 외치는 모습은 **무기력한 삶에서 벗어나 상실된 자아를 회복하려는 의지**를 드러낸 것으로 볼 수 있습니다.

01 ○~○과 관련하여 '나'를 이해한 내용으로 적절하지 **않은** 것은?

⟶ 9540-0013

① ○에서 '나'는 자신의 삶에 대해 문제점을 느끼지 못했다.

② ○에서 '나'는 '아내'의 물건을 가지고 놀며 재미를 느꼈다.

③ ○에서 '나'는 '아내'와의 관계를 유지해 나가야 할지 혼란스러워했다.

④ ○에서 '나'는 사회적 문제에 무관심했던 삶의 태도를 반성했다.

⑤ ○에서 '나'는 ○으로부터 탈출하고 싶은 욕망을 느꼈다.

개념 탄탄 *이것만은 꼭 알고 가자!*

■ **소설의 인물**

소설은 사건을 이야기로 만들어 전달하는 서사 문학을 대표하는 갈래입니다. 소설에서 **사건이란 삶의 과정에서 나타나는 여러 문제를 의미하는데**, 이러한 사건을 이끌어 나가는 주체가 바로 '**인물**'입니다. 소설에서 '인물'은 기준에 따라 다음과 같이 여러 유형으로 나눌 수 있습니다.

성격에 따라	전형적 인물	특정한 계층·성별·연령·직업 등을 대표하는 성격을 가진 인물
	개성적 인물	자기만의 고유한 성격을 가진 인물
성격 변화에 따라	평면적 인물	비교적 단일한 성격을 지니며, 사건의 흐름 속에서 성격의 변화를 보이지 않는 인물
	입체적 인물	복합적 성격을 지니며, 사건이 전개되는 과정에서 성격의 변화를 보이는 인물
역할에 따라	주동 인물	대개 작품의 주인공으로 등장하여 작가가 의도하는 주제의 방향을 보여 주는 인물
	반동 인물	작품 속에서 주인공에 대립하여 갈등을 빚는 인물

■ **인물의 심리와 태도**

소설에서 인물은 성격을 지니고 있습니다. 성격이란 인물을 특정 짓는 욕망, 정서, 도덕, 세계관 등을 총체적으로 가리킵니다. **인물의 심리와 태도 역시 인물의 성격을 형성하는 요소**입니다. 소설에서 심리는 인물이 느끼는 감정이나 의식 상태를 의미하며, 태도는 인물이 어떤 일이나 상황에 직면했을 때 취하는 자세를 의미합니다. 서사 문학이라는 장르적 속성을 고려할 때, **인물의 심리와 태도를 파악하기 위해서 소설 속 갈등에 주목**해야 합니다. 왜냐하면 소설에서 사건을 전개하는 원동력이 바로 갈등이며, 인물의 심리와 태도 역시 갈등 상황에서 가장 잘 드러나기 때문입니다.

■ **인물의 제시 방법**

소설에서 **인물의 성격을 제시하는 방법은 크게 직접 제시 방법과 간접 제시 방법**으로 나누어 볼 수 있습니다. 각 특징은 다음과 같습니다.

직접 제시 방법	서술자가 인물의 성격, 특징, 심리 상태 등을 직접 독자들에게 이야기해 주는 방법으로 '말하기(telling)'라고도 합니다. 이러한 제시 방법은 인물에 대한 서술자의 주관적 판단이 개입된 것으로 논평이나 해설적 성격을 지닙니다.
간접 제시 방법	서술자가 인물의 성격을 직접 말해 주지 않고 행동이나 대화 등을 통해 간접적으로 보여 주는 방법으로 '보여 주기(showing)'라고도 합니다. 이러한 제시 방법은 인물의 말과 행동을 통해 드러나므로 독자들은 인물의 성격을 눈에 보이듯 생생하게 볼 수 있습니다.

● 9540-0014

02 〈보기〉를 참고하여 윗글을 감상한 내용으로 적절하지 <u>않은</u> 것은?

┤ 보기 ├

　「날개」의 주제는 '상실된 자아의 회복 의지'라고 할 수 있다. 그런데 '나'의 이러한 자기 회복의 과정은 시·공간의 추이와 맞물려 진행된다. 즉 이상의 「날개」에서 '공간'은 주인공의 의식의 변모 과정을 보여 주는 문학적 장치로서의 역할을 하고 있는 것이다.

① '나'가 방에서 '까닭 없이 편둥편둥 게으르고만 있'는 것은 자아를 상실한 무력감에서 비롯된 것으로 볼 수 있다.

② '아내'의 방에 '해'가 일시적으로 '들었다'가 '나가 버린다'는 점에 주목할 때, '나'의 방에서 '아내'의 방으로의 이동은 자아가 상실되는 과정으로 이해할 수 있다.

③ '나'의 방이 '해가 영영 들지 않는' 어두운 공간이라는 점에서 희망이 보이지 않는 자아의 암울한 내면을 드러내는 것으로 해석할 수 있다.

④ '미쓰꼬시 옥상'은 '나'가 '자라 온 스물여섯 해를 회고하'며 자신에게 의문을 던지는 공간이라는 점에서 자아 성찰의 공간이라 할 수 있다.

⑤ '정오'의 환한 '대낮'에 '불현듯이 겨드랑이가 가렵다'고 느끼는 것은 '나'에게 자아 회복의 의지가 생겼음을 드러내는 것으로 볼 수 있다.

풀이 탄탄 〈보기〉의 핵심 정보를 바탕으로 소설 지문을 해석하라.

1단계
이 문항은 **외적 준거에 따라 작품을 이해하는 형식**으로 되어 있습니다. 이런 문항을 해결하기 위해서는 먼저 **〈보기〉의 핵심 정보를 파악**하는 것이 중요합니다. 〈보기〉에서는 이 소설의 주제가 '상실된 자아의 회복 의지'임을 알려 주고 있습니다. 또한 이 소설의 중요한 특징에 대한 정보를 제공하고 있는데, 시·공간의 추이에 따라 주인공의 의식이 변화하고 있다는 점이 그것입니다. 결국 이 문항은 〈보기〉의 정보를 종합해 볼 때, 작품 속에서 시·공간의 변화에 따른 인물의 심리를 파악하는 것이 핵심임을 알 수 있습니다.

2단계
문항에서 요구하는 핵심을 파악했다면, 이와 관련하여 **소설 속 지문을 꼼꼼하게 읽는 것이 필요**합니다. 먼저 〈보기〉에 시·공간의 변화에 따라 인물의 심리 또는 의식이 변화하고 있다고 하였으므로, 소설 속 시·공간의 변화를 먼저 파악해야 합니다. 지문에서 시·공간의 변화는 크게 윗방('나'의 방), 아랫방(아내의 방), 미쓰꼬시 옥상 및 거리(집 밖)로 나타납니다. 중요한 것은 이런 공간의 변화가 인물의 의식 변화와 대응된다는 점입니다. 또한 작품의 주제를 고려할 때, 인물의 의식 변화 과정이 곧 자아 회복 과정임을 이해할 수 있습니다.

3단계
2단계를 통해 얻은 정보를 바탕으로 **선택지의 적절성 여부를 판단**합니다. 선택지를 읽으면서 인물의 심리에 해당하는 정보에 주목하는 것이 좋습니다. 예를 들어, ①에서 '자아를 상실한 무력감'은 인물의 심리에 해당합니다. 다음으로 이 심리를 뒷받침할 수 있는 근거가 무엇인지를 파악합니다. ①에서는 '까닭 없이 편둥편둥 게으르고만 있'는 '나'의 행동을 근거로 제시하고 있습니다. 이는 2단계를 통해 얻은 정보를 바탕으로 볼 때, 적절한 감상으로 볼 수 있습니다. ②에서 알 수 있는 '나'의 심리는 '자아 상실'입니다. 이에 대한 근거로 제시하고 있는 것은 아내의 방에 '해'가 일시적으로 '들었다'가 '나가 버린다'는 점입니다. 그러나 작품 속에서 '나'는 자신의 방에서 무기력하게 시간을 보내다가 아내의 방에서 유희를 즐기고 있습니다. 이는 무기력한 자아(욕망조차 없는 자아)로부터 벗어나고 싶은 욕망이 발현된 것으로도 볼 수 있습니다. 따라서 '나'의 방에서 아내의 방으로의 이동은 자아를 상실하는 과정이라고 보기 어렵습니다.

[01~02] 다음 글을 읽고 물음에 답하시오.

영미 아버지가 하는 이야기는 전혀 뜻밖의 이야기다.

"오늘 은행으로 형사가 찾아왔더군. 늘 있는 일이라 별로 특별한 생각 없이 만나 봤더니, 은행 일로 온 게 아니구, 자네 일을 좀 물을 것이 있다잖는가. 그 사람 말이, **자네 부친이 요사이 평양 방송의 대남 방송 시간에 나온다**는 거야. 알아보니 자네 주소가 드러나서, 바로 본인을 불러서 알아보려고 했지만, 집에 있는 사람이고 하니 한마디 알리러 왔다면서, 자네 부친과의 관계며, 자네 품행 따위를 몇 마디 묻다가 돌아갔어. 근일 중, 혹시 불려 가는 일이 있을지도 모르니, 그리 알게. ㉠뭐 별일이야 있겠나만 그렇더라도 자넬 생각한다면 이름쯤은 바꾸고 지냄 직도 한 일이건만……."

나무라듯 말끝을 흐린다.

명준은 아닌 밤중에 홍두깨를 맞고 앉은 것만 같다. 일부러 그랬건 저절로 그리됐건 여태껏 그의 삶에서 떨어져 있던 일이 그처럼 불쑥 튀어나올 때, 얼른 지을 낯빛조차도 마련이 없다. 8·15 그해 북으로 간 아버지는 먼 사람이 되어 가고 있었다. 아버지가 북으로 간 지 얼마 안 돼서 돌아가신 어머니. ㉡아버지 친구였던 영미 아버지 밑에서 지내 온 몇 해 사이에, 어머니 생각은 가끔 나도, 아버지는 살아서 지척에 있었건만 정히 보고 싶지도, 생각나지도 않았다. 고아나 다름없는 신세였는데 살붙이가 그리운 생각이 난 적도 없다. 그의 외로움은, 아버지나 어머니에게 돌아가는 일이 전혀 없다. 아마 까닭은 그의 나이였으리라. 아버지나 어머니가 아쉬운 나이가 아니다. 아버지나 어머니가 아쉽지 않아지는 나이다. 부모가 없는 탓으로 먹고살기가 무언지 일찍 눈이 떠지는 일도 없이 영미 부친 살림 안에서 필요한 지급을 받고 있었고, 그런 일을 송구스럽게 여기도록 영미 형제는 옹졸한 애들도 아니다. 아마 아버지 돈이지 저희 돈이 아닌 때문이었을 것이다. 돈이 없으니 명준은 돈을 모른다. ㉢그만한 돈쯤 주는 것을 신세라고까지 여기고 있지도 않다.

굳이 아버지가 도와주기도 했다는 친구니까, 기댈 데 없이 된 친구의 아들을 학교 보내 주는 것쯤 그럴 만하다는 안팎을 따진 끝에, 그 위에 도사리고 앉은 품이라느니보다, 돈이라는 돋보기를 가지고 제 삶을 뜯어보질 않았다는 말이다. 돈의 길이 삶의 길인데, 그저 그렇게 살아가는 것이거니 돈을 잊고 살아온다. 제 삶을 꾸려 주는 돈 말이다. 밥을 먹고, 잠자리를 받고, 학비를 타고, 책을 사고 하는 데 쓰이는 **돈이라는 물건을 한 번도 '자기'라는 것의 살갗 안에 있는 것으로 느껴 본 적이 없는** 그였다. 젊고 가난한 철부지 책벌레.

자기라는 낱말 속에는 밥이며, 신발, 양말, 옷, 이불, 잠자리, 납부금, 담배, 우산…… 그런 물건이 들어 있지 않았다. 오히려 어떤 물건에서 그것들 모두를 빼 버리고 남는 게 자기였다. 모든 것을 드러낸 다음까지, 덩그렇게 남는 의심할 수 없는 마지막 것, 관념 철학자의 달걀. 이명준에게 뜻있고 실속 있는 자기란 그런 것이다. 아버지가 그의 '나'의 내용일 수 없었다. 어머니가 그의 한식구일 수는 없었다. 나의 방에는 명준 혼자만 있다. 나는 광장이 아니다. 그건 방이었다. 수인의 독방처럼, 복수가 들어가지 못하는 단 한 사람을 위한 방. 어머니가 살아 있대도 그녀와 한방에 있을 수는 없을 것이며, 그들이 서로 만날 수 있는 광장은 지금 와서는 사라졌다. 어머니는 죽었으므로. 살아 있는 사람과 죽은 사람이 더불어 쓰는 광장이 아직은 없기 때문에. 아버지와 만날 수 있는 광장으로 가는 길은 막혀 있다. **아버지가 모습을 나타내는 광장은 다른 동네에 자리 잡은 광장**이다. 그리고 그 사이에는 기관총이 걸려 있다. 애당초 그리로 갈 염을 내지 말아야 했고, 가고 싶다고 생각한 일도 없다. 왜냐하면 그는 광장을 믿지 않기 때문이다. 갑자기 나타난 아버지는 어떻게 맞이했으면 좋을지 어리둥절한 어떤 풍문과 같다.

　이틀 후. 명준은 **S서 사찰계 취조실**에서 형사와 마주앉아 있다. 형사는 두 팔꿈을 책상에 걸치고 그를 쏘아본다.

　"어느 학교에 다녀?"
　"○○댑니다."
　"뭘 전공하나?"
　"철학입니다."
　"철학?"
　형사는 입을 비죽거린다. 명준은 얼굴이 확 단다. ㉣그의 말이 비위를 건드렸지만, 고개를 돌린다. 형사의 등 뒤쪽에 열린 커다란 창문 밖에서 물이 흐르듯 싱싱한 포플러나무의 환한 새잎에 눈길을 옮긴다. 5월. 좋은 철이다. 좋은 철에 자기는 뭣 하러 이 음침한 방에 앉아서, 보통 같으면 담뱃불 댕기는 것도 싫을 버릇없는 사나이한테서 이죽거림을 받는 것일까. 아버지 덕에? 아버지. 고맙습니다. 같이 있을 때도 늘 집에 보이지 않고, 몇 달씩 집을 비웠다간 불쑥 나타나곤 했던 아버지다. 신경. 하얼빈. 연길. 소년 시절을 보낸 중국의 도시들. 해방이 되자 뭣 하러 부랴부랴 서울로 나왔을까? 안 그랬던들 어머니도 돌아가시지 않았을지 몰라.
　"그래 철학과면 마르크스 철학도 잘 알겠군?"
　"네?"
　생각에서 깨어나면서 얼결에 그렇게 되묻자 ㉤형사는 주먹으로 책상을 탕 치면서,
　"이 쌍놈의 새끼, 귓구멍에 말뚝을 박안? 마르크스 철학도 잘 알겠구나 이런 말야!"
　투가 확 달라지는 것이었다. 명준은 **눈시울이 뜨**거워진다.

– 최인훈, 「광장」

01 대표 유형

○ 9540-0015

㉠~㉤에 대한 이해로 적절하지 않은 것은?

① ㉠: 영미 아버지는 명준에 대한 걱정과 함께 북에 있는 친구에 대한 아쉬운 심정을 내비치고 있군.
② ㉡: 명준은 아버지의 보살핌 없이 지내는 동안 아버지의 존재를 의식하지 않고 살아왔다고 할 수 있군.
③ ㉢: 명준은 필요한 돈을 아버지의 친구에게 받아 쓰는 것에 특별히 고마운 마음을 갖고 있지 않군.
④ ㉣: 명준은 모멸적인 상황을 조금이라도 빨리 벗어나기 위해 협조적인 태도를 취하고 있군.
⑤ ㉤: 형사는 명준이 자신의 질문에 제대로 대답하지 못하자 거친 행동으로 명준에게 위협을 가하고 있군.

02

9540-0016

〈보기〉를 참고하여 윗글을 감상한 내용으로 적절하지 <u>않은</u> 것은?

| 보기 |

　이 작품은 6·25 전쟁은 멈추었지만 총칼을 겨눈 채 서로의 체제를 비방하며 첨예하게 대립했던 시기를 배경으로 하고 있다. 북한에서는 남한을 향해 자본주의는 부패하고 타락한 사회 체제라는 대남 방송을 그치지 않았으며, 다양한 방법으로 정치 선전물을 살포하였다. 이에 맞서 남한 역시 갖은 수단을 동원해 북한을 비난하였으며, 내부적으로도 반공 이데올로기를 공고히 하고자 북한을 연상시키는 모든 것들을 몰상식적으로 탄압하였다. 「광장」은 이러한 남북 분단의 상황과 이데올로기 문제를 정면으로 다룬 작품으로, 주인공 이명준의 지각을 중심으로 서술이 이루어진다. 이명준은 아버지 친구의 도움으로 남한에서의 생활을 유지하면서 자본주의적 생활 양식과 반공 이데올로기의 부조리함을 경험한다. 자신이 속한 세상에 대한 환멸은 명준이 또 다른 세계를 지향하게 하지만 결국 상실감과 절망으로 파국을 맞게 한다.

① '자네 부친이 요사이 평양 방송의 대남 방송 시간에 나온다'는 영미 아버지의 말에서 방송으로 이데올로기나 체제를 선전하며 대립했던 남북의 현실을 알 수 있군.

② 명준이 '돈이라는 물건을 한 번도' '살갗 안에 있는 것으로 느껴 본 적이 없는' 것을 통해 그가 자본주의적 생활 양식을 비판하는 인물임을 알 수 있군.

③ '아버지가 모습을 나타내는 광장은 다른 동네에 자리 잡은 광장'이라는 명준의 생각은 그가 북한을 남한과 분리되어 존재하는 공간으로 여겼음을 보여 주는군.

④ 'S서 사찰계 취조실'로 불려 와 형사에게 취조를 당하는 장면은 반공 이데올로기가 부조리하게 작동하는 모습을 보여 주는군.

⑤ 명준의 '눈시울이 뜨'겁게 달아오르는 것은 자신이 속한 세상에 대한 환멸에서 오는 서글픔이라고 할 수 있군.

[03~04] 다음 글을 읽고 물음에 답하시오.

[앞부분의 줄거리] 갑자기 걸려 온 옛 친구의 전화 때문에 '나'는 고향 생각을 하게 된다. 전화 속 쉰 목소리의 주인공인 박은자는 찐빵 집 딸로 어렸을 적부터 노래를 무척 좋아했는데, 결국 지금은 밤무대 가수가 되었다고 했다. 그러면서 내가 살고 있는 부천의 나이트클럽에서 노래를 하니, 꼭 자신의 무대를 보러 오라고 한다. 나는 전화를 끊고, 아버지를 일찍 여읜 탓에 큰오빠가 생계를 도맡아 꾸려 갔던 어린 시절의 추억에 잠긴다.

　내가 새부천 클럽에 가서 은자를 만나 버리고 나면 그때부터는 어떤 표지판에 기대어 고향을 찾아갈 수 있을 것인지 정말 알 수 없었다.

　은자의 지금 모습이 어떤지 나는 전혀 떠올릴 수가 없다. 설령 클럽으로 찾아간다 하여도 그 애를 알아볼 수 있을지 자신할 수도 없었다. 내 기억 속의 은자는 상고머리에, 때 낀 목덜미를 물들인 박 씨의 억센 손자국, 그리고 터진 겨드랑이 사이로 내보이던 낡은 내복의 계집아이로 붙박여 있었다. 서른도 훨씬 넘은 중년 여인의 그 애를 어떻게 그려 낼 수 있는가. 수십 년간 가슴에 품어 온 고향의 얼굴을 현실 속에서 만나고 싶지는 않다, 라고 나는 생각하였다. 만나 버린 뒤에는 내게 위안을 주었던 유년의 소설도, 소설 속의 한 시대도 스러지고야 말리라는 불안감을 떨쳐 버릴 수가 없었다. 그렇다 하더라도 이미 현실로 나타난 은자를 외면할 수 있을는지 그것만큼은 풀 수 없는 숙제로 남겨 둔 채 토요일 밤을 나는 원미동 내 집에서 보내고 말았다.

　일요일 낮 동안 나는 전화 곁을 떠나지 못하였다. 이제 은자는 가시 돋친 음성으로 나의 무심함을 탓할 것이었다. 그녀의 질책을 나는 고스란히 받아들일 작정이었다.

〈중략〉

　오후가 되어서 이윽고 전화벨이 울렸다. 그러나 수화기에선 쉰 목소리 대신에 귀에 익은 동생의 목소리가 흘러나왔다. 고향에서 들려오는 살붙이의 음성은 모든 불길한 예감을 젖히고 우선 반가웠다. 여동생이 전하는 소식은 역시 큰오빠에 관한 우울한 삽화들뿐이었다. 마침내 집을 팔기로 하고 계약서에 도장을 찍었다는 것과, 한 달 남은 아버지 추도 예배는 마지막으로 그 집에서 올리기로 했다는 이야기였다. 계약서에 도장을 찍은 것은 어제였는데 큰오빠는 종일토록 홀로 술을 마셨다고 했다. 집을 팔기 원했으나 ㉠지금은 큰오빠의 마음이 정처 없을 때라서 식구들 모두 조마조마한 심정이라고 동생은 말하였다.

　㉡집을 팔았다고는 하지만 훨씬 좋은 집으로 옮길 수 있는 힘이 큰오빠에게 있으므로 걱정할 일은 아니었다. 하지만 큰오빠는 어제 종일토록 홀로 술을 마셨다고 했다. 나도, 그리고 동생도 걱정하지 않을 수 없을 만큼.

　"이번 추도 예배는 한 사람이라도 빠지면 안 되겠어. 내가 오빠들한테도 모두 전화할 거야. 그렇지 않아도 큰오빠 요새 너무 약해졌어. 여관 숲이 되지만 않았어도 그 집 안 팔았을 텐데. 독한 소주를 얼마나 마셨는지 오늘 아침엔 일어나지도 못했대. 좋은 술 다 놓아두고 왜 하필 소주야? 정말 모르겠어. 전화나 한번 해 봐. 그리고 추도식 때 꼭 내려와야 해. 너무들 무심하게 사는 것 같아. ㉢일 년 가야 한 번이나 만날까, 큰오빠도 그게 섭섭한 모양이야……."

　그 집에서 동생들을 거두었고 또한 자식들을 길러 냈던 큰오빠였다. 그의 생애 중 가장 중요했던 부분이 거기에 스며 있었다. 큰오빠는, 신화를 창조하며 여섯 동생을 가르쳤던 큰오빠는 이미 한 시대의 의미를 잃은 사람이 되고 말았다. 이십오 년 전에는 젊고 잘생긴 청년이었던 그가 벌써 쉰 살의 나이로 늙어 가고 있었다. 이십오 년을 지내 오면서 우리 형제 중 한 사람은 땅 위에서 사라졌다. 목숨을 버린 일로 큰오빠를 배신했던 셋째 말고는 모두들 큰오빠의 신화를 가꾸며 살고 있었다. 여태도 큰형을 어려워하는 둘째 오빠는 큰오빠의 사업을 돕는 오른팔의 역할을 묵묵히 수행하면서 한편으로는 화훼에 일가견을 이루고 있었다. 내과 전문의로 개업하고 있는 넷째 오빠도, 행정 고시에 합격하여 고급 공무원이 된 공부벌레 다섯째 오빠도 큰오빠의 신화를 저버리지 않았다. 고향의 어머니와 큰오빠가 보기에는 거짓말을 능수능란하게 지어낼 뿐인, 책만 끼고 살더니 가끔 글줄이나 짓는가 보다는 나 또한 궤도 이탈자는 결코 아닌 셈이다. 아버지가 세상을 뜨던 해에 고작 한 살이었던 내 여동생은 벌써 두 아이의 엄마가 되어 음악 선생으로 일하고 있는 중이었다.

그러나 정작 큰오빠 스스로가 자신이 그려 놓은 신화에 발이 묶이고 말았다. 공장에서 돈을 찍어 내서라도 동생들을 책임져야 했던 시절에는 우리들이 그의 목표였다. 새로운 사업을 시작할 때마다 실패할 수 없도록 이를 악물게 했던 힘은 그가 거느린 대가족의 생계였다. 하지만 지금은 동생들이 모두 자립을 하였다. 돈도 벌 만큼 벌었다. 한때 그가 그렇게 했듯이 동생들 또한 젊고 탱탱한 활력으로 사회 속에서 뛰어가고 있었다.

저들이 두 발로 달릴 수 있게 된 것은 누구 때문인가, 라고는 묻고 싶지 않지만 노쇠해 가는 삶의 깊은 구멍은 큰오빠를 무너지게 하였다. 몇 년 전의 대수술로 겨우 목숨을 건진 이후부터는 눈에 띄게 큰오빠의 삶이 흔들거렸었다. 이것도 해선 안 되고 저것도 위험하며 이러저러한 일은 금하여라, 는 생명의 금칙이 큰오빠를 옥죄었다. ②열심히 뛰어 도달해 보니 기다리는 것은 허망함뿐이더라는 그의 잦은 한탄을 전해 들을 때마다 나는 큰오빠가 잃은 것이 무엇인가를 생각해 보지 않을 수 없었다. 내가 수없이 유년의 기록을 들추면서 위안을 받듯이 ⑩그 또한 끊임없이 과거의 페이지를 넘기며 현실을 잊고 싶어 하는지도 모를 일이었다. 그러면서 한 발자국 한 발자국씩 이 시대에서 멀어지는 연습을 하는지도.

머지않아 여관으로 변해 버릴 집을 둘러보며, 집과 함께해 온 자신의 삶을 안주 삼아 쓴 술을 들이키는 큰오빠의 텅 빈 가슴을 생각하면 무력한 내 자신이 안타까웠다. 아버지 산소에 불쑥불쑥 찾아가서 죽은 자와 함께 한 병의 술을 비우는 큰오빠의 마음을 알 수 있을 것도 같았다. 한 인간의 뼈저린 고독은 살아 있는 자들 중 누구도 도울 수 없다는 것, 오직 땅에 묻힌 자만이 받아 줄 수 있다는 것은 의미심장하였다. 동생은 마지막으로 어머니의 결심을 전해 주고 전화를 끊었다. 말하자면 그것은 어머니가 큰아들을 위해 할 수 있는 유일한 방법인 셈이었다.

"오늘 아침부터 엄마, 금식 기도 시작했어. 큰오빠가 교회에 나갈 때까지 아침 금식하고 기도하신대. 몇 달이 걸릴지 몇 년이 걸릴지, 노인네 고집이니 어렵하겠수."

– 양귀자, 「한계령」

03

◑ 9540-0017

㉠~㉤ 중 〈보기〉의 ㉮에 해당하지 않는 것은?

┤ 보기 ├

일인칭 서술 상황에서는 서술자가 작중 인물의 역할을 하기 때문에 자기 서술과 타자 서술을 함께 하게 된다. 그런데 일인칭 서술자가 '나'에 대해 서술할 때에는 내면의 서술에 별다른 한계를 느끼지 않는 반면, 타자를 서술할 때에는 내면 서술에 제한적일 수밖에 없다. 따라서 ㉮일인칭 서술자가 타인의 내면을 서술할 때에는 대상 인물의 말과 행동을 통해 독자가 인물의 내면을 추리하게 하거나, 제3자의 전언, 서술자의 짐작 등을 활용하여 인물의 내면을 전달하는 경우가 많다.

① ㉠   ② ㉡   ③ ㉢   ④ ㉣   ⑤ ㉤

04 대표 유형

○ 9540-0018

윗글의 내용을 다음과 같이 도식화했을 때, ⓐ, ⓑ에 들어갈 내용으로 적절하지 <u>않은</u> 것은?

사건	내용	'나'의 심리
'은자'에게 전화가 걸려 옴.	'은자'가 자신의 무대를 보러 오라고 함.	ⓐ
'동생'의 전화가 걸려 옴.	'동생'이 '큰오빠'의 상황을 전함.	ⓑ

① ⓐ: 자신에게 위안을 준 옛 추억을 순식간에 잃는 것에 대해 두려움을 느낌.

② ⓐ: 자신의 현실 앞에 나타난 '은자'를 무작정 외면할 수 있을지에 대해 고민함.

③ ⓑ: 좋은 소식은 아닐 거라고 생각하면서도 '동생'의 목소리에서 반가움을 먼저 느낌.

④ ⓑ: 자신을 희생하며 여섯 동생을 가르쳤던 '큰오빠'의 기대에 못 미치는 삶을 살고 있는 자신의 모습에 안타까움을 느낌.

⑤ ⓑ: 마음의 정처를 잃고 지나온 삶에 대해 허망함을 느끼고 있는 '큰오빠'의 심정을 이해하게 됨.

04 고전 소설

다양한 맥락을 고려한 감상

■ 다음 글을 읽고 물음에 답하시오.

이생은 날마다 겨드랑이에 책을 끼고 국학에 갔는데, 늘 최 씨 집 앞을 지나갔다. 최 씨 집의 북쪽 담장 밖에는 하늘거리는 수양버들 수십 그루가 둥그렇게 둘러서 있었고, 이생은 종종 그 나무 아래에서 쉬어가곤 하였다.

하루는 이생이 최 씨 집 담장 안을 넘겨다봤다. 아름다운 꽃들이 활짝 피어 있고, 벌과 새들이 그 사이를 요란스레 날아다니고 있었다. 뜰 한쪽에는 꽃나무 수풀 사이로 작은 정자 하나가 보였다. 문에는 구슬발이 반쯤 걷혀 있고, 그 안에 비단 장막이 드리워 있었다. 그 안에 아름다운 여인 한 사람이 앉아서 수를 놓다가 지겨운 듯 바느질하던 손을 멈추고 턱을 괴더니 이런 시를 읊었다.

홀로 비단 창에 기대어 수놓기도 지루한데 / 온갖 꽃떨기마다 꾀꼬리 지저귀네.
괜스레 봄바람 원망하다가 / 말없이 바늘 멈추고 누군가를 그리워하네.

길 가는 멀쑥한 선비, 뉘 댁 분이신지 / 파란 옷깃 넓은 띠 버들 사이로 어른거리네.
내가 제비가 될 수 있다면 / 구슬발 헤치고 나가 담장을 넘으리.

이생은 시 읊는 소리를 듣고 들뜬 마음을 억누를 수 없었다. 그러나 명문가 담장은 높디높고 여인의 규방은 깊디깊으니 그저 속만 끓이다 떠나는 수밖에.

이생은 국학에서 돌아오는 길에 흰 종이 한 폭에 자신이 지은 시 세 편을 써서 기왓장에 묶어 담장 안으로 던졌다. 그 시는 다음과 같다.

무산 열두 봉우리 첩첩이 쌓인 안개 속에 / 반쯤 드러난 봉우리가 붉고도 푸르구나.
양왕의 외로운 꿈을 수고롭게 하지 마오. / 구름 되고 비가 되어 양대에서 만나 보세.

〈중략〉

신축년에 홍건적이 서울을 침략하여 임금이 복주로 피난하였다. 홍건적은 가옥을 불태우고 사람과 가축을 닥치는 대로 죽였다. 이생 부부와 친척들 또한 위험을 피할 길이 없어 동서로 달아나 목숨을 부지하고자 했다.

이생은 가족을 이끌고 깊은 산속에 들어가 숨으려 했다. 이때 홍건적 하나가 나타나 칼을 뽑아 들고 쫓아왔다. 이생은 있는 힘껏 달려 겨우 벗어날 수 있었다. 그러나 최 씨는 결국 홍건적에게 사로잡히고 말았다. 홍건적이 최 씨를 겁탈하려 하자 최 씨는 큰 소리로 꾸짖었다.

"짐승만도 못한 놈! 나를 죽여라! 죽어서 승냥이의 밥이 될지언정 내 어찌 개돼지의 아내가 될 수 있겠느냐!"

홍건적은 노하여 최 씨를 죽이고 난도질하였다.

이생은 황야에 몸을 숨겨 겨우 목숨을 건질 수 있었다. 홍건적이 물러갔다는 소식을 듣고 집으로 돌아와 보니 이미 모두 불타 잿더미가 되어 있었다.

이생은 발길을 돌려 최 씨의 집으로 갔다. 황량한 집에 쥐가 찍찍거리고 새들이 지저귀는 소리만이 들려왔

다. 슬픔을 가눌 수 없어 작은 정자에 올라가 눈물을 훔치며 길게 한숨을 쉬었다.

날이 저물도록 이생은 덩그러니 홀로 앉아 있었다. 멍하니 예전에 최 씨와 함께 즐겁게 보낸 시간들을 회상하노라니 한바탕 꿈을 꾼 듯싶었다.

어느덧 이경(二更) 무렵이 되었다. 달빛이 희미하게 들보를 비추었다. 문득 행랑 아래쪽에서 어떤 소리가 들려왔다. 멀리서부터 발자국 소리가 점점 다가오는 것이었다. 최 씨였다. 이생은 최 씨가 이미 죽은 줄 알면서도 사랑하는 마음이 간절했던 까닭에 의심하지 않고 곧바로 이렇게 물었다.

"어디로 피해서 목숨을 건졌소?"

최 씨는 이생의 손을 잡고 목 놓아 통곡하더니, 이윽고 마음을 토로하였다.

"저는 본래 사대부 가문에 태어나 어려서부터 부모님의 가르침을 따라 수놓고 옷 짓는 일을 열심히 익혔고, 시 짓기며 글씨 쓰기며 인의(仁義)의 도리도 배웠어요. 하지만 오직 규방 여성의 일이나 알 뿐 바깥세상의 일이야 아는 것이 없었지요.

그러던 터에 어쩌다 붉은 살구가 있는 담장을 넘겨다보고는 그만 제가 먼저 마음을 바치고 말았고, 꽃 앞에서 한번 웃음 짓고는 평생의 인연을 맺게 되어 장막 안에서 거듭 만나며 백 년의 정을 쌓았습니다. 처음 만나던 시절을 얘기하다 보니 슬픔을 견딜 수 없군요.

백년해로할 것을 약속하고 함께 살았건만, 도중에 일이 어그러져 구덩이에 뒹굴게 될 줄 어찌 생각이나 했겠어요. 끝내 승냥이의 손에 몸을 망치지 않게 저 스스로 모래 구덩이에서 살을 찢기는 길을 택했지요. 이는 하늘의 이치로 보자면 당연한 것이지만, 인간의 정으로는 견디기 어려운 일입니다. 깊은 산에서 우리 부부가 헤어진 뒤 결국 서로 다른 곳으로 날아가는 두 마리 새와 같이 영영 떨어지게 되었으니, 한스럽고 한스러울 뿐이어요.

집은 사라지고 가족들은 모두 세상을 떠 이제 고단한 영혼이 의지할 곳 없으니 서글프기 그지없지만, 소중한 의리를 지키기 위해 가벼운 목숨을 버리고 치욕을 면할 수 있었으니 다행이지요. 마디마디 재가 되어 버린 제 마음을 누가 가여워해 줄까요? 갈기갈기 찢어진 제 창자에 원한만이 가득합니다. 제 해골은 들판에 널브러졌고, 간담은 땅에 뒹굴고 있어요.

가만히 생각해 보니 지난날의 기쁨과 즐거움이 오늘의 슬픔과 원한이 되고 말았네요. 하지만 지금 깊은 산골에 추연의 피리 소리 들려오고, 천녀의 혼령은 자기 몸을 찾아 돌아왔으니, 봉래도에서 기약한 만남이 이루어지고, 취굴에 삼생의 향기가 가득합니다. 이제 다시 만났으니 지난날의 맹세를 저버리지 않으시기 바랍니다. 저를 잊지 않으셨다면 다시 행복하게 살아요. 허락해 주시겠어요?"

이생은 기쁘고 마음이 뭉클해져 "그건 진정 내가 바라던 바라오!"라고 말했다.

– 김시습, 「이생규장전」

읽기 탄탄

김시습, 「이생규장전」

고전 소설은 고전 문학 중 산문 문학을 대표하는 영역입니다. 크게 한문 소설과 한글 소설로 구별할 수 있으며, 우리 민족 안에서 이미 근대적 의식들이 싹트고 있었음을 알 수 있는, 가치 있는 문학입니다. 대체로 19세기 말까지의 우리 소설을 고전 소설이라 총칭하며, 15세기 말 김시습의 『금오신화』를 효시로 삼습니다. 김시습의 『금오신화』는 조선 전기 한문 소설로, 「만복사저포기」, 「이생규장전」, 「용궁부연록」, 「남염부주지」, 「취유부벽정기」로 구성되어 있으며, 이 중 「이생규장전」은 죽음을 초월한 남녀 간의 사랑을 주제로 한 애정 소설로 분류할 수 있습니다. 애정 소설에서는 중세적 질서와 사회·문화의 틀이라는 **현실의 벽 앞에서 인간의 가장 진실한 감정인 사랑을 두고 갈등하는 인물들의 모습을 섬세하게 읽을 수 있어야 합니다.** 「이생규장전」에서 다루는, 당시의 사회 통념으로는 허용될 수 없는 자유연애나 귀신과 인간의 결합이라는 비현실적 사건은 상당히 진보적이고도 파격적인 내용이라 할 수 있습니다. 「이생규장전」을 말도 안 되는 허구의 이야기로 치부하기보다는, 진실한 사랑에 대한 인간적 욕망을 솔직하게 그리고 있다는 점에 주목해 봅시다. 또 이생과 최 씨가 주고받는 시를 통해 드러나는 서로를 향한 관심과 사랑의 섬세한 감정도 느낄 수 있어야 합니다.

◐ 9540-0019

01 윗글을 이해한 내용으로 적절하지 <u>않은</u> 것은?

① 이생은 담장 너머로 우연히 최 씨의 모습을 보고 사랑에 빠졌다.

② 이생은 자신의 마음을 담은 시를 적어 최 씨에게 전했다.

③ 홍건적에게 쫓기던 최 씨는 정절을 지키고자 죽음을 택하였다.

④ 이생은 다시 나타난 최 씨가 죽은 것을 모른 채 재회를 기뻐하였다.

⑤ 죽은 최 씨는 이생에게 못다 한 사랑을 나누며 살자는 제안을 하였다.

개념 탄탄 이것만은 꼭 알고 가자!

■ **내적 준거에 따라 읽기**

문학 작품은 내용 요소와 형식 요소가 적절히 결합하여 이루어지는 결정체입니다. 내적 준거에 따라 읽기는 문학 작품을 그 나름의 완전한 하나의 세계로 간주하여 인물, 사건, 배경, 시점, 문체 등 작품의 내적인 구성 요소만을 중요시하여 감상하는 태도입니다.

■ **외적 준거에 따라 읽기**

문학 작품은 내용 요소와 형식 요소가 결합하여 이루어지지만 문학 작품을 둘러싼 다양한 맥락 속에서 생산되고 존재합니다. 그러므로 작품을 제대로 감상하기 위해서는 작품을 둘러싼 다양한 맥락을 고려하여 읽을 수 있어야 합니다. 작품을 둘러싼 다양한 맥락이란 문학 작품 창작 당시의 역사적 사건이나 사회적 현상 등 사회·문화적 맥락을 포함하여 제재나 주제 등이 밀접하게 관련된 다른 문학 작품과의 관계까지 의미합니다.

■ **고전 소설의 전기성(전기적 요소)**

'전기(傳奇)'란 이상하고 기이하다는 뜻입니다. 전기적인 사건 전개는 고전 소설의 주요 특징 중 하나로, 많은 고전 소설에서 비현실적인 사건들이 흔히 나타납니다. 주인공이 도술을 부린다거나 용궁을 다녀온다거나 하는 것이 예가 될 수 있겠습니다. 「이생규장전」에서도 죽은 최 씨와 산 이생이 사랑과 이별을 겪는 것을 전기적이라 할 수 있습니다.

◎ 9540-0020

02 〈보기〉를 바탕으로 윗글을 감상한 내용으로 적절하지 <u>않은</u> 것은?

> ┤ 보기 ├
>
> 「이생규장전」은 현실에서 이룰 수 없는 일을 작품 속에서 성취하도록 하는 내용을 담은 전기 소설(傳奇小說)이다. 현실에서 발생한 인물들의 욕망이 현실적인 장벽에 부딪혀서 성취될 수 없을 때, 환상적인 기이함을 빌려 성취하게 하는 내용 구조를 취하고 있는데, 여기에는 인간의 욕망 성취라는 인간적이며 현실적인 사고가 반영되어 있다.

① 홍건적의 난은 이생과 최 씨의 사랑을 가로막는 현실적인 장벽이라 할 수 있겠군.

② 이생이 담 너머로 시를 전한 것은 인간적 욕망을 성취하려는 노력이라 할 수 있겠군.

③ 이생과 죽은 최 씨의 재결합은 장벽에 부딪힌 욕망이 환상적으로 성취된 것이라 할 수 있겠군.

④ 이생이 전란 속에서 홀로 목숨을 보전한 것은 환상적 기이함을 보여 주는 장치라 할 수 있겠군.

⑤ 최 씨의 집은 현실 세계에 속하지만 욕망이 실현되는 환상 세계의 성격을 함께 지녔다고 할 수 있겠군.

풀이탄탄 〈보기〉의 감상 기준을 파악하라.

1단계

〈보기〉에 제시된 내용(외적 준거)에 따라 작품을 감상할 수 있는지를 묻는 문제입니다. 이러한 문제의 유형에서는 〈보기〉를 잘 이해하는 것이 무엇보다 중요합니다. **〈보기〉에서 제시하는 감상의 기준이나 근거 혹은 감상의 방향을 잘 파악**해야 합니다.

2단계

먼저 〈보기〉에서 제시하고 있는 내용을 살펴볼까요? 「이생규장전」의 '전기성'을 언급하고 있습니다. **「이생규장전」의 전기성은 현실에서 불가능한 사랑을 가능하게 하는 것**으로 기능하고 있습니다. 사랑을 이루고 싶은 것이 '인간의 욕망 성취'에 해당되겠고, 이러한 마음은 지극히 '인간적이고 현실적인 것'이라고 이해할 수 있습니다.

3단계

선택지의 내용 중 언급된, 이생이 전란을 피해 홀로 목숨을 보전한 것은 환상적 **기이함이라기보다 현실적인 상황**에 해당됩니다. 따라서 ④는 환상적 기이함과 관련된 전기성과는 관계가 없는 선택지로 분류할 수 있습니다.

[01~02] 다음 글을 읽고 물음에 답하시오.

[앞부분의 줄거리] 홍계월은 전란으로 부모와 떨어져 자라게 되고, '평국'이라는 새 이름을 얻어 남장을 하고 과거에 급제하여 대원수가 된다. 전쟁에 나가 승리하여 공도 세우고 친부모도 만나게 되지만, 몸이 쇠약해져 병석에 눕는다. 황제는 홍계월의 치료를 위해 어의를 보내고, 홍계월은 어의에게 진맥을 받게 된다.

"평국의 맥을 보오니 남자의 맥이 아니오니 이상한 일이옵니다."

천자께서 그 말을 들으시고 말씀하셨다.

"평국이 여자라면 어찌 전장에 나아가 적병 십만 군을 소멸하고 왔겠는가? 평국의 얼굴이 복숭아꽃 빛이요 몸이 약하므로 혹 미심쩍은 점이 있거니와 아직은 누설하지 말라."

그러시고는 내시를 시켜 자주 문병하도록 하셨다.

이때 평국은 병세가 차차 나아졌다. 생각하기를,

'어의가 나의 맥을 짚었으니 나의 본색이 탄로 날 것이다. 이제는 할 수 없이 여자 옷으로 바꿔 입고 규중에 몸을 감추어 세월을 보내는 것이 옳겠다.'

하고, 즉시 남자 옷을 벗고는 여자 옷으로 갈아입고서 부모를 뵈었다. 그리고 흐느끼니 두 뺨에 두 줄기 눈물이 줄줄 흘렀다. 이에 부모도 눈물을 흘리며 위로했다. 계월이 슬픔에 잠겨 우는 모습은 추구월 연꽃이 가랑비를 머금은 듯, 초승달이 구름에 잠긴 듯했으며 아름다우며 침착한 태도는 당대의 제일이었다. 계월이 천자께 상소를 올리자, 임금께서 보셨는데 상소의 내용은 다음과 같았다.

'한림학사 겸 대원수 좌승상 청주후 평국은 머리를 조아려 백 번 절하고 아뢰옵나이다. 신첩이 다섯 살이 되기 전에 장사랑의 난에 부모를 잃었사옵니다. 그리고 도적 맹길의 환을 만나 물속의 외로운 넋이 될 뻔한 것을 여공의 덕으로 살아났사옵니다. 오직 한 가지 생각을 했으니, 곧 여자의 행실을 해서는 규중에서 늙어 부모의 해골을 찾지 못할 것이라는 점입니다. 그래서 여자의 행실을 버리고 남자의 옷을 입어 황상을 속이옵고 조정에 들었사오니 신첩의 죄는 만 번을 죽어도 아깝지 않습니다. 이에 감히 아뢰어 죄를 기다리옵고 내려 주셨던 유지(諭旨)와 인수(印綬)*를 올리옵나이다. 임금을 속인 죄를 물어 신첩을 속히 처참하옵소서.'

천자께서 글을 보시고 용상(龍床)을 치며 말씀하셨다.

"평국을 누가 여자로 보았으리오? 고금에 없는 일이로다. 천하가 비록 넓으나 문무(文武)를 다 갖추어 갈충보국(竭忠報國)*하고, 충성과 효도를 다하며 조정 밖으로 나가서는 장수가 되고 들어와서는 재상이 될 만한 재주를 가진 이는 남자 중에도 없을 것이로다. 평국이 비록 여자지만 그 벼슬을 어찌 거두겠는가?"

내시를 명해 유지와 인수를 도로 보내시고 비답을 주셨다. 계월이 황공하고 감사해 비답을 받아 보니, 다음과 같은 내용이었다.

'경의 상소를 보니 놀랍고도 장하도다. 충과 효를 다 갖추어 반란군을 소멸하고 사직을 평안히 보존한 것은 다 경의 바다와 같은 덕 때문이니 짐이 어찌 경이 여자임을 허물로 삼겠는가? 유지와 인수를 도로 보내니 추호도 염려하지 말고 경은 갈충보국하여 짐을 도우라.'

이에 계월이 사양을 못해 여자 옷을 입고 그 위에 조복(朝服)을 입고 자신이 부리던 장수 백여 명과 군사 천여 명에게 갑옷과 투구를 갖추어 입고 승상부 문 밖에 진을 치고 있게 하니 그 대열이 엄숙했다.

〈중략〉

이때 보국이 오와 초의 두 왕을 잡아 앞세우고 황성으로 향해 오다가 바라보니 한 장수가 모래사장에 들어오고 있었다. 살펴보니 수기와 칼 빛은 원수의 수기와 칼이로되 말은 준총마가 아니요 백호마였으므로 보국이 의심해 한편 진을 치며 생각했다.

'적장 맹길이 복병하고서 원수의 모양을 해 나를 유인하는 것이다.'

이러고서 크게 의심하니 천자께서 그 거동을 보시고 평국을 불러 말씀하셨다.

"보국이 원수를 보고 적장으로 여겨 의심하는 듯하도다. 원수는 적장인 체하고 중군을 속여 오늘 짐에게 재주를 시험하여 보아라."

이렇게 말씀하시니 원수가 아뢰었다.

"폐하의 하교가 신의 뜻과 같사오니 그렇게 하겠나이다."

[A]
　　원수가 갑옷 위에 검은 군복을 입고 모래사장에 나서며 수기를 높이 들고 보국의 진으로 향했다. 보국이 적장인 줄 알고 달려드니 평국이 곽 도사에게 배운 술법을 썼다. 순식간에 큰 바람이 일어나며 검은 안개가 자욱하므로 지척을 분변하지 못했다. 보국이 어찌 할 줄을 몰라 두려워했다. 평국이 고함을 치고 달려들어 보국의 창검을 빼앗아 손에 들고 산멱통을 잡아 공중에 들고 천자 계신 곳으로 갔다.

이때 보국은 평국의 손에 딸려 오며 소리를 크게 하여 원수를 불렀다.

"평국은 어디 가서 보국이 죽는 줄을 모르는고?"

이렇게 소리치며 우는 소리가 진중에 요란했다. 원수가 이 말을 듣고 웃으며 말했다.

"네 어찌 평국에게 딸려 오며 무슨 일로 평국을 부르느냐?"

그러고서 박장대소(拍掌大笑)하니 보국이 그 말을 듣고 정신을 차려서 보니 평국이었다. 슬픔은 간 데 없고 도리어 부끄러워 눈물을 거두었다.

– 작자 미상, 「홍계월전」

*유지와 인수 임금이 내린 글과 병권을 상징하는 끈.
*갈충보국 충성을 다하여서 나라의 은혜를 갚음.

01
◎ 9540-0021

[A]에 대한 설명으로 가장 적절한 것은?

① 전기적 요소가 인물의 비범함을 드러내고 있다.

② 객관적인 묘사로 사건에 현실성을 더하고 있다.

③ 공간적 배경을 통해 사건의 결말을 예고하고 있다.

④ 우연한 사건으로 사건의 인과 관계가 나타나고 있다.

⑤ 서술자의 개입을 통해 인물 간의 갈등이 해소되고 있다.

02 대표 유형

◎ 9540-0022

〈보기〉를 참고하여 윗글을 감상한 내용으로 적절하지 않은 것은?

┤ 보기 ├

「홍계월전」은 여성이 정치적 진출을 하여 이름을 크게 떨친다는 내용의 작품이다. 계월은 여성이란 사실이 드러났음에도 불구하고 천자에게 능력을 인정받아 최고 지위의 벼슬을 유지한다. 이후 계월은 전쟁에서 영웅적 활약상을 펼치고, 남성과의 경쟁에서도 일방적인 승리를 거둔다. 이를 통해 당시의 성(性) 이데올로기로부터 벗어나 남녀평등, 여권 신장 등을 소망하고 지향했던 당대인의 의식과 태도를 엿볼 수 있다.

① 홍계월이 정체가 탄로 나면 나랏일을 할 수 없다고 판단한 것에서 당시의 성 이데올로기를 엿볼 수 있군.
② 천자가 홍계월의 능력을 인정하는 데서 여성의 능력을 긍정하는 태도를 지향하는 의식을 엿볼 수 있군.
③ 홍계월이 여성임이 드러났음에도 원수로 활약하는 것에서 여권 신장을 소망했던 당대인의 태도를 엿볼 수 있군.
④ 홍계월이 천자에게 올린 글의 내용에서 당시의 성 이데올로기를 타파하고자 했던 노력을 엿볼 수 있군.
⑤ 홍계월이 보국을 희롱하는 장면에서 여성의 통쾌한 승리를 통해 여권 신장을 지향하는 태도를 엿볼 수 있군.

[03~04] 다음 글을 읽고 물음에 답하시오.

예쁘고 고운 기생 그중에 많건마는 사또께옵서는 원래부터 춘향의 말을 높이 들었는지라. 아무리 들으시되 춘향이 이름이 없는지라. 사또가 수노를 불러 묻는 말이,

"기생 점고 다 되어도 춘향은 안 부르니 퇴기냐?"

수노 여쭈오되,

"춘향 어미는 기생이되 춘향은 기생이 아닙니다."

사또 묻기를,

"춘향이가 기생이 아니면 어찌 규중에 있는 아이 이름이 그리 유명한가?"

수노 여쭈오되,

ⓐ"원래 기생의 딸이옵죠. 덕색(德色)이 있는 까닭에 권문세족 양반네와 일등(一等) 재사(才士) 한량들과 내려오신 관리마다 구경코자 간청하지만 춘향 모녀 거절하옵니다. 양반 상하 막론하고 한 동네 사람인 소인들도 십 년에 한 번쯤이나 얼굴을 보되 말 한마디 없었더니, 하늘이 정한 연분인지 구관(舊官) 사또 자제 이 도련님과 백년가약 맺사옵고, 도련님 가실 때에 장가든 후에 데려가마 당부하고, 춘향이도 그렇게 알고 수절하여 있습니다."

사또가 화를 내어,

"이놈. 무식한 상놈인들 무슨 소리냐? 어떠한 양반이라고 엄한 아버지가 계시고 장가도 들기 전인 도련님이 시골에서 첩을 얻어 살자 할꼬? 이놈 다시 그런 말을 입 밖에 내면 죄를 면치 못하리라. 이미 내가 저 하나를 보려는데 못 보고 그냥 두랴. 잔말 말고 불러 오라."

춘향을 부르란 명령이 나는데, 이방과 호방이 여쭈오되,

ⓑ"춘향이가 기생도 아닐 뿐 아니오라 전임 사또 자제 도련님과 맹세가 중하온데, 나이는 다르다 하지만 같은 양반이라. 춘향을 부르면 사또 체면이 손상할까 걱정하옵니다."

〈중략〉

사또 매우 기뻐 춘향더러 분부하되,

ⓒ"오늘부터 몸단장 바르게 하고 수청을 거행하라."

"사또 분부 황송하나 일부종사(一夫從事) 바라오니 분부 시행 못 하겠소."

사또 웃으며 말한다.

[A]

"아름답도다. 계집이로다. 네가 진정 열녀로다. 네 정절 굳은 마음 그리 어여쁘냐. 당연한 말이로다. 그러나 이수재*는 서울 사대부의 자제로서 명문 귀족의 사위가 되었으니, 한순간 사랑으로 잠깐 기생질하던 너를 조금이라도 생각하겠느냐? 너는 원래 정절 있어 정절을 지키다가 고운 얼굴 늙어 가고 백발이 난무하여 강물 같은 무정한 세월을 한탄할 때 불쌍하고 가련한 게 너 아니면 누구랴? 네 아무리 수절한들 열녀 칭찬 누가 하랴? 그것은 다 버려두고 네 고을 사또에게 매임이 옳으냐 어린 놈에게 매인 게 옳으냐? 네가 말을 좀 하여라."

춘향이 여쭈오되,

"충신불사이군이요 열녀불경이부라. 절개를 본받고자 하옵는데 계속 이렇게 분부하시니, 사는 것이 죽는 것만 못하옵고 열녀불경이부오니 처분대로 하옵소서."

이때 회계 나리가 썩 나서 하는 말이,

"네 여봐라. 어 그년 요망한 년이로고. 사또 일생 소원이 천하의 일색(一色)이라. 네 여러 번 사양할 게 무엇이냐? 사또께옵서 너를 추켜세워 하시는 말씀이지 너 같은 기생 무리에게 수절이 무엇이며 정절이 무엇인가? 구관은 전송하고 신관 사또 영접함이 법도에 당연하고 사리에도 당연커든 괴이한 말 하지 말라. 너희 같은 천한 기생 무리에게 '충렬(忠烈)' 두 자가 웬 말이냐?"

이때 춘향이 하도 기가 막혀 천연히 앉아 여쭈오되,

"충효열녀도 상하(上下) 있소. 자세히 들으시오. 기생으로 말합시다. 충효열녀 없다 하니 낱낱이 아뢰리다. 해서 기생 농선이는 동선령에 죽어 있고, 선천 기생 아이로되 칠거지악 능히 알고, 진주 기생 논개는 우리나라 충렬로서 충렬문에 모셔 놓고 길이길이 받들고, 평양 기생 월선이도 충렬문에 들어 있고, 안동 기생 일지홍은 살았을 때 열녀문 지은 후에 정경부인 명성이 있사오니 기생 모함 마옵소서."

춘향이 다시 사또에게 여쭈오되,

"당초에 이수재 만날 때에 산과 바다를 두고 맹세한 굳은 마음, 소첩의 한결같은 정절을 맹분* 같은 용맹이라도 빼어 내지 못할 터요, 소진과 장의*의 입담인들 첩의 마음 옮겨 가지 못할 터요, 공명 선생의 높은 재주로 동남풍은 빌었으되 일편단심 소녀의 마음은 굴복지 못하리라. 기산의 허유는 요임금의 천거를 거절했고, 서산의 백이숙제 두 사람은 주나라 곡식을 먹지 않고 굶어 죽었으니, 만일 허유가 없었으면 속세 떠난 선비 누가 되며, 백이숙제 없었으면 간신 도적 많으리라. 첩의 몸이 비록 천한 계집이나 이들을 모르리까. 사람의 첩이 되어 남편을 배반하는 것은 벼슬하는 관장님네 나라를 배반하는 것과 같사오니 처분대로 하옵소서."

사또 크게 화를 내어,

ⓓ"이년 들어라. 모반과 대역하는 죄는 능지처참하고, 관장을 조롱하는 죄는 율법에 적혀 있고, 관장을 거역하는 죄는 엄한 형벌과 함께 귀양을 보내느니라. 죽는다고 설워 마라."

춘향이 악을 쓰며 하는 말이,

ⓔ"유부녀 겁탈하는 것은 죄 아니고 무엇이오?"

사또 기가 막혀 어찌 분하시던지 책상을 두드릴 제, 탕건이 벗어지고 상투가 탁 풀리고 첫마디가 목이 쉬어,

"이년을 잡아 내리라."

― 작자 미상, 「춘향전」

*수재 젊은 총각. *맹분 중국의 용맹한 장수 이름. *장의 중국 춘추 전국 시대의 유명한 유세가.

03

9540-0023

[A]에 대한 설명으로 적절하지 않은 것은?

① '회계 나리'는 신분적 이유를 들어 상대방의 행동을 칭찬한다.
② '사또'는 상대방의 앞날을 핑계로 삼아 태도를 바꾸라고 권고한다.
③ '사또'는 정절을 지키는 행동을 높이 평가하며 상대방을 설득하기 시작한다.
④ '춘향'은 과거 기생들의 사례를 나열하여 상대방의 주장을 반박한다.
⑤ '춘향'은 고사(故事)를 인용하여 자신의 마음이 변치 않을 것임을 강조한다.

04 대표 유형

9540-0024

〈보기〉를 바탕으로 ⓐ~ⓔ를 감상한 내용으로 적절하지 않은 것은?

| 보기 |

　　춘향은 수청을 거부한 결과 변 사또로부터 참혹한 형벌을 받게 된다. 이 과정에서 변 사또의 탐관으로서의 본질이 드러나면서 민심이 이반됨과 동시에, 춘향은 관권에 의한 억울한 피해자의 표상, 저항의 상징으로 떠오르게 된다. 독자들은 이때 춘향을 통해 일체감을 느끼며, 그러한 감정 속에서 관권의 부정한 횡포에 대한 저항 의식을 갖게 된다.

① ⓐ는 춘향의 억울한 사연으로, 이를 통해 독자는 일체감을 형성하겠군.
② ⓑ는 춘향의 내력을 밝혀 관권의 부적절한 행동을 경계하는 것이로군.
③ ⓒ는 관권의 부당한 지시로, 독자에게 탐관으로서의 본질을 보여 주는 것이로군.
④ ⓓ는 탐관의 부정한 횡포를 드러내는 것으로, 독자에게 저항 의식을 갖게 하겠군.
⑤ ⓔ는 춘향을 통해 민심이 이반될 탐관의 죄상을 고발하는 것이로군.

형상화 방식의 이해

■ 다음 글을 읽고 물음에 답하시오.

해설자 퇴장. 사이, 파수꾼 나가 들어온다.

파수꾼 나 아침 식사 하겠니?

파수꾼 다 지금 아무것도 먹고 싶지 않아요.

파수꾼 나 무얼 좀 먹어야 기운이 나는 거란다. 애 남은 닭고기 너나 먹으렴. (음식 담긴 접시를 파수꾼 다에게 가져가 턱 밑에 받쳐 든다.) 네 얼굴이 해쓱하다. 몹시 아프니?

파수꾼 다 파수꾼님……

파수꾼 나 응?

파수꾼 다 이리는 정말 없는 거죠?

파수꾼 나 오호라, 넌 이리가 무서워서 병 난 거구나. 요 겁쟁이, 우리 양철 북을 두드리자, 그걸 힘껏 두드리고 있노라면 이리 떼가 덜 무서워질 거야.

파수꾼 다 양철 북을 쳐요?

파수꾼 나 그래, 치는 법을 가르쳐 주마.

ⓐ ┌ **파수꾼 다** 소용없어요, 그건. 사실을 말씀드리죠. 오늘 새벽 눈을 뜨고 있던 건 저뿐이었어요. 모두들 잠을 잤구요. 그 틈을 노려 이리 떼가 습격해 오면 어쩌나 하구 전 두려웠어요. 그래서요, 저는 망루 위에 올라갔던 거예요. 그 높은 곳에서 저는 이 황야의 전부를 바라보았죠. 아무 데도 이리는 없더군요. 보이는 거라고는 저 멀리 하늘가에 흰 구름뿐이었어요. 그걸 향해 망루 위의 파수꾼은 "이리 떼다!" 외쳤습니다. 세 번이나요. 세 번, 저는 망루 위에서 그걸 제 눈으로 보았어요. 이리 떼라곤 없었어요. 흰 구름뿐이에요.

파수꾼 나 애야, 난 네 맘을 안다. 넌 망루 위엘 올라가고 싶었겠지? 이리가 무서웠구. 더구나 어린 너에겐 이 쓸쓸한 곳이 맞질 않는다. 그래서 넌 헛소리를 하는 거야.

파수꾼 다 저는 정말 망루 위에 올라갔었어요.

ⓛ**파수꾼 나** <u>그럴 리 없어. 넌 아까부터 제정신이 아니더라. 덫으로 어찌 구름을 잡겠느냐고 횡설수설할 때부터 난 걱정스러웠다. 제발, 이리 떼가 없다는 소린 하지도 말아라.</u>

파수꾼 다 여기 낮은 곳에 있으니까 모르는 거예요. 하지만 저 높은 곳엘 올라가면 이리 떼가 없다는 걸 알게 돼요.

파수꾼 나 애야, 자꾸만 우기지 말아라. 나는 이 황야에서 평생을 지냈단다. 넌, 여기 온 지 겨우 사흘밖엔 안 됐구. 그런데, 사흘밖에 안 된 네가 평생을 보낸 나보다 뭘 잘 안다구 그러니?

ⓒ**파수꾼 가** 이리 떼다, 이리 떼! 이리 떼가 몰려온다!

파수꾼 나는 확신 있게 양철 북을 두드린다. 파수꾼 다는 여느 때와는 달리 침착하게 일어선다. 그리고 담요를 벗어 네모반듯하게 갠 다음 식탁 위에 놓는다. 그는 북을 두드리는 파수꾼 나를 바라보면서 몹시 안타까운 표정이 된다.

파수꾼 가 북소리 중지! 이리 떼는 물러갔다.

파수꾼 다 정말 이리가 있다구 믿으세요?

파수꾼 나 보렴. 방금도 이리 떼가 오질 않았니? 그렇지 않다면 내가 왜 양철 북을 치며 평생을 보냈겠느냐? 서운하다. 아무리 아픈 애라지만 너무 심한 말을 하는구나.

파수꾼 다 죄송해요. 하지만 어쩜 그 많은 나날을 단 한 번도 의심 없이 보내셨어요?

파수꾼 나 넌 그렇게도 무섭니, 이리가?

파수꾼 다 오히려 이리가 있다고 믿었던 때가 좋았던 것 같아요. 그땐 숨기라도 했으니까요. 땅에 엎드리면 아늑하게 느껴졌어요. 지금은요, 이리가 없으니 땅에 엎드려야 아무 소용 없구요. 양철 북도 쓸모가 없게 됐어요. 오직 이제는 제가 본 그 사실만을 말하고 싶어요.

〈중략〉

파수꾼 나 애야, 괜찮겠니?

파수꾼 다 ……네.

파수꾼 나 아무래도 걱정이 되는구나. 넌 이리 떼란 말만 들어도 벌벌 떠는 겁쟁이인데. 망루 위에 올라가서 엎드리면 안 돼. 이렇게 많은 사람들이 널 보러 오지 않았니? 얼마나 큰 영광이냐. 이 기회에 말이다. 넌 너 자신이 파수꾼이라는 걸 힘껏 자랑해야 한다. 알았지, 응?

파수꾼 다는 망루 위에 올라간다. 긴 침묵. 마침내 부르짖는다.

ⓔ **파수꾼 다** 이리 떼다, 이리 떼! 이리 떼가 몰려온다!

파수꾼 가의 손이 번쩍 들려지며 그도 외친다. 파수꾼 나는 신이 나서 양철 북을 두드린다. 북소리, 한동안 계속된다.

파수꾼 가 북소리 중지! 이리 떼는 물러갔다.

ⓜ **촌장** 주민 여러분! 이것으로 진상은 밝혀졌습니다. 흰 구름은 없으며 이리 떼뿐입니다. 이 망루는 영구히 유지되어야겠지요. 양철 북도 계속 쳐야 할 것입니다. 여러분, 다음 이리의 습격 때까지 잠시 시간적 여유가 있습니다. 그 틈을 이용하여 돌아가십시오. 가시거든 마을 광장에 다시 모이시기 바랍니다. 수다쟁이 운반인의 처벌을 논의합시다. 그럼 어서 돌아가십시오. 이리 떼가 여러분을 물어뜯으러 옵니다.

– 이강백, 「파수꾼」

읽기 탄탄

이강백, 「파수꾼」

극 문학은 배우들이 대사와 행동을 통해 직접적으로 관객에게 이야기를 보여 주는 갈래입니다. 다른 갈래와는 달리 극 문학은 무대 공연이나 상영을 전제로 하고, 행동과 대사의 문학이라는 특징이 있습니다. 세부적으로 살펴보면 연극 상연을 목적으로 하는 '희곡'과 영화 상영을 목적으로 하는 '시나리오'로 구분해 볼 수 있습니다. 이강백의 「파수꾼」은 희곡에 해당합니다.

극 문학을 읽을 때는 우선 등장인물에 대한 특징을 파악하는 것이 중요합니다. **인물의 성격이나 특징은 인물의 대사나 행동을 통해 파악**할 수 있습니다. 「파수꾼」에는 '파수꾼 가', '파수꾼 나', '파수꾼 다', '촌장'(해설자) 등이 등장하는데, 촌장은 이리 떼가 없다는 것을 알고 있으면서도 파수꾼들을 동원하여 이리 떼가 있다고 마을 사람들을 속이며 자신의 권력을 유지해 가는 인물입니다. 파수꾼 가와 파수꾼 나는 촌장의 명령에 따라 이리 떼에 대한 공포심을 마을 사람들에게 심어 주며 평생을 망루에서 보낸 인물들입니다. 파수꾼 다는 망루에 올라갔다가 이리 떼가 없다는 것을 알게 되지만 결국은 촌장의 거짓말에 동조해 버리는 인물입니다.

인물의 성격이나 특징을 파악했다면 **인물 간의 갈등 구조나 핵심이 되는 사건을 중심으로 작품을 읽어 나가는 것이 중요합니다.** 이리 떼가 없다는 것을 알게 된 '파수꾼 다'는 '파수꾼 가, 나'와 갈등을 겪게 됩니다. 이런 상황의 연출을 통해 **희곡이나 시나리오가 말하고자 하는 주제를 파악**해야 합니다. 작품 전체가 커다란 비유에 해당하는 알레고리 형식의 「파수꾼」은 파수꾼들로 비유되는 우리 사회의 지식인이나 언론인 등을 통해 진실이 왜곡되는 과정과, 거짓된 사실이 사회 전체를 통제하는 방식을 보여 줍니다. 더불어 스스로 진실을 찾기보다는 책동에 휘둘리는 어리석은 대중의 모습도 풍자한다고 할 수 있습니다.

○ 9540-0025

01 윗글에 대한 설명으로 가장 적절한 것은?

① 소품과 무대 장치를 통해 작품의 배경을 형성하고 있다.

② 장면 전환을 통해 사건의 역순행적 구성이 드러나고 있다.

③ 동일한 대사와 행동을 반복해 극적 긴장감을 이완시키고 있다.

④ 지시문을 통해 현실에 대한 비판적 의식을 직접 제시하고 있다.

⑤ 등장인물들의 태도 변화를 통해 등장인물 간의 갈등이 심화되고 있다.

개념 탄탄 이것만은 꼭 알고 가자!

■ **형상화**

형상화란 형체로는 분명히 나타나 있지 않은 것을 어떤 방법을 통해 구체적으로 명확하게 나타내는 것을 의미합니다. 극 문학에서는 등장인물의 대사나 행동을 통해 이를 드러냅니다. **따라서 등장인물의 대사와 행동이 단순히 사건을 진행하는 것만이 아니라, 등장인물의 심리를 보여 주거나 등장인물이 지니고 있는 가치와 세계관 등을 드러내는 기능이 있다는 점을 간파해야 합니다.** 이때 인물의 옷차림, 소도구, 무대 장치 등을 통해 등장인물의 성격을 간접적으로 형상화하기도 하므로 이러한 요소들도 눈여겨봐야 합니다.

■ **희곡의 특성**

희곡은 등장인물 간의 갈등 구조가 나타난다는 점에서 소설과 유사한 부분이 있지만, 희곡은 소설과 달리 무대 상연을 전제로 한다는 점에서 차이가 있습니다. 그리고 등장인물의 대사와 행동을 중심으로 갈등을 풀어 나가며 이야기가 전개되는데, 소설과는 달리 현재화된 인생이 표현된다는 점도 특징적입니다. 그리고 **희곡은 무대 상연을 전제로 창작되므로 등장할 수 있는 인물의 수가 제한적일 뿐만 아니라 시·공간적 배경 역시 일정한 제약이 있다는 점도 특징입니다.**

■ **희곡의 구성 요소**

해설	시간적·공간적 배경, 등장인물 등을 설명한 글
지시문	등장인물의 동작, 표정, 말투, 조명, 심리 등을 지시한 글
대사	등장인물이 하는 말. 유형에 따라 대화, 독백, 방백으로 구분함.
막	극의 길이와 행동을 구분해 주는 기능을 함.
장	막의 하위 단위로, 배경이 바뀌거나 등장인물의 등장 및 퇴장을 구별해 주는 기능을 함.

◎ 9540-0026

02 〈보기〉를 바탕으로 윗글의 ㉠~㉤을 감상한 내용으로 적절하지 <u>않은</u> 것은?

┤ 보기 ├

　　이강백은 1970년대 시행되고 있었던 공연법 등의 감시에서 벗어나기 위해 우의적 기법을 이용한 알레고리의 형식으로 당시의 모습을 풍자했다. 진실이 은폐된 상황에서 이리 떼의 습격이라는 공포와 군중의 무지, 독점적인 권력은 잘못된 통치 체제를 생산해 내고 더욱 공고히 유지하는 데 기여한다. 그리고 이러한 현상 속에서 인물들의 행동은 진실을 알리지 못한 채 거짓을 반복하는 악순환을 되풀이한다.

① ㉠: 이리 떼의 습격이라는 공포가 거짓임을 밝히려 하고 있군.
② ㉡: 진실을 의도적으로 왜곡하여 권력을 독점하려고 하고 있군.
③ ㉢: 잘못된 통치 체제를 생산하고 유지하는 데 기여하고 있군.
④ ㉣: 진실을 알리지 못하고 거짓을 생산하는 데 참여하는 것이로군.
⑤ ㉤: 군중이 잘못된 통치 체제에 순응하도록 유도하고 있군.

풀이 탄탄 등장인물의 대사와 행동을 통해 형상화되는 바를 파악하라.

1단계
　　극 문학은 대사와 행동의 문학이므로 등장인물의 대사와 행동을 통해 드러나는 의미를 파악해야 합니다. 이 작품에서 파수꾼들이 외치는 '이리 떼'라는 경고와 촌장의 언행은 진실과 반대입니다. **촌장은 거짓말로 마을 사람들을 속이고, 진실을 알고 있는 파수꾼 다 역시 촌장에게 회유당해 결국 거짓말을 이어가 진실은 은폐되고 맙니다.** 파수꾼들의 행동과 대사는 진실이 은폐되는 과정을 형상화하고 있다고 할 수 있습니다.

2단계
　　〈보기〉는 1970년대 사회 분위기 속에서 작가가 왜 우의적 기법을 이용한 알레고리의 형식을 취했는지 설명했습니다. 그리고 우의적 기법을 통해 드러나는 의미를 '공포'와 '무지', '통치 체제', '거짓을 반복하는 악순환'이라고 밝혀 주었습니다.

3단계
　　㉠과 같이 파수꾼 다는 망루 위에 올라갔던 일과 망루 위에서 이리 떼가 없다는 것을 알게 되었다고 말하지만 결국 ㉣과 같이 이리 떼가 몰려온다고 소리치고 맙니다. 이것은 거짓이 반복되는 것을 형상화한 것이라고 이해할 수 있습니다. 파수꾼 나는 파수꾼 가의 외침에 따라 평생 양철 북을 두드려 온 인물로, 이리 떼가 존재한다고 굳게 믿고 있습니다. 그렇기 때문에 이리 떼가 없다고 말하는 파수꾼 다를 제정신이 아닌 것으로 치부하고 있습니다. 이러한 파수꾼 나의 모습을, '진실을 의도적으로 왜곡하'는 것이나 '권력을 독점하려'는 것으로 감상하는 것은 적절하지 않습니다.

[01~02] 다음 글을 읽고 물음에 답하시오.

말뚝이 (벙거지를 쓰고 채찍을 들었다. 굿거리장단에 맞추어 양반 삼 형제를 인도하여 등장)

양반 삼 형제 (말뚝이 뒤를 따라 굿거리장단에 맞추어 점잔을 피우나, 어색하게 춤을 추며 등장. 양반 삼 형제 맏이는 샌님(生員), 둘째는 서방님(書房), 끝은 도련님(道令)이다. 샌님과 서방님은 흰 창옷에 관을 썼다. 도련님은 남색 쾌자에 복건을 썼다. ㉠샌님과 서방님은 언청이이며 – 샌님은 언청이 두 줄, 서방님은 한 줄이다. – 부채와 장죽을 가지고 있고, 도련님은 입이 삐뚤어졌고 부채만 가졌다. 도련님은 일절 대사는 없으며, 형들과 동작을 같이하면서 형들의 면상을 부채로 때리며 방정맞게 군다.)

말뚝이 (가운데쯤에 나와서) 쉬이. (음악과 춤 멈춘다.) 양반 나오신다아! 양반이라고 하니까 노론(老論), 소론(少論), 호조(戶曹), 병조(兵曹), 옥당(玉堂)을 다 지내고 삼정승(三政丞), 육판서(六判書)를 다 지낸 퇴로 재상(退老宰相)으로 계신 양반인 줄 아지 마시오. ㉡개잘량이라는 '양' 자에 개다리소반이라는 '반' 자 쓰는 양반이 나오신단 말이오.

양반들 야아, 이놈, 뭐야아!

말뚝이 아, 이 양반들, 어찌 듣는지 모르갔소. 노론, 소론, 호조, 병조, 옥당을 다 지내고 삼정승, 육판서 다 지내고 퇴로 재상으로 계신 이 생원네 삼 형제분이 나오신다고 그리 하였소.

양반들 (합창) 이 생원이라네. (굿거리장단으로 모두 춤을 춘다. ㉢도령은 때때로 형들의 면상을 치며 논다. 끝까지 그런 행동을 한다.)

말뚝이 쉬이. (반주 그친다.) 여보, 구경하시는 양반들, 말씀 좀 들어 보시오. 짤따란 곰방대로 잡숫지 말고 저 연죽전(煙竹廛)*으로 가서 돈이 없으면 내게 기별이래도 해서 양칠간죽(洋漆竿竹)*, 자문죽(自紋竹)을 한 발가웃씩 되는 것을 사다가 육모깍지 희자죽(喜子竹), 오동수복(烏銅壽福) 연변죽을 이리저리 맞추어 가지고 저 재령(載寧) 나무리 거이 낚시 걸듯 죽 걸어 놓고 잡수시오.

양반들 뭐야아!

말뚝이 아, 이 양반들, 어찌 듣소. ㉣양반 나오시는데 담배와 훤화(喧譁)*를 금하라 그리 하였소.

양반들 ㉤(합창) 훤화를 금하였다네. (굿거리장단으로 모두 춤을 춘다.)

〈중략〉

생 원 네 이놈, 양반을 모시고 나왔으면 새처를 정하는 것이 아니고 어디로 이리 돌아다니느냐?

말뚝이 (채찍을 가지고 원을 그으며 한 바퀴 돌면서) 예에, 이마만큼 터를 잡고 참나무 울장을 드믄드믄 꽂고, 깃을 푸근푸근히 두고, 문을 하늘로 낸 새처를 잡아 놨습니다.

생 원 이놈, 뭐야!

말뚝이 아, 이 양반, 어찌 듣소. 자좌오향(子坐午向)에 터를 잡고, 난간 팔자(八字)로 오련각(五聯閣)과 입구(口) 자로 집을 짓되, 호박 주초(琥珀柱礎)에 산호(珊瑚) 기둥에 비취 연목(翡翠椽木)에 금파(金波) 도리를 걸고 입구 자로 풀어 짓고, 쳐다보니 천판자(天板子)요, 내려다보니 장판방(壯版房)이라. 화문석(花紋席) 칫다 펴고 부벽서(付壁書)를 바라보니 동편에 붙은 것이 담박녕정(澹泊寧靜) 네 글자가 분명하고, 서편을 바라보니 백인당중유태화(百忍堂中有泰和)*가 완연히 붙어 있고, 남편을 바라보니 인의예지(仁義禮智)가, 북편을 바라보니 효제충신(孝悌忠信)이 분명하니, 이는 가위 양반의 새처방이 될 만하고, 문방제구(文房諸具) 볼작시면 용장봉장, 궤(櫃), 두지, 자개 함롱(函籠), 반닫이, 샛별 같은 놋요강, 놋대야 받쳐 요기 놓고, 양칠간죽, 자문죽을 이리저리 맞춰 놓고, 삼털 같은 칼담배를 저 평양 동푸루 선창에 돼지 똥물에다 축축 축여 놨습니다.

생 원 이놈, 뭐야!

말뚝이 아, 이 양반, 어찌 듣소. 쇠털 같은 담배를 꿀물에다 축여 놨다 그리 하였소.

양반들 (합창) 꿀물에다 축여 놨다네. (굿거리장단에 맞춰 일제히 춤춘다. 한참 추다가 춤과 음악이 끝나고 새처방으로 들어간 양을 한다.)

양반들 (새처 안에 앉는다.)

– 작자 미상, 「봉산 탈춤」 제6과장

***연죽전** 담뱃대를 파는 가게.
***양칠간죽** 빨강, 파랑, 노랑의 빛깔로 알록지게 칠한 담배설대.
***훤화** 시끄럽게 지껄이며 떠듦.
***백인당중유태화** 백 번 참는 집안에 큰 평화가 있다는 뜻.

01
▷ 9540-0027

윗글에 대한 설명으로 적절하지 않은 것은?

① 무대 장치의 변환이 빈번하게 이루어지고 있다.
② 이야기 전개 중에 춤과 음악을 함께 활용하고 있다.
③ 어려운 한자어와 쉬운 일상어를 함께 사용하고 있다.
④ 등장인물의 대사와 행동을 중심으로 사건을 진행하고 있다.
⑤ 등장인물마다 자신의 신분을 드러내는 소도구를 활용하고 있다.

02 대표 유형
▷ 9540-0028

〈보기〉를 바탕으로 ㉠~㉤을 설명한 내용으로 적절하지 않은 것은?

┤ 보기 ├

　「봉산 탈춤」은 갈래상 가면극으로, 극 문학의 일종이다. 극 문학은 공연을 전제로 하기 때문에 다른 문학 갈래와는 형상화의 방식 면에서 구분된다. 「봉산 탈춤」에서는 주로 인물의 행동, 대사 등을 중심으로 인물에 대해 형상화하거나 인물 간의 갈등을 드러낸다. 특히 「봉산 탈춤」에서는 양반들을 희화화하여 분장하거나, 동일한 발음을 활용한 언어유희를 사용하여 양반들을 풍자하고 비판하고 있다는 점이 특징이다.

① ㉠: 비정상적인 외양을 지닌 존재들로 분장하여 양반들을 희화화하고 있군.
② ㉡: 동일한 발음을 활용한 한자어와 대사로 양반들을 조롱하는 모습을 그리고 있군.
③ ㉢: 신분에 걸맞지 않은 행동을 통해 양반의 경박한 성격을 나타내고 있군.
④ ㉣: 양반을 비판하는 과정에서 양반과의 갈등이 심화되는 것을 그리고 있군.
⑤ ㉤: 말뚝이의 거짓말에 속아 넘어가는 데서 양반들의 어리석은 면모를 드러내 풍자하고 있군.

[03~04] 다음 글을 읽고 물음에 답하시오.

[앞부분의 줄거리]　인옥은 담배 공장에서 일하다가 폐가 몹시 상한다. 인옥은 회기를 찾아와 자신의 사정을 이야기하며 폐 수술을 받게 해 달라고 애원한다. 하지만 회기는 수술의 위험성을 핑계로 수술을 거부한다.

회기　나는 환자의 생명을 구해 줌으로써 기쁘게 해 주겠다거나 사회를 위해서 선심을 쓰겠다는 생각은 없소. 나도 이 병원에서 월급을 받고 일하는 고용인이니까, 댁과 마찬가지로……

인옥　(다시 애원하며) 그러니 수술을 해 주시면 되잖아요?

회기　(냉정하게) 원래 나는 자신 없는 일엔 손을 안 대는 성질이오.

인옥　환자가 죽어 가도 말씀이에요?

회기　그렇다고 내가 죽일 수는 없소. 나는 나를 위해서 사는 거지, 그 누구를 위해서 사는 사람은 아니니까.

인옥　(안타깝게) 선생님……

회기　댁이 공장에서 담배를 사서 피울 사람을 생각하지 않는 것과 마찬가지 이치지요. 그렇잖아요?

인옥　(원망스럽게 쳐다보며) 선생님은 냉정하시군요…… 기계처럼……

회기　(창밖으로 시선을 돌리며) 직업이란 사람을 기계로 만들게 마련이죠. 댁의 손처럼……

인옥　그리고 내 손처럼…… (이제는 눈물도 말라 버린 표정으로) 그렇다고 마음까지 기계가 될 수는 없잖아요? …… (서서히 일어서며) 어두운 공장에서 담배 개비를 스무 개씩 집어넣는 것은 내 손이지만, 제 마음은 언제나 어린것들을 생각하고 나를 생각했어요…… 어떻게 하면 살 수 있을까 하고……

회기　(약간 감동되며) 내 얘기가 좀 지나쳤는지 모르지만 나는 결코 댁이 죽어도 좋다는 것은 아닙니다. 그 대신 좋은 약을 소개해 드릴 테니 써 보세요.

인옥　(혼잣소리처럼) 알맹이는 어찌 되었든 포장만 그럴싸하게 꾸미라는 말이군요……. 늘 듣던 얘기지.

회기　(약간 난처해하며) 그런 뜻이 아니라……

인옥　괜찮아요……. 수술을 못 맡아 주시겠다는데 억지로 맡길 수는 없으니까……. (힘없이 도어 쪽으로 걸어 나가며) 살아 보겠다는 내가 잘못인 게죠. 남들은 다 사는데 나만 죽어야 할 까닭은 없을 것 같아서 한 번 여쭤 본 거예요. 하지만 선생님이 정 그렇게 말씀하시는데 별수 있어요? (그 누구를 저주하는 듯) 내 살을 뜯어 먹든 갈아 먹든 마음대로 하라지! 흥!

회기　(측은해지며) 가시렵니까?

인옥　너무 괴롭혀서 죄송합니다. 선생님 말씀대로 사는 날까지 살겠어요. (하고 금숙에게도 목례를 던지며 초연히 밖으로 나간다.)
　　　(회기는 걷잡을 수 없는 허무감과 자책심에 사로잡혀 인옥이 사라진 쪽을 멍하니 바라보다 말고 돌아서 제자리에 주저앉는다. 그리고 담배를 갈아 피운다. 매우 난처한 표정인 금숙은 책상 위의 서류를 뒤적이면서 시선은 회기에게 쏟고 있다.)

회기　(무심코 담배를 든 손을 내려다보며 혼잣소리로) 내 손이 기계라고? 음……

금숙　(채 알아듣지 못한 듯) 예?

〈중략〉

회기　(미심쩍게) 내가 알기엔 부인께서는 가족을 위해서 수술을 받아야겠다고 한사코 고집하는 것을……

상현　아닙니다. 그건……

회기　(조용하나 위엄 있게) 그렇지만, 내버려 두면 부인께서 어떻게 된다는 건 아시고 계시죠?

상현　(냉혹하게) 별수 없죠! 죽고 사는 건 인력으로 막을 수 없으니까.

회기　(뭉클 불쾌감이 솟으며) 아니, 그럼 부인이 죽어도 괜찮단 말이오?

상현　어차피 죽을 목숨이라면…… 그대로 두는 게죠. 그 돈이 있으면 나와 어린것들이 살아날 수 있으니까요!

회기　(노골적으로 분노를 터뜨리며) 그건 너무 심하지 않소?

상현　(반항적으로) 심한 건 내 아내죠. 그 병이 어떤 병이라고 수술을 합니까? 그것도 공으로 한다면 또 모르지만, 돈 쓰고 저 죽고 하면 남은 우리들은 어떻게 살아가라고. 선생님! 그러니 나는…….

회기　(외치며) 그건 살인이나 다름없소…….
　　　(이 말이 떨어지자 금숙이는 의아한 표정으로 회기를 쳐다본다.)

상현　뭐라구요?

회기　(강하게) 아내가 죽어 가도 내버려 두는 법이 어디 있단 말이오?

상현　(처음에 지녔던 겸손과 비굴은 찾아볼 수 없는 태도로) 참견 마세요! 내 처를 내가 죽이건 살리건 무슨 걱정이오! 나 살고 남도 있지! (불쑥 일어서서 손가방을 쥐며) 아무튼 실례했습니다! (하며 문을 탁 닫고 나가 버린다.)
　　　(회기는 감전된 사람처럼 멍하니 서 있고 금숙이는 회기를 주시하고만 있다. 무거운 침묵이 흐른다.)

회기　(여전히 허공을 바라보며) 미스 정!

금숙　예?

회기　아까 그 환자의 주소 알지!

금숙　예, 접수를 보면…….

회기　좋아! 그럼, 속달 우편으로 보내요.

금숙　예? (하며 가까이 온다.)

회기　수술을 받고 싶으면 편지 받는 즉시로 찾아오라고!

- 차범석, 「성난 기계」

03

▶ 9540-0029

윗글에 대한 설명으로 가장 적절한 것은?

① 등장인물 간의 대화를 통해 갈등이 심화되고 있다.

② 극 중 시간의 흐름이 역전되어 사건이 전개되고 있다.

③ 소도구를 사용하여 등장인물의 성격을 드러내고 있다.

④ 관객에게 말하는 방식을 통해 전개될 사건을 설명하고 있다.

⑤ 시·공간적 배경의 변화를 통해 작품의 분위기가 전환되고 있다.

04 대표 유형

○ 9540-0030

〈보기〉를 바탕으로 윗글을 이해할 때, 적절하지 않은 것은?

> ┤ 보기 ├
>
> 「성난 기계」라는 제목은 주인공 양회기를 지칭하는 용어이다. 회기는 사람의 소중한 생명을 다루는 의사이다. 하지만 그는 자신의 의료 행위는 단순한 기계의 동작과도 같은 일종의 노동 행위에 불과하다고 생각한다. 그래서 그는 자신의 일에 어떠한 감정을 싣지도 않고, 아무런 의미를 부여하지도 않는다. 그러나 회기는 인옥과 상현을 만나 대화하는 과정에서 태도의 변화를 보인다.

① '회기'는 '인옥'을 만나기 전에 기계적인 태도로 의료 행위를 해 왔다고 볼 수 있다.

② '회기'는 '상현'의 비인간적인 면모를 접하고 그에 대해 분노하고 있다고 볼 수 있다.

③ '회기'는 자신의 행위에 의미를 부여하여 '금숙'에게 일을 지시하고 있다고 볼 수 있다.

④ '회기'는 '인옥'을 만난 후 냉정한 모습에서 인간적인 모습으로 바뀌게 되었다고 볼 수 있다.

⑤ '회기'는 '상현'이 말하는 것을 듣고 난 후부터는 더 이상 태도의 변화가 생기지 않는다고 볼 수 있다.

[01~02] 다음 글을 읽고 물음에 답하시오.

가 잃어버렸습니다.
무얼 어디다 잃었는지 몰라
두 손이 주머니를 더듬어
길에 나아갑니다.

돌과 돌과 돌이 끝없이 연달아
길은 돌담을 끼고 갑니다.

담은 쇠문을 굳게 닫아
길 위에 긴 그림자를 드리우고

길은 아침에서 저녁으로
저녁에서 아침으로 통했습니다.

돌담을 더듬어 눈물짓다
쳐다보면 하늘은 부끄럽게 푸릅니다.

풀 한 포기 없는 이 길을 걷는 것은
담 저쪽에 내가 남아 있는 까닭이고,

내가 사는 것은, 다만,
잃은 것을 찾는 까닭입니다.

　　　　　　　　　　　　　– 윤동주, 「길」

나 가마우지새는 벼랑에서만 살고
동박새는 동백꽃에서만 삽니다.
유리새는 고여 있는 물은 먹지 않고
무소새는 둥지를 소유하지 않습니다.
그래도 새들은 날아오릅니다.
새들은 고소 공포증도 폐쇄 공포증도 없습니다.
공중이 저의 길이니
제발 그대로 놓아두시지요.
외길이 나의 길이니
제발 그대로 내버려 두시지요.

　　　　　　　　　　　　　– 천양희, 「외길」

01
◐ 9540-0031

(가), (나)에 대한 설명으로 가장 적절한 것은?

① 음성 상징어를 반복하여 시상을 집약하고 있다.
② 경어체를 사용하여 화자의 태도를 표현하고 있다.
③ 색채 이미지의 대비를 통해 계절감을 나타내고 있다.
④ 설의적 표현을 사용하여 화자의 인식을 표출하고 있다.
⑤ 영탄적 표현을 통해 대상에 대한 경외심을 드러내고 있다.

02

◎ 9540-0032

〈보기〉를 바탕으로 (가), (나)를 감상한 것으로 적절하지 <u>않은</u> 것은?

┤ 보기 ├

'길'은 사람이 살아온 과정을 의미하기도 하지만 삶의 방향과 태도를 모색하기도 한다. 또한 화자가 삶의 과정을 돌아보고 반성하는 계기가 되거나, 다른 존재가 자신의 삶의 방식대로 살아가는 모습을 통해 화자 자신의 삶을 돌아보는 계기가 되는 경우도 있다. 하지만 다양한 방향으로 제시된 삶의 모습 중에서 화자가 자신의 신념에 따라 삶을 선택하겠다는 강한 의지를 드러내는 경우도 있다. 이때는 화자는 자신이 지향하고 있는 '길'이 유일하다는 것을 보여 주기도 한다.

① (가)의 '길에 나아갑니다.'에서는 자신의 삶의 방향이나 태도를 모색하기 위해 나아가는 화자의 모습을 확인할 수 있겠군.

② (가)의 '쳐다보면 하늘은 부끄럽게 푸릅니다.'에서는 자신의 삶을 돌아보는 과정에서 화자가 자신에 대해 반성적으로 인식했음을 알 수 있겠군.

③ (가)의 '잃은 것을 찾는 까닭입니다.'에서는 과거에서부터 살아온 자신의 신념대로 살아가야 한다는 화자의 굳은 의지를 확인할 수 있겠군.

④ (나)의 '그래도 새들은 날아오릅니다.'에서는 흔들림 없이 자신들의 존재 방식을 유지하고 있는 모습을 확인할 수 있겠군.

⑤ (나)의 '외길이 나의 길이니'에서는 성찰을 통해 화자 자신이 지향하는 삶의 태도를 지키려는 모습을 살펴볼 수 있겠군.

[03~04] 다음 글을 읽고 물음에 답하시오.

그 뒤에 한번은 딴 볼일로 동래까지 갔던 길에 동욱이네 집에 잠깐 들른 일이 있었다. 역시 그날도 장맛비는 구질구질 계속되고 있었다. 우산을 접으며 마루에 올라서도, 동욱만이 머리를 내밀고 맞아 줄 뿐, 동옥의 기척이 없었다. 방에 들어가 보니, 동옥은 담요로 머리까지 푹 뒤집어쓰고 죽은 사람처럼 누워 있었다. 이틀째나 저러고 자빠져 있다고 하며 동욱은 그 까닭을 설명했다. 동옥은 뒷방에 살고 있는 주인 노파에게, 동욱이도 모르게 이만 환이나 빚을 주고 있었는데, 노파는 이 집까지도 팔아먹고 귀신같이 도주해 버렸다는 것이다. 어제 아침에 집을 산 사람이 갑자기 이사를 왔기 때문에 그 사실을 알았는데, 이게 또한 어지간히 감때사나운 자여서, 당장 방을 비워 내라고 위협하듯 한다는 것이다. 말을 마치고 난 동욱은, 요 맹꽁이 같은 년아, 글쎄 이게 집이라구 믿고 돈을 줘, 하고 발길로 동옥의 옆구리를 걷어찼다. 이년아, 이만 환이면 구화로 얼만 줄 아니, 이백만 환이다, 이백만 환이야, 내 돈을 내가 떼였는데 오빠가 무슨 상관이냐구? 그래 내가 없으면 네년이 굶어 죽지 않구 살 테냐? 너 같은 병신이 단 한 달을 독력으루 살아? ㉠동욱은 다시 생각을 해도 악이 받치는 모양이었다. 원구를 위해 동욱은 초밥을 만든다고 분주히 부엌으로 들락날락했으나, 원구는 초밥을 얻어먹자고 그러고 앉아 견딜 수는 없었다. 그보다도 동옥이 이틀 동안이나 아무것도 먹지 않고 저러고 누워 있다고 하니, 혹시 동옥이가 잠든 틈에라도 몰래 일어나 수면제 같은 것을 먹고 죽어 있지나 않는가 싶어 불안한 생각이 솟았다. 원구는 조금이라도 더 앉아 견디기가 답답해서 자리를 일어서며, 아무래도 방을 비워 주어야 하겠거든, 자기도 어디 구해 보겠노라고 하니까, ㉡동옥이가 인가(人家) 많은 데를 싫어하기 때문에 이 근처에다 외딴집을 구하는 수밖에 없다는 동욱의 대답이었다.

그 뒤로는 원구도 생활에 위협을 느끼기 시작했다. 한 달 가까이나 장마로 놀고 보니, 자연 시원치 않은 장사 밑천을 그럭저럭 축내게 된 것이다. 원구가 얻어 있는 방도 지루한 비에 습기로 눅눅해졌다. 벗어 놓은 옷가지며 이부자리에까지도 곰팡이가 끼었다. 그의 마음속에까지 곰팡이가 스는 것 같았다. 이런 날 이런 음산한 방에 처박혀 있자니, 동욱과 동옥의 일이 자연 무겁고 우울하게 떠오르는 것이었다. 점심때가 거의 되어서 원구는 퍼붓는 비를 무릅쓰고 집을 나섰다. 오늘은 동욱이와 마주 앉아 곰팡이 슨 속을 씻어 내리며, 동옥이도 위로해 줘야겠다고 생각하고, 원구는 술과 통조림을 사들고 찾아갔다. ⓒ낡은 목조 건물은 전과 마찬가지로 금방 쓰러질 듯이 빗속에 서 있었다. 유리 없는 창문에는 거적도 그대로 드리워 있었다. 그러나, 동욱이, 하고 원구가 불렀을 때, 곰처럼 마루로 기어 나오는 사나이는 동욱이가 아니었다. 이 집에서 살던 젊은 남녀는 어디 갔느냐는 원구의 물음에, 우락부락하게는 생겼으되 맺힌 데가 없이 어딘가 허술해 보이는 사십 전후의 그 사나이는, 아하 당신이 정(丁) 뭐라는 사람이냐고 하고, 대답 대신 혼자 머리를 끄덕끄덕하는 것이었다. 원구가 재차 묻는 말에 사나이는 자기가 이 집 주인이노라 하고 나서, 동욱은 외출한 채 소식 없이 돌아오지 않게 되었고, 그 뒤 동옥 역시 어디로 가 버렸는지 모르겠다는 것이었다. 동욱이가 안 돌아오는 지는 열흘이나 되었고, 동옥은 바로 이삼 일 전에 나갔다는 것이다. 원구는 더 무슨 말이 없이 서 있었다. 한 손에 보자기 꾸러미를 들고 한 손으로는 우산을 받고 선 채, 원구는 사나이의 얼굴만 멍하니 바라보는 것이었다. 원구는 그대로 발길을 돌려 몇 걸음 걸어 나가다가 되돌아와 보자기에 싼 물건을 끌러 주인 사나이에게 주었다. 이거 원, 이거 원, 하며 주인 사나이는 대뜸 입이 헤벌어졌다. 그리고는 자기 여편네와 아이들이 장사 나갔기 때문에 점심 한 그릇 대접할 수는 없으나, 좀 올라와 담배라도 피우고 가라고 권하는 것이었다. 무슨 재미로 쉬어 가겠느냐고 하며 원구가 돌아서려니까, 주인은, 잠깐만 하고 불러 세우고 나서, 대단히 죄송하게 되었노라고 하며 사실은 동옥이가 정 누구라고 하는 분이 찾아오면 전해 달라고 편지를 맡기고 갔는데, 그만 간수를 잘못해서 아이들이 찢어 없앴다는 것이다. 그래도 아무 말을 않고 멍하니 서 있는 원구를, 주인 사나이는 무안한 눈길로 바라보며 동욱은 아마 십중팔구 군대에 끌려 나갔을 거라고 하고, 동옥은, 아이들처럼 어머니를 부르며 가끔 밤중에 울기에, 뭐라고 좀 나무랐더니 그 다음 날 저녁에 어디론가

나가 버렸다는 것이다. ⓐ죽지나 않았을까, 자살을 하든, 굶어 죽든…… 하고 혼잣말처럼 중얼거리며 돌아서는 원구의 등에다 대고, 중요한 옷가지랑은 꾸려 가지고 간 모양이니 자살할 의사는 없었음이 분명하고, 한편 병신이긴 하지만, 얼굴이 고만큼 밴밴하고서야, 어디 가 몸을 판들 굶어 죽기야 하겠느냐고 주인 사나이는 지껄이는 것이었다. 얼굴이 고만큼 밴밴하고서야 어디 가 몸을 판들 굶어 죽기야 하겠느냐는 말에, 이상하게 원구는 정신이 펄쩍 들어, 이놈 네가 동옥을 팔아먹었구나, 하고 대들 듯한 격분을 마음속 한구석에 의식하면서도, 천 근의 무게로 내리누르는 듯한 육체의 중량을 감당할 수 없어 그는 말없이 발길을 돌이켰다. ⓜ이놈, 네가 동옥을 팔아먹었구나, 하는 흥분한 소리가 까마득히 먼 곳에서 자기를 향하고 날아오는 것 같은 착각에 오한을 느끼며, 원구는 호박 덩굴 우거진 밭두둑 길을 잃고 난 사람 모양 허전거리는 다리로 걸어 나가는 것이었다.

– 손창섭, 「비 오는 날」

03
9540-0033

윗글의 특징을 다음과 같이 정리하였을 때, 적절하지 **않은** 것은?

- 시점의 측면
  ⓐ 특정 인물의 시각으로 상황을 해석하여 전달하고 있다.
- 구성의 측면
  ⓑ 시간의 흐름을 역전시켜 사건의 전모를 밝혀 가는 구성을 취하고 있다.
  ⓒ 장마철을 배경으로 설정하여 우울하고 음산한 분위기를 조성하고 있다.
  ⓓ 동욱 남매의 행방을 묘연하게 처리하여 독자의 궁금증을 유발하고 있다.
- 문체적 측면
  ⓔ '~ 것이다. ~ 것이었다.'라는 서술어를 사용하여 사건을 간접적으로 제시하는 형식을 취하고 있다.

---

① ⓐ　　② ⓑ　　③ ⓒ　　④ ⓓ　　⑤ ⓔ

04

○ 9540-0034

〈보기〉를 참고하여 ㉠~㉤을 이해한 내용으로 적절하지 **않은** 것은?

| 보기 |

　　손창섭 소설의 인물들은 상황에 대처할 능력이 완전히 상실된 불구적 인간상을 보여 준다. 또한 그들은 전후의 부조리한 상황 속에서 현실에 적응하지 못한 채, 허무와 불안, 무기력에 빠져 방황하는 모습을 보여 준다. 그 이면에는 전쟁으로 인한 비참한 현실에서는 삶의 의미나 도덕적 가치를 기대할 수 없다는, 작가의 극단적이고 허무주의적인 세계관이 짙게 깔려 있다.

① ㉠: 동욱이 강한 울분을 표현하고 있다는 점에서 전후의 부조리한 상황에서 벗어나기 위한 동욱의 적극적 의지를 보여 준다.

② ㉡: 동옥이 외부와 단절된 공간을 원하고 있다는 점에서 동옥은 현실에 제대로 적응하지 못하는 인물임을 보여 준다.

③ ㉢: 동욱 남매가 폐가와 같은 공간에서 살고 있다는 점에서 전쟁으로 인한 비참한 현실을 보여 준다.

④ ㉣: 원구가 절망적 상황을 예상하고 있다는 점에서 동옥이 현실 상황에 대처할 능력이 상실된 인간임을 보여 준다.

⑤ ㉤: 원구가 동옥의 처지를 짐작하면서도 아무런 대응을 하지 않는다는 점에서, 원구가 무기력에 빠져 있는 인물임을 보여 준다.

[05~06] 다음 글을 읽고 물음에 답하시오.

엇그제 겨을 지나 새봄이 도라오니
도화 행화(桃花杏花)는 석양리(夕陽裏)예 퓌여 잇고
녹양방초(綠楊芳草)는 세우(細雨) 중에 프르도다
칼로 말아 낸가 붓으로 그려 낸가
조화신공(造化神功)이 물물(物物)마다 헌사롭다
수풀에 우는 새는 춘기(春氣)를 못내 계워
소리마다 교태(嬌態)로다
물아일체(物我一體)어니 흥이야 다를쏘냐
사립문에 거러 보고 정자(亭子)애 안자 보니
소요음영(逍遙吟詠)하여 산일(山日)이 적적한데
한중진미(閑中眞味)를 알 니 업시 호재로다
이바 니웃드라, 산수(山水) 구경 가쟈스라
답청(踏靑)으란 오늘 하고 욕기(浴沂)란 내일 하세
아침에 **채산(採山)** 하고 저녁에 낚시 하세
갓 괴여 닉은 술을 갈건(葛巾)으로 밧타 노코
곳나모 가지 것거 수 노코 먹으리라
화풍(和風)이 건듯 부러 녹수(綠水)를 건너오니
청향(淸香)은 잔에 지고 낙홍(落紅)은 옷새 진다
술독이 뷔엿거든 나에게 알외여라
소동(小童) 아이에게 주가(酒家)에 술을 믈어
얼운은 막대 집고 아이는 술을 메고
미음완보(微吟緩步)하여 시냇가의 호자 안자
명사(明沙) 맑은 믈에 잔 시어 부어 들고
청류(淸流)를 굽어보니, 써오나니 도화(桃花)ㅣ로다
무릉(武陵)이 갓갑도다 저 들이 그곳인가
송간(松間) 세로(細路)에 두견화(杜鵑花)를 부치 들고
봉두(峰頭)에 급피 올나 구름 소긔 안자 보니
천촌만락(千村萬落)이 곳곳이 버러 있네
연하일휘(煙霞日輝)는 비단을 재폇는 듯
엇그제 검은 들이 봄빛이 남아 넘치는구나
공명(功名)도 날 씌우고 부귀(富貴)도 날 씌우니
청풍명월 외에 엇던 벗이 잇사올고
단표누항(簞瓢陋巷)에 훗튼 혜음 아니하네
아모타 백년행락(百年行樂)이 이만한들 엇지하리

- 정극인, 「상춘곡」

05

9540-0035

윗글의 표현상 특징으로 가장 적절한 것은?

① 대상에 인격을 부여해 화자의 애환을 드러내고 있다.
② 대구의 방식을 활용하여 아름다운 풍경을 묘사하고 있다.
③ 동일한 시구를 반복하여 한가로운 분위기를 강조하고 있다.
④ 설의적 표현을 사용하여 화자 자신에 대한 반성을 드러내고 있다.
⑤ 말을 건네는 방식을 통해 청자에 대한 비판적 시각을 드러내고 있다.

06

9540-0036

〈보기〉를 참고하여 윗글을 이해한 내용으로 적절하지 <u>않은</u> 것은?

┤ 보기 ├

강호 가사(江湖歌辭)에서 그려지는 '강호'라는 공간은 정치적인 현실로부터 완전히 독립해서 존재하는 공간처럼 보인다. 그러나 가사를 짓는 사대부 계층은 세속의 공간을 떠나 살아가는 신선이 아니었기 때문에 강호의 공간을 반드시 세속을 벗어난 곳에 존재하는 것이라고 할 수는 없다. 따라서 표면적인 내용을 보고 강호 가사가 이상적 세계와 이념만을 노래한 것으로 단정하기는 어렵다. 강호 가사는 이상적 세계로서의 강호에 대한 예찬과 자연에 대한 몰입이 중심 내용을 이루지만 유학자로서의 신념이 드러나기도 한다.

① '답청'과 '채산' 등은 사대부들이 강호에서 누리고 싶어 하는 것이겠군.
② '조화신공이 물물마다 헌사롭다'는 것은 강호에 대한 예찬의 표현이군.
③ '물아일체어니 흥이야 다를쏘냐'는 자연에 몰입한 화자의 모습을 표현한 것이겠군.
④ '무릉이 갓갑도다 저 들이 그곳인가'는 세속적 공간에 대한 미련을 드러내는 표현이겠군.
⑤ '단표누항에 흣튼 혜음 아니하네'는 안빈낙도를 추구하려는 유학자의 신념과 관련이 있겠군.

[07~08] 다음 글을 읽고 물음에 답하시오.

[앞부분의 줄거리] 선비 김 주부에게는 무남독녀 매화라는 딸 하나가 있었다. 조정의 간신들이 김 주부를 해치려고 하자 김 주부 내외는 매화를 남장하여 길에 버리고 구월산으로 들어갔다. 이후 매화는 조 병사 집에서 그 집 아들인 양유와 함께 공부하며 행복하게 성장한다. 매화는 양유와 서로 정이 깊어지면서 자신이 여자임을 고백하고 양유와 혼례를 치르고자 하였으나, 조 병사의 부인(양유의 계모)이 이를 훼방한다. 쫓기던 매화는 물속에 뛰어들어 죽음의 위기를 맞지만 아버지 김 주부가 나타나 매화를 구원하고 매화는 구월산에서 부모와 해후한다. 그러던 중 조 병사의 학당에 범이 나타나 양유를 물고 달아난다.

"나는 장단골 연화동에 사는 김 주부더니 가화공참(家禍孔慘)* 하와 딸자식 매화를 잃고 팔도강산 찾아다니더니 듣사오매 남복을 입고 귀댁에 와 자제로 더불어 공부한다 하오니 오늘날 부녀 간에 상봉하게 하옵소서."
병사 대답하여 가로되,
"과연 공부하다가 여자라 하옵기에 내당에 두고 혼사할 뜻이 있어 연화동을 찾아가 근본을 알아보니 천인의 자식이라 하기로 즉시 보내었는지라."
주부가 크게 노하여 가로되,
"나는 누대 공후거족이라 어찌 남을 천인이라 하였느뇨. 만일 매화를 찾아 주지 아니하면 조정에 공론하고 병사의 성명을 보존치 못할 터이니 찾아오라."
병사가 애걸하여 가로되,
"나도 자식을 호식(虎食)* 하여 보내고 주야로 슬퍼하거니 문벌이 저러한 줄 알았으면 어찌 혼사를 아니하리요."
하며 무수히 애걸하는지라 주부가 가로되,
"매화는 병사의 자부가 될 것이니 아무쪼록 찾아오라."
한대 병사가 자탄하여 가로되,
"나는 자식도 없는 사람이라 어찌 자부를 얻으리요."
한대 주부가 가로되,
"구월산을 찾아가 정성이 지극하면 아들 양유를 찾아볼 터이니 찾아가 보소서."

하고 일어나 두어 걸음에 문득 간데없거늘 병사 실로 괴이하여 사방으로 살펴보니 종적이 없는지라.

　이게 꿈이냐 생시냐 하고 주야로 근심하다가 병사 구월산을 찾아가니 만학천봉은 반공에 솟아 있고 폭포는 요요한데* 백운심처* 어디에 가리요. 은은한 성명에 갈 바를 알지 못하여 반석 위에 앉아 자탄하여 가로되,

　"양유는 죽었느냐? 살았느냐? 네 아비 병사 너 찾으러 왔다. 삼대독자 너를 잃고 주야로 근심하여 골수에 병이 되어 너를 찾아왔으니 만일 보지 못하면 백발 일신 이내 몸이 하릴없이 이 산중에서 죽을지라."

하고 무수히 자탄하더라. 이때 주부는 천지 기운을 보다가 홀연 생각하여 동자를 불러 가로되,

　"이것을 가지고 산 밖으로 가면 바위 있을 것이니 부적을 바위 위에 붙이면 알 도리 있을 것이니 병사를 모셔 오라."

〈중략〉

　주부 학을 타고 손에 백우선*을 쥐고 내려와 병사 손을 잡고 흔연히 웃으며 가로되,

　"그간 기후 어떠하시니이까? 기자 하신 중에 이렇듯 근고하시니 도리어 미안하오이다."

한대 병사 크게 놀라 가로되,

　"존공은 어디 계시는지 알지 못하였더니 어찌 이곳에서 만날 줄 알리요."

하고는 일희일비하여 가로되,

　"내 자식 양유 사생을 알지 못하니 만나게 하옵소서."

한대 주부가 가로되,

　"수월 전에 동자랑 산약을 캐러 갔삽더니 어떠한 범이 아이를 업고 온다 하기로 급히 나가자 하고 거주 성명을 물은즉 연안골 성인동 조 병사의 자제라 하옵난대 인물이 비범키로 딸자식 매화와 정혼하여 부부 되어 공부하나이다."

한대 병사가 더욱 크게 놀라 가로되,

　"매화는 어찌 이곳에 왔으며 양유의 짝이 되었으니 이는 하늘 지시한지라 어찌 즐겁지 아니하리요."

보기를 청한대 주부 동자를 불러,

　"병사를 모시고 초당으로 인도하라."

한대 병사 동자를 따라 중문에 당도하니 동자는 간데없고 청룡·황룡이 오색 채운에 싸여 자부를 치거늘,

병사 놀래어 외당으로 나와 주부를 대하여 가로되,

　"청룡·황룡 있삽기로 놀래어 왔나이다."

한대 주부 백우선을 희롱하여 가로되,

　"다시 가 보소서."

하거늘 병사 중문에 당도하여 방문을 열고 보니 용은 간데없고 천금애호가 좌우로 앉았거늘, 병사 또 크게 놀라 외당으로 나와 주부를 대하여 애걸하여 가로되,

　"존공은 나를 위하여 내 자식을 만나게 하옵소서."

한대 동자가 가로되,

　"병사는 심히 우습도다. 양유·매화가 그 방 안에 있건마는 한갓 두려워하여 방을 들어가지 못하니 어찌 만나리요."

한대 주부 흔연히 웃고 병사 손을 이끌고 중문에 당도하여 방으로 들어가니 범은 간데없고 원앙 한 쌍이 서로 책을 앞에 두고 앉았거늘 주부 양유를 부르니 원앙은 간데없고 이팔청춘 고운 양유가 선녀 같은 매화를 데리고 글 보다가 부친 보고 크게 놀라 기뻐하여 통곡 재배하여 가로되,

　"소자 양유로소이다. 불효한 자식을 생각하시와 유한한 간장을 상케 하니 불효막대지죄를 어찌하면 하오리까."

하며 무수히 통곡하는지라. 병사 어찌할 줄 모르더니 겨우 정신을 진정하여 양유 손을 잡고 하는 말이,

　"이것이 황천이냐 꿈이냐. 독자 너를 잃고 가슴에 맺힌 한이 되었더니 이제는 죽어도 눈을 감을지라 자식 만나 보고 또한 매화의 짝이 되었으니 무슨 염려 있으리요."

하며 여광여취*하는지라.

－ 작자 미상, 「매화전」

*가화공참 집안이 매우 참혹한 화를 입음.
*호식 호랑이에게 잡아먹힘.
*요요한데 고요하고 쓸쓸한데.
*백운심처 흰 구름이 피어오르는 깊은 곳.
*백우선 새의 흰 깃으로 만든 부채.
*여광여취 미친 듯도 하고 취한 듯도 하다는 뜻. 이성을 잃은 상태를 비유적으로 이르는 말.

07

9540-0037

윗글에 대한 설명으로 가장 적절한 것은?

① 비현실적 요소를 활용하여 사건을 전개하고 있다.
② 시간의 역전적 구성을 통해 내용을 전개하고 있다.
③ 풍자적 서술을 통해 인물의 행위를 비판하고 있다.
④ 비유적 표현을 활용하여 사건 전개를 암시하고 있다.
⑤ 우연적 사건을 통해 인물 간의 갈등이 심화되고 있다.

08

9540-0038

윗글의 사건을 〈보기〉와 같이 정리할 때, ㉠~㉣에 대해 이해한 내용으로 가장 적절한 것은?

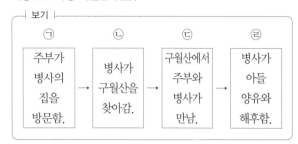

보기

㉠		㉡		㉢		㉣
주부가 병사의 집을 방문함.	→	병사가 구월산을 찾아감.	→	구월산에서 주부와 병사가 만남.	→	병사가 아들 양유와 해후함.

① ㉠: 주부는 병사가 자신의 집안을 무시하고 매화를 만나지 못하게 하는 것에 대해 분노하고 있다.
② ㉠: 병사는 공후거족의 자손인 매화가 자신의 며느리가 될 것이라는 예언을 듣고 기뻐하고 있다.
③ ㉡: 병사는 구월산에서 양유를 만나지 못하자 동자를 불러 주부를 모셔 올 것을 지시하였다.
④ ㉢: 병사는 주부의 도움으로 양유의 생사를 확인하는 한편 매화가 며느리가 된 사실을 알게 되었다.
⑤ ㉣: 주부는 병사의 아들 양유가 자신의 딸인 매화와 혼인한 것에 대해 감사의 말을 전하고 있다.

06 인문

비판의 적절성 평가

■ 다음 글을 읽고 물음에 답하시오.

'가치의 본성'은 '가치란 무엇인가'에 대한 것이다. 가치는 상황 변화에 따라 많아지기도 하고 적어지기도 하는 양적 특성을 지닌 것으로 볼 수도 있지만, 대상 자체에 속해 있는 것으로 상황 변화와 상관없이 항구성이라는 질적 특성을 지닌 것으로 볼 수도 있다. 오랫동안 철학의 관심이 되어 온 것은 이러한 질적 특성과 관련이 있는 질적 가치이다. '가치라고 하는 것이 자신의 효용적 한계를 넘어 그것 자체로서 실재하는가?'의 여부에 대한 논의가 오랫동안 이루어져 온 것이다.

존재론적 의미에서 가치의 실재를 주장하는 입장을 '가치 실재론'이라고 부르는데, 여기에는 ⓐ'가치는 자연적 성질이다.'라고 보는 입장과 '가치는 형이상학적 성질이다.'라고 보는 두 입장이 있다. 전자의 주장은 가장 소박한 형태의 가치 실재론으로서 마치 붉은 꽃에 붉음이라는 자연적 성질이 속해 있듯이 아름다운 꽃에는 아름다움이라는 자연적 성질이 들어 있다고 보는 견해이다. 그런데 '가치가 자연적이다.'라는 말은 결국 가치를 감각적으로 경험할 수 있다는 의미가 된다. 하지만 아름다움이나 선함이라는 가치의 경우 감각적 확인이 불가능하다는 점에서 이와 같은 주장은 큰 결함을 지니고 있다고 할 수 있다.

가치를 '자연적 성질'이라고 봤을 때 생길 수 있는 모순을 피하면서 가치가 실재한다고 주장할 수 있는 방법은 가치를 일종의 초자연적이고 형이상학적인 성질로 보는 것이다. 이는 곧 가치가 오감의 영역을 떠나 있다는 의미이며, '보이지 않지만 있어.'라고 말함으로써, 처음부터 검증의 가능성을 배제하고 있다. 이와 같은 가치 실재론은 ⓑ고대의 플라톤이나 현대의 무어 등이 주장했다. 무어는 자신의 가치 실재론을 보강하기 위해 ㉠'가장 아름다운 세계와 가장 추한 세계를 상정했을 때 ─ 이 두 세계를 관찰할 어떤 인간도 없다 할지라도 ─ 전자의 존재가 후자의 존재보다 더 나으리라는 것을 부인하지는 못할 것이다.'라고 했다.

한편 가치의 실재를 부정하는 '가치 비실재론'에서는 사물 자체에 가치가 실재하는 것이 아니라, 가치라는 것은 사물을 대하는 주체의 심리적 태도에 의해서 생긴다고 본다. 그런데 여기서 주체는 인간일 수도 있고, 신일 수도 있다. 주체를 인간으로 보면, 각 개인의 주관적 시각에 따라 소위 '개별 가치'라고 하는 가치 유형만이 도출된다. 반면에 주체를 신으로 보면, 신이 느끼는 것은 인간에게 보편적으로 적용될 수 있는 것이므로 개별 가치가 아닌 '일반 가치'가 도출된다. 이때 일반 가치와 상반되는 개인의 개별 가치는 전적으로 무시된다. 신은 자신이 소망한 것을 바꾸지 않을 것이고 자신의 영원성에 따라 가치 역시 항구성을 지니게 되는 것이다.

현대에는 가치 비실재론으로 '가치 관계론'이 제시되었다. 이 이론에서는 가치 형성의 근원을 인간 개개인의 심리 작용으로 보는 대전제하에 개별 가치와 일반 가치 모두를 도출해 낼 수 있다고 보았다. 이 입장을 대표하는 페리는 가치를 관심에 의해 야기되는 것으로 보고, 가치를 어떤 사물이 관심을 끌었다는 사실로 말미암아 그 사물이 갖게 되는 특수한 성질이라고 보았다. 페리에 따르면, 가치는 실재하는 사물뿐 아니라 가상의 사물에 대해서도 어떤 주체의 좋고 싫음과 같은 지향적 태도에 의해 맺어지는 관계이다. 이 관계로부터 각 개인의 개별 가치는 물론 한 사회에서의 일반 가치 역시 도출될 수 있다. 왜냐하면 어떤 대상에 대한 각각의 개별 가치는 그것과 관련해 얽혀 있는 각 개인 간의 관계성에 따라 결국 일반화될 것이기 때문이다.

다시 한번, 이렇게 읽어 봅시다.

 인문 제재의 글은 철학, 역사, 미학, 심리학, 언어학, 종교학 등의 분야와 관련하여 인간의 사유와 사고 과정, 정신적 가치와 의미 등을 밝힌 글입니다. 따라서 글의 내용이 사회, 과학 등의 여타 영역에 비해 형이상학적인 경우가 많고 고차원적인 사고를 요구하는 경우가 많은 것이 특징입니다. 따라서 이와 같은 글을 읽을 때에는 **글의 내용을 정독하고 어휘, 어구, 문장에 담긴 의미를 깊은 사고를 통해 정확히 이해하며 읽어 나가야 합니다.** 특히 인문 제재는 깊은 사고의 과정을 통해 이해해 나가지 않으면 글의 내용과 의미의 흐름을 전혀 이해하지 못하는 경우가 많으므로 처음부터 글의 내용과 의미를 차근차근 이해하며 읽을 수 있어야 합니다.

 또 인문 제재는 제재의 특성상 확정된 사실이나 현상보다는 형이상학적인 영역에 대한 글쓴이 혹은 특정 학자의 주관적 견해가 등장하는 경우가 많습니다. 따라서 이러한 글을 읽을 때에는 **제재와 관련한 글쓴이의 견해나 특정 학자의 입장 등을 명확히 이해하며 읽고, 그러한 견해나 입장을 합리화하는 이유나 논거 등을 파악**해 두는 것이 좋습니다.

 한편 이 글은 '가치의 본성'에 대한 다양한 견해를 설명하고 있는 철학적 내용의 글입니다. 따라서 이 글을 읽을 때에는 **이 글에서 설명하려는 대상이 '가치의 본성', 즉 '가치란 무엇인가?'라는 것임을 이해하고, '가치 실재론'과 '가치 비실재론'이 각각 어떠한 견해를 가지고 있으며 그 차이와 의미는 무엇인지 이해하여야 합니다.** 그리고 좀 더 구체적으로 '가치 실재론' 중 가치를 자연적 성질로 보는 입장과 가치를 형이상학적 성질로 이해하는 입장의 견해와 차이를 파악하고, '가치 비실재론'의 입장 중 '가치 관계론'의 의미를 이해하며 읽을 수 있어야 합니다.

01 ⓑ가 ⓐ에 대하여 제기할 수 있는 비판으로 가장 적절한 것은?

9540-0039

① 수없이 많은 자연 현상에 대해 일일이 가치를 부여하는 것은 현실적으로 불가능한 일이다.

② 의미 없이 생성되고 사라지는 자연물에 대해서도 가치를 부여한다는 것은 불필요한 일이다.

③ 대상의 가치는 대상을 인지한 사람의 주관적 견해에 불과하므로 가치는 실재하지 않는 것이다.

④ 자연 현상은 아니지만 사랑이나 우정과 같이 분명히 존재하는 것들에 대해서는 가치를 부여할 수 없다.

⑤ 특정 자연 현상에 대한 가치는 부여할 수 있지만 이러한 현상이 다른 자연 현상으로부터 촉발된 것일 때에는 가치를 부여할 수 없다.

개념 탄탄 *이것만은 꼭 알고 가자!*

■ **배경지식을 활용하며 글 읽기**

글을 읽을 때에는 **해당 분야와 관련된 배경지식을 적절하게 활성화**하면서 읽어야 합니다. 특히 인문 제재는 인간의 고차원적인 정신 활동을 다루는 글이므로 학생들의 배경지식이 부족한 경우가 많습니다. 이런 경우 해당 분야를 안내하는 입문서나 사전, 인터넷 검색 등을 통해 배경지식을 확충하고 이를 바탕으로 능동적인 글 읽기를 할 수 있어야 합니다.

■ **글쓴이의 가치관이나 관점을 파악하며 글 읽기**

인문 제재의 글은 인간의 정신 활동이나 형이상학적인 내용 등을 소재로 하는 경우가 많으므로 소재에 대한 **글쓴이의 가치관이나 관점 등에 주목**하며 글을 읽어야 합니다. 그리고 특정 소재와 관련한 다양한 견해나 입장이 제시된 경우에는 각각의 차이점에 주목하며 글을 읽는 것이 좋습니다.

■ **글쓴이의 견해가 지닌 타당성에 주목하며 비판적인 태도로 글 읽기**

인문 제재는 같은 대상에 대해 쓴 글이라도 역사적 배경이나 사회적 상황에 따라 그 의미가 달라질 수 있습니다. 따라서 인문 제재에 제시된 글쓴이의 견해를 그대로 받아들이는 것이 아니라 글을 읽는 사람이 살아가는 현실이나 문제에 주어진 관점에 입각하여 **소재에 대한 글쓴이의 견해가 타당한 것인지 비판적인 태도로** 글을 읽을 수 있어야 합니다.

02 〈보기〉를 참고하여 ㉠에 대해 비판한 내용으로 가장 적절한 것은?

○ 9540-0040

| 보기 |

　논점 선취의 오류는 도달하고자 하는 논점을 가정에서 이미 선취했음에도 불구하고, 마치 가정에는 전혀 없는 내용이 결론에서 새롭게 도출된 듯이 보이게 만드는 오류이다.

① 실재하지 않는 세계를 '가장 아름다운 세계와 가장 추한 세계'로 가정한 데서 논리적 오류를 범했다고 볼 수 있어.

② '전자의 존재가 후자의 존재보다 더 낫다.'라는 결론이 이미 가정에 전제되어 있기 때문에 논리적 오류를 범했다고 볼 수 있어.

③ '가장 아름다운 세계와 가장 추한 세계'를 인간이 관찰할 수 없음에도 불구하고 관찰할 수 있다고 전제한 데서 논리적 오류를 범했다고 볼 수 있어.

④ '가장 아름다운 세계와 가장 추한 세계'의 관찰이 불가능하다는 결론을 새롭게 도출된 듯이 제시하고 있다는 점에서 논리적 오류를 범했다고 볼 수 있어.

⑤ 제시된 가정만으로는 전혀 예상할 수 없는 '전자의 존재가 후자의 존재보다 낫다.'라는 결론을 제시하고 있다는 점에서 논리적 오류를 범했다고 볼 수 있어.

풀이 탄탄 비판의 대상을 확인하고, 그 대상이 지닌 특징, 한계, 단점 등을 파악하라.

1단계
　비판의 적절성을 평가하는 문제 유형을 해결하기 위해서는 우선 그 적절성을 판단해야 하는 **대상을 명확하게 인식**합니다. 그리고 **대상이 가지고 있는 특징이나 한계, 단점 등을 파악**해 두고 이를 바탕으로 비판의 적절성을 판단해 봅니다. 또 비판의 대상과 상반된 견해나 〈보기〉를 통해 주어진 특정 관점을 바탕으로 비판하는 경우에는 비판의 대상과 다른 견해 사이에 나타나는 차이점이나 상대적 장단점 등을 명확히 이해하고 이를 바탕으로 비판의 적절성을 판단하여야 합니다.

2단계
　이 문제에서는 〈보기〉를 통해 '논점 선취의 오류'라는 비판의 관점이 제시되어 있음을 확인합니다. 그리고 '논점 선취의 오류'란 도달하고자 하는 결론을 가정에서 이미 선취했음에도 불구하고 가정에 전혀 없는 내용이 새롭게 도출된 것처럼 만드는 것임을 정확히 이해합니다.

3단계
　2단계에서 이해한 '논점 선취의 오류'를 ㉠에 적용합니다. ㉠에 제시된 결론은 '가장 아름다운 세계'가 '가장 추한 세계'보다 더 낫다는 것이므로 이러한 결론이 이미 '가장 아름다운 세계', '가장 추한 세계'라는 전제에 선취되어 있다는 내용의 비판을 찾으면 정답을 찾을 수 있습니다.

[01~02] 다음 글을 읽고 물음에 답하시오.

　베르그송의 철학은 '지속의 직관'이라는 개념을 바탕으로 한다. 베르그송에 따르면, 시간이나 운동, 생성은 절대로 분할할 수가 없는 것이다. 그런데도 인간은 지성을 통해 실재로부터 자기에게 필요한 것만을 뽑아낸 다음 그것을 분할하여 이해하려고 한다. 우리가 무엇인가를 분할하여 이해한다는 것은 곧 대상을 나눌 수 있는 무엇으로 인식하고 있음을 의미하는 것이다. 그래서 우리는 운동을 파악할 때도 지성에 의해 운동 자체는 빼 버리고 운동의 공간적 측면, 즉 공간의 궤적만을 문제 삼는다. 하지만 베르그송은 정작 실재하는 것은 운동 자체이며, 운동체와 운동의 궤적은 지성을 통해 운동체의 겉에서 추상해 낸 것일 뿐이라고 주장한다.

　운동을 지속으로 인식하는 베르그송의 관점은 전통 형이상학을 완전히 뒤집는다. 전통 형이상학에서 진정한 존재란, 가능한 한 운동이 모두 빠진 영원한 정지체를 의미한다. 전통 형이상학에 따르면, 어떤 대상이 진정한 존재가 되기 위해서는 비존재를 의미하는 무(無)가 모두 제거되어야 한다. 그런데 대상의 생성, 변화, 운동은 존재도 아니고 비존재도 아닌 것이므로, 대상이 진정한 존재가 되기 위해서는 운동과 관련한 요소가 모두 제거되어야 한다고 보았다. 하지만 베르그송은 정지가 운동보다 더 많은 것을 포함한다는 전통 형이상학의 관점을 부정하고 운동이야말로 진정한 실재라고 주장했던 것이다.

　한편 베르그송은 운동의 속성을 지속이라고 주장하며, 지속의 의미는 대상이 자기 동일성을 잃지 않는 것이라고 생각했다. 사실 모든 운동은 필연적으로 그 과정에서 다른 것으로 변화하게 되는데, 베르그송은 생물이 물질과 달리 자기 동일성을 유지할 수 있는 것은 바로 '기억' 때문이라고 주장했다. 그리고 이처럼 '기억'을 통해 자기 동일성이 확보된 상태를 '순수 지속' 또는 '생명'이라고 명명하였다. 이러한 순수 지속은 필연의 법칙이 지배하는 물질과 달리 어느 것도 예측할 수 없는 '비결정성'을 가지고 있는데, 베르그송은 이러한 속성을 지닌 채 자기 동일성이 흔들리지 않고 유지되는 것을 '생의 약동'이라고 표현하였다.

　베르그송은 이러한 '생의 약동'이 우주가 창조적으로 진화하는 원동력이라고 생각하였다. 하지만 사회는 운동이나 생성보다는 분절된 규범이나 법, 전통 등을 더 중시하는 닫힌 사회라고 생각하였다. 그래서 베르그송은 우주의 창조적 진화를 위해서는 윤리적, 도덕적으로 우주와 인간, 삶을 사랑하는 '사랑의 약동'이 필요하다고 주장하였다.

　이처럼 베르그송은 운동과 지속의 개념을 중심으로 세계를 이해하고 설명함으로써 전통 형이상학과 구별되는 현대 형이상학의 새로운 세계를 개척하였다. 그리고 그의 이러한 철학은 화이트헤드, 메를로퐁티, 들뢰즈와 같은 현대 철학자들은 물론 양자 역학이나 카오스 이론과 같은 과학 영역에도 지대한 영향을 미쳤다는 점에서 의의가 있다.

01

◑ 9540-0041

'베르그송'에 대한 이해로 적절하지 <u>않은</u> 것은?

① 전통 형이상학과 구별되는 현대 형이상학의 세계를 개척하였다.
② 양자 역학이나 카오스 이론과 같은 과학 영역에도 영향을 미쳤다.
③ 생물이 자기 동일성을 유지할 수 있는 것은 '기억' 때문이라고 생각하였다.
④ '생의 약동'이 우주를 창조적으로 진화하게 하는 원동력이라고 생각하였다.
⑤ 대상의 운동이 제거된 상태가 지속되어야만 존재의 의미가 있다고 생각하였다.

02 대표 유형

○ 9540-0042

윗글의 '베르그송'의 관점에 따라 〈보기〉의 주장을 비판한 내용으로 가장 적절한 것은?

┤ 보기 ├

A   E   D   C   B

점 A에서 출발하여 점 B에 도달하는 것은 불가능하다. 선분 위의 점 A에서 점 B까지 움직이려면 반드시 선분 AB의 중점 C를 지나야 한다. 또 C까지 가려면 선분 AC의 중점 D를 지나야 한다. 이와 같이 그 중점을 계속 지나야 하는데, 그런 점들은 무한히 많기 때문에 무한히 많은 시간이 소요될 것이다. 그러므로 A에서 B까지 영원히 도달할 수 없고, 따라서 운동이란 있을 수 없다.

① 점 A와 점 B라는 공간적 위치에만 몰두한 채 점 C, 점 D, 점 E의 관계를 무시함으로써 실재를 잘못 이해하고 있다.

② 선분 AC에서 이루어지는 운동에만 주목한 채 선분 AB에서 이루어지는 운동은 무시함으로써 실재를 잘못 이해하고 있다.

③ 점 A에서 점 B로 운동하는 실체를 파악하지 못한 채 선분 AB를 분할하는 데만 집중함으로써 실재를 잘못 이해하고 있다.

④ 점 A와 점 B 사이에 무수히 존재하는 점들의 공간적 위치를 간과한 채 선분 AB 사이의 운동에만 집중함으로써 실재를 잘못 이해하고 있다.

⑤ 선분 AB 위의 점 C, 점 D, 점 E가 이루는 공간적 궤적에만 주목한 채 선분 BC에서 이루어지는 운동을 무시함으로써 실재를 잘못 이해하고 있다.

[03~04] 다음 글을 읽고 물음에 답하시오.

동서양을 막론하고 역사가 진보, 발전해 나간다는 진보 사관은 근대에 이르러서야 비로소 분명한 모습을 드러내었다. 고대 중국과 그리스·로마의 경우를 중심으로 살펴볼 때, 전통적 역사관은 대체로 감계 사관, 상고 사관, 순환 사관이라는 공통점을 가지고 있었다. 이때 감계 사관이란 역사 속에서 후대에 귀감이 될 만한 도덕적 규범을 찾아 그것을 역사적 판단의 기준으로 삼고자 하는 것을 가리킨다. 쉽게 말해 교훈적 역사관이다. 다음으로 상고 사관은 이상적 가치 기준을 고대에서 찾는 사관이다. 아득한 고대에 일종의 황금시대가 있었으나, 세월이 흐르면서 윤리가 쇠퇴하게 되었으므로 다시 고대의 이상적 원형으로 되돌아가야 한다는 것이다. 마지막으로 순환 사관은 마치 자연 현상이 주기를 가지고 반복해서 나타나는 것처럼 역사도 시간에 따라 비슷한 양상이 되풀이된다는 관점이다.

한편 고대에는, 이 세 가지 역사관이 서로 강력한 연결 고리를 가지고 있었다. 근대 이전의 사람들은 역사를 주로 윤리와 도덕의 관점에서 바라보면서, 이상적 기준을 고대에서 찾으려 했으며, 역사란 선대의 원형과 후대의 변질이 끊임없이 반복, 순환되는 것이라고 보았던 것이다. 그리고 이러한 관점들은 어떤 의미에서든 역사가 진보, 발전한다는 진보 사관의 관점과는 상반된 것들이었다. 물론 근대 이전에 진보 사관이 전혀 없었다고 단정할 수는 없지만 그것이 주류를 형성한 적은 거의 없었다.

역사가 진보한다는 관점은 17세기 유럽에서 그 모습을 드러내기 시작하여 18세기 계몽사상기를 통해 급속히 확산되었으며, 19세기에 이르러 절정에 도달했다. 진보 사관의 출현은 대체로 17~19세기에 집중되었던 과학 기술의 발전, 물질생활의 증진, 세속주의의 득세에 힘입은 것이었다. 17~18세기 유럽 지성계에는 학식 면에서 당시의 사람들이 고대인을 앞질렀다는 인식이 팽배했으며, 과학 혁명이 진행되며 세계와 자연을 해석하는 새로운 방법과 개념이 제시되면서 고대 철학은 힘을 잃어 갔다. 근대 사회의 지식인들은 베이컨과 데카르트처럼 귀납법이나 방법론적 회의와 같은 새로운 과학 개념으로 무장한 인물들이었으며, 그들은 고대를 언제나 회귀해야 할 영원한 이상이 아니라 단지 '세계의 유년 시절'로 인식했다.

18세기 들어 콩도르세는 인간의 육체적 발전에 적절한 교육이 더해지면 정신적, 지적, 도덕적 측면까지도 계속해서 진보할 수 있다고 주장했다. 또 19세기 실증주의의 태두였던 콩트는 인류의 3단계 진화 법칙을 제시하면서, 인류는 가족에 기초하여 사제와 군인이 지배하는 신학적 단계(고대)에서 국가를 중심으로 사제와 법률가가 득세한 형이상학적 단계(중세 및 르네상스)로, 최종적으로는 산업 경영자와 과학자의 가르침을 따라 전 인류를 사회 단위로 삼는 실증적 단계(자신의 시대)로 발전했다고 주장했다. 과학과 이성에 대한 과도한 신뢰가 인류 진보에 대한 낙관론을 형성하고 이것이 진보 사관의 발달을 촉진하게 되었던 것이다.

하지만 진보 사관은 20세기에 들어, 특히 두 번의 세계 대전을 겪으며 급속히 약화되었다. 인류는 과학의 발전과 물질적 풍요로움 속에 희망찬 유토피아를 지향하기보다는 비인간적인 살육, 독재, 노동 착취와 억압이 횡행하는 세계를 경험하였기 때문이다. 또 최근에는 인류의 생존을 크게 위협했던 냉전이 종식되기는 하였으나 전 지구적 자연재해와 환경 파괴, 테러와 국지적 분쟁 등이 새로운 위협으로 다가오면서 인류와 역사의 진보에 대한 믿음이 흔들리면서 진보 사관의 입지도 크게 위축되었다.

03

▶ 9540-0043

윗글의 내용과 일치하지 않는 것은?

① 과학과 이성에 대한 신뢰는 진보 사관의 발달을 촉진하였다.
② 근대 이전의 사람들은 역사를 윤리와 도덕의 관점에서 바라보았다.
③ 유럽에서는 17세기 이전부터 진보 사관이 주류적 역사관을 형성하고 있었다.
④ 감계 사관은 도덕적 판단의 기준을 찾아 역사적 판단의 기준으로 삼고자 하였다.
⑤ 콩도르세는 교육을 통해 정신적, 지적, 도덕적 측면의 진보가 가능하다고 생각하였다.

04 대표 유형

▶ 9540-0044

〈보기〉를 참고하여, '진보 사관'에 대해 비판한 내용으로 가장 적절한 것은?

┤ 보기 ├

　18세기 중엽 영국에서 시작된 산업 혁명으로 인해 재화의 생산량은 기존의 수공업 생산에 비해 수십 배가 증가했다. 이전 시대까지 인류의 대다수가 경험해야 했던 가난과 배고픔은 곧 사라질 운명이었다. 하지만 산업 혁명의 결과는 예상치 못한 결과를 낳았다. 기계가 사람을 대체하자 많은 사람이 실업자가 되었고 임금이 지속적으로 하락하면서 12시간을 넘게 일하는 저임금 노동자들이 양산되었다. 그 결과 부익부 빈익빈이 갈수록 심화되었다. 또 산업 혁명에 성공한 나라들은 값싼 노동력을 얻고 잉여 생산물을 판매하기 위해 식민지가 필요했다. 그들은 여러 나라를 침략하여 식민지로 편입하였고 그 결과 전 지구적으로 착취와 피착취의 관계가 형성되었다.

① 인간의 세속적 욕망은 무한한 것이므로 인류의 발전을 제한하려는 태도는 적절하지 않아.
② 인간의 사고는 이성적인 것이므로 인류가 처한 현실을 외면하려는 시도는 적절하지 않아.
③ 인간은 이성보다는 감성을 중시하므로 인간의 지적 능력이 급격하게 발전할 것이라는 주장은 적절하지 않아.
④ 인간의 이성이 비인간적인 결과를 낳을 수도 있으므로 막연히 인류가 지속적으로 발전할 것이라는 기대는 적절하지 않아.
⑤ 인간의 행동은 자신의 의지보다 자신이 처한 환경에 의해 결정되므로 인간의 내면세계를 중시하는 관점은 적절하지 않아.

07 사회

추론의 적절성 판단

■ 다음 글을 읽고 물음에 답하시오.

　연금 제도의 핵심은 누구에게 얼마만큼의 기여금을 받아서 얼마의 연금을 지급하는가이다. 이는 가입자의 입장에서 보면 청·장년기에 얼마를 내고 퇴직 후에 안정적인 생활을 보장받을 수 있는가와 직결되어 있으며, 연금 운영자 입장에서 보면 재정의 안정적인 운영과 밀접한 관련을 맺고 있는 문제이다. 연금 산정 방법에는 '확정 기여 방식'과 '확정 급여 방식' 등이 있으며, 연금 급여에 필요한 재원 조달 방법에는 '적립 방식'과 '부과 방식' 등이 있다.

　확정 기여 방식은 기여금이 사전에 결정되어 있고 급여액은 미확정의 상태로 남아 있는 방식을 말한다. 주로 민영 연금에서 채택하고 있는 것으로 가입자가 일정한 기여금을 개인 계정에 적립한 후 연금을 수급하는 시점에서 누적된 적립금과 투자 수익을 토대로 급여액을 결정하는 방식이다. 이 방식에서는 기여금이 일정한 수준으로 정해져 있으므로 투자 수익에 따라 연금 자산 총액 및 연금액이 결정되며, 투자의 성패에 따르는 이익과 손실의 위험 부담은 원칙적으로 가입자 개인이 부담한다. 확정 기여 방식의 연금 제도는 본질상 연금 재정의 운영 방식으로 적립 방식을 채택할 수밖에 없다.

　공적 연금이 사회 보장의 목적을 제대로 달성하기 위해서는 연금 급여액이 사전에 확정되는 것이 바람직하다. 이러한 방법이 확정 급여 방식이다. 확정 기여 방식과 달리 이 방식에서는 연금 가입 시에 기여금은 물론 연금 급여액도 결정되어 있으며 연금의 투자 손실이 있을 경우 그 부담은 연금 운영자가 떠안아야 한다. 이 방식에서 기여금은 주로 소득의 일정 비율로 책정되며, 연금 급여액은 통상적으로 퇴직 이전의 소득과 연금 가입 기간을 반영하여 정해진다. 국가에 따라서 연금 급여액과 퇴직 전 소득을 완전히 비례시키는 경우도 있고, 연금 제도의 계층 간 소득 재분배 효과를 중시하는 나라에서는 이 비례 관계를 느슨하게 하기도 한다.

　확정 기여나 확정 급여 방식과 같은 연금 산정은 연금 급여에 필요한 재원을 어떻게 마련할 것인지에 대한 연금 재정 운영 방식과 긴밀한 관계를 맺고 있다. 연금 재정 운영 방식 중 적립 방식은 경제 활동 시기에 납부하는 기여금을 적립하였다가 이 기금으로 퇴직 후에 연금을 지급하는 방식이며, 부과 방식은 현재의 근로 세대로부터 거둔 기여금을 사용하여 현 퇴직 세대에게 연금을 지급하는 방식을 말한다. 적립 방식은 개인이 젊은 시절에 번 소득의 일부를 노후의 시기로 이전하는 시간적 소득 재분배의 효과가 있는 데 비해, 부과 방식은 현 경제 활동 세대의 소득 일부를 노인 세대로 이전하는 세대 간의 소득 재분배 효과가 있다. 그리고 적립 방식은 물가 상승에 대해 연금의 실질 구매력을 확보하기 어려운 데 비해, 부과 방식은 물가 상승에 대처하기 쉬우며 경제 성장과 국민 소득 증가에 따라 연금 급여액을 인상하기가 수월하다.

　연금의 기여금과 급여액을 책정하는 데는 재정 운영을 어떤 방식으로 할 것인가를 고려하는 것이 중요한데, 이 외에도 국민 소득이나 인구 변화 등을 정확히 예측해 고려해야 할 뿐만 아니라 여러 정치·사회적 요인들도 고려해야 한다. 이러한 복잡성 때문에 현실적으로는 여러 가지 방식을 혼합한 형태로 연금 재정을 운영하는 경우가 많다.

다시 한번, 이렇게 읽어 봅시다.

사회 분야의 글은 정치·경제·법률·문화·언론 등 사회 현상 전반을 다루고 이와 관련된 다양한 제재를 활용하는 것이 특징입니다. 특히 어떤 이론이나 원리, 관련된 지식과 개념 등을 주로 설명하는 글이 많기 때문에 글에서 설명하는 개념이나 정의에 대한 충분한 이해를 바탕으로 전체적인 내용을 파악할 수 있어야 합니다. 여기에 하나의 내용에서 논의를 심화시키며 내용을 확장하기도 하므로 논리적 관계를 명확하게 파악하는 것도 중요합니다. 이러한 사회 분야의 글을 잘 읽기 위해서는 **글에서 제시되는 개념이나 용어가 낯설고 생소하게 느껴져도 차분히 글에서 설명하는 대로 따라 읽고 논리를 발전시키는 연습**이 필요합니다. 한 번에 이해하려 하지 말고 개념이나 용어 등이 의미하는 바를 정리하며 내용들 사이의 논리적 관계를 살펴보고, 이와 관련된 배경지식을 활용하며 비판적으로 이해하고 추론해 보는 활동이 필요한 것입니다.

이 글은 연금의 지급과 운영 방식에 대해 설명하고 있습니다. **지급 방식에 따라 확정 기여 방식과 확정 급여 방식으로, 운영 방식에 따라 적립 방식과 부과 방식으로 나눌** 수 있음을 말한 후 각각의 방식에 대해 설명하고 나아가 현실적으로는 여러 가지 방식을 혼합한 형태로 연금 재정을 운영하는 경우가 많다고 끝을 맺고 있습니다. 따라서 우선 각각의 방식이 어떠한 특징과 장단점을 갖는지를 글에서 설명하는 대로 정리하여 정확히 이해할 수 있어야 합니다. 또한 각각의 방식을 비교한다거나 구체적 사례로 연결시켜 이해하는 문제에 대비하기 위해 각 방식들이 어떤 상황에 적용될 수 있는지를 생각해 보는 것도 좋겠습니다.

01 윗글을 통해 알 수 있는 내용으로 적절하지 <u>않은</u> 것은?

◎ 9540-0045

① '확정 기여 방식'에 따르면 연금 자산 총액 및 연금액은 유동적이라 할 수 있군.

② '확정 기여 방식'은 개인의 계정에 적립하는 것이므로 부과 방식을 채택할 수 없군.

③ '확정 기여 방식'은 인구 변화에 따라 수급 시점의 급여액을 사전에 확정할 수 있군.

④ '확정 기여 방식'은 재정 운영 방식과 연관되어 시간적 소득 재분배 효과를 가질 수 있군.

⑤ 재정 운영 방식 중 '부과 방식'은 물가의 상승에 따라 연금의 실질 구매력을 확보할 수 있군.

개념 탄탄 이것만은 꼭 알고 가자!

■ **추론적 독해**

글쓴이가 글을 쓰는 것은 자신의 생각이나 느낌을 독자에게 전달하는 행위라고 할 수 있습니다. 이때 글쓴이는 독자가 이미 알고 있다고 생각하는 정보는 당연히 생략을 할 것입니다. 또 어떠한 목적으로 자신의 생각이나 의도를 함축하여 표현하기도 합니다. 따라서 독자는 표면적으로 드러나는 글쓴이의 생각이나 정보를 읽어 내야 할 뿐만 아니라 생략되거나 함축된 내용을 되살려 읽을 수 있어야 합니다. 이러한 추론적 독해를 위해서는 각 내용들 사이의 논리적 관계를 파악하는 능력을 길러야 하겠습니다. 각 내용 요소들의 결론이 어떤 전제에서 나왔는지를 생각해 보며 내용을 파악하려고 할 때 점차 추론적 독해에 익숙해질 수 있을 것입니다.

■ **배경지식의 활용**

배경지식이란 독자가 이미 알고 있는 지식이라 할 수 있습니다. 글에서 설명하거나 말하고 있는 내용과 관련된 배경지식이 있다면 내용 이해가 그만큼 쉬울 뿐만 아니라 보다 깊은 이해에 도달할 수 있습니다. 이러한 배경지식은 짧은 시간 동안 암기를 통해 쌓이는 것이 아니므로 평소 폭넓은 독서를 하는 것이 매우 중요합니다. 또한 아무리 많은 지식이 있더라도 실제 활용을 하지 않으면 무용지물임을 명심해야 합니다. 어떤 글을 읽을 때 단순히 그 글에만 집중하려 하기보다는 그와 관련된 내용 중 자신이 알고 있는 것이 무엇인지를 떠올려 글의 내용과 연결시키며 읽는 독서 습관 역시 중요합니다.

> 9540-0046

02 윗글을 토대로 〈보기〉의 밑줄 친 내용처럼 말할 수 있는 근거를 추리했을 때 가장 적절한 것은?

┤ 보기 ├

    공적 연금의 재정 운영에 완전한 적립식 확정 기여 방식을 채택하고 있는 나라는 드물다. <u>적립식 확정 기여 방식으로는 노후의 경제적 안정을 보장하는 데에 한계가 있기 때문이다.</u>

① 가입자가 사전에 결정된 기여금으로 내기 때문에 공적 연금보다는 민영 연금에서 채택하기에 유리할 수 있다.

② 연금 급여액의 총액이 적립 금액보다 적을 수 있으며 물가 상승에 대해 연금의 실질 구매력을 확보하지 못할 수 있다.

③ 연금 급여에 필요한 재원이 개인별로 적립되지 않아 연금 지급 시기에 연금 재정이 부족한 문제가 발생할 수 있다.

④ 공적 연금을 운영하는 국가의 입장에서 확정 급여 방식에 비해 기여금을 일정하게 정하는 것이 어려울 수 있다.

⑤ 연금 가입자의 누적된 기여금으로 투자를 해 손실이 있을 경우 그에 대한 책임을 연금 운영자가 져야 할 수 있다.

풀이 탄탄 숨겨진 인과적 논리 관계를 파악하라.

1단계
    〈보기〉에서 묻고자 하는 내용이 무엇인지 확인해야 합니다. 여기에서는 지급 방식 중 '확정 기여 방식'이며, 운영 방식 중에서는 '적립 방식'임을 간파해야 합니다.

2단계
    연금의 목적인 퇴직 후의 안정적인 생활 보장과 관련지어 확정 기여 방식과 적립 방식에 대해 생각해 봅시다. 2문단에 확정 기여 방식은 '투자의 성패에 따르는 이익과 손실의 위험 부담은 원칙적으로 가입자 개인이 부담한다'라고 진술되어 있습니다. 또 4문단에 '적립 방식은 물가 상승에 대해 연금의 실질 구매력을 확보하기 어려운 데 비해'라고 진술되어 있습니다.

3단계
    투자에 성공하여 이익이 발생한다면 좋겠지만 투자에 실패하여 손실이 발생할 수도 있고 발생한 손실은 개인이 부담해야 된다고 하니 **경제적 안정성은 떨어지게** 됩니다. 또 연금을 받을 시점에서 과거에 자신이 기여했던 금액을 돌려받게 되므로 과거에 비해 물가가 상승하면 실질 구매력이 떨어지게 될 수도 있습니다. 이런 내용들을 종합해 보면 이후 경제적 안정성은 떨어지게 됩니다.

[01~02] 다음 글을 읽고 물음에 답하시오.

거시 경제란 총체적 경제 활동의 변화 과정에서 발생하는 경제 문제들의 원인을 규명하고 해결할 수 있는 처방을 제시하기 위한 논리적이며 실증 분석적인 체계를 말한다. 이러한 이론 체계를 흔히 거시 경제 모형이라 부르는데, 이 때 각 경제 모형의 구체적인 특성은 모형을 설정한 경제학자의 경제를 보는 시각과 문제의식에 따라 달라진다. 예를 들어 각자 자신이 추구하는 목적을 최대로 달성하고자 노력하는 경제 주체들의 상호 의사 결정에 의해서 모든 문제들이 기본적으로 해결될 수 있다고 보는 경제학자는 외적인 충격이 없는 한 심각한 경제 문제가 발생하지 않을 것이라 생각한다. 또한 그렇기에 정부의 역할도 매우 제한적이어야 한다고 말한다. 하지만 이와 달리 경제란 기본적으로 불안정하며 각 개인들의 조화에 실패가 발생할 수 있다고 보는 경제학자는 이러한 불안정함을 조절하기 위해 정부가 정책적으로 개입하는 것이 무엇보다 중요하다고 생각한다.

거시 경제학의 여러 모형들은 크게 고전학파 모형과 케인스학파 모형으로 구분할 수 있다. 고전학파 모형에서는 경제 활동의 많은 문제들이 가계와 기업이라는 민간 경제 주체들의 합리적 선택에 의하여 해결된다. 이런 해결을 가능하게 해 주는 역할을 가격이 담당하고 있으며, 물가 수준·임금·이자율·환율 등이 시장의 수요와 공급에 따라서 경제가 항상 균형 상태를 유지할 수 있도록 즉각적이고 신축적으로 변한다고 본다. 이런 점에서 고전학파 모형을 ㉠신축적 물가 모형이라 부른다. 이 모형에서는 각자가 가격의 변동 상황을 보고 자신의 행동을 조정하기 때문에 비자발적 실업이나 인플레이션의 급등과 같은 문제가 내부적으로 발생하지 않는다. 실업은 노동자들의 자발적 선택의 결과로서 발생하며 경제 문제에 관해 정부가 할 일이란 극히 제한적이다.

이러한 신축적 물가 모형대로라면 물가 수준의 하락에 의해서 실업 문제가 해결되며 극심한 불황도 발생할 수가 없다. 그러나 1929년 미국은 증권 시장의 폭락과 더불어 대공황에 빠지게 되었다. 이즈음 고전학파를 비판하며 등장한 것이 케인스였다. 케인스학파의 모형에서 보는 현실 경제는 가격이라는 보이지 않는 손에 의해 모든 문제가 저절로 해결되는 것이 아니다. 경제는 균형에서 이탈하여 끊임없이 문제가 발생하며, 민간 경제 주체들은 이 문제들을 만족스럽게 해결하지 못한다. 따라서 대량 실업이 발생하고 생산 활동이 극도로 침체될 수도 있다. 이때 조정 역할을 담당할 제3의 경제 주체가 필요하며, 케인스는 그러한 역할을 정부가 담당할 수 있다고 생각하여 정부의 중요성을 강조하였다. 케인스학파 모형에서는 수요와 공급의 변화에 따라서 가격이 즉각적이고 신축적으로 조정되는 것이 아니라 시간을 두고서 서서히 조정되어 간다고 본다. 그리고 이 조정 과정에서 비자발적 실업과 같은 문제가 발생하고 지속될 수도 있다. 이러한 측면에서 케인스학파 모형을 ㉡비신축적 물가 모형이라 부른다.

거시 경제학의 변천 과정은 이 두 학파 간의 끊임없는 논쟁의 과정이라 할 수 있다. 이러한 논쟁의 과정에서 현실 경제를 바라보는 다양한 경제 모형들이 등장하게 되었고, 각각의 경제 모형들은 입장에 따라 논점에 대한 견해 차이를 나타내게 된다.

01

○ 9540-0047

윗글의 '케인스학파'에 대한 이해로 가장 적절한 것은?

① 심각한 경제 문제는 외적인 충격에 의해 발생한다고 보았다.

② 정부가 시장에 정책적으로 개입하는 것을 부정적으로 여겼다.

③ 민간 경제 주체들은 합리적으로 경제 문제를 해결할 수 있다고 믿었다.

④ 수요와 공급의 변화에 따라 가격이 즉각적이고 신축적으로 조정된다고 보았다.

⑤ 경제 활동에서 발생하는 문제들이 가격에 따라 자동적으로 해결되기 어렵다고 보았다.

02 대표 유형

○ 9540-0048

㉠과 ㉡을 참고하여 〈보기〉를 이해한 내용으로 적절하지 않은 것은?

> ┤ 보기 ├
>
> 불황이 극심했던 1929~1933년 미국의 경우 1929년에 3.2%에 불과하던 실업률이 1933년에는 25.2%로 높아졌다. 이 기간 동안에는 실업자의 증가와 더불어 임금도 하락하였으며 물가 수준이 23.5%나 하락하였다.

① ㉠의 입장에서는 높아진 실업률은 가계와 기업의 합리적 선택으로 해결될 수 있다고 보았을 것이다.

② ㉠의 입장에서는 물가 수준의 하락으로 생산 활동이 극심하게 침체될 수 있다고 보았을 것이다.

③ ㉠의 입장에서는 임금 하락이나 물가 하락은 단기간에 그칠 것이라고 보았을 것이다.

④ ㉡의 입장에서는 실업자의 증가는 노동자들의 자발적인 선택으로만 볼 수 없다고 주장했을 것이다.

⑤ ㉡의 입장에서는 〈보기〉와 같은 문제를 해결하려면 정부의 개입이 필요하다고 주장했을 것이다.

[03~04] 다음 글을 읽고 물음에 답하시오.

난민이란 넓은 의미에서는 국적국에 대한 충성 관계를 포기함으로써 법률상 또는 사실상 국적국의 외교적 보호를 받을 수 없는 사람을 말한다. 하지만 자연재해나 전쟁에 의해 생존권을 박탈당해 국외로 탈출한다든가, 전적으로 생활 조건의 개선을 목적으로 떠난다든가, 정치적 압제에 대한 반발을 이유로 망명한다든가 하는 등 국제 사회가 복잡해질수록 난민이 발생하는 사유도 매우 다양해지고 있다.

국제 사회는 이러한 난민들에게 최소한의 법적 보호라도 부여하기 위하여 국제 난민법을 발전시켜 왔다. 국제 난민법상 난민의 정의는 난민 협약(1951) 제1조에서 찾는 것이 보통이다. 난민 협약에서는 난민을 '인종, 종교, 국적 또는 특정 사회 집단의 구성원 신분 또는 정치적 의견을 이유로 박해를 받을 우려가 있다는 충분한 이유가 있는 공포로 인하여 국적국 밖에 있는 자로서 그 국적국의 보호를 받을 수 없거나 또는 그러한 공포로 인하여 그 국적국의 보호를 받는 것을 원하지 아니하는 자 및 무국적자로서 종전의 상주 국가로 돌아갈 수 없거나 또는 그러한 공포로 인하여 종전의 상주 국가로 돌아가는 것을 원하지 아니하는 자'로 정의하고 있다.

이러한 난민 협약에 따른 난민의 정의에는 몇 가지 자격 요건을 명시하고 있다. 첫째는 박해 또는 박해의 공포가 있어야 한다는 것이다. 난민의 지위를 얻기 위해서는 박해를 받을 우려에 대한 충분한 이유와 공포가 존재해야 하는데, 그중에서도 박해와 그 공포는 난민의 성격을 결정짓는 핵심적 요소이다. 그러나 보편적으로 수용될 만한 박해의 정의가 존재하지 않기 때문에 박해나 공포를 생명 또는 자유에 대한 위협이라는 실체적 의미로 파악하기도 한다. 공포는 박해보다도 더욱 주관적 관념이지만 공포에 충분한 이유가 있어야 한다는 것은 그러한 심리 상태가 객관적 상황에 의하여 뒷받침되어야 함을 의미한다.

둘째는 박해의 사유가 인종, 종교, 국적, 특정 사회 집단의 구성원 신분 또는 정치적 의견에 해당해야 한다는 것이다. 이때 인종이란 피부색, 계통 또는 민족이나 종족의 기원 등으로 해석할 수 있으며, 종교란 종교 선택의 자유, 종교적 예배, 의식, 행사, 선교에 의하여 자신의 종교를 표명할 자유로 해석할 수 있다. 국적이란 단순한 시민적 지위가 아니라 특정 종족이나 종교적, 문화적, 언어적 공동체의 기원 및 구성원을 포함하는 광의적 개념이다. 또 특정 사회 집단의 구성원 신분이란 민족적 또는 사회적 출신, 재산, 가문 또는 기타 지위 등과 유사한 의미로 이해할 수 있는 개념으로 비교적 폭넓게 적용 가능한 규정이다.

셋째는 난민의 위치는 국적국 밖에 있어야 한다는 것이다. 무국적자라 하더라도 종전의 상주국 밖에 있어야 하며, 자국 내에서 이루어진 이주 및 피난으로는 난민의 지위를 획득할 수 없다. 난민 협약은 국적국 또는 종전 상주국 밖에 있는 자가 정부 또는 종전 상주국의 보호를 받을 수 없거나 그 국가의 보호를 원하지 아니할 것을 요구하고 있는데, 보호를 받을 수 없다는 것은 전쟁, 내전 또는 기타 중대한 소요 사태 등과 같은 당사자의 의사와 관련이 없는 사정을 의미하며, 보호를 원하지 않는다는 것은 공포로 인하여 국적국의 보호를 거부하는 것을 의미한다.

그러나 자국 또는 타국의 환경 문제로 인하여 발생하는 환경 난민이나 경제적 이유만을 목적으로 국적국을 떠나는 경제 난민은 국제 난민법에 따르면 난민으로 인정받지 못하고 있다. 또, 현재의 국제법으로는 난민으로 보호되어야 할 사람에 관해서는 수용국의 재량이나 입법 의사에 위임되어 처분을 맡기므로 난민의 지위가 온전히 보호된다고 할 수 없다.

03

◐ 9540-0049

윗글에 대한 설명으로 가장 적절한 것은?

① 난민 문제를 발생시키는 여러 국제 사회 문제를 비판하며 그 대안을 탐색하고 있다.

② 난민 문제가 대두되게 된 역사적 배경을 설명한 후 이에 따른 문제들을 분석하고 있다.

③ 난민들을 바라보는 관점이 시간의 흐름에 따라 변화한 양상을 순차적으로 살피고 있다.

④ 다양한 사례를 들어 난민 구호에 대한 관심을 촉구하며 난민 구호가 시급함을 강조하고 있다.

⑤ 난민의 일반적 개념을 제시한 후 현 국제법에 따라 난민으로 정의되기 위해 필요한 요건을 설명하고 있다.

04 **대표 유형**

◐ 9540-0050

윗글을 참고하여 〈보기〉의 사례를 이해한 내용으로 적절하지 않은 것은?

┤ 보기 ├

(가) 조선의 독립운동가들은 나라의 자주독립을 이루고자 중국으로 건너가 상하이에 임시 정부를 수립하였다. 이곳에서 임시 정부는 쑨원이 이끄는 광동 정부의 지원을 받았다. 또한 이곳에는 외국인의 거주 구역이 정해져 있어 영국, 프랑스, 독일, 미국 등의 도움도 받을 수 있었다.

(나) 기상 이변과 해수면 상승으로 남태평양 적도 부근의 투발루는 9개의 섬 중 이미 2개가 바닷속으로 가라앉았고, 나머지도 식물이 살 수 없는 곳이 되어 가고 있다. 투발루 국민들은 인접 국가로 이주하려 했지만 이웃 나라들은 이를 거부했다.

① (가)의 독립운동가들은 국적국의 보호를 받고 싶지 않아 종전 상주국으로 돌아가는 것을 원하지 않는 것이군.

② (가)의 독립운동가들은 종전 상주국이 아닌 상하이에 임시 정부를 수립했다는 점에서 국제법상 난민이라 할 수 있지.

③ (가)의 독립운동가들은 종전의 상주국에서 박해를 받을 충분한 이유와 공포가 존재한다고 볼 수 있군.

④ (나)의 투발루 국민들은 자국의 환경 문제로 인해 난민이 되었지만 현재 국제법상으로는 난민으로 인정받지 못한 것이겠구나.

⑤ (나)의 투발루 국민들을 거부한 이웃 나라들을 현재 국제법에 따라 거부하지 못하도록 강제하거나 처벌할 수는 없겠구나.

구체적 사례에의 적용

■ 다음 글을 읽고 물음에 답하시오.

　우리 몸의 유전자에서 돌연변이가 발생할 경우 암이 생긴다. 보통 건강한 육체의 모든 체세포의 분열 능력은 제한되어 있으며, 제한된 시간만 생존할 수 있다. 세포 분열이 일어나기 위해서는 성장 인자가 세포를 자극하여 이 세포에서 성장 활성화 신호 전달이 나타나야 한다. 또한 세포는 분열 과정 중에 문제가 발생하면 분열을 멈추고 문제가 생긴 세포는 스스로 죽는다. 그런데 암세포는 세포의 성장 인자가 없어도 분열을 멈추지 않는다. 이들은 성장 인자를 스스로 만들어 내거나, 성장 인자가 없음에도 불구하고 신호 전달 경로의 이상으로 인해 성장 활성화 신호가 세포 내에서 생성되기 때문이다. 암세포는 영양분이 계속 공급되기만 하면 무한정 분열을 계속할 수 있다.

　암세포의 비정상적인 특성이 신체 내에서 나타나는 것은 치명적일 수 있다. 암세포의 비정상적인 특성이 나타나는 문제는 조직 내의 한 세포에서, 정상 세포가 암세포로 변화하는 과정인 형질 전환이 진행될 때 시작된다. 형질 전환이 이루어진 세포는 대부분의 경우 신체의 면역 시스템에 의해 파괴된다. 그러나 이러한 파괴 과정을 피한 세포가 증식을 계속하면 비정상 세포의 덩어리인 종양을 형성한다. 종양에는 양성과 악성이 있는데, 만일 비정상 세포가 다른 부위에서 살아남기에는 유전자 및 세포의 변화가 부족하여 원래의 위치에 계속 남아 있으면, 이 덩어리를 양성 종양이라 한다. 대부분의 양성 종양은 심각한 문제를 일으키지 않으며, 외과적 수술로 완전히 제거될 수 있다. 반면에 악성 종양은 유전자와 세포의 변이로 인해 세포가 다른 조직으로 퍼져 나가고, 하나 혹은 여러 기관의 기능을 손상시킨다. 이때 악성 종양을 암이라고 부른다.

　악성 종양 세포의 문제는 과다한 증식 이외에도 여러 가지가 있다. 이들은 비정상적인 숫자의 염색체를 가지고 있기도 하며, 물질 대사가 정상 세포와는 현저히 다르다. 또한 세포 표면의 비정상적인 변화 때문에 이웃한 세포에 결합하지 못하고, 주변 조직으로 퍼져 나갈 수 있다. 암세포는 또한 종양으로 혈관이 자라도록 유도하는 신호 물질을 분비한다. 몇 개의 암세포들이 원래의 종양으로부터 떨어져 나와 혈관과 림프관으로 들어가서 신체의 다른 부위로 이동할 수 있기 때문에 다른 부위에 증식하여 새로운 종양을 형성한다. 이렇게 암세포가 원래의 위치에서 멀리 떨어진 다른 곳으로 퍼져 나가는 것을 전이라고 한다.

　암을 유발하는 유전자의 변이는 몸을 만드는 체세포에서 우연히 발생하기 때문에 암은 예측이 어렵고 확실한 예방법도 없다. 또한 암세포의 전이는 더욱 치명적일 수 있다. 이러한 암을 치료하기 위한 여러 가지 방법이 있다. 첫째는 방사선 치료이다. 방사선은 세포의 DNA 손상을 일으키며, DNA 손상이 일어나면 세포는 그 손상으로부터 일부 회복하는 능력을 가지고 있다. 암세포는 DNA 손상을 회복하는 능력이 정상 세포에 비해 작아 방사선을 쬐었을 때 더 많이 손상된다. 따라서 한 곳에 모여 있는 종양은 고에너지의 방사선 조사를 통해서 치료할 수 있다. 둘째, 전이되었거나 전이가 의심되는 종양을 치료하기 위해서는 활발히 분열하는 세포에 독성이 있는 약물을 혈액을 통해 주입하는 화학 요법이 사용된다. 화학 요법에 사용되는 약물은 세포 분열의 특정 단계를 저해하는 물질이다. 택솔은 대표적인 화학 요법에 사용되는 약물로서 미세 소관*의 분해를 저해하여 세포가 세포 분열의 중간 단계인 중기를 넘지 못하게 한다. 화학 요법의 부작용은 이들 약물이 자주 분열하는 정상 세포에도 작용하여 생겨난다. 화학 요법으로 암 치료를 할 때 메스꺼움이 나타나는 것은 화학 요법이 장 세포에 영향을 미친 결과이며, 머리카락이 빠지는 것은 머리카락의 모낭 세포에, 감염에 취약해지는 것은 면역계 세포에 영향을 미친 결과이다.

과학자들은 이러한 한계를 넘어서기 위해 암의 특징을 규명하고자 노력해 왔고, 최근의 암 치료는 환자의 종양 종류와 특성에 따라 개인에게 맞추어 이루어지고 있다. 유방암이 대표적인 예이다. 유방암 연구를 통해서 유방암 세포의 20%는 HER2라는 세포 표면의 특정한 수용체 양이 비정상적으로 높다는 것이 알려졌다. 이런 유방암을 가진 환자에게 HER2의 기능을 억제하는 약물을 투여하게 되면 높은 치료 효과를 거둘 수 있다.

*미세 소관 튜불린 단백질로 이루어진 세포질 안의 구조물. 세포 골격, 중심립, 방추사, 편모와 섬모 따위를 이룬다.

읽기 탄탄

다시 한번, 이렇게 읽어 봅시다.

과학 분야의 글은 주로 물리학, 화학, 지구 과학, 생물학, 수학, 의학, 과학사 등의 분야가 자주 출제됩니다. **이러한 전문 분야들에는 우리에게 낯선 용어와 개념, 이론이 많이 나오기 때문에 특정 이론과 개념을 마치 의미를 모르는 어휘의 뜻을 정리하듯 하나씩 정리하며 읽는 것이 좋습니다.** 또한 과학 분야에서는 구체적인 사례에 적용하는 문항이 자주 출제되는 만큼 지문에서 설명하고 있는 이론이나 개념들이 구체적인 상황에 어떻게 적용될까를 생각하며 공부하는 것이 좋습니다. 그리고 어려운 개념들을 과학적 지식에 따라 정확하게 이해하고 파악하는 것뿐만 아니라, 각 개념의 원리와 특징들을 파악하고 다른 개념들과 구분해 보며 지문에 접근한다면 지문을 더욱 정밀하게 이해할 수 있습니다.

이 글은 '암세포의 발생 과정과 그 치료 방법'에 대해 다루고 있는 의학 분야의 지문입니다. 전체 5문단으로 구성되어 있고 핵심어인 '악성 종양'을 중심으로 묶여 있다는 것을 간파해야 합니다. 세부적으로 살펴보면 암세포의 발생 과정과 관련하여 1문단에서는 암세포의 비정상적인 특성 및 분열 과정을 다루고, 2문단에서는 암세포의 특징을, 3문단에서는 정상 세포가 악성 종양으로 변하는 과정을 다루고 있습니다. 이어지는 4, 5문단에서는 악성 종양의 치료에 대해 설명하고 있습니다. 반복적으로 나타나는 '악성 종양'이라는 용어가 중심 화제라는 점은 쉽게 파악할 수 있습니다.

과학 분야의 경우 중심 화제와 같은 핵심 정보를 파악하는 문항이나, 글 전체에서 다룬 세부 정보를 파악하는 문항 외에도 '구체적 사례에의 적용' 문항이 자주 출제됩니다. 따라서 **지문의 내용 중 '악성 종양의 치료'와 관련된 부분에 초점을 두고 읽어 본 후 일차적으로 이해한 내용을 구체적인 사례나 상황에 적용하는 연습**을 해 보면 관련 유형의 문항에 대비할 수 있습니다.

> 9540-0051

01 윗글의 '악성 종양'에 대한 이해로 적절하지 <u>않은</u> 것은?

① 하나 혹은 여러 기관의 기능을 손상시킬 수 있다.

② 정상 세포에 비해 방사선을 쬐었을 때 보다 적게 손상된다.

③ 원래 생성된 부위에서 멀리 떨어진 다른 조직까지 퍼져 나갈 수 있다.

④ 형질 전환이 진행된 후 파괴 과정을 피한 비정상 세포 중 한 종류이다.

⑤ 화학 요법으로 치료하면 약물은 머리카락의 모낭 세포에 영향을 줄 수도 있다.

개념 탄탄 *이것만은 꼭 알고 가자!*

- **이해**

발문에 사용된 '이해'의 사전적 정의를 살펴보면 '잘 알아서 받아들인다.'라는 뜻입니다. 독해 시 주관의 개입을 최대한 배제하고, 객관적이고 사실적으로 본문을 읽어 내는 것이 '이해'의 첫걸음입니다. 특히 **과학 분야의 글은 다른 분야의 글에 비해 정보량이 상대적으로 많으므로** 우선 지문 내용에 대한 사실적 이해가 일차적으로 뒷받침되어야 합니다.

- **배경지식**

배경지식이란 '어떤 일을 하거나 연구할 때, 이미 머릿속에 들어 있거나 기본적으로 필요한 지식.'을 의미합니다. 독서 영역의 글을 읽을 때 배경지식을 활용하는 것은 마치 '양날의 검'과도 같으므로 주의해야 합니다. 배경지식을 활용하며 지문을 읽으면 해당 내용에 대한 접근이 용이할 수도 있지만, 자칫 배경지식에 치우쳐 지문을 객관적이고 사실적으로 읽어 내지 못하게 될 수도 있기 때문입니다.

- **형질 전환**

선택지에 사용된 '형질 전환'은 생소한 개념이므로 해당 용어에 표시를 해 두고, 명확히 알아 두면 이후의 독해에 도움이 됩니다. '형질 전환'이란 '외부에서 주어진 DNA에 의하여 개체나 세포의 형질이 유전적으로 변화하는 일.'을 의미합니다. 세부적으로 살펴보면 '형질'은 '동식물의 모양, 크기, 성질 따위의 고유한 특징'을 의미하고, '전환'은 '다른 상태로 바뀌거나 바꿈.'을 의미합니다. 이와 같은 개념들은 과학 분야 중 생물학, 의학 분야의 글에서 자주 사용되므로 알아 두면 유용하게 활용할 수 있습니다.

| 정답과 해설 **18**쪽 |

○ 9540-0052

02 윗글을 참고하여 〈보기〉를 이해할 때, 가장 적절한 것은?

┤ 보기 ├

 A 씨는 위에 악성 종양이 발견되어 치료를 계획하고 있다. A 씨의 경우 종양이 위의 여러 군데에서 발견되었고, 다른 부위로 전이가 의심된다는 의사의 소견이 나왔다.

① 암세포는 정상 세포에 비해 DNA 손상을 회복하는 능력이 크다.

② 화학적 약물을 혈액을 통해 주입하여 세포 분열을 촉진하는 것이 중요하다.

③ 혈관을 통해 전이가 이루어졌다면 위와 가까운 부위에만 전이가 나타날 것이다.

④ 종양이 여러 군데에 걸쳐 있는 경우는 고에너지 방사선 치료가 우선되는 것이 좋다.

⑤ 화학적 약물이 정상적인 장 세포에 작용할 경우 메스꺼움 등의 증상이 나타날 수 있다.

풀이 탄탄 '일반적'인 지문의 내용을 '구체적'인 〈보기〉의 상황과 1:1로 연결하여 이해하라.

1단계

 먼저 문단별 핵심 내용을 정밀하게 파악하는 것이 필요합니다. **발문의 '윗글을 참고하여'라는 조건을 해결하기 위해서는 기본적으로 지문 내용에 대한 사실적이고 정확한 이해가 뒷받침되어야 하기 때문입니다.** 지문의 문단별 핵심 내용을 정리하면 다음과 같습니다.
• 1문단: 암세포의 비정상적인 분열 과정
• 2문단: 악성 종양의 형성 과정과 그 영향
• 3문단: 악성 종양 세포의 문제점과 전이
• 4문단: 방사선과 화학 요법을 통한 암 치료와 화학 요법의 부작용
• 5문단: 개인적 특성에 맞춘 암 치료

2단계

 다음으로 〈보기〉의 상황이 무엇이고, 〈보기〉의 내용이 지문의 어떤 문단과 관련이 있는지를 파악해야 합니다. 〈보기〉에는 A 씨에게 악성 종양이 발견되었고 다른 부위로 전이가 의심된다는 상황이 언급되어 있습니다. 선택지 중에는 암세포의 특징을 다룬 것도 있고, 악성 종양의 치료에 대한 내용이 나옵니다. 따라서 지문, 〈보기〉, 선택지 사이의 연결 고리를 찾아보면 지문 중 '4문단'과 밀접한 관련이 있다고 볼 수 있습니다.

3단계

 〈보기〉의 상황과 지문의 4문단 중 뒷부분을 연결하여 정밀하게 독해하는 것이 필요합니다. 4문단에 따르면 암 치료를 할 때 화학 요법을 사용하면 정상적인 장 세포에 영향을 미칠 수 있고, 이로 인해 메스꺼움과 같은 증상이 나타날 수 있다는 정보를 확인할 수 있습니다. 〈보기〉의 A 씨가 악성 종양 치료를 받을 때 화학적 약물을 사용한다면, 이 약물이 정상적인 장 세포에 작용하여 메스꺼움과 같은 증상이 나타날 수 있다는 점은 쉽게 예측할 수 있습니다.

[01~02] 다음 글을 읽고 물음에 답하시오.

일반적으로 고체[*]는 전기적인 성질에 따라 도체, 부도체, 반도체로 구분할 수 있다. 전기적인 성질로 세 대상을 살펴봤을 때 도체는 전기를 잘 전달하는 물질로, 전기 저항이 다른 물질에 비해 상대적으로 작다는 특징이 있다. 이와 달리 부도체는 전기를 잘 전달하지 못하는 물질로, 전기 저항이 다른 물질에 비해 상대적으로 크다는 점에서 도체와 차이가 있다. 그리고 반도체는 도체와 부도체의 중간의 성질을 갖는데, 전기를 전달하는 정도가 도체와 부도체의 사이에 있는 물질이다. 반도체의 전기 저항 역시 도체와 부도체의 중간 정도이다. 고체 물질의 종류에 따라 전기적 성질이 이렇게 차이를 보이는 까닭은 무엇일까?

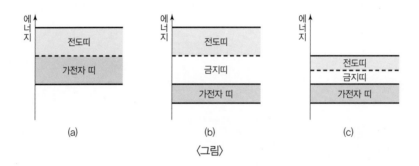

〈그림〉

그 까닭은 〈그림〉과 같이 도체, 부도체, 반도체에 따라 '에너지띠'의 구조가 다르기 때문이다. '에너지띠'란 전자의 에너지 준위[*]가 매우 가깝게 존재하여 연속적으로 취급할 수 있는 에너지 준위 영역을 의미한다. 제일 위의 에너지띠와 완전히 비어 있는 다음 에너지띠 사이의 에너지 차이를 '에너지 간격' 또는 '띠틈'이라고 하는데, 이는 어떤 전자도 존재할 수 없는 간격이며 고체의 전기 전도성을 결정하는 중요한 역할을 한다.

〈그림〉의 (a)는 도체, (b)는 부도체, (c)는 반도체의 에너지띠의 구조를 도식화한 것이다. 우선 (a)의 도체에서는 전도띠와 가전자 띠가 연속적으로 이어져 있다. 이때 도체의 외부에서 양쪽 끝에 전기장을 걸어 주면 전자는 쉽게 다른 상태로 이동할 수 있어서 도체 내를 자유롭게 움직이게 된다. 도체에서는 전기장에 의하여 가전자 띠에 있는 전자들이 전도띠로 쉽게 이동하여 전류가 흐르게 된다. 전자의 이동을 막는 금지띠가 없으므로 전자는 약간의 에너지만 흡수해도 에너지띠 내에서 비교적 자유롭게 여러 상태 사이를 이동하며 고체 안을 자유롭게 이동할 수 있다. 이와 같은 도체에는 철, 구리, 나트륨 등이 있다.

고체의 양쪽 끝에 전압을 걸어 주었을 때 고체를 통해서 전류가 흐르지 않는다면 이 고체를 부도체라고 한다. 부도체의 전도띠는 물론이고 가전자 띠도 전자로 모두 채워져 있으므로 에너지띠 내에서 전자는 더 이상 이동할 수 없다. 이와 같이 꽉 채워진 띠는 고체의 양쪽 끝에 전기장을 걸어 주어도 에너지 간격이 매우 넓어서 전자가 금지띠를 넘어 전도띠로 이동하는 것이 거의 불가능하기 때문에 전류가 흐르지 않는다. 이와 같은 부도체에는 고무, 나무, 유리, 다이아몬드 등이 있다.

전기적 특성이 도체와 부도체의 중간 정도인 반도체의 에너지띠는 가전자 띠에 전자가 꽉 차 있다. 그러나 에너지 간격이 부도체에 비해 상대적으로 좁으므로 양쪽 끝에 전기장을 걸어 주거나 적당한 에너지를 가하면 많은 수의 전자가 비어 있는 전도띠로 이동하여 전류가 흐르게 할 수 있다. 이와 같은 특성을 갖는 고체를 반도체라고 하는데, 반도체에는 실리콘, 저마늄, 산화 이구리 등이 있다.

반도체의 에너지띠 구조는 기본적으로 부도체와 비슷하다. 그러나 중요한 차이점이 있는데, 반도체에서는 전도띠와 가전자 띠 사이의 에너지 간격이 훨씬 작다는 것이다. 일반적으로 에너지 간격이 1eV*정도 또는 그 이하인 물체를 반도체로 구분하고, 그 이상인 것을 부도체로 구분한다. 따라서 반도체인 실리콘에서는 외부 에너지에 의해 전자가 띠틈을 뛰어넘어 전도띠로 뛰어오르는 것이 상온에서도 가능하다.

***고체** 일정한 모양과 부피가 있으며 쉽게 변형되지 않는 물체의 상태.
***에너지 준위** 원자나 분자가 갖는 에너지값. 또는 그 상태.
*eV[electron volt(**전자볼트**)] 운동 에너지의 단위. 전자가 진공 가운데 1볼트의 전위차를 가진 두 점 사이를 횡단할 때마다 얻는 운동 에너지로, 소립자의 질량을 에너지로 환산하여 나타낼 때도 쓰인다.

01

9540-0053

윗글의 내용과 일치하지 않는 것은?

① 도체에서는 전도띠와 가전자 띠가 연속적으로 이어져 있다.
② 고체는 전기적인 성질에 따라 도체, 부도체, 반도체로 나눌 수 있다.
③ 반도체의 전기 저항은 부도체보다는 상대적으로 작고 도체보다는 상대적으로 크다.
④ 고체의 외부에서 전기장을 걸어 주면 금지띠가 좁아져 전자가 이동할 수 있는 상태가 된다.
⑤ 에너지띠의 기본 구조가 유사하더라도 에너지 간격의 넓이에 따라 전기적인 성질이 구분될 수 있다.

02 **대표 유형**

9540-0054

윗글을 바탕으로 〈보기〉를 이해한 내용으로 적절하지 않은 것은?

┤ 보기 ├

고체 종류	실리콘	저마늄	다이아몬드
에너지 간격	1.14eV	0.67eV	5.33eV

① 실리콘은 다이아몬드에 비해 전기를 잘 전달하는 물질이겠군.
② 저마늄에는 전자의 이동을 막는 금지띠가 없어서 전자의 이동이 자유롭겠군.
③ 실리콘의 양쪽 끝에 전기장을 걸어 주면 전자는 실리콘 내를 자유롭게 움직여 전류가 흐르겠군.
④ 도체나 반도체의 금속과 달리 다이아몬드는 전도띠와 가전자 띠 모두가 전자로 채워져 있겠군.
⑤ 저마늄은 다이아몬드에 비해 에너지 간격이 좁아서 적당한 에너지를 가하면 전류가 흐르는 상태로 변하게 되겠군.

[03~04] 다음 글을 읽고 물음에 답하시오.

고대인들은 하늘의 움직임을 보면서 지구는 편평하며 움직이지 않고 하늘이 움직인다고 생각했다. 이러한 생각은 기원전 4000년 경의 바빌로니아 인들로부터 고대 그리스의 플라톤, 아리스토텔레스로 이어지면서도 크게 달라지지 않았다. 지구가 우주의 중심이며 태양을 포함한 다른 행성들이 지구의 주위를 원운동한다는 프톨레마이오스의 '지구 중심 우주론'은 당시의 과학적 수준에서 진리로 인식되었다. 그러나 고대로부터 내려오던 이 우주론이 가진 가장 큰 문제점은 그것을 기초로 확립한 율리우스 달력이 실제 생활과는 맞지 않는다는 사실이었다. 빈번한 항해 활동에 필요한 정확한 달력에 대한 사회적 필요는 천문 관측을 자극하였고, 천문학적 계산에 많은 노력을 기울이게 되었다.

이후 코페르니쿠스가 천문학에 관심을 가졌을 때에도 여전히 프톨레마이오스의 '지구 중심 우주론'이 일반적으로 받아들여지고 있었다. 프톨레마이오스는 우주의 중심부에는 지구가 놓여 있으며, 가장 바깥에는 우주의 끝인 항성 천구가 있다고 보았다. 항성 천구의 안쪽에는 지구를 중심으로 달, 수성, 금성, 화성, 목성, 토성 순으로 위치한다고 보았고, 이것들은 항성의 천구를 따라 이심원과 주전원 상에서 완벽한 원운동을 한다고 주장하였다. 이심원은 지구 주위를 행성들이 돌면서 그리는 큰 원을 의미하고, 주전원은 중심이 이심원 위에 있는 작은 원을 의미한다. 프톨레마이오스는 이심원과 주전원 때문에 행성들이 때로는 앞으로 나아가거나 혹은 멈추기도 하고 뒤로 후퇴하기도 하는 것으로 보았다.

16세기 초 폴란드의 신부인 코페르니쿠스는 별을 직접 관측하는 것과 더불어 다른 천문학자들의 관측 데이터를 수집하여 서로 비교했다. 그 결과 하늘에 80개 이상의 주전원이 그려져야 하는 프톨레마이오스의 '지구 중심 우주론'에 대한 의문을 제기하게 되었다. 코페르니쿠스는 우주의 구조를 설명하기 위해 주전원이나 이심원과 같은 부가적인 장치들을 사용해야 하는지에 의문을 갖고, 이와 같은 부가적인 장치들을 전혀 사용하지 않으면서 행성들의 완벽한 등속 운동을 가능하게 하는 우주 구조가 무엇인지를 스스로에게 묻고 나서 "모든 행성은 태양을 중심으로 회전하며, 따라서 태양이 우주의 중심이다."라는 결론을 얻어 냈다.

코페르니쿠스는 우주의 중심이 태양이라는 생각을 더욱 구체적으로 발전시켜 『천체의 회전에 관하여』를 완성했다. 그는 행성들과 그 궤도는 단지 한 개의 중심인 태양이 있고, 지구는 우주의 중심이 아니라 달의 궤도와 중력의 중심일 뿐이라는 '태양 중심 우주론'을 주장하였다. '태양 중심 우주론'에서는 태양을 중심으로 수성, 금성, 지구, 화성, 목성, 토성이 원 궤도를 그리며 회전하고 있다고 보았다. 프톨레마이오스의 '지구 중심 우주론'에서와 같이 지구를 중심으로 모든 천체가 운동하는 것으로 설명하면 행성의 운동은 매우 복잡하게 표현된다. 그러나 태양을 중심으로 모든 천체가 운동을 하는 '태양 중심 우주론'으로 천체의 움직임을 설명하면 프톨레마이오스의 '지구 중심 우주론'보다 간단하게 행성의 운동이 설명된다.

이러한 코페르니쿠스의 '태양 중심 우주론'은 프톨레마이오스의 '지구 중심 우주론'에서 지구와 태양의 위치를 바꾼 것으로, 그동안 천문학에서 해결할 수 없었던 문제를 해결할 수 있었다. 프톨레마이오스의 '지구 중심 우주론'에서는 태양과 금성 및 수성의 회전 주기가 1년 정도로 비슷하여 배열 순서를 정하는 것이 쉽지 않았지만, '태양 중심 우주론'에서는 수성, 금성, 지구를 차례로 배열하는 데 문제가 없었다. 그러나 코페르니쿠스의 우주 체계는 여전히 행성들의 원운동을 강력하게 고수하였으며, 우주가 천체들이 붙어 있는 투명한 수정구로 겹겹이 둘러싸여 있다는 것을 의심하지 않았다는 점에서 한계가 있다.

03
◑ 9540-0055

윗글을 통해 해결할 수 있는 질문이 아닌 것은?

① 주전원과 이심원의 개념은 무엇인가?
② 고대인들은 하늘과 지구 중 무엇이 움직인다고 생각했는가?
③ '태양 중심 우주론'에 따르면 지구 앞쪽에 위치한 행성은 무엇인가?
④ 코페르니쿠스가 '지구 중심 우주론'에 의문을 갖게 된 이유는 무엇인가?
⑤ '지구 중심 우주론'과 '태양 중심 우주론'에 공통으로 영향을 준 이론은 무엇인가?

04 대표 유형
◑ 9540-0056

윗글을 바탕으로 〈보기〉의 코페르니쿠스의 '태양 중심 우주론'을 이해한 내용으로 적절하지 않은 것은?

┤ 보기 ├

　코페르니쿠스는 기존의 프톨레마이오스의 '지구 중심 우주론'과는 달리 우주의 중심에는 태양이 있고, 지구를 비롯한 행성들은 다음과 같이 태양 주위를 회전한다고 보았다.

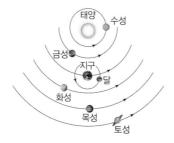

① 지구는 우주의 중심이 아닌 달의 궤도와 중력의 중심이라고 설명하고 있군.
② 행성들은 멈추거나 후퇴하는 것이 아닌 태양을 중심으로 회전하는 것이겠군.
③ 행성의 운동을 설명하는 데에 있어 주전원과 이심원의 개념은 필요하지 않겠군.
④ 우주가 천체들이 붙어 있는 수정구로 둘러싸여 있다는 생각에서 벗어날 수 있겠군.
⑤ '지구 중심 우주론'에 비해 수성, 금성, 지구의 배열 순서를 정하는 데에 어려움이 없겠군.

09 기술

시각 자료에의 적용

■ 다음 글을 읽고 물음에 답하시오.

오늘날 과학과 기술의 발전에 따라 만들어진 전자 디스플레이는 브라운관(CRT) 등을 거쳐 평판 디스플레이(FPD)에 이르고 있다. 그중 LCD(liquid crystal display)는 액정 디스플레이의 약자인데, 1888년 오스트리아의 라이니처가 발견한 액정을 이용한 디스플레이이다. 액정은 고체의 결정과 같은 규칙적인 분자 배열과 액체의 유동성을 동시에 지니는 물질로, 전압을 가하면 액정의 분자 배열이 바뀌는 특성을 지닌다. LCD는 액정의 성질을 이용하여 도형, 문자 또는 그림을 표시하는 장치를 가리킨다.

LCD는 막대 모양의 액정 분자들이 전기장에 반응해 정렬될 수 있다는 점과 정렬된 액정 분자들이 빛의 편광 방향을 돌릴 수 있다는 점을 기본 원리로 하고 있다. 빛은 전기장과 자기장이 진동하는 현상이기 때문에 진동 방향이 있는데, 빛의 전기장 진동 방향을 그 빛의 편광 방향이라 한다. 특히 빛이 어떤 특정한 방향으로만 진동하며 진행하는 경우 그 빛은 편광이 되었다고 한다. 일반적인 빛은 전기장 방향이 계속 변화하며 진행되지만, 편광판을 두면 특정한 편광 방향의 빛만 투과하게 된다. 예를 들어 수직 편광판을 두면 수직 방향으로 편광된 빛만 투과하게 되는데, 이때 수직 편광판 다음에 수평 편광판을 설치하면 수직 방향으로 편광된 빛은 수평 편광판을 전혀 투과하지 못하게 된다. 한편 액정 분자로 구성된 픽셀*이 있을 때 이 픽셀에 전압을 가하면 전압의 크기에 따라 빛의 투과도를 변화시킬 수 있다. LCD는 액정 분자의 배열 방향에 따라 여러 가지 방식이 있는데, 이 중 하나가 TN(twisted nematic) 방식이다.

TN 방식의 액정 픽셀 안에는 막대 모양의 액정 분자들이 다양한 각도의 궤적을 그리면서 서로 뒤틀려 있다. 액정 뒷면에 위치한 광원으로부터 들어온 빛은 수직 편광판을 통과하고 나면 수직 편광된 빛만 액정 픽셀로 들어온다. 그 다음 빛은 서로 일정한 규칙성 없이 조금씩 뒤틀린 액정 분자들을 통과하면서 분자들의 정렬 상태를 따라 수평 방향으로도 정렬되고, 결국 일부의 빛이 액정 앞면에 있는 수평 편광판을 통과하게 되면서 화면이 밝게 보인다. 한편 액정에 전압을 가하면 모든 액정 분자들이 수직 방향으로 정렬되고, 수직 방향으로 편광된 빛은 일렬로 배열된 액정 방향에 따라 계속 수직 편광 상태로만 진행하게 되고, 결국 앞면에 높인 수평 편광판을 통과하지 못해 ㉠화면은 검은색으로 보인다. 이런 액정 픽셀들을 가지고 2차원 배열을 만든 후, 영상 장비로 이용하는 것이 바로 LCD이다. 흑백 LCD는 빛의 세기만 조절하지만, 컬러 LCD는 적색, 녹색, 파란색의 픽셀들이 하나로 묶여서 각 지점에서의 색을 표현한다. 우리가 LCD 화면에서 보는 다채로운 색상은 이 세 가지 부분의 세기를 조절하여 만드는 것이다.

LCD는 액정 픽셀 뒤에 BLU(back light unit)라 불리는 광원을 따로 두는데, 이 광원의 전력 소모가 매우 적은 편이라 LCD는 기존에 사용하던 CRT에 비해 전력 소모가 적다. 그뿐만 아니라 CRT는 전자총이 진공 상태에서 전자 빔을 발생시키는 장치로 전자총에서 편향 코일을 거쳐서 전자가 화면까지 날아가야 하기 때문에 두께를 얇게 만들 수 없는 데 비해, 액정을 이용한 LCD는 CRT와는 비교도 안 되는 얇은 두께로 만들 수 있다. LCD 기술 개발은 더 선명한 영상을 표현하기 위한 방법들을 찾는 방향으로 가고 있다. 선명한 영상을 표현하기 위해 예전에는 BLU로 형광등을 사용했지만 최근 제품들은 이보다 밝은 LED를 광원으로 사용하며, LCD 픽셀의 크기를 줄이는 연구를 계속하고 있다.

*픽셀 이미지를 구성하는 가장 작은 단위. 작은 점의 행과 열로 이루어져 있는 화면의 작은 점 각각을 이르는 말.

다시 한번, 이렇게 읽어 봅시다.

  기술 분야의 글은 산업 기술, 공학 기술, 실용 기술, 에너지 기술, 전자 공학 기술, 컴퓨터 IT 기술 등의 주제가 자주 출제됩니다. 기술 분야의 글을 읽을 때에는 해당 기술의 주요 작동 원리에 초점을 맞추어 내용을 정확하게 소화해 내는 것이 중요합니다. 작동 원리를 살펴보면서 어떠한 원인에 의해 어떠한 결과물이 산출되는지 파악하고, 다른 기술과의 차이점이나 공통점을 파악하는 것도 필요합니다. 또한 대체로 단계적인 과정에 따른 서술 방식이 많이 나타나므로, **특정 기술의 작동 원리를 중심으로 각 단계의 특징을 명료하게 구조화하여 파악**하는 것도 효과적입니다.

  이 글은 '전자 공학 기술' 분야의 지문으로 'LCD 작동 원리'를 중심 화제로 삼고 있습니다. 전체 4문단의 구성으로, 글의 중심 뼈대는 LCD의 개념과 기본적 작동 원리(1~2문단)와 TN 방식을 통한 LCD의 구체적 작동 원리 및 향후 연구 과제(3~4문단)로 파악해 볼 수 있습니다. 따라서 **LCD 액정의 특성과 작동 원리를 파악하고자 하는 것이 독해의 초점**이 되어야 합니다. LCD는 액정의 성질을 이용하여 도형, 문자 또는 그림을 표시하는 장치를 의미합니다. LCD는 액정 분자들이 전기장에 반응해 정렬될 수 있다는 점과 정렬된 액정 분자들이 빛의 편광 방향을 돌릴 수 있다는 점을 기본 원리로 하고 있으며, 이러한 특성을 바탕으로 그 작동 원리에 다가갈 수 있습니다. LCD 구현 방식 중 하나인 TN 방식은 이 글에서 핵심적으로 소개하는 기술입니다. TN 방식은 뒤틀려 있는 액정 분자들로 인해 광원에서 나온 빛이 수평 방향으로 정렬되고, 액정 앞면에 있는 수평 편광판을 투과하며 화면은 밝아집니다. 그런데 이 액정에 전압을 가하면 수직 편광판을 통과한 빛이 앞면에 놓인 수평 편광판을 통과하지 못하게 되어 화면은 검은색이 됩니다.

  이렇게 핵심 제재를 중심으로 LCD의 구현 방식을 이해하기 위해 단계별로 내용을 잘 정리해 둘 필요가 있습니다. 또한 기술 분야의 경우, 대표 문항은 기술의 작용 원리를 시각 자료에 적용하는 문제가 자주 출제되므로 이 점에 유의하여 **작동 원리와 시각 자료를 정확히 대응시키면서 지문을 독해하는 연습**을 충분히 해 보시기 바랍니다.

○ 9540-0057

01 ㉠의 원인으로 가장 적절한 것은?

① 뒤틀린 액정 분자들이 빛의 통과를 방해했기 때문이다.

② 광원에서 나온 빛이 수직 편광판을 통과하지 못했기 때문이다.

③ 빛이 전기장의 방향에 따라 계속 변화하며 진행하기 때문이다.

④ 액정에 가해진 전압의 크기가 충분하지 않아 빛이 투과할 수 없었기 때문이다.

⑤ 액정에 가해진 전압에 따라 모든 액정 분자들이 수직 방향으로 정렬되어 빛이 통과하지 못했기 때문이다.

개념 ⑤탄탄 *이것만은 꼭 알고 가자!*

- **과정을 파악하며 읽기**

  기술 분야의 지문에서는 '과정'에 초점을 맞추어 읽는 것이 좋습니다. **중심 화제에 대한 설명이 어떠한 순서와 단계를 거치며 진행되고 있는지 주의 깊게 파악**하고, 그 단계들을 직접 번호나 화살표 등으로 표시해 가며 읽어 봅시다.

- **원인과 결과 파악하며 읽기**

  글 속의 주요 정보를 확인할 때마다 그 결과의 원인이 무엇인지 정보 간의 논리적 관계를 따져 읽는 것이 중요합니다. 기술 분야의 지문에서는 **'왜냐하면', '따라서', '~이기 때문이다.'와 같은 표현에 주목하여 '원인-결과'의 관계를 분명히 파악**해 둘 필요가 있습니다.

○ 9540-0058

02 윗글을 바탕으로 〈보기〉를 이해한 내용으로 적절하지 **않은** 것은?

┌ 보기 ┐

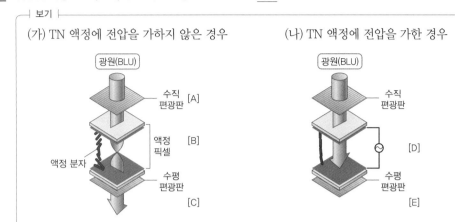

(가) TN 액정에 전압을 가하지 않은 경우 ── (나) TN 액정에 전압을 가한 경우

① (가) – [A]에서는 액정 뒷면에 위치한 광원에서 나온 빛이 수직 편광판을 통과하게 된다.

② (가) – [B]에서는 빛이 액정 분자들을 통과하면서 분자들의 정렬 상태에 따라 수평 방향으로도 정렬되게 된다.

③ (가) – [C]에서는 빛이 수평 편광판을 투과하여 화면이 밝게 보이게 된다.

④ (나) – [D]에서는 액정 분자들이 수직 방향으로 정렬되는 과정에서 빛의 편광 방향이 여러 각도로 분산된다.

⑤ (나) – [E]에서는 빛이 수평 편광판을 통과하지 못해 화면이 검은색으로 보이게 된다.

풀이 탄탄 시각 자료의 요소 및 구조를 지문의 내용과 대응시켜라!

1단계
　시각 자료가 제시된 기술 지문에서는 먼저, 〈보기〉에 제시된 그림의 **'구성 요소'를 빠짐없이 잘 파악**해야 합니다. 광원의 위치, 빛의 진동 방향, 액정 분자의 모양, 편광판의 배치, 전압의 유무, 빛의 통과 유무 등의 요소들을 파악하며 전체적인 그림의 구조를 이해할 수 있어야 합니다.

2단계
　〈보기〉의 시각 자료와 **직접적으로 관련된 지문의 해당 대목을 찾아 내용을 파악**합니다. 3문단의 'TN 방식의 작동 원리'에 초점을 맞추어 지문 속의 주요 내용을 완전히 자신의 것으로 소화해야 합니다. **정보 간의 선후 관계, 인과 관계 등에 유의하여 주요 정보들을 구조화**하는 것이 중요합니다.

3단계
　이제, TN 방식의 작동 원리를 시각 자료와 정확히 대응시켜 봅니다. **각 단계별 원리가 그림의 어떤 부분에 대응하는지를 정확히 파악**해야 합니다. (가)–[A]는 광원에서 빛이 수직 편광판으로 들어오는 상황, (가)–[B]는 전압을 가하지 않은 상태에서 액정 분자들이 서로 다양한 각도로 뒤틀려 있는 상황, (가)–[C]는 화살표를 통해 알 수 있듯이 빛이 수평 편광판을 투과한 상황에 해당합니다. 또한 (나)–[D]는 모든 액정 분자들이 수직 방향으로 정렬된 상태로 빛 역시 수직 편광 방향으로만 진행하는 상황, (나)–[E]는 빛이 빠져나오지 못해 화면이 검은색으로 구현된 상황에 해당합니다. 이렇게 차근차근 **지문의 내용과 시각 자료의 내용 요소를 잘 대응시킨 뒤, 자신이 이해한 바와 선택지의 내용을 비교**하면 손쉽게 정답을 찾아낼 수 있습니다.

[01~02] 다음 글을 읽고 물음에 답하시오.

  컴퓨터는 문자나 소리의 형태로 이루어진 자료를 각각 키보드, 마이크와 같은 특수한 입력 장치를 통해 디지털 신호로 변화시킨다. 이후 중앙 처리 장치에서 데이터를 읽고 명령어를 해독한 뒤 그 결과를 모니터, 스피커 등의 출력 장치를 통해 사용자에게 문자, 소리로 전달한다. 그렇다면 이러한 다양한 형태의 자료를 컴퓨터는 어떻게 디지털 신호로 변환하여 인식할 수 있을까?

  문자 데이터의 처리를 위해서는 먼저 문자를 컴퓨터가 이해할 수 있는 2진수 형태로 변환해야 한다. 이때 서로 다른 형태의 문자를 구별해 내기 위해 '문자 이진 코드'를 사용하게 되는데 대표적으로 '아스키코드'와 '유니코드'가 있다. 아스키코드는 정보 기기 간의 정보 교환을 위해 만든 표준 코드로, 128개의 서로 다른 문자를 표현할 수 있다. 그런데 한글, 한자 등은 영어와 문자 구조가 달라 1바이트에 모든 문자를 표현할 수 없으므로, 여러 형태의 문자를 통일된 방법으로 표현하고자 2바이트 코드 규약을 고안하였는데 이것이 유니코드이다. 이것은 총 65,000여 개의 서로 다른 문자를 표현할 수 있기 때문에 세계 많은 나라의 문자와 그 밖의 기호들도 표현이 가능하다.

  한편 소리 데이터의 경우에는 문자 데이터보다 조금 더 복잡한 처리 형태를 갖는다. 우선 컴퓨터에서 소리를 처리하기 위해서는 아날로그 형태인 소리 데이터를 디지털 형태로 변환해야 한다. 이때 '아날로그'란 시간에 대해 연속적인 물리량을 뜻하고 '디지털'이란 아날로그 신호를 1과 0으로 표현하는 것을 말한다. 소리 데이터의 처리는 구체적으로 표본화, 양자화, 부호화 과정을 거쳐 이루어진다. '표본화'는 연속적인 아날로그 신호를 일정한 시간 간격으로 잘라 내어 표본을 추출하는 과정이다. '표본화율'은 1초 동안 표본화한 개수를 의미한다. 신호를 추출해 내는 시간 간격이 세밀할수록 표본화율은 커지며 음질은 원음에 가까워지게 된다. 한편 표본화율이 높을수록 데이터의 크기는 증가하게 된다.

  '양자화'는 표본화 과정을 통해 추출된 신호의 크기를 디지털화할 수 있는 값으로 처리하는 과정이다. 즉 표본화를 통해 얻은 표본값을 수치화할 때, 근접한 정수의 값으로 변화시키는 것으로 이때 얻은 값을 '양잣값'이라고 한다. 예를 들어, 표본화를 통해 '2.3'이라는 수치를 얻었다고 할 때, 이 값을 '2'라는 정수로 변환 처리하는 과정을 말한다. 이때 두 값 사이에 '0.3'만큼의 차이가 발생하는데, 이 오차만큼 잡음이 발생하게 된다. 한편 컴퓨터가 아날로그 소리 데이터를 디지털 데이터로 처리 및 인식하기 위한 마지막 과정인 '부호화'는 양자화된 신호들을 0과 1로 이루어진 2진수로 표현하는 것을 말한다. 예를 들어, 양자화를 거쳐 추출된 신호의 크기가 6인 경우, 이것을 3비트로 부호화하면 이진법 변환 원리에 따라 '110'으로 표현되는 것과 같다.

  이렇게 일련의 기술적 과정을 거쳐 컴퓨터는 아날로그 신호를 디지털 신호로 변환함으로써 문자나 소리 등 다양한 유형의 정보를 빠르고 정확하게 처리할 수 있다. 매체의 특성에 따라 디지털 데이터로 처리된 정보들은 저장 및 편집 처리 과정이 매우 편리하며 이동식 저장 장치 등을 통해 일상생활 속에서 손쉽게 관리 및 활용할 수 있다는 장점을 지닌다.

01

○ 9540-0059

윗글의 내용과 일치하지 않는 것은?

① 컴퓨터의 중앙 처리 장치는 데이터를 읽고 명령어를 해독하는 역할을 한다.
② 컴퓨터는 문자 이진 코드를 통해 서로 다른 형태의 문자를 구별할 수 있다.
③ 키보드에 입력한 문자는 중앙 처리 장치를 거쳐서 모니터로 출력될 수 있다.
④ 표본화를 거친 표본값과 부호화 처리된 값의 차이만큼 잡음이 발생하게 된다.
⑤ 디지털 데이터로 처리된 정보들은 저장과 편집의 측면에서 편리하다는 장점을 지닌다.

02 대표 유형

○ 9540-0060

윗글을 바탕으로 〈보기〉를 이해한 내용으로 적절하지 않은 것은?

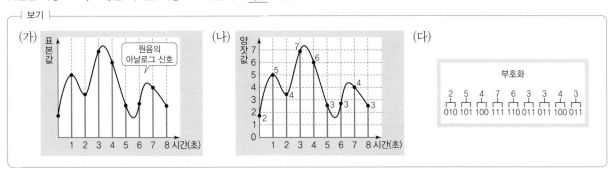

① (가) → (나) → (다)를 차례대로 거치면서 원음의 아날로그 신호가 디지털 데이터로 변환된다.
② (가)의 x축의 시간 간격이 넓어질수록 디지털 음질은 원음 상태에 더욱 가까워지게 된다.
③ (나)의 y축의 값들은 (가)에서 얻어진 신호 크기를 디지털화할 수 있는 수치로 나타낸 것이다.
④ (나)의 y축의 값들은 표본값을 수치화할 때, 근접한 정수의 값으로 변화시킨 결과이다.
⑤ (다)의 제일 하단에 0과 1로 조합된 숫자들은 (나)를 거친 신호의 크기들을 각각 3비트로 부호화한 결과이다.

[03~04] 다음 글을 읽고 물음에 답하시오.

오늘날 산업 현장에서는 기계 및 전기 전자, 정보 통신 등의 기술이 융합된 자동화 시스템이 활용되고 있다. '자동화'란 일의 과정이 기계에 의해서 자동으로 수행되는 형태를 말한다. 지하철의 스크린 도어, 에스컬레이터, 신호등의 교통 신호 제어 등이 대표적 사례이다. 산업 현장에서의 자동화는 단위 기계의 자동화, 생산 라인의 자동화, 공장 전체의 자동화 순으로 발전하였고, 현재는 많은 산업 현장에서 자동화 기술을 채택하여 품질 향상, 생산 속도의 향상, 원가 절감 등의 효과를 얻고 있다.

산업 현장의 생산 시스템은 다수 인력에 의한 생산보다는 자동 제어 및 무인 생산 시스템 등으로 대체되고 있다. 여기서 '자동 제어'란 컴퓨터와 기계에 의해서 공정의 과정이 제어되는 것을 의미한다. 제품 생산 공정에 자동화를 적용함으로써 사람보다 더욱 정밀한 제어가 가능해졌으며 이를 통해 더 높은 품질의 생산품을 얻고 생산 효율을 크게 높일 수 있게 되었다.

[A]
자동 제어의 방식은 '시퀀스 제어'와 '피드백 제어'로 나뉜다. 시퀀스 제어는 주어진 조건에 따라 정해진 제어 과정을 순서대로 실행하는 것을 말한다. 작업 명령이 주어진 뒤 명령 처리부에서 조작부로 제어 신호를 보내면 다시 조작부에서 제어 대상으로 조작 신호를 주게 되고, 이러한 과정을 통해 제어가 이루어지게 된다. 예를 들어, 특정 부분만 반복하여 용접 작업을 하고자 할 때 이 방식이 사용된다. 한편 피드백 제어는 설정해 놓은 양과 목표에 맞게 정해진 차이 내에서 자동으로 이루어지는 제어 방식으로, 고도의 정밀한 기술력이 요구되는 분야에서 많이 사용된다. 먼저 구체적 목푯값을 설정하면 그 값과 현재 상태의 수치를 비교한 뒤, 기준값보다 부족하면 더하는 방향으로, 초과되면 줄이는 방향으로 제어 장치에 신호를 전달하고 이러한 지속적인 피드백 작용을 통해 원했던 목푯값에 도달하게 된다. 예를 들어, 제품 가공 시 주어진 오차 내에서만 정밀하게 제어하고자 할 때 주로 이 방식을 채택한다.

산업 현장에 생산 자동화 시스템을 도입하면 제품의 이동, 저장, 가공, 검사 등의 공정 과정의 유연성을 높일 수 있으며 생산성 또한 증진할 수 있다. 생산 자동화 시스템은 제품의 종류와 부품의 개수 등에 따라 생산 형태를 분류하여 다양하게 구성할 수 있는데, 생산 자동화 시스템은 생산 형태에 따라 고정 자동화 시스템, 프로그램 자동화 시스템, 유연 자동화 시스템 유형으로 분류된다.

'고정 자동화 시스템'은 가공 또는 조립 작업의 순서가 장비 배열에 의해 고정되는 시스템으로, 요구되는 작업 순서에 따라 특수 설계된 기계들을 배치한 것을 말한다. 이 방식은 초기 투자비가 비싸지만 생산성이 높다는 장점을 지닌다. '프로그램 자동화 시스템'은 생산 제품의 변화에 따른 생산 기계의 유연성을 높이기 위해 작업 과정을 프로그램화하여 변경할 수 있도록 구성한 시스템이다. 생산 제품이 바뀔 경우, 생산 라인을 중지한 후 프로그램을 변경해야 하며 고정 자동화 시스템보다 생산성이 낮다는 단점을 지닌다. '유연 자동화 시스템'은 프로그램 자동화 시스템을 확장하여 생산 제품의 변경에 따른 시간의 낭비 없이 다양한 제품을 생산할 수 있도록 고안된 시스템이다. 중앙 컴퓨터를 통해 자동으로 공구를 교환하고 프로그램을 선택할 수 있도록 구성하며, 다양한 제품 조합의 연속 생산이 가능하여 제품 설계 변화를 처리할 수 있는 유연성을 갖는다.

03

○ 9540-0061

윗글의 내용과 일치하지 <u>않는</u> 것은?

① 자동화는 단위 기계, 생산 라인, 공장 전체의 순서에 따라 발전하였다.
② 특정 부분에 대한 반복적 용접 작업을 할 경우 시퀀스 제어를 사용한다.
③ 고정 자동화 시스템은 조립 작업의 순서가 고정되어 있고 생산성이 높다.
④ 프로그램 자동화 시스템은 프로그램의 조작을 통해 생산 제품을 변경하여 생산할 수 있다.
⑤ 유연 자동화 시스템은 단일한 제품의 생산성을 높이려는 목적으로 개발된 자동화 시스템이다.

04

○ 9540-0062

윗글의 [A]를 바탕으로 〈보기〉를 이해한 내용으로 적절하지 <u>않은</u> 것은?

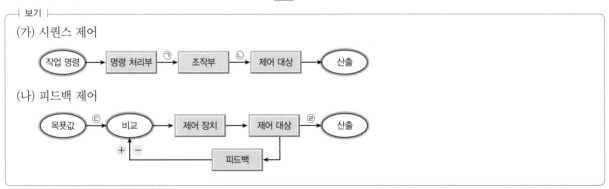

① (가)의 ㉠에서는 '제어 신호', ㉡에서는 '조작 신호'가 처리된다.
② (가)는 ㉠, ㉡의 처리 과정이 순차적으로 진행되며 자동 제어를 실행한다.
③ (나)의 ㉢에서는 기존의 목푯값을 바탕으로 새로운 목푯값을 예측하게 된다.
④ (나)의 ㉣에서는 목푯값이 달성되므로 더 이상 피드백 작용이 이루어지지 않게 된다.
⑤ (나)는 (가)와 달리 주어진 오차 내에서 정밀한 작업을 진행하고자 할 때 주로 사용된다.

10 예술

■ 다음 글을 읽고 물음에 답하시오.

가 우리는 음악 감상을 통해 특정한 종류의 감정을 느끼곤 한다. 그리고 이를 음악에 담겨 있는 작곡가나 연주자의 감정이 우리에게 전달된 것이라고 생각한다. 이렇듯 음악이 감정을 표현한다는 생각은 어느 시대에나 있었지만, 19세기 낭만주의 시대에 절정에 이르게 된다. 낭만주의자들은 인간의 내면에서 솟아오르는 감정을 보존하기 위해 예술이 탄생했다고 믿었고, 그중에서도 음악을 가장 놀라운 예술 양식으로 평가했다. 바켄로더 등 낭만주의 미학자들이 주장한 '감정 미학'에 따르면 '감정'은 음악으로 가는 비밀스러운 출입구였고, 음악은 인간의 깊숙하고 비밀스러운 감정과 무한의 세계를 보여 주는 가장 낭만적인 예술이었다.

나 낭만주의 미학자들의 관점인 '감정의 예술로서의 음악'은 쇼펜하우어에 이르러 철학적 위엄을 부여받게 된다. 쇼펜하우어는 음악의 선율적, 화성적 특성을 인간 감정의 흐름, 욕구와 만족의 표현이라고 보았다. 또한 그는 음악이 감정의 현상, 즉 구체적이고 개별적으로 드러나는 감정을 표현하는 것이 아니라 인간의 내면적 본질로서의 추상적 감정을 표현한다는 점을 강조했다. 감정 미학에 대한 쇼펜하우어의 철학적 뒷받침을 통해 음악은 모든 예술 가운데 감정을 표현해 내는 가장 뛰어난 예술 양식으로 자리매김할 수 있었다.

다 그러나 미학자 한슬리크는 이러한 경향에 전면적 반론을 제기하였다. 그는 감정 미학이 지니는 문제점을 크게 두 가지로 구분하여 지적하였다. 19세기 낭만주의 미학자들이 주장한 감정 미학이 지니는 첫 번째 문제점은 음악의 목적이 감정을 환기*하는 데 있다고 주장한 것이었고, 두 번째 문제점은 재현된 감정이 음악의 내용이라고 파악한 점이었다.

라 한슬리크는 첫 번째 문제에 대해 아름다움은 어떤 목적도 갖지 않는다고 반론했다. 미를 관조할 때 인간에게 좋은 감정이 일어날 수도 있지만, 그것은 미 자체와는 아무런 상관이 없다는 것이다. 왜냐하면 미가 어떤 감정도 환기하지 못해도 미는 여전히 미로 남아 있기 때문이다. 한슬리크는 우리가 미를 인식하게 되는 것은 감정이 아니라 상상력 때문이라고 보았다. 그는 우리가 음악을 예술로서 다루기를 원한다면, 감정이 아니라 상상력을 미적 권위로 인정해야 한다고 주장했으며, 감정은 음악뿐만 아니라 다른 예술에서도 나타나는 부차적 결과일 뿐이라고 일축*했다. 즉 음악 작품과 환기된 감정 사이에는 인과 관계가 없기 때문에 감정을 환기하는 것은 음악의 본질이 아니라고 반론했던 것이다.

마 이어서 한슬리크는 감정의 재현은 음악의 내용이 아니라고 반박했다. 그는 '재현한다'는 것은 명확한 내용을 우리 눈앞에 드러내는 것인데, 음악 자체의 불확정적 요소들을 고려해 볼 때, '어떻게 음악이 무엇을 재현한다고 할 수 있는가'라고 반문한다. 또한 음악에 의해서 완벽하게 재현될 수 있는 관념들이 있지만, 그것은 감정이 아니라고 말한다. 그는 그것을 '역동성'이라는 개념으로 설명하는데, 이때 역동성은 빠르고 느리고 강하고 약하고 상승하고 하강하는 물리적 과정의 움직임을 뜻한다. 이러한 움직임은 음악과 감정적 상태가 공통으로 가지고 있는 요소로 감정의 한 속성은 될 수 있지만, 감정 그 자체는 아닌 것이다. 즉 한슬리크는 음악과 감정이 어떤 속성을 한 가지 공유한다고 해서, 음악이 감정을 재현하고 감정이 음악의 내용이라고 말하는 것은 옳지 못하다고 주장했다. 이와 같은 그의 작업은 19세기에 널리 퍼졌던 감정 미학의 논리적 한계를 날카롭게 지적했다는 점에서 의의를 지닌다.

*환기(喚起) 어떤 감정이나 사실, 주의 따위를 불러일으킴.
*일축(一蹴) 소문이나 의혹, 주장 따위를 단호하게 부인하거나 더 이상 거론하지 않음.

다시 한번, 이렇게 읽어 봅시다.

예술 분야에서는 미술, 음악, 미학, 사진·영화, 건축, 예술사 등의 주제가 출제됩니다. 예술 분야의 글을 읽을 때에는 **글의 초점을 이루는 제재의 특징들을 잘 정리하면서 읽어야 합니다.** 때로는 같은 주제를 두고 상반된 견해가 대비적으로 제시되기도 하므로, '비교·대조'의 관점에서 각 입장의 주요 근거들을 구분해 정리하는 연습을 해 보는 것도 좋습니다.

이 글은 음악 또는 미학과 관련된 예술 분야의 지문으로, '감정 미학과 그에 대한 한슬리크의 비판'을 다루고 있습니다. 전체 (가)~(마)의 구성으로, 글의 중심 뼈대는 음악에 대한 '감정 미학'의 관점((가)~(나) 문단)과 그에 대한 한슬리크의 비판((다)~(마) 문단)으로 파악해 볼 수 있습니다. 따라서 **중심 제재에 대한 핵심 정보 파악과 비교·대조에 따른 관점 파악이 독해의 초점**이 되어야 합니다. 19세기 낭만주의 미학자들은 '감정 미학'의 관점을 통해 음악이 가장 낭만적인 예술 영역으로 인간의 감정을 드러내는 것이라고 보았습니다. 이러한 관점은 쇼펜하우어에 의해 철학적으로 심화되기도 하였는데, 글의 후반부에서는 한슬리크가 두 가지 측면에서 이러한 관점들을 어떻게 비판하고 있는지 소개하고 있습니다. **한슬리크는 아름다움은 어떤 목적도 지니지 않으며, 예술의 본질에 있어서 중요한 것은 감정이 아니라 상상력이라고 반박**합니다. 또한 **감정의 재현을 음악의 내용으로 보는 것이 왜 잘못된 견해인지 논리적으로 비판**하고 있음을 확인할 수 있습니다. 이렇게 핵심 제재를 중심으로 글이 어떠한 흐름을 지니는지에 대한 이해에 자신감이 생길 때까지 반복적으로 읽으며 정리해 둘 필요가 있습니다.

예술 분야의 경우 대표 유형은 '핵심 정보의 파악'을 중심으로 자주 출제되므로, 이 점에 유의하여 **중심 제재가 지니는 주요 특징이 무엇인지 꼼꼼하게 정리하면서 지문을 독해**해 보시기 바랍니다.

● 9540-0063

01 (가)~(마)의 중심 내용으로 적절하지 <u>않은</u> 것은?

① (가): 19세기 낭만주의 시대의 감정 미학
② (나): 감정 미학에 대한 쇼펜하우어의 반론
③ (다): 한슬리크가 제기한 감정 미학의 두 가지 문제점
④ (라): 감정의 환기를 목적으로 하는 음악에 대한 한슬리크의 비판
⑤ (마): 감정의 재현으로서의 음악에 대한 한슬리크의 비판

개념 **탄탄** *이것만은 꼭 알고 가자!*

■ **요약하기**

'요약(要約)'의 사전적 정의는 '말이나 글 등의 요점을 간추려 냄.'입니다. 철저한 '요약하기' 훈련은 깊고 정확한 독해력을 갖추기 위해 반드시 필요한 과정입니다. **문단별 요약을 충실하게 진행한 후 이 내용들을 구조적으로 연결시켜 글 전체의 요약에 도달**하는 것이 바람직합니다. 먼저, 각 문단별 핵심어를 파악하여 해당 문단의 요점을 정리해 낸 뒤 **모든 문단의 소주제를 포괄할 수 있는 글 전체의 주제를 이끌어 냅니다.** 꾸준한 노력으로 수준 높고 세련된 '요약하기' 능력을 갖추게 되면, 수능 국어영역의 다양한 문제 유형에서도 큰 힘을 발휘할 수 있습니다.

■ **문단 및 소주제**

문단은 여러 문장이 모여 이루어지는 글의 구조적 단위로, 이러한 문단들이 일정한 원리에 따라 모이게 되면 한 편의 글이 이루어지게 됩니다. 각각의 문단은 각기 특정한 소주제를 중심으로 모여 있는 의미 단위로 볼 수 있습니다. 이러한 **문단별 소주제들이 연계성을 지니며 글 전체의 대주제를 이루게 되므로, 문단별 요약을 정확하게 하는 것은 글 전체의 주제를 파악하는 데 필수적 요소가 됩니다.**

| 정답과 해설 **23**쪽 |

○ 9540-0064

02 윗글의 표제와 부제로 가장 적절한 것은?

① 감정 미학의 의의
  – 이성으로 표현할 수 없는 인간의 감정을 중심으로
② 감정 미학에서 바라본 음악
  – 쇼펜하우어의 견해를 중심으로
③ 감정 미학과 그에 대한 한슬리크의 비판
  – 감정과 음악의 관계를 중심으로
④ 감정 미학이 태동하게 된 배경
  – 낭만주의 미학자들의 견해를 중심으로
⑤ 감정 미학이 음악사에 미친 영향
  – 19세기의 시대적 특징을 중심으로

풀이 탄탄 문단별 중심 내용을 확인하고, 모든 문단을 관통할 수 있는 핵심어를 찾아라.

1단계

　　먼저 문단별 핵심 내용을 간략하게 정리해 봅니다. 앞서 '내신 탄탄'에서 살펴보았던 독해의 기본적 과정을 정확하게 수행함으로써 '수능 탄탄' 역시 잘 소화해 낼 수 있습니다. 이 글의 문단별 요지를 정리해 보면 다음과 같습니다.
(가): 19세기 낭만주의 시대의 감정 미학
(나): 감정 미학에 대한 쇼펜하우어의 철학적 지지
(다): 한슬리크가 제기한 감정 미학의 두 가지 문제점
(라): 감정의 환기를 목적으로 하는 음악에 대한 한슬리크의 비판
(마): 감정의 재현으로서의 음악에 대한 한슬리크의 비판

2단계

　　모든 문단의 중심 내용을 포괄할 수 있는 핵심적 의미 요소를 파악해 봅시다. 먼저 (가)~(마)에 고루 걸쳐 있는 '감정 미학'에 주목해 보아야 할 것입니다. 그리고 글 전체의 내용 구성이 크게 둘로 나뉜다는 점에 초점을 맞추어야 합니다. 이 글의 큰 구조는 '감정 미학'의 관점에서 바라본 음악에 대한 설명((가)~(나))과 이 견해에 대한 한슬리크의 비판((다)~(마))으로 구성되어 있습니다. **글의 표제와 부제란 결국 글 전체의 핵심적 내용을 집약해서 표현한 것**이므로, 이 두 가지 내용 요소가 적절히 모두 포함되어 있는 선택지가 정답이 될 것입니다.

3단계

　　부제는 표제와 관련된 내용이면서도 표제에 비해 더 구체적인 정보를 담고 있는 경우가 많습니다. 물론, 부제를 선정할 때에도 모든 문단의 중심 내용을 고려해야 합니다. 다만, **전체적인 내용에 비추어 보았을 때 지나치게 지엽적인 내용은 부제로 적절하지 않으므로 주의**해야 합니다. 예컨대 선택지 ②의 '쇼펜하우어의 견해를 중심으로'는 (나)에서만 언급된 내용이므로 부제로 적절하지 않습니다. 이 경우 (다)~(마)에 걸쳐 큰 비중으로 서술되어 있는 '한슬리크의 비판'을 전혀 포괄할 수 없으므로 타당한 부제로 보기 어려울 것입니다. 이와 같은 사고의 과정을 거치면 이 글의 표제와 부제로 '감정 미학과 그에 대한 한슬리크의 비판–감정과 음악의 관계를 중심으로' 정도가 가장 적절함을 확인할 수 있습니다.

[01~02] 다음 글을 읽고 물음에 답하시오.

조선 후기 단원 김홍도는 한국의 미(美)를 대표하는 수많은 걸작을 남겼다. 그는 이례적으로 산수, 인물, 풍속, 화조, 문인화, 기록화, 삽화 등 그림의 모든 분야에 능통했고, '씨름'을 비롯한 수많은 작품이 현재에 이르기까지 대중적으로 많은 사랑을 받고 있다. 전반적으로 그의 작품들은 당시 민중의 삶을 진솔하고 사실적으로 담아냈다고 평가되는데, 그중 ㉠'황묘롱접도'는 그 소재의 다양성과 상징성에서 흥미로운 측면을 지니고 있다.

그림에는 주황빛 새끼 고양이와 검정빛 제비나비, 그리고 고운 주홍색 패랭이꽃과 자주색의 수줍은 제비꽃이 등장한다. 고양이는 눈이 호박씨처럼 오그라든 채 호기심 어린 눈길로 훨훨 나는 나비를 올려다본다. 활짝 날개를 펴고 있는 나비는 긴 날개 꼬리가 우아하게 묘사되어 있다. 짙푸른 물감을 써서 나비를 가볍게 허공에 떠오르도록 한 솜씨는 일품이 아닐 수 없으며, 한낮의 패랭이는 꽃 이파리가 약간 마른 느낌까지 세밀하게 묘사되어 있다. 또한 여름에 피는 패랭이꽃과 봄에 피는 제비꽃이 한 화면에 그려져 있는 것이 이색적인데, 그 이유는 본 작품이 어떤 분의 생신 선물로 그려진 것으로 그 취지에 맞게 상서로운[*] 뜻을 잘 살려 내기 위함이었다.

▲ 황묘롱접도

그림 속 고양이는 칠십 노인, 나비는 팔십 노인, 이끼 낀 돌멩이는 장수(長壽), 패랭이는 청춘, 제비꽃은 만사여의(萬事如意)[*]를 상징한다. 이때 각 소재들의 상징성에는 일정한 이유가 숨겨져 있는데, 예컨대 고양이 '묘(猫)'는 한자로 칠십 노인 '모(耄)'와 중국 발음이 같았기 때문에 예전부터 고양이가 '칠십 노인'을 뜻하게 된 것이다. 패랭이꽃은 고운 모양새가 꼭 시골 아가씨 같다고 해서 '청춘'이라는 꽃말을 지닌다. 제비꽃은 꽃대가 굽어서 옛 선조들은 여의초(如意草)라 불렀는데, 끝이 굽어서 마음대로 긁을 수 있는 효자손의 이름을 '여의'라고 부른 것과 의미가 통한다. 즉 제비꽃은 '뜻대로 된다'는 의미를 함축한다. 그러니 전체 그림을 합쳐 읽으면, '생신을 맞은 어르신께서는 부디 칠십, 팔십 오래도록 청춘인 양 건강을 누리시고 또 모든 일이 뜻대로 이루어지소서.' 하는 축원이 되는 것이다.

'황묘롱접도'는 다양하고 아름다운 색채의 조화, 소소한 잡풀까지도 섬세하게 정성을 들인 점 등이 절묘하게 어우러져 작품의 완성도를 한껏 높이고 있다. 하나의 그림 안에 다양한 소재를 함께 그려 냈는데, 어느 것 하나 빠질 것 없이 모든 소재를 탁월하게 잘 형상화했고 선조들의 오랜 삶 속에서 형성된 문화적 상징들을 알뜰하게 잘 녹여 냈다는 측면에서 높은 평가를 받는다.

단원의 단아한 품격을 갖춘 작품들은 유난스러운 개성에 과도하게 집착하는 현대 회화의 일반적 흐름 속에서도 시사하는 바가 크다. 그의 작품들은 대체로 모든 일상적 소재에 관심 어린 시선을 보내며 그 의미를 섬세하게 읽어 내는 과정에서 탄생한 것이다. 여기에는 인간의 삶을 이루는 모든 주변 환경을 소중히 여기고 조화롭게 살아가고자 했던 우리 선조들의 인생관이 반영된 것으로, 단원의 '황묘롱접도'는 특히 이러한 한국의 미의식을 탁월하게 구현해 낸 대표적 작품으로 볼 수 있다.

*상서로운 복되고 길한 일이 일어날 조짐이 있는.
*만사여의 모든 일이 뜻한 바와 같음.

01 대표 유형 ▶ 9540-0065

윗글의 표제와 부제로 가장 적절한 것은?

① 단원 김홍도 작품들의 일반적 특징
　- 현대 회화와의 공통점을 중심으로
② 한국 미의식의 주된 특징
　- 단원 김홍도의 인물화를 중심으로
③ 단원 김홍도의 치열한 삶과 예술
　- 패랭이꽃과 제비꽃의 공통점을 중심으로
④ 단원 김홍도 작품 세계의 변모 양상
　- '씨름'과 '황묘롱접도'의 비교를 중심으로
⑤ 단원 김홍도 작품의 특징과 의의
　- '황묘롱접도'의 소재 및 상징성을 중심으로

02 ▶ 9540-0066

㉠에 대한 이해로 가장 적절한 것은?

① 다양한 색감을 사용하여 노인이 갖추어야 할 덕목을 드러내고 있군.
② 소재를 폭넓게 사용하여 당대의 통념적 해석으로부터 벗어나고자 했군.
③ 작품의 종합적 주제보다는 개별적 소재의 상징성을 더 중요하게 생각했군.
④ 세밀한 묘사를 통해 자연의 아름다운 모습을 파격적으로 변형하고자 했군.
⑤ 작품의 창작 동기와 주제에 맞는 소재들을 의도적으로 선택해 특정 의미를 형상화했군.

[03~04] 다음 글을 읽고 물음에 답하시오.

'사진'이 세상에 처음 공개되었을 때 많은 사람들은 사진이 보여 준 놀라운 '복사성'과 '기록성'에 주목했다. 복사성은 사실적 대상을 있는 그대로 한 치의 오차 없이 정확히 표현해 내는 특성을 말하고, 기록성은 현실 속의 어떤 사실을 장시간 객관적으로 보존할 수 있는 특성을 말한다. 사진은 이러한 기술적 특성을 활용하여 기존의 그림이나 조각 등의 예술 양식이 구현할 수 없었던 대상의 여러 측면을 보다 정확하게 표현하고 안정적으로 보존할 수 있게 되었다.

한편 이러한 기술적 특성을 지닌 사진이 독립된 예술로서 인정받을 수 있는가의 문제가 뒤따르게 되었다. 사실적 대상에 대한 단순한 기록물의 차원을 넘어서 예술적 행위의 산물로서 사진을 바라볼 수 있다는 관점이 대두되면서 사진이 예술이냐 기술이냐에 대한 논쟁이 이어졌던 것이다. 진보적 시각을 가진 화가나 비평가들은 사진을 예술로서 인정했고, 기존의 보수적인 미술계와 비평계는 사진은 예술이 될 수 없으므로 예술계에서 추방해야 한다고 비난했다.

사진의 구도 설정을 통한 '주제성'의 확보는 사진이 하나의 독립적 예술로 인정받을 수 있는 주요 근거가 되었다. 사진작가는 자신의 주제 의식을 전달하기 위해 끊임없이 소재를 선정하고, 제한된 프레임* 안에서 본인의 느낌이나 문제의식을 표출한다. 사진의 '구도*'를 선택함으로써 작가의 주관적 시선을 예술적으로 표현해 낼 수 있다고 본 것이다. 어떠한 대상에 초점을 맞추어 사진을 구성하느냐에 따라 폭넓은 주제 의식을 구현할 수 있으며, 이를 통해 감상자들은 사진 속에서 사실적 재현(再現)*을 확인하는 것이 아니라 작가 고유의 예술적 개성과 주관적 관점을 확인하게 된다는 것이다.

또한 현대 대중 사회로 접어들면서, 복사성과 기록성과 같은 기술적 특성들은 보다 세련된 형태로 발달하면서 사진이 대중 예술로서의 입지를 강화하는 데 중요한 역할을 하게 되었다. 그 이전까지 그림, 조각 등의 전통적 예술 양식은 창작과 감상의 폭이 상대적으로 좁고 소수만의 특권적 소유물에 그쳤었던 것에 비해, 사진은 기술적 장점을 세련되게 부각하여 대중의 다양한 개성을 보다 손쉽게 이끌어 내고 활발하게 공유할 수 있도록 만들어 주었던 것이다.

이제 사진은 독립적 현대 예술의 한 분야로서 다른 전통적 예술 양식들과 차별화된 입지를 구축하고, 다양한 주제 의식을 보다 개성적인 형식으로 표현해 낼 수 있는 방법들을 모색해 나가고 있다. 최근의 현대 사진 예술에서는 렌즈나 촬영 방법 등의 기술적 발달에 따라 전에 구사할 수 없었던 예술적 효과들이 보다 자유롭게 활용되고 있으며, 이질적인 소재들의 결합이나 독특한 구도의 설정에 따른 주제성의 표현 방법 역시 매우 다양해지는 특징을 보이고 있다.

*프레임 사진에서 화면 영역과 화면 밖의 영역을 구분하는 경계.
*구도 인물, 자연, 사물 따위를 하나의 조화로운 통일체로 묘사하기 위해 선, 면, 색채, 명암 등을 알맞게 배치하는 행위.
*재현 있는 그대로 다시 나타냄.

03 대표 유형

◉ 9540-0067

윗글에서 다루지 <u>않은</u> 내용은?

① 사진의 복사성과 기록성
② 사진의 기술적 특성의 단점
③ 최근 현대 사진 예술이 지니는 특징
④ 사진의 예술성 인정을 둘러싼 찬반 논쟁
⑤ 대중 예술로서의 사진에 기여한 기술적 특성

04

◉ 9540-0068

윗글을 바탕으로 〈보기〉에 대해 보인 반응으로 가장 적절한 것은?

┤ 보기 ├

[작품 설명]
　이 사진은 앙리 브레송의 작품으로, 그는 카메라의 셔터를 누르는 한 순간이 아니었다면 사라졌을 극히 짧은 시간의 한 장면을 절묘하게 보존해 내어 많은 사람들의 큰 호응을 얻었다. 브레송은 현대의 어느 가난한 동네를 배경으로 하고 있는 이 작품에서 힘겨운 모습으로 계단을 뛰어오르는 아이의 움직임을 중앙에 배치하는 구도로 포착하였는데, 이를 통해 감상자의 시선을 아이에게 집중시키고 사회적 약자의 힘든 처지에 대한 주제 의식을 부각하고자 했다.

① 가난한 동네와 한 아이의 사실적 장면을 재현하는 것을 작품의 주된 목표로 삼고 있군.
② 선택된 소재들을 제한된 프레임 안에서 표현했다는 점에서 사진의 '복사성'이 잘 구현되었다고 볼 수 있군.
③ 조각과 같은 전통적 예술 양식을 계승했다는 점에서 창작과 감상의 폭이 특권적 소수에 국한될 수 있다는 한계를 지니는군.
④ 작가가 포착한 장면이 극히 짧은 순간에 사라질 수 있는 구도라는 점에서 이 작품에서 사진의 '기록성'은 큰 의미를 지니지 못하겠군.
⑤ 초점을 두고자 하는 대상을 작품의 정중앙에 오도록 구도를 설정함으로써 작가의 예술적 개성과 주관적 관점을 효과적으로 드러내고자 했군.

[01~02] 다음 글을 읽고 물음에 답하시오.

주자는 이상적인 삶의 모습을 탐구하고, 그에 도달할 수 있도록 자신을 도야하기 위해 공부하는 방법으로 '이(理)'에 관한 공부'를 강조하였다. 주자는 진리의 표준은 오직 '이'일 뿐이고, '심'은 사람의 몸에서 '이'를 맡아 운용하는 주체로 보았다. 따라서 '이'의 쓰임은 사람의 '심'에서 벗어나지 않는다고 보았기 때문에 '심'은 보존해야 할 대상으로, '이'는 탐구해야 할 대상으로 보았다. 그리고 '이'를 우리 삶의 표준으로 삼기 위해서는 '이'의 구체적인 내용이 무엇인지 탐구해야 하기 때문에 궁리(窮理)의 필요성을 강조하였다. '이'의 탐구가 없다면 '심'을 제대로 보존할 수 없기 때문이다. 그렇다면 '이'를 탐구하는 방법은 무엇일까?

주자는 학문은 궁리로부터 시작된다고 보았다. 학문이 궁리로부터 시작된다는 것은 '이'가 선악을 판가름하는 척도가 된다고 보았기 때문이다. 선을 따르고 악을 제거하는 올바른 삶을 살기 위해서는 우리가 먼저 무엇이 올바른 삶인지를 알아야 하는데, 이 올바른 삶이 바로 '이'이므로 '이'를 탐구하는 것이 학문에서 가장 우선된다는 것이다.

궁리를 하는 방법으로는 독서(讀書)를 제시하였다. 주자는 독서의 방법으로 차례에 따라 정밀하게 이해하는 것을 제시하였는데, 옛 성인의 언행을 정밀하게 이해하며 탐구하는 것을 독서라고 보았다. 이때 두 가지가 전제되는데, 어느 시대나 어느 곳에서나 천하의 '이'는 변함이 없다는 것과, 성인은 완전한 지식의 소유자라는 것이다. 만일 천하의 '이'가 시대에 따라 바뀐다면, 지금 현재의 '이'와 과거의 '이'가 달라질 수 있기 때문에 과거의 '이'를 탐구하는 것은 무의미해진다. 그리고 성인의 지식이 평범하거나 불완전한 것이라면 굳이 독서를 통해 옛 성인의 언행을 탐구할 필요가 없어진다. 이러한 맥락에서 주자는 '이'를 영원히 불변하는 것으로 규정하였고, 성인을 천하의 모든 '이'를 아는 완전한 인격으로 규정하였다.

독서와 더불어 주자는 궁리의 방법으로 '격물치지(格物致知)'를 제시하였다. 주자는 사람의 마음에는 지각 능력과 지식을 의미하는 '지(知)'가 있고 천하의 사물에는 '이(理)'가 있다고 보았다. '격물'은 마음의 '지'로 사물의 '이'를 탐구하는 것이고, '치지'는 그 결과 만물의 '이'를 깨달아 마음이 밝아지는 것을 의미한다. 그리고 이 과정을 반복하게 되면 어느 날 갑자기 모든 사물의 '이'를 다 알 수 있게 되는 '활연관통(豁然貫通)'의 경지에 이를 수 있다고 보았다.

주자는 사물에 대한 탐구가 하나씩 누적이 되다 보면 활연관통이 가능하다고 보았다. 왜냐하면 만물의 '이'는 모두 하나의 근원에서 나온 것으로 근본적으로 동질성을 지녔는데, '이'의 한 부분에 대한 탐구를 통해서 전체의 '이'를 깨달을 수 있다고 보았기 때문이다. 이렇게 만물의 '이'에 통달하면 마음도 환하게 밝아진다고 봄으로써, 활연관통은 단순히 객관적인 앎으로 한정되는 것이 아니라 마음의 성숙도 함께 의미하는 것으로 볼 수 있다. 주자가 제시한 독서와 격물치지는 활연관통의 경지에 이르도록 하기 위해 객관적인 지식을 알아 가는 인식 방법과 이를 통해 본성의 이치를 길러 나가는 수양의 방법이라고 볼 수 있다.

01

○ 9540-0069

윗글에 제시된 '주자'의 견해로 적절하지 <u>않은</u> 것은?

① 학문을 탐구하는 데 있어서 가장 우선되는 것은 궁리이다.

② 마음의 '지'로 사물의 '이'를 탐구하는 과정을 통해 만물의 '이'를 깨달을 수 있다.

③ 사물에 대한 탐구가 쌓이는 과정을 반복함으로써 '활연관통'의 경지에 이를 수 있다.

④ 선과 악을 판가름하는 척도는 달라지기 때문에 옛 성인의 언행을 정밀히 탐구해야 한다.

⑤ 만물의 '이'가 지닌 동질성 때문에 '이'의 한 부분에 대한 탐구로 전체의 '이'를 깨달을 수 있다.

02

● 9540-0070

〈보기〉의 입장에서 '주자'의 공부 방법에 대해 할 수 있는 말로 가장 적절한 것은?

┤ 보기 ├

　인간은 천지의 마음이며 천지 만물은 본래 나와 한 몸이다. 따라서 사람들의 고통은 어떤 것이라도 내 몸에 절실하지 않은 것이 없다고 할 수 있다. 만약 천지 만물의 고통이 내 몸의 고통임을 알지 못할 만큼 마음이 밝지 않다면 '옳고 그름을 가리는 능력'이 없는 것이다. '옳고 그름을 가리는 능력'은 선천적으로 갖추고 있는 것으로, 생각하지 않아도 알고 배우지 않아도 잘 아는 것이다. 이것이 바로 '양지(良知)'이다.

① 사물을 탐구하려는 마음이 없으면 올바른 행동이 무엇인지 알기 어렵다.

② 마음을 보존하려는 노력을 기울이지 않으면 천지 만물의 고통을 느끼기 어렵다.

③ 성인들이 남긴 경전을 통해 '양지'를 기르는 것이 옳고 그름을 구별할 수 있게 된다.

④ 선천적으로 갖추고 있는 능력을 통해 천지 만물에 대한 마음이 밝아질 수 있게 된다.

⑤ 천지 만물의 고통을 보고 가련한 마음이 드는 것은 끊임없는 탐구의 반복으로 가능한 것이다.

[03~04] 다음 글을 읽고 물음에 답하시오.

　관세란 법정의 관세 영역을 통과하는 수출입 화물에 부과되는 일종의 조세를 의미하는데, 관세 영역을 통과하는 수출입 화물에 대해 법률 또는 조약에 따라 국가에 의해 강제적으로 징수된다. 관세는 수출과 수입을 억제하므로 무역량을 조절하기 위한 무역 정책의 수단으로 이용되는데, 수출보다는 수입 물품에 적용되는 경우가 많다. 그렇다면 관세가 부과된 물품을 수입하는 경우 경제적으로 어떤 일이 일어나게 될까?

　수입국의 입장에서 관세로 인해 경제적으로 일어나

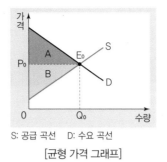

S: 공급 곡선 　D: 수요 곡선
[균형 가격 그래프]

는 일을 이해하기 위해서는 재화 시장에서 균형 가격이 어떻게 형성되는지를 살펴보아야 한다. 예를 들어 ㉮국이 다른 나라와 철강을 거래하지 않는다면, 철강의 가격과 수량은 [균형 가격 그래프]에서 수요 곡선과 공급 곡선이 만나는 E_0에서 결정되기 때문에 P_0이 철강의 가격이고, Q_0이 철강의 수량이 된다. 이때 A영역을 소비자 잉여라고 하고, B영역을 생산자 잉여라고 일컫는다.

　소비자 잉여는 여러 소비자 각자가 재화를 구매하겠다는 의사가 있는 가격에서 실제 구매한 가격을 뺀 금액의 총합을 일컫는다. 생산자 잉여는 여러 생산자 각자가 재화나 서비스를 판매하겠다는 의사가 있는 가격과 실제 판매한 가격의 차이의 총합으로 측정할 수 있다. 예를 들어 ㉮국의 철강 시장 소비자와 생산자는 각각 갑과 을만 있고, 철강은 P_0의 가격으로 거래되고 있다고 가정해 보자. 이때 P_0과 수요 곡선에 의해 만들어진 A영역이 소비자 잉여, P_0과 공급 곡선에 의해 만들어진 B영역이 생산자 잉여이다.

　관세가 부과되었을 때 경제적으로 일어나는 일을 이해하기 위해서는 자유 무역에 따른 경제적 영향도 살펴보아야 한다. 만약 ㉮국이 다른 나라와 철강에 대해 자유 무역을 시작하면서 철강의 국제 가격을 주어진 것으로 받아들이면 경제에 미치는 영향이 달라진다. 철강의 국제 가격이 ㉮국의 국내 가격인 P_0보다 낮은 경우에 생산자들은 균형 가격과 공급 곡선이 만나는 지점의 수량만큼 철강을 생산하려고 하고, 소비자들은 균형 가격과 수요 곡선이 만나는 지점의 수량만큼 철강을 소비하려고 한다. 따라서 철강의 국내 공급이 국내 수요보다 적어지기 때문에 이를 수입하여 국내 수요를 충족시키려고 하게 된다.

　그렇다면 이러한 자유 무역에 따른 손실과 이익은 어떻게 될까? 국내 가격보다 낮은 가격으로 철강을 팔게 된 생산자들은 손실을 입고, 자유 무역 이전보다 싼 가격으로 철강을 구입할 수 있게 된 소비자들은 이익을 얻게 된다. 하지만 소비자 잉여와 생산자 잉여의 변화를 통해 측정해 보면, 가격이 하락함으로써 국내 생산량은 줄어들고 수입량은 늘어나서 공급량은 늘어나기 때문에 감소한 생산자 잉여보다 증가한 소비자 잉여가 더 많다. 따라서 국가 전체의 경제적 이익인 총잉여는 증가된다.

이러한 자유 무역 상황에 관세가 부과되면 ㉠국이 철강을 수입하던 가격에 관세가 더해졌으므로 철강 가격이 상승하게 된다. 수입된 철강의 가격이 상승하면 ㉠국의 국내 철강 가격도 상승하면서 생산자들의 이윤이 증가하므로 국내에서 철강이 생산되는 양이 증가한다. 그런데 가격의 상승으로 철강에 대한 수요는 줄어들기 때문에 철강 수입량은 관세를 부과하기 전보다 줄어들게 된다. 결국 공급 곡선에서 균형 가격이 이동한 만큼 생산자 잉여는 늘어나고, 수요 곡선에서 균형 가격이 이동한 만큼 소비자 잉여는 줄어든다. 그리고 균형 가격의 이동에 따라 달라진 수입량에 대해 부과된 관세인 재정 수입이 발생하여 총잉여에 포함된다. 하지만 관세가 부과되기 전보다 늘어난 철강의 생산량은 가격에 부담을 느낀 소비자들의 소비가 줄어들기 때문에 일부가 남게 된다. 이로 인해 발생하는 사회적 손실이 나타나기 때문에 총잉여는 관세가 부과되기 전에 비해서 감소하게 된다.

이처럼 관세를 부과하면 국내 생산량을 증가시켜서 고용을 증대시킬 수 있고, 정부의 재정 수입을 증대시킬 수 있는 등의 여러 가지 장점을 지니고 있기 때문에 여전히 무역 정책의 수단으로 활용되고 있는 것이다.

03

◎ 9540-0071

윗글의 내용으로 적절하지 <u>않은</u> 것은?

① 관세는 조세의 하나로 강제 징수되는 특징이 있다.

② 무역량을 조절하는 수단으로 관세가 이용되고 있다.

③ 수출품에 관세를 부과하여 국내 고용을 늘릴 수 있다.

④ 관세가 부과되면 정부의 재정 수입을 증대시킬 수 있다.

⑤ 재화에 대한 수요와 소비는 관세로 인해 모두 줄어들 수 있다.

04

◎ 9540-0072

윗글을 바탕으로 〈보기〉를 이해한 것으로 적절하지 <u>않은</u> 것은?

┤ 보기 ├

㉮국이 자유 무역을 통해 철강을 수입하면서 철강 가격이 P_0에서 P_1로 이동하였다. 얼마 후, 철강에 관세가 부과되자 철강 가격은 P_1에서 P_2로 이동하였다. (단, 다른 경제 상황은 고려하지 않으며, ㉠과 ㉡에서의 수요 곡선과 공급 곡선은 동일하다.)

㉠ 관세 부과 전

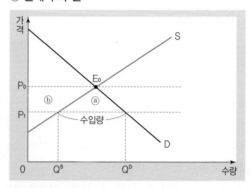

㉡ 관세 부과 후

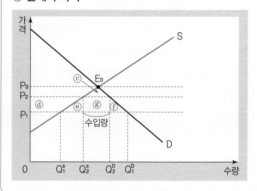

① 관세가 부과되기 전에는 자유 무역으로 공급량이 늘어남에 따라 총잉여는 자유 무역 이전보다 ⓐ만큼 증가했겠군.

② 관세가 부과되기 전에는 자유 무역으로 공급량이 늘어남에 따라 소비자 잉여는 자유 무역 이전보다 ⓐ와 ⓑ만큼 증가했겠군.

③ 관세가 부과됨에 따라 정부의 재정 수입이 관세가 부과되기 전보다 ⓒ와 ⓖ만큼 증가했겠군.

④ 관세 부과로 국내 생산량이 늘어남에 따라 생산자 잉여는 관세가 부과되기 전보다 ⓓ만큼 증가했겠군.

⑤ 관세가 부과됨에 따라 사회적 손실이 발생하여 총잉여는 관세가 부과되기 전보다 ⓔ와 ⓕ만큼 감소했겠군.

오늘날 비행 기술은 비약적으로 발전해 오면서 전 세계를 오고 갈 수 있게 되었다. 그렇다면 비행기가 수많은 승객을 태우고 공중에 뜬 상태를 오랜 시간 유지하고 있는 것은 어떻게 가능한 것일까?

비행기에는 여러 가지 힘이 작용한다. 그중에서 수직과 수평을 기준으로 각각 반대 방향의 힘이 작용한다. 우선 수직을 기준으로 아래 방향의 힘은 중력이 작용하는데 비행기의 무게가 여기에 해당한다. 이와 반대 방향의 힘은 양력이 작용한다. 양력은 비행기가 공중에 뜬 상태를 유지할 수 있게 해 주는 힘으로 주로 비행기 날개에 의해 발생한다. 수평을 기준으로는 비행기가 전진하는 방향으로의 힘은 추력이 작용하는데 엔진을 통해 발생시킨다. 이와 반대 방향의 힘은 항력이 작용한다. 항력은 비행기가 전진하는 것을 방해하는 힘으로 공기와의 마찰로 인해 발생하는 마찰 항력과 비행기 표면에 가해지는 압력 항력이 대표적이다.

비행기를 제작할 때, 각 힘들을 조절함으로써 비행기를 원활하게 조종할 수 있게 된다. 비행기와 공기의 마찰을 줄이기 위해 비행기 표면을 매끄럽게 제작하고, 표면에 가해지는 공기의 압력을 줄이기 위해서는 비행기의 몸통을 유선형으로 제작한다. 그리고 비행기에 작용하는 추력을 높이면 양력도 함께 높아지기 때문에 추력을 높이기 위한 강력한 엔진을 개발하고자 한다. 또한 비행기에 작용하는 중력을 줄이기 위해서 비행기의 무게를 줄일 수 있는 가볍고 튼튼한 재질을 사용해 구조를 만들고자 한다.

하지만 추력은 수평을 기준으로 전진하는 힘에 해당하고, 중력은 수직을 기준으로 아래로 작용하는 힘에 해당하기 때문에 궁극적으로 비행기를 공중에 띄우지는 못한다. 비행기에 작용하는 중력을 이겨 내고 비행기를 공중에 띄우기 위해서는 양력의 작용이 가장 중요하다고 볼 수 있다. 따라서 비행기에 작용하는 양력을 원활하게 발생시키기 위해 더 많은 노력을 기울이게 되는데, 양력을 높이려면 어떻게 해야 할까?

베르누이의 정리를 통해 양력에 대해 살펴볼 수 있다. 베르누이의 정리는 공기의 흐름과 압력은 서로 반비례 관계에 놓여 있다는 것에 대한 내용으로, 비행기 날개의 단면을 통해 이해할 수 있는데, 비행기 날개의 단면을 살펴보면 위쪽은 볼록하게 되어 있고 아래쪽은 평평하게 되어 있다. 비행기가 수평을 기준으로 전진하는 중에 추력이 강하게 작용하여 속도가 빨라지게 되면, 날개에는 추력과 반대 방향으로 작용하는 공기의 흐름이 발생하게 된다. 이때 날개의 위쪽은 곡선으로 되어 있기 때문에 공기의 흐름이 빨라지고, 날개의 아래쪽은 공기의 흐름이 상대적으로 느려진다. 공기의 압력은 공기의 흐름이 빨라진 날개 위쪽이 아래쪽보다 상대적으로 낮아지게 되고, 압력이 높은 곳에서 낮은 곳으로 이동하려는 성질을 지닌 공기는 날개의 아래쪽에서 위쪽으로 이동하게 되면서 날개를 위쪽으로 밀어 올린다. 따라서 양력의 크기를 높이기 위해 비행기의 날개와 비행기가 전진하는 방향 사이의 기울기를 크게 만들어서 날개의 위쪽과 아래쪽 공기 압력의 차이를 크게 만들어 주는 것이 좋다.

05
○ 9540-0073

윗글을 통해 알 수 있는 내용으로 적절하지 않은 것은?

① 공기와 비행기의 마찰을 줄이기 위해 매끄럽게 표면을 제작한다.
② 비행기를 유선형으로 제작하여 표면에 작용하는 항력을 줄일 수 있다.
③ 가볍고 튼튼한 재질을 사용하여 비행기에 작용하는 중력을 줄일 수 있다.
④ 비행기 날개의 아래쪽 공기의 흐름이 위쪽보다 빨라질수록 양력이 커진다.
⑤ 추력으로 비행기 속력이 높아질 때 공기의 압력은 비행기 날개의 아래쪽이 위쪽보다 상대적으로 높다.

06

9540-0074

〈보기〉와 윗글을 바탕으로 비행기에 작용하는 힘에 대해 이해한 것으로 가장 적절한 것은?

┤ 보기 ├

받음각은 비행기가 전진하는 방향과 날개가 놓인 방향 사이의 기울기인 각을 의미한다. 받음각을 경사지게 만들면 기울기인 각이 커지면서 날개 위쪽에서 공기의 흐름이 달라지는데, 양력이 사라지지 않는 범위 내에서 받음각을 활용하면 날개에 작용하는 힘의 크기를 조절할 수 있다.

① 받음각을 활용해 날개의 각을 크게 만들면 이전보다 비행기의 추력이 증가하겠군.
② 받음각을 활용해 날개의 각을 완만하게 만들면 이전보다 비행기의 양력이 증가하겠군.
③ 받음각을 활용해 날개의 각을 크게 하면 이전보다 날개에 작용하는 양력이 증가하겠군.
④ 받음각을 활용해 양력을 받고 있는 날개의 각을 크게 하면 이전보다 중력이 감소하겠군.
⑤ 받음각을 활용해 공기가 흘러가고 있는 날개의 각을 줄이면 이전보다 중력이 감소하겠군.

[07~08] 다음 글을 읽고 물음에 답하시오.

고대와 중세, 근세를 거치며 세분화된 취향과 미학적 감각을 바탕으로 사람들은 아름다움의 가치를 강조하게 되었고 실용적인 기능성이나 상업적 값어치를 초월하여 미술의 순수성에 대한 믿음과 미술 작품 자체에 대한 신화를 발전시켰다. 이들에게 미켈란젤로나 고흐 같은 천재들이 만든 미술 작품은 영속적이고 신성한 가치를 지닌 숭배의 대상으로 받아들여졌고, 이러한 시각은 현재에도 남아 있으며 서양 미학의 전통을 형성하였다. 그러나 19세기 말부터 예술계에서는 전통과 관습 등 고정 관념의 해체를 목표로 하는 전위적이고 급진적인 움직임이 일어나기 시작했다.

20세기 전위 예술가들은 서양 미술의 통념에 의문을 제기했다. 이들은 '작품이라고 믿어지는 사물들과 일상용품 사이에 차이가 존재하는가?'와 같은 의문을 바탕으로 사물을 화폭에 재현하는 전통적인 관례에서 벗어나 아예 사물 자체를 가져다 작품으로 제시하는 방식을 취하기 시작했다. 소위 '발견된 사물(objet trouvé)'이라고 불리는 작품이 이러한 유형인데, 이 개념에서부터 현대 미술의 중요한 장르인 '오브제'라는 용어가 굳어졌다. 흔히 미술 작품에 소재로 쓰인 물체가 우연 또는 필연적인 효과에 의해 본래의 용도와 기능을 벗어나 새로운 의미를 갖게 되는 것을 '오브제 미술'이라고 한다. 르네상스 이후 서양 근대 미술의 전통이 소재가 되는 물체를 재현하는 것이었다면, 현대 미술에서는 물체 자체가 작품으로, 또한 작품이 하나의 물체로 인식된다고 할 수 있다.

오브제 미술은 예술 창작 활동에서 전통의 권위와 이성의 우위, 기존의 가치와 양식들을 부정하면서 출발했다. 이에 대해 직접적인 접근 방식을 보여 준 사조로는 다다이즘을 꼽을 수 있다. 다다이스트들은 전쟁을 낳은 산업 문명을 혐오하고 기존의 모든 권위를 부정하며 기성 예술에 대항했다. 이 운동의 참여자들은 우연히 발견된 어떠한 대상이라도 미술 작품으로 인식될 수 있다는 견해를 밝혔다.

다다이즘의 가장 대표적인 작가는 소변기라는 기성품을 〈샘〉이라는 미술 작품으로 선언한 마르셀 뒤샹이다. 그는 이미 만들어진 것이라는 의미의 '레디메이드' 개념을 바탕으로 창작 활동의 물리적인 결과물과 미학적 효과보다는 예술에 대한 작가의 개념과 해석이 더 중요하다고 주장하였다. 그는 1917년 일반적인 남성용 소변기를 구입해 욕실용품 제조사의 이름을 딴 가명 'R. Mutt'를 서명했다. 그리고 이것을 자신이 심사 위원장인 미술 전시회에 출품함으로써 미술품에 대한 보편적인 인식에 의문을 제기했다. 그는 미술 작품과 일상용품 사이의 구별이 절대적이지 않다는 사실과, 작가는 작품의 최종 제작자가 아니라 오브제를 우연하게 만나 작품이 될 수 있도록 제안하는 사람으로서 존재한다는 사실을 널리 알리고자 하였다.

뒤샹은 예술 작품의 의미를 형성하는 데 작가만큼이나 관람자의 역할이 중요하다고 주장하며, 전통 미술에서 수동적 존재로 인식되었던 관람자를 작품에의 참여자로 끌어들였다. 그는 '작가'-'작품'-'관람자'라는 세 요소 간의 우연한 만남에 의해 작품이 제작된다는 것을 보여 줌으로써 독자적인 예술 세계를 드러냈다. 이는 예술 작품이 작가와 작품 사이의 필연적 만남에 의해 완성된다고 생각한 기존 예술의 개념을 재정의한 것으로, 다양한 현대 미술 경향으로 수용되어 예술을 '새롭게' 정의하는 진정한 현대 미술을 여는 결정적 계기가 되었다.

07

9540-0075

윗글의 내용과 일치하는 것은?

① 작품을 신성한 대상으로 보는 시각은 서양 미학의 전통을 형성해 왔으나 현대에 이르러 사라지게 되었다.

② '오브제'는 작품에서 사물의 실용적인 기능이나 본래의 용도를 강조하게 되면서 미술 용어로 굳어졌다.

③ 오브제 미술에서는 작품의 소재가 되는 사물을 작품 화폭에서 사실적으로 재현해 내기 위해 노력했다.

④ 다다이스트들은 기성 예술에 대항하며 예술품이 작가와 작품 간의 필연적 만남에 의해 완성된다고 보았다.

⑤ 뒤샹은 예술가가 작품을 창조하는 주체라는 기존의 인식을 부정하며 작품에 대한 관람자의 참여를 중시했다.

08

9540-0076

윗글에 표시된 뒤샹의 〈샘〉과 〈보기〉에 제시된 아르망의 〈장기 주차〉의 공통점으로 적절한 것은?

| 보기 |

아르망 페르난데스(Armand Fernandes)는 산업 폐기물이나 쓰고 버린 일상의 물건들이 어떻게 예술 작품이 될 수 있는지 보여 주었다. 1982년에 제작된 그의 작품 〈장기 주차〉는 59대의 화려하게 채색된 자동차에 시멘트를 발라 쌓아 폐차되어 버려지는 자동차를 오브제로 선택해 미술적 시각으로 부활시킨 작품이다. 이 작품은 산업 사회의 일상적인 대량 생산품인 자동차를 통해 생산-소비-파괴의 과정을 환기시키며 현대 소비 문명에 대한 비판적인 이미지를 담아낸다.

① 이미 만들어져 있는 일상용품을 오브제로 활용하여 새로운 의미를 형성한 작품이다.

② 폐기물을 작품으로 제시하여 전쟁을 낳은 산업 문명에 대한 혐오를 드러낸 작품이다.

③ 본래의 기능에서 멀어진 사물을 통해 미술의 순수성에 대한 믿음을 드러낸 작품이다.

④ 여러 가지 물체를 조합하고 결합하여 인간 사회의 현실적인 모습을 담아낸 작품이다.

⑤ 관람자의 해석을 위해 익명성을 바탕으로 작가로서의 개성을 최대한 제거한 작품이다.

11 음운

기본 이론

- **음운의 개념** 말의 뜻을 구별해 주는 말소리의 최소 단위

  예 달, 딸, 탈: ㄷ, ㄸ, ㅌ / 발, 벌, 불: ㅏ, ㅓ, ㅜ

- **음운의 종류**

  (1) 분절 음운: 쪼개어 적을 수 있는 음운 **예** 자음, 모음

  (2) 비분절 음운: 쪼개어 적을 수 없는 음운 **예** 장단, 억양

- **음운의 변동** 한 음운이 일정한 환경에서 다른 음운으로 바뀌어 소리 나는 현상

교체①	음절의 끝소리 규칙	음절 끝에 'ㄱ, ㄴ, ㄷ, ㄹ, ㅁ, ㅂ, ㅇ' 일곱 소리 이외의 자음이 오면 이 일곱 개의 자음 중의 하나로 바꾸어 발음하는 현상	낫, 낮, 낯 → [낟]
	비음화	'ㄱ, ㄷ, ㅂ'이 비음 'ㄴ, ㅁ' 앞에서 각각 비음 'ㅇ, ㄴ, ㅁ'으로 바뀌는 현상	잡는 → [잠는], 국물 → [궁물]
	유음화	'ㄴ'이 앞이나 뒤에 오는 유음 'ㄹ'의 영향을 받아 'ㄹ'로 바뀌는 현상	설날 → [설:랄], 신라 → [실라]
	구개음화	끝소리가 'ㄷ, ㅌ'인 형태소가 모음 'ㅣ'나 반모음 'ㅣ[j]' 앞에서 구개음 'ㅈ, ㅊ'으로 바뀌는 현상	굳이 → [구지], 같이 → [가치]
	된소리되기	예사소리였던 것이 된소리로 바뀌는 현상	국사발 → [국싸발]
탈락②	자음군 단순화	자음이 두 개 연결된 자음군이 음절의 끝소리에 놓이게 되면 둘 중 하나만 남고 나머지 하나는 탈락하는 현상	값 → [갑], 닭 → [닥], 많네 → [만:네]
	'ㄹ' 탈락	끝소리 'ㄹ'이 다른 말과 어울릴 때 소리 나지 않는 현상	솔 + 나무 > 소나무[소나무], 활 + 살 > 화살[화살]
	'ㅎ' 탈락	끝소리가 'ㅎ'인 어간을 모음으로 시작되는 어미로 활용할 때 'ㅎ'이 소리 나지 않는 현상	좋 – + –은 → [조:은]
	모음 탈락	'—' 탈락, 동음 탈락	따르 – + –아 → [따라] 서 – + –었다 → [섣따]
축약③	거센소리되기	'ㄱ, ㄷ, ㅂ, ㅈ'과 'ㅎ'이 연결될 때, 'ㅋ, ㅌ, ㅍ, ㅊ'과 같은 거센소리로 변하는 현상	국화 → [구콰], 맏형 → [마텽], 입학 → [이팍]
첨가④	'ㄴ' 첨가	• 앞말이 모음으로 끝나고 뒷말이 [ㅁ, ㄴ]으로 시작될 때 [ㄴ] 소리 덧나기	• 이 + 몸 → [인몸] 코 + 날 → [콘:날]
		• 뒷말이 [이, 야, 여, 요, 유]로 시작될 때 [ㄴ] 소리 덧나기	• 솜 + 이불 → [솜:니불] 논 + 일 → [논닐]
		• 앞말이 모음으로 끝나고 뒷말이 모음으로 시작될 때 [ㄴㄴ] 소리 덧나기	• 나무 + 잎 → [나문닙] 아래 + 이 → [아랜니]
	반모음 'ㅣ[j]' 첨가	앞말이 'ㅣ' 모음으로 끝나고 뒷말이 'ㅓ, ㅗ'로 시작되는 어미가 결합될 때 반모음 'ㅣ[j]'가 덧나기	피 + 어 → [피어/피여], 아니오 → [아니오/아니요]

① 한 음운이 다른 음운으로 바뀌는 현상
② 원래 있던 음운 중 하나를 생략하는 현상
③ 두 음운이 합쳐져서 제3의 음운으로 바뀌는 현상
④ 없던 음운이 새로 생겨나는 현상

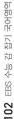

| 정답과 해설 **29**쪽 |

◐ 9540-0077

01 다음 제시된 단어의 발음에 대해 탐구한 내용으로 적절하지 <u>않은</u> 것은?

① '빗'과 '빛'은 음절의 끝소리 규칙이 적용되어 모두 [빋]으로 발음된다.
② '놓지'와 '맏형'은 두 음운이 축약되어 각각 [노치], [마텽]으로 발음된다.
③ '안팎'은 음절의 끝소리 규칙과 자음군 단순화가 일어나 [안팍]으로 발음된다.
④ '따뜻한'은 음절의 끝소리 규칙과 음운의 축약이 일어나 [따뜨탄]으로 발음된다.
⑤ '잡고'와 '약밥'은 뒤의 예사소리가 된소리로 바뀌어 [잡꼬], [약빱]으로 발음된다.

◐ 9540-0078

02 제시된 단어들을 발음할 때 일어나는 현상 중 <u>이질적인</u> 것은?

① 집안일
② 솜이불
③ 나뭇잎
④ 이웃집
⑤ 맨입

개념 ○탄탄 *이것만은 꼭 알고 가자!*

■ **자음 체계표**

자음은 발음할 때 목 안 또는 입안 등에서 장애를 받고 나는 소리로, 조음 위치와 조음 방법에 따라 분류할 수 있습니다. 조음 위치에 따라 입술소리, 잇몸소리, 센입천장소리, 여린입천장소리, 목청소리로, 조음 방법에 따라 공기의 흐름을 막았다가 터뜨리는 파열음, 입안이나 목청을 좁혀 공기의 마찰을 일으키는 마찰음, 파열과 마찰을 동시에 일으키는 파찰음으로 구별합니다. 또한 코로 공기를 내보내면서 소리 내는 비음, 혀의 양옆으로 공기를 흘려보내면서 소리 내는 유음도 있습니다.

자음 체계표를 이해하고 있으면 여러 가지 음운의 변동 현상을 쉽게 이해하거나 설명할 수 있습니다. 수능에서는 음운 현상에 대한 자료나 관련된 발음 규정을 제시하는 형태로 자주 출제되므로 자음 체계표를 충분히 이해하고 있다면 문제를 이해하거나 해결하는 능력이 향상되겠지요.

조음 방법	조음 위치	입술소리	잇몸소리	센입천장소리	여린입천장소리	목청소리
파열음	예사소리	ㅂ	ㄷ		ㄱ	
	된소리	ㅃ	ㄸ		ㄲ	
	거센소리	ㅍ	ㅌ		ㅋ	
파찰음	예사소리			ㅈ		
	된소리			ㅉ		
	거센소리			ㅊ		
마찰음	예사소리		ㅅ			ㅎ
	된소리		ㅆ			
비음		ㅁ	ㄴ		ㅇ	
유음			ㄹ			

○ 9540-0079

03 〈보기〉의 ㉠~㉣에 나타난 음운 변동에 대한 설명으로 적절한 것은?

┤ 보기 ├

㉠ 앞[압] 밖[박] 꽃[꼳]

㉡ 삶[삼] 굶[굼] 흙[흑]

㉢ 굳이[구지] 같이 [가치] 곧이[고지]

㉣ 먹고[먹꼬] 갈등[갈뜽] 탁구[탁꾸]

① ㉠, ㉢에서는 두 음절의 결합 과정에서 음운 변동이 발생한다.

② ㉡에서는 받침에 있는 음운들 중에 하나가 탈락해 음운 변동이 일어난다.

③ ㉢은 앞 음절의 모음이 뒤 음절의 모음의 영향을 받아 변한 결과이다.

④ ㉣은 음운 변동의 과정에서 두 음운이 합쳐져서 하나의 새로운 음운이 생겨난 결과이다.

⑤ ㉢, ㉣은 앞 음절의 음절 말 자음과 뒤 음절의 음절 초 자음의 결합 과정에서 음운 변동이 일어난 것이다.

풀이탄탄 자료들의 공통된 현상을 떠올려라.

1단계	제시된 **자료들의 공통된 음운 현상**을 떠올려 봅니다. ㉠은 음절의 끝소리들이 대표음으로 바뀌어 소리가 납니다. ㉡은 겹받침 중 하나가 생략되어 소리가 납니다. ㉢은 음절 끝 자음이 뒤 모음과 결합하면서 센입천장소리로 바뀌어 소리가 납니다. ㉣은 뒤 음절의 첫 자음들이 된소리들로 바뀌어 소리가 납니다.
2단계	음운 현상에는 **교체, 탈락, 첨가, 축약** 현상이 있습니다. ㉠과 같은 경우를 살펴보면 두 음절의 결합과는 관련이 없지요. ㉢과 같은 경우를 살펴보면 앞 음절의 모음이 뒤 음절 모음의 영향을 받거나 변하는 현상을 발견할 수 없습니다.
3단계	㉡을 제외한 나머지 ㉠, ㉢, ㉣은 모두 다른 음운으로 바뀌어 소리 나는 교체에 해당하는 음운 변동이네요. ㉡은 원래 있던 **음운이 없어지는(생략되는) 탈락**에 해당합니다. 따라서 '하나가 탈락해 음운 변동이 일어난다.'는 설명이 옳겠습니다.

01

◎ 9540-0080

〈보기〉를 탐구한 내용으로 가장 적절한 것은?

┌ 보기 ┐

　일반적으로 '감기'는 [kamgi]로 발음하는데, 우리가 두 개의 'ㄱ'을 동일한 음운인 /ㄱ/으로 인식하는 반면, 미국인은 첫 번째 글자의 'ㄱ'은 무성음 /k/로, 두 번째 글자의 'ㄱ'은 /g/로 다르게 인식한다.

① 음절은 단어의 의미를 판단하는 기준이 된다.
② 음운의 변별은 개인의 언어 습관과 관련이 있다.
③ 음절은 언어와 상관없이 같은 개념으로 받아들여진다.
④ 음운은 사용하는 언어가 다르면 다르게 받아들여질 수 있다.
⑤ 음운은 말할 때마다 소리가 다르게 나는 것을 표기하는 수단이다.

02 **대표 유형**

◎ 9540-0081

(가)를 참고하여 (나)의 ⓐ~ⓔ를 설명한 내용으로 적절하지 <u>않은</u> 것은?

(가) 표준 발음법 조항
　제10항
　　겹받침 'ㄳ', 'ㄵ', 'ㄼ, ㄽ, ㄾ', 'ㅄ'은 어말 또는 자음 앞에서 각각 [ㄱ, ㄴ, ㄹ, ㅂ]으로 발음한다.
　　다만, '밟-'은 자음 앞에서 [밥:]으로 발음한다.
　제11항
　　겹받침 'ㄺ, ㄻ, ㄿ'은 어말 또는 자음 앞에서 각각 [ㄱ, ㅁ, ㅂ]으로 발음한다.
　　다만, 용언의 어간 말음 'ㄺ'은 'ㄱ' 앞에서 [ㄹ]로 발음한다.
　제12항
　　'ㅎ(ㄶ, ㅀ)'뒤에 'ㄱ, ㄷ, ㅈ'이 결합되는 경우, 뒤 음절 첫소리와 합쳐서 [ㅋ, ㅌ, ㅊ]으로 발음한다.
　제14항
　　겹받침이 모음으로 시작된 조사나 어미, 접미사와 결합되는 경우에는, 뒤엣것만을 뒤 음절 첫소리로 옮겨 발음한다.(이 경우, 'ㅅ'은 된소리로 발음함.)
(나) ⓐ 눈밭을 함께 <u>밟지</u> 않을래?
　　ⓑ 그의 안색이 <u>밝지</u> 않던데.
　　ⓒ 그는 <u>외곬으로</u> 생각한다.
　　ⓓ 시를 <u>읊기를</u> 반복하였다.
　　ⓔ 물이 떨어지지 <u>않게</u> 할래?

① ⓐ의 '밟'은 제10항에 따라 [발]로 발음해야 한다.
② ⓑ의 '밝'은 제11항에 따라 [박]으로 발음해야 한다.
③ ⓒ의 '외곬으로'는 제14항에 따라 [외골쓰로]로 발음해야 한다.
④ ⓓ의 '읊'은 제11항에 따라 [읍]으로 발음해야 한다.
⑤ ⓔ의 '않게'는 제12항에 따라 [안케]로 발음해야 한다.

03 대표 유형

◑ 9540-0082

〈보기〉를 고려하여 모음의 발음을 이해한 내용으로 적절하지 <u>않은</u> 것은?

┤ 보기 ├

표준 발음법 조항

제5항 'ㅑ ㅒ ㅕ ㅖ ㅘ ㅙ ㅛ ㅝ ㅞ ㅠ ㅢ'는 이중 모음으로 발음한다.

　다만 3. 자음을 첫소리로 가지고 있는 음절의 'ㅢ'는 [ㅣ]로 발음한다.

　다만 4. 단어의 첫음절 이외의 '의'는 [ㅣ]로, 조사 '의'는 [ㅔ]로 발음함도 허용한다.

① '협의비'를 [혀비비]로 발음하는 것은 표준 발음에 해당한다.

② '강의의 의의'는 [강ː이에 의이]로 발음해도 표준 발음에 해당한다.

③ '의미'는 [의미]와 [이미]로 발음하는 것 모두 표준 발음에 해당한다.

④ '우리의'는 [우리의]와 [우리에]로 발음하는 것 모두 표준 발음에 해당한다.

⑤ '희망'이나 '무늬'는 [히망]이나 [무니]로 발음하는 것이 표준 발음에 해당한다.

04

◑ 9540-0083

〈보기〉의 ㉠~㉢에 나타나는 음운 변동에 대해 이해한 내용으로 적절하지 <u>않은</u> 것은?

┤ 보기 ├

㉠ 배우-+-어 ⇒ [배워]　　　　　　㉡ 가-+-아서 ⇒ [가서]

㉢ 색+연필 ⇒ [생년필]　　　　　　㉣ 많-+-고 ⇒ [만코]

㉤ 앉히-+-어 ⇒ [안처]

① ㉠은 두 단모음이 만났을 때 앞의 단모음이 반모음으로 교체되는 변동이 일어날 수 있음을 보여 준다.

② ㉡은 모음의 탈락으로 음운의 개수가 줄어드는 변동이 일어날 수 있음을 보여 준다.

③ ㉢은 자음의 첨가로 음운의 개수가 늘어나는 변동이 일어날 수 있음을 보여 준다.

④ ㉣은 두 자음이 만났을 때 두 자음이 축약되어 거센소리가 새롭게 나타나는 변동이 일어날 수 있음을 보여 준다.

⑤ ㉤은 음운의 개수가 변하지 않아도 새로운 음운이 나타나는 변동이 일어날 수 있음을 보여 준다.

12 단어

기본 원리

- **형태소** 일정한 뜻을 가진 가장 작은 말의 단위
- **단어** 자립할 수 있는 말이나 자립 형태소에 붙어서 쉽게 분리할 수 있는 말
  - 단어의 형성 방법에 따른 분류
    ① 단일어: 하나의 어근으로만 이루어진 단어 **예** 꽃, 나비, 메뚜기
    ② 복합어: 어근에 접사나 다른 어근이 결합하여 이루어진 단어
    - 파생어: 어근과 접사의 결합으로 이루어진 단어 **예** 나무(어근) + -꾼(접사) → 나무꾼
      - 어근: 실질적인 의미를 나타내는 중심 부분 **예** '덮개'의 '덮-'
      - 접사: 어근에 붙어 그 뜻을 제한하는 주변 부분 **예** '맨손'의 '맨-'
    - 합성어: 두 개 이상의 어근이 합쳐져서 만들어진 단어 **예** 논(어근) + 밭(어근) → 논밭
      - 통사적 합성어: 국어의 일반적인 통사적 구성 방법과 일치하는 합성어 **예** 새해, 큰집
      - 비통사적 합성어: 국어의 정상적인 단어 배열 방식에 어긋나는 합성어 **예** 접칼, 부슬비

- **품사**
  (1) 체언: 문장에서 조사의 도움을 받아 주체의 기능을 하는 단어
    ① 명사: 대상의 이름을 가리키는 단어
    ② 대명사: 사람, 사물, 장소의 이름을 대신하여 가리키는 단어
    ③ 수사: 사물의 수량이나 순서를 나타내는 단어
  (2) 용언: 문장에서 주어를 서술하는 기능을 하는 단어
    * 어간: 용언의 활용에서 변하지 않는 부분 / 어미: 용언의 활용에서 변하는 부분

선어말 어미		높임(-시-), 공손(-옵-), 시제(-ㄴ-, -는-, -었-/-았-, -겠-, -더-)
어말 어미	종결 어미	평서형, 의문형, 명령형, 청유형, 감탄형
	연결 어미	대등(-고, -며, -지만, -든지), 종속(-서, -니까, -면, -던들, -더라도)
	전성 어미	명사형(-음, -기), 관형사형(-은, -는, -을, -던), 부사형(-도록, -이, -게 등)

  ① 동사: 주어의 움직임이나 작용을 나타내는 단어
    * 명령형, 청유형 가능 / '-ㄴ다', '-는'을 통한 현재 표현과 '-고 있다'를 통한 진행형 가능
    ② 형용사: 주어의 성질이나 상태를 나타내는 단어
  (3) 수식언: 문장에서 다른 말을 수식하는 기능을 하는 단어
    ① 관형사: 체언 앞에 놓여서 체언(주로 명사)을 꾸며 주는 단어
    ② 부사: 용언(동사, 형용사)이나 다른 부사, 관형사, 문장 전체를 수식하는 단어
  (4) 관계언: 문장에 쓰인 단어들의 관계를 나타내는 기능을 하는 단어
    - 조사: 문법적 관계를 드러내거나 특별한 의미를 추가하는 단어

격 조사	앞말의 체언이 문장 내에서 일정한 자격을 가지도록 하는 조사	이/가, 을/를
접속 조사	두 단어를 같은 자격으로 이어 주는 구실을 하는 조사	와/과
보조사	앞말에 특별한 뜻을 더하여 주는 조사	은/는, 만, 도

  (5) 독립언: 문장에서 다른 단어와 문법적으로 직접적인 관계를 맺지 않고 홀로 기능하는 단어
    - 감탄사: 감탄이나 놀람, 부름, 응답 등 강한 느낌을 나타내는 말

9540-0084

01 다음 문장을 형태소로 분석한 것으로 적절하지 <u>않은</u> 것은?

① 집에 책이 많다. : 집/에/ 책/이/ 많-/-다.

② 영희의 눈이 빨갛다. : 영희/의/ 눈/이/ 빨-/-갛-/-다.

③ 마당에 꽃이 피었다. : 마당/에/ 꽃/이/ 피-/-었-/-다.

④ 영희가 혼자 딸기를 먹었다. : 영희/가/ 혼자/ 딸기/를/ 먹-/-었-/-다.

⑤ 책가방에 돈이 있었다. : 책/가방/에/ 돈/이/ 있-/-었-/-다.

개념 탄탄 *이것만은 꼭 알고 가자!*

내신에서는 문법 지식을 직접적으로 묻는 유형이 주로 등장합니다. 즉 별도의 〈보기〉 자료 없이 선택지에 제시된 단어 또는 문장을 각자 암기한 문법적 지식을 동원하여 문제를 해결해야 하는 문항이 주로 출제됩니다. 이에 비해 **수능 문법 유형은 기본적 문법 개념 및 예문이 〈보기〉에 주어지는 경우가 대부분입니다.** 따라서 〈보기〉에 제시되는 개념이나 예문을 잘 이해하고 선택지에 적용하는 연습을 충분히 해 두어야 합니다. 한편 최근에는 수능에서도 문법 지식을 〈보기〉 자료 없이 직접적으로 묻는 경우가 있으므로, **자주 출제되는 문법 지식은 개념과 사례를 정확히 연결하여 이해한 뒤 확실하게 암기**해 두는 것이 바람직합니다.

■ 자립/의존 형태소 vs 실질/형식 형태소

"그가 집에서 떠나다."			
자립성 유무에 따라		의미의 유형에 따라	
자립 형태소 (독립해서 쓰일 수 있음.)	의존 형태소 (다른 말에 기대어 쓰임.)	실질 형태소 (실질적 의미를 지님.)	형식 형태소 (문법적 관계만을 나타냄.)
그, 집	가, 에서, 떠나-, -다	그, 집, 떠나-	가, 에서, -다

■ '어간' vs '어근'

'어간'은 용언의 활용에서 변하지 않고 고정되어 있는 부분을 의미하며 상대되는 개념은 '어미'입니다. 한편 '어근'은 단어의 형성에서 실질적인 의미를 나타내는 중심 부분을 의미하며 상대되는 개념은 '접사'입니다. 예를 들어, '잡히다'를 용언의 활용 측면에서 분석할 때 **'잡히-'가 어간, '-다'가 어미**라고 말할 수 있습니다. 한편 '잡히다'를 단어의 형성 측면에서 바라보면 **'잡-'은 어근, '-히-'는 파생 접사, '-다'는 어미**로 분석하게 되는 것입니다.

○ 9540-0085

02 〈보기〉의 탐구 과정에 따라 ㉠~㉢을 분류하고자 할 때, ⓐ~ⓒ에 해당하는 사례를 바르게 짝지은 것은?

┌ 보기 ┐

| 형태소인가? | 예→ | 실질적 의미를 지니는가? | 예→ | 단독으로 쓰일 수 있는가? | 예→ | ⓒ |

↓ 아니요

ⓐ

↓ 아니요

ⓑ

○ 얼마 만에 만나는 ㉠친구이냐?
○ 할머니는 가위㉡질이 매우 능숙하시다.
○ 나는 산토끼를 잡㉢았다가 놓아주었다.
○ 그녀는 ㉣새 옷을 동생에게 건네주었다.
○ 학교 마당에 나팔꽃이 참 ㉤예쁘게 피었다.

	ⓐ	ⓑ	ⓒ
①	㉡, ㉢	㉤	㉠, ㉣
②	㉡, ㉤	㉢, ㉣	㉠
③	㉢, ㉤	㉠, ㉡	㉤
④	㉢, ㉤	㉡, ㉣	㉠
⑤	㉡	㉢, ㉣	㉠, ㉤

풀이 탄탄 〈보기〉의 탐구 과정에 순순히 따르며 대입하라.

1단계
　수능에서는 일반적으로 〈보기〉 자료와 함께 문법 문제가 제시됩니다. **묻고자 하는 문법적 요소에 대한 개념 정의 및 관련 예문, 또는 시각적 구조화 자료 등이** 〈보기〉로 제시되고 이 내용들을 바탕으로 선택지의 적절성을 판단하는 유형이 대다수입니다. 따라서 무엇보다 〈보기〉에 제시된 자료를 정확하게 읽고 문제 해결 과정에서 충분히 활용하려는 자세를 갖추어야 합니다.

2단계
　여기에서는 실질/형식 형태소, 자립/의존 형태소의 개념을 자료 탐구의 형식에 따라 시각적으로 구조화하여 묻고 있습니다. 우선 〈보기〉를 탐구 과정의 흐름에 따라 읽으며 제시된 자료가 무엇을 의미하는지, ⓐ, ⓑ, ⓒ가 각각 어떤 문법적 개념을 나타내는 것인지 꼼꼼하게 파악해 두어야 합니다. 이때, 자신이 기존에 지니고 있던 '형태소'에 대한 기본적 배경지식을 차분히 떠올려 보며 〈보기〉의 자료와 적절히 연결시키는 과정이 이루어져야 합니다.

3단계
　㉠~㉤에 제시된 형태소들의 특징과 의미를 배경지식과 관련지어 생각해 보며, 각각을 〈보기〉의 탐구 과정에 따라 분류하면서 어느 유형에 속하게 될지 판단하고 **나중에 헷갈리는 일이 없도록 하나씩 정확하게 표시**해 나갑니다. 또한 ㉠~㉤에 대한 형태소 분류가 1차적으로 끝난 뒤에 다시 **실수한 부분은 없었는지 빠르게 최종 확인**해 봅니다.

01

○ 9540-0086

〈보기 1〉을 참고할 때, 〈보기 2〉의 ㉠~㉤ 중 합성어에 해당하는 것만을 있는 대로 고른 것은?

┤보기 1├

하나의 어근으로만 이루어진 단어를 '단일어', 어근에 접사나 다른 어근이 결합하여 이루어진 단어를 '복합어'라고 한다. 또한 복합어는 다시 합성어와 파생어로 나누어 이해할 수 있다. '손(어근)＋수레(어근)'와 같이 둘 이상의 어근으로 이루어진 단어를 합성어라고 하고, '일(어근)＋－꾼(접사)'과 같이 어근과 접사가 결합하여 만들어진 단어를 파생어라고 한다.

┤보기 2├

○ ㉠돌다리도 두드려 보고 건너라.
○ 저 멀리 ㉡높푸른 하늘을 쳐다보아라.
○ 방금 전에 썼던 ㉢지우개가 어디로 갔을까?
○ 그들은 우리만의 비밀 이야기를 문 뒤에서 ㉣엿들었다.
○ 다른 사람들의 시선을 의식한 박 의원은 모자를 ㉤눌러썼다.

① ㉠, ㉡
② ㉠, ㉡, ㉤
③ ㉠, ㉢, ㉤
④ ㉡, ㉢, ㉣
⑤ ㉠, ㉢, ㉣, ㉤

02

○ 9540-0087

〈보기〉는 '－ㄹ는지'에 대한 자료 조사 내용이다. ㉠~㉤에 대한 설명으로 적절하지 않은 것은?

┤보기├

'－ㄹ는지'「어미」(받침 없는 어간 뒤에 붙어)

① 뒤 절이 나타내는 일과 상관이 있는 어떤 일의 실현 가능성에 대한 의문을 나타내는 ____㉠____. ¶ 비가 올는지 습한 바람이 불기 시작했다. / _____㉡_____
② 어떤 불확실한 사실의 실현 가능성에 대한 의문을 나타내는 종결 어미. ¶ 그가 훌륭한 교사일는지. / _____㉢
③ '－ㄹ는지 ~ －ㄹ는지'의 구성으로 쓰여, 두 가지 가능성 중 어떤 것이 실현될 것인지에 대한 의문을 나타내는 연결 어미. ¶ _____㉣_____
④ 주로 ____㉤____와 같은 서술어와 어울려 쓰여, 어떤 일의 실현 가능성에 대하여 스스로 의문을 나타내는 연결 어미. ¶ 부모님께서 이 선물을 받으시고 좋아하실는지 모르겠다.

① ㉠에 들어갈 말은 '연결 어미'이다.
② ㉡에는 '손님이 올는지 까치가 아침부터 울고 있다.'를 넣을 수 있다.
③ ㉢에는 '그녀가 이렇게 위험한 장소에 올는지 알 수 없다.'를 넣을 수 있다.
④ ㉣에는 '친구가 거기에 갈는지 가지 않을는지 두고 봐야지.'를 넣을 수 있다.
⑤ ㉤에 들어갈 말은 '모르다'이다.

03 대표 유형

9540-0088

다음의 탐구 과정으로 보아 ⊙에 들어갈 내용으로 가장 적절한 것은?

의문점	체언에 결합하는 '가'와 '도'의 차이점은 무엇일까?

⇓

문제 탐구	다음 사례와 자료를 통해 '가'와 '도'의 차이점을 알아보고자 한다.

[사례 1] 분석	[사례 2] 분석
(예문) 영희가 노래를 부른다.	(예문) 영희도 노래를 부른다.
앞말인 '영희'를 문장 안에서 주어 역할을 하게 만들어 줌.	'다른 사람들이 노래를 불렀고 영희 또한 노래를 불렀음'의 의미를 더해 줌.

[문법 개념 사전]
　'조사'는 문장에서 체언 뒤에 붙어서 체언과 다른 말과의 문법적 관계를 나타내 주거나 특별한 뜻을 더해 주는 단어를 뜻합니다. 앞에 오는 체언이 문장에서 일정한 자격을 갖추도록 해 주는 것을 '격 조사', 두 단어를 같은 자격으로 이어 주는 것을 '접속 조사', 앞말에 특별한 뜻을 더해 주는 것을 '보조사'라고 합니다.

⇓

탐구 결과	⊙

① '가'는 문장에서 사용될 때 형태가 변하지 않는 반면, '도'는 문장에 따라 형태가 바뀌는군.

② '가'는 앞말을 일정한 자격을 갖게 해 주는 '격 조사', '도'는 앞말에 특별한 뜻을 더해 주는 '보조사'에 해당하겠군.

③ 조사는 실질적인 의미를 갖지 않는 형식 형태소이므로, '가'와 '도' 모두 앞에 오는 체언에 특별한 뜻을 더해 주지 못하는군.

④ '가'는 체언 뒤에 붙으므로 접속 조사로, '도'는 다른 말과의 문법적 관계를 나타내므로 보조사로 볼 수 있겠군.

⑤ '가'는 문장에서 홀로 쓰이지 못하며 다른 말과의 문법적 관계를 나타내 주고, '도'는 두 단어를 같은 자격으로 이어 주는 역할을 하는군.

04

○ 9540-0089

〈보기〉를 참고할 때, 밑줄 친 단어 중 ㉠으로 볼 수 없는 것은?

┤ 보기 ├

　　용언은 대체로 문장 안에서 홀로 사용할 수 있다. 반면 그렇지 못한 것들도 있는데 홀로 쓰일 수 있는 본용언과 구별하여 이들을 ㉠보조 용언이라 한다. 보조 용언은 자립성이 없으며, 본용언과 보조 용언 사이에 어미 '–서'나 다른 문장 성분이 개입될 수 없다는 특징을 나타낸다. 본용언이 실질적인 뜻을 나타내고, 보조 용언은 본용언의 뒤에 붙어서 일정한 의미를 보충해 주는 기능을 한다.

① 날씨가 추워 온다.
② 나는 포도를 먹고 싶다.
③ 사람들은 모두 떠나 버렸다.
④ 연극은 숙제를 마치고 보자.
⑤ 이제 모닥불이 서서히 꺼져 간다.

13 문장 및 문법 요소

기본 원리

■ **문장 성분의 종류**

(1) **주성분**: 문장의 기본 골격을 구성하는 성분

   ① **주어**: 서술어의 주체가 되는 문장 성분

   ② **서술어**: 문장의 주체를 설명하는 문장 성분 – '어찌하다, 어떠하다, 무엇이다'에 해당하는 말

> **서술어의 자릿수**: 서술어에 따라 문장이 성립하기 위해 반드시 요구되는 문장 성분들의 개수
> * 한 자리 서술어: 주어만 요구하는 서술어 **예** 음악이 아름답다.
> * 두 자리 서술어: 주어 이외에 목적어, 부사어, 보어 중 한 성분을 필수적으로 요구하는 서술어 **예** 나는 음악을 들었다.
> * 세 자리 서술어: 주어, 목적어, 부사어의 세 성분을 모두 요구하는 서술어 **예** 선생님께서 우리에게 선물을 주셨다.

   ③ **목적어**: 문장에서 '무엇을', '누구를'에 해당하는 문장 성분

   ④ **보어**: '되다', '아니다' 앞에서 조사 '이/가'를 취하여 나타나는 필수적인 문장 성분

(2) **부속 성분**: 주성분을 꾸며 주는 성분

   ① **관형어**: 뒤에 오는 체언을 수식하는 문장 성분

   ② **부사어**: 주로 용언을 수식하며, 관형어, 부사어, 문장 전체를 수식하기도 하는 문장 성분

> **필수적 부사어**: 일반적으로 부사어는 수의적 성분이지만 아래 밑줄 친 부분처럼 생략하면 문장이 성립하지 않는 필수적인 경우가 있음. 이런 것을 필수적 부사어라고 함.
> * 나는 그를 친구로 삼았다.
> * 나는 그에게 책을 주었다.
> * 나는 학교에 간다.
> * 나는 엄마와 닮았다.

(3) **독립 성분**: 문장의 어느 성분과도 문법적으로 직접적인 관련이 없는 독립적인 성분

   • **독립어**: 문장에서 부름, 감탄 등을 나타내는 말. 주로 감탄사나 체언에 호격 조사가 결합하여 실현됨.

> **문장 성분의 이해**
>   ┌독립어   ┌주어   ┌관형어 ┌목적어 ┌부사어 ┌서술어
> **예** • 철수야, 영희가 이 책을 제일 좋아한단다.
>   체언＋호격 조사 주격 조사   목적격 조사
>   ┌독립어   ┌주어   ┌보어   ┌서술어
> • 우와, 영희가 가수가 되었다.
>   감탄사   주격 조사 보격 조사

■ **문장의 짜임**

(1) **홑문장**: 주어와 서술어의 관계가 한 번만 나타나는 문장

(2) **겹문장**: 주어와 서술어의 관계가 두 번 이상 나타나는 문장

   ① **안은문장**: 다른 문장 속에 들어가 하나의 성분처럼 쓰이는 홑문장을 포함하고 있는 문장

> * 명사절을 안은문장: 부모는 자식이 행복하기를 바란다.
> * 관형절을 안은문장: 네가 좋아하는 꽃이 여기에 놓여 있다.
> * 부사절을 안은문장: 동생이 소리도 없이 내 옆으로 다가왔다.
> * 인용절을 안은문장: 철수는 순이가 청소를 하지 않았다고 말했다.
> * 서술절을 안은문장: 코끼리는 코가 길다.

② 이어진문장
- 대등하게 이어진문장: 앞 절과 뒤 절의 의미 관계가 대등하게 이어진 문장. '-고〈나열〉', '-으나 〈선택〉', '-지만〈대조〉'과 같은 대등적 연결 어미를 사용함.
  예 인생은 짧고 예술은 길다.
- 종속적으로 이어진문장: 앞 절과 뒤 절의 의미가 독립적이지 못하고 종속적인 관계에 있는 문장. '-(으)면〈가정〉', '-(으)ㄹ지라도〈양보〉', '-아야/-어야〈조건〉'와 같은 종속적 연결 어미를 사용함.
  예 사공이 많으면 배가 산으로 간다.

■ 종결 표현
• 종결 어미의 종류와 기능에 따라 평서문, 의문문, 명령문, 청유문, 감탄문으로 구분됨.

> **의문문의 종류**
> • 설명 의문문: 청자에게 일정한 설명을 요구하는 의문문 예 무얼 하고 있니?
> • 판정 의문문: 긍정이나 부정의 대답을 요구하는 의문문 예 밥이 맛있어?
> • 수사 의문문: 대답을 요구하지 않고, 서술이나 명령, 감탄 등의 효과를 내는 의문문
>   예 제발 수업을 빨리 끝내 주시면 안 될까요? (특정 행위에 대한 요청)

■ 높임 표현
(1) 주체 높임법: 서술어가 나타내는 행위나 상태의 주체를 높이는 방법
  • 주체 높임 선어말 어미 '-(으)시-', 주격 조사 '께서', 특수 어휘 '잡수시다' 등에 의해 실현됨.
  예 철수가 청소를 한다. → 선생님께서 청소를 하신다.
(2) 객체 높임법: 목적어나 부사어가 지시하는 대상, 즉 서술의 객체를 높이는 방법
  • 특수 어휘(모시다, 드리다 등), 부사격 조사 '께'를 통해 실현됨.
  예 나는 영희에게 안경을 주었다. → 나는 할머니께 안경을 드렸다.
(3) 상대 높임법: 화자가 청자에 대해 높임이나 낮춤의 태도를 나타내는 방법
  • 주로 종결 어미에 의해 실현됨.
  예 첫눈이 내린다. → 첫눈이 내립니다.(하십시오체) / 첫눈이 내리오.(하오체)

■ 부정 표현
(1) '안' 부정: 단순 부정 또는 주체의 의지에 의해 어떤 동작이 일어나지 않음을 나타냄.
  - '안', '아니하다'를 통해 실현됨.
(2) '못' 부정: 주체의 능력이나 그 밖의 다른 상황 때문에 그 일이 일어나지 못함을 나타냄.
  - '못', '못하다'를 통해 실현됨.

	짧은 부정문(안/못)	긴 부정문(아니하다/못하다)
'안' 부정문	철수는 밥을 안 먹었다.	철수는 밥을 먹지 않았다.
'못' 부정문	철수는 밥을 못 먹었다.	철수는 밥을 먹지 못했다.

■ 시간 표현
(1) 시제: 연속적인 시간의 흐름을 인위적으로 구분한 문법 범주
  ① 과거 시제: 사건시가 발화시에 앞서는 시제
  ② 현재 시제: 사건시와 발화시가 일치하는 시제

③ 미래 시제: 사건시가 발화시보다 뒤에 오는 시제

발화시: 화자가 말하는 시점 / 사건시: 문장이 나타내는 사건이 일어나는 시점

(2) **동작상**: 시간의 흐름 속에서 동작이 일어나는 모습을 나타내는 것

　① 진행상: 시간의 흐름 속에서 그 동작이 진행되고 있음을 표현함.

　　예 나는 집에서 식사를 <u>하고 있다</u>. / 부드럽던 찰흙이 어느새 다 <u>굳어 간다</u>.

　② 완료상: 발화시를 기준으로 동작이 이미 완료되었거나 완료된 결과의 상태가 지속됨을 나타냄.

　　예 비행기가 <u>출발해 버렸다</u>. / 영호는 지금 화려한 방석 위에 <u>앉아 있다</u>.

- **피동, 사동 표현**

(1) **피동 표현**: 주어가 다른 주체에 의해서 동작을 당하는 것

　① 파생적 피동문(단형 피동): 능동사의 어근 + 피동 접미사 '−이−, −히−, −리−, −기−, −되다'

　② 통사적 피동문(장형 피동): '−어지다', '−게 되다'

　　예 경찰이 범인을 잡았다. (능동문) → 범인이 경찰에게 <u>잡혔(−히− + −었−)</u>다.(피동문)

(2) **사동 표현**: 주어가 남에게 동작을 하도록 시키는 것

　① 파생적 사동문(단형 사동): 주동사의 어근 + 사동 접미사 '−이−, −히−, −리−, −기−, −우−, −구−, −추−',

　② 통사적 사동문(장형 사동): '−게 하다'

　　예 동생이 우유를 먹는다. (주동문) → 엄마가 동생에게 우유를 <u>먹인(−이− + −ㄴ)</u>다.(사동문)

01 〈보기〉의 ㉠~㉤에 대한 설명으로 적절하지 <u>않은</u> 것은?

◎ 9540-0090

| 보기 |

㉠ 어부가 바람이 그치기를 기다리고 있다.

㉡ 이것은 내가 예전부터 즐겨 읽은 책이다.

㉢ 그녀는 소리도 없이 내 곁으로 다가왔다.

㉣ 앞집 아가씨는 마음씨가 매우 착하다.

㉤ 선생님께서 내게 울지 말라고 하셨다.

① ㉠은 어미 '-기'에 의해 만들어진 명사절을 안은문장이다.

② ㉡은 어미 '-(으)ㄴ'에 의해 만들어진 관형절을 안은문장이다.

③ ㉢은 어미 '-이'에 의해 만들어진 부사절을 안은문장이다.

④ ㉣은 특정한 절 전체가 서술어의 기능을 하는 서술절을 안은문장이다.

⑤ ㉤은 직접 인용을 뜻하는 조사 '고'에 의해 만들어진 인용절을 안은문장이다.

개념 탄탄 이것만은 꼭 알고 가자!

■ 안긴문장의 종류

(1) 명사절

① 명사형 어미 '-(으)ㅁ'이나 '-기'가 결합하여 만들어짐.

② 조사와 결합하여 문장에서 주어, 목적어, 부사어의 역할을 함.

㉠ <u>영희가 행복함이</u> 확실하다.

(2) 관형절

① 관형사형 어미 '-(으)ㄴ', '-는', '-(으)ㄹ', '-던'이 붙어서 만들어짐.

② 뒤에 오는 체언을 수식하는 관형어의 역할을 함.

㉠ <u>그가 아직도 살아 있다는</u> 사실이 놀랍다.

(3) 부사절

① 부사형 어미 '-이', '-게', '-도록'이 붙어서 만들어짐.

② 문장 안에서 부사어의 역할을 함.

㉠ 친구는 <u>내가 잘못된 길로 빠지지 않게</u> 진심 어린 조언을 해 주었다.

(4) 서술절

① 특정한 절 전체가 서술어의 역할을 하게 됨.

② 별도의 표지는 없음. (한 문장 안에 주어가 두 개 있는 것처럼 보임.)

㉠ 토끼는 <u>앞발이 짧다.</u>

(5) 인용절

• 인용의 부사격 조사 '-라고' 또는 '-고'가 붙어서 각각 직접 인용과 간접 인용이 만들어짐.

㉠ 그는 나에게 <u>"어디에 사니?"라고</u> 물었다. / 그는 나에게 <u>어디에 사느냐고</u> 물었다.

○ 9540-0091

02 〈보기〉를 참고하여 ㉠~㉢을 이해한 내용으로 적절하지 <u>않은</u> 것은?

┤ 보기 ├

　'홑문장'은 주어와 서술어의 관계가 한 번만 나타나는 문장, '겹문장'은 주어와 서술어의 관계가 두 번 이상 나타나는 문장을 뜻한다. 겹문장은 '안은문장'과 '이어진문장'으로 나누어 이해할 수 있는데, 안은 문장은 홑문장을 전체 문장의 한 성분으로 안고 있는 문장을 뜻하고 안긴문장은 다른 문장 속에 들어가 하나의 성분처럼 쓰이는 문장을 말한다.

　한편 이어진문장은 둘 이상의 홑문장이 의미적 차원에서 대등하거나 종속적으로 이어진 문장을 뜻한다. '-고'(나열), '-지만'(대조)과 같은 연결 어미에 의해 대등적으로 이어진문장이 형성되기도 하고, '-면'(가정), '-ㄹ지라도'(양보)와 같은 연결 어미에 의해 종속적으로 이어진문장이 형성되기도 한다.

　㉠ 영희는 집에 간다.
　㉡ 영희는 집에 간다고 말했다.
　㉢ 영희는 영호가 집에 갔음을 알았다.
　㉣ 열심히 공부를 하던 영희는 집에 갔다.
　㉤ 영희가 집에 도착하면 엄마는 시장에 가신다.

---

① ㉠은 홑문장이라고 볼 수 있겠군.

② ㉡은 주어와 서술어의 관계가 두 번 이루어지고 있군.

③ ㉢에서 '영호가 집에 갔음'은 '을'과 결합해 목적어로 쓰였군.

④ ㉣에서 '열심히 공부를 하던'은 '영희는 집에 갔다'와 대등적 의미 관계로 이어져 있군.

⑤ ㉤에서 '영희가 집에 도착하면'은 '엄마는 시장에 가신다'와 종속적 의미 관계로 이어져 있군.

풀이 탄탄 〈보기〉 안에 숨겨진 단서들을 *100%* 활용하라.

1단계	〈보기〉에 제시된 **문법 용어의 개념과 제시된 각 개념의 차이점에 초점을 맞추어 그 특징을 파악**합니다. 여기서는 홑문장과 겹문장의 차이점, 안은문장과 이어진문장의 차이점에 주목하며 각 개념을 정확히 이해해 둡니다.
2단계	〈보기〉의 내용에 대응하는 예문 자료 ㉠~㉤을 하나씩 정확하게 파악하며, 각 문장이 어떤 구조적인 특징을 지니는지 정리해 봅니다. 이때 자신이 평소 학습했던 관련 문법 지식과 〈보기〉의 내용을 적절히 활용하여 **예문 자료들이 포함하고 있는 문법적 요소나 구조들을 분석**합니다.
3단계	〈보기〉의 설명 및 관련 문법 지식을 예문 자료에 적용한 내용을 바탕으로 선택지의 내용들을 판단합니다. ㉠은 주어와 서술어의 관계가 한 번만 나타난 '홑문장', ㉡은 겹문장으로서 인용절인 '집에 간다'를 안고 있는 문장, ㉢은 겹문장으로서 명사절 '영호가 집에 갔음'을 안고 있는 문장, ㉣은 겹문장으로서 관형절 '열심히 공부를 하던'을 안고 있는 문장, ㉤은 두 홑문장이 종속적 연결 어미 '-면'에 의해 이어져 있는 종속적으로 이어진문장에 해당함을 파악합니다.

01

● 9540-0092

〈보기 1〉을 바탕으로 〈보기 2〉의 ㉠~㉢을 이해한 내용으로 적절하지 <u>않은</u> 것은?

---보기1---

　　시간은 문법적으로 시제와 동작상으로 표현된다. 시제는 '어미'와 '부사' 등을 통해 표현되며, 발화시*와 사건시*의 관계에 따라 과거, 현재, 미래로 나뉜다. 동작상은 주로 '보조 용언'을 통해, 발화시를 기준으로 동작이 일어나는 모습을 표현하는 것으로 '진행상'과 '완료상'으로 구분할 수 있다. 진행상은 시간의 흐름 속에서 그 동작이 진행되고 있음을 표현하고, 완료상은 발화시를 기준으로 동작이 이미 완료되었거나 완료된 결과가 지속됨을 나타낸다.

* **발화시** 말하는 이가 말하는 시점.
* **사건시** 동작이나 상태가 일어나는 시점.

---보기2---

㉠ 어제 나는 집에서 소설책을 읽고 있었다.
㉡ 어제 나는 집에서 책을 다 읽어 버렸다.
㉢ 지금 나는 집에서 사과를 먹고 있다.
㉣ 이제 예쁜 영희가 밥을 먹는다.
㉢ 지금 현관문이 닫혀 있다.

① ㉠은 부사 '어제'와 어미 '-었-'을 통해 과거 시제를 나타내고 있다.
② ㉡은 보조 용언 '버리다'를 사용하여 동작이 이미 완료되었음을 나타내고 있다.
③ ㉢은 '-고 있다'를 통해 발화시를 기준으로 동작이 진행되고 있음을 나타내고 있다.
④ ㉣의 '예쁜'에 사용된 관형사형 어미 '-ㄴ'은 사건시보다 발화시가 앞섬을 나타내고 있다.
⑤ ㉢의 '닫혀 있다'는 동작이 완료된 상태가 지속되고 있음을 나타내고 있다.

02

● 9540-0093

〈보기〉를 참고할 때, ㉠의 예로 적절하지 <u>않은</u> 것은?

--- 보기 ---

　　부사어는 서술어 등 다른 문장 성분을 꾸며 주는 역할을 하므로 생략하더라도 문장의 성립에 영향을 주지 않는 경우가 많다. 그러나 서술어의 자릿수에 따라 부사어가 반드시 필요한 상황이 발생하기도 하는데, 이 경우를 ㉠'필수적 부사어'라고 한다. 예컨대 두 자리 서술어에서는 주어 외에 목적어·보어·필수적 부사어 중 하나의 문장 성분을 더 필요로 하게 된다. '친구는 비겁하게 굴었다.'에서 '비겁하게'가 문장에서 생략할 수 없는 필수적 부사어에 해당한다.

① 나는 <u>집으로</u> 향했다.
② 예쁜 나팔꽃이 <u>아름답게</u> 피었다.
③ 나는 그 학생을 <u>수제자로</u> 삼았다.
④ 그녀는 <u>친구에게</u> 오천 원을 빌렸다.
⑤ 부모님은 그녀를 <u>음악가로</u> 만들었다.

03

○ 9540-0094

〈보기 1〉을 참고할 때, 〈보기 2〉의 [A], [B]에 들어갈 내용을 바르게 고른 것은?

─┤보기 1├─

　　주체 높임법은 서술어의 주체를 높이는 방법으로, 주로 ㉠선어말 어미 '-(으)시-', ㉡주격 조사 '께서', 높임을 나타내는 특수한 어휘를 통해 실현된다. 상대 높임법은 화자가 청자에 대해 높임이나 낮춤의 태도를 나타내는 것으로, 주로 ㉢종결 어미에 의해 실현된다. 객체 높임법은 목적어나 부사어가 지시하는 대상인 서술의 객체를 높이는 방법으로, ㉣특수한 어휘나 ㉤부사격 조사 '께'를 통해 실현된다.

─┤보기 2├─

대화 상황	높임의 실현 방법
선생님: 철수야, 선생님이 부모님께 꼭 드릴 말씀이 있구나. 혹시 네가 이번 주에 한번 모시고 나올 수 있겠니?	[A]
철수: 네, 그런데 마침 부모님께서 함께 여행 중이시라 다음 주에나 가능할 것 같습니다.	[B]

	[A]	[B]
①	㉠, ㉡	㉠, ㉢
②	㉡, ㉢	㉠, ㉢
③	㉢, ㉣	㉡, ㉣
④	㉡, ㉢, ㉣	㉡, ㉢, ㉤
⑤	㉢, ㉣, ㉤	㉠, ㉡, ㉢

04 대표 유형

● 9540-0095

〈보기〉의 ㉠, ㉡에 들어갈 예문을 바르게 짝지은 것은?

보기

사동 표현은 주어가 남에게 동작을 하도록 시키는 것을 말한다. 사동 표현은 어근에 접미사를 결합한 사동사나 어간에 '-게 하다'를 결합한 구성에 의해 이루어진다. 또한 사동 표현은 의미에 따라 직접 사동과 간접 사동으로 나누어진다. 직접 사동은 사동주*가 피사동주*의 동작에 직접 관여하여 사동 행위를 실행하는 것을 말하고, 간접 사동은 사동주가 피사동주에게 어떤 행위를 하도록 시키기만 할 뿐 그 행위에 참여하지 않는 것을 말한다.

	사동사에 의한 사동문	'-게 하다'에 의한 사동문
직접 사동	㉠	
간접 사동		㉡

***사동주** 문장에서 제3의 대상에게 동작이나 행동을 하게 하는 주체.
***피사동주** 사동주에 의해 동작이나 행동을 하게 되는 대상.

---

① ㉠: 엄마가 아이를 안았다.

　㉡: 아이가 엄마에게 안겼다.

② ㉠: 환자는 식사를 했다.

　㉡: 의사는 환자에게 식사를 하게 했다.

③ ㉠: 강아지가 영희에게 잡혔다.

　㉡: 영희가 동생에게 강아지를 잡게 했다.

④ ㉠: 주인은 정원사에게 시든 꽃을 꺾게 했다.

　㉡: 주인의 요청으로 정원사가 시든 꽃을 꺾었다.

⑤ ㉠: 가영이는 다쳐서 혼자서 신발을 신지 못하는 동생에게 신발을 신겼다.

　㉡: 가영이는 앉아 있는 동생에게 신발을 신게 했다.

01

○ 9540-0096

〈보기〉의 ㉠에 해당하는 음운의 변동 사례로 적절한 것은?

┤ 보기 ├

　음운 변동 현상에는 교체, 탈락, 첨가, 축약이 있는
데, 변동의 결과로 음운의 개수가 변화하기도 한다.
'교체'는 결과적으로 음운의 개수가 변화하지 않지
만, '탈락'이나 '축약'은 각각 결과적으로 음운의 개
수를 하나씩 줄게 한다. 반면 '첨가'가 일어나면 음운
의 개수가 하나 늘게 된다. 음운의 변동은 한 단어 내
에서 두 번 이상 일어날 수 있기 때문에, ㉠음운 변동
의 결과로 음운의 개수가 두 개 줄게 되는 경우도
있다.

① 맏형[마텽]　　② 삯일[상닐]

③ 값하다[가파다]　④ 긁히다[글키다]

⑤ 뜻하다[뜨타다]

02

○ 9540-0097

〈보기〉의 표준 발음법에 따른 단어의 발음이 적절하지 <u>않은</u> 것
은?

┤ 보기 ├

표준 발음법 조항

제9항　받침 'ㄲ, ㅋ', 'ㅅ, ㅆ, ㅈ, ㅊ, ㅌ', 'ㅍ'은 어
　　말 또는 자음 앞에서 각각 대표음 [ㄱ, ㄷ, ㅂ]으로
　　발음한다.

제13항　홑받침이나 쌍받침이 모음으로 시작된 조사
　　나 어미, 접미사와 결합되는 경우에는, 제 음가대
　　로 뒤 음절 첫소리로 옮겨 발음한다.

제29항　합성어 및 파생어에서, 앞 단어나 접두사의
　　끝이 자음이고 뒤 단어나 접미사의 첫 음절이 '이,
　　야, 여, 요, 유'인 경우에는, 'ㄴ' 음을 첨가하여
　　[니, 냐, 녀, 뇨, 뉴]로 발음한다.

① '민낯'은 제9항을 적용하여 [민낟]으로 발음한다.

② '논일'은 제13항을 적용하여 [노닐]로 발음한다.

③ '꼿꼿이'는 제9항과 제13항을 적용하여 [꼳꾸시]로
　발음한다.

④ '콩엿'은 제9항과 제29항을 적용하여 [콩녇]으로 발
　음한다.

⑤ '연잎을'은 제13항과 제29항을 적용하여 [연니플]로
　발음한다.

03

○ 9540-0098

〈보기〉에서 (가)와 (나)의 조사에 대한 설명으로 적절하지 <u>않은</u> 것은?

┤ 보기 ├

조사는 문장에서 주로 자립성이 있는 말 뒤에 결합하여 그 말과 다른 말과의 문법적 관계를 표시하거나 특별한 의미를 더해 주는 기능을 한다. 문법적 관계를 표시해 주는 조사는 문장에서 생략이 가능한 경우가 있으며, 생략된 자리에 특수한 뜻을 더해 주는 조사가 대신 쓰일 수도 있다. 그리고 문장에서 쓰일 때, 여러 조사가 결합하기도 하며, 서술격 조사는 활용하지만 그 외의 조사들은 활용하지 않는다.

(가) 내가 좋아하는 것은 가을 하늘이다.
(나) 정부에서도 입장을 발표했다.

① (가)에는 체언과 체언 사이에 관형격 조사 '의'가 생략된 부분이 있다.
② (가)의 '은'은 다른 말과의 문법적 관계를 표시하여 문장에서 생략이 가능하다.
③ (가)의 '이다'는 다른 조사들과는 달리 문장에서 쓰일 때 형태가 변화할 수 있다.
④ (나)의 '에서도'처럼 조사는 하나의 자립성 있는 말 뒤에서 두 개 이상 결합할 수 있다.
⑤ (나)에서 '도'는 자립성 있는 말 뒤에서 '포함'이라는 특별한 의미를 더해 주는 기능을 한다.

04

○ 9540-0099

〈보기〉를 참고할 때, ㉠과 ㉡에 해당하는 예로 적절하지 <u>않은</u> 것은?

┤ 보기 ├

합성어는 두 개 이상의 어근이 붙어서 새로운 뜻을 지니게 된 단어이다. 합성어는 국어의 일반적인 문장 구조에서 확인되는 단어의 배열법에 따라 만들어진 ㉠통사적 합성어와 일반적인 문장 구조와는 다르게 배열되어 만들어진 ㉡비통사적 합성어로 나뉜다. 예를 들어, 산나물(명사+명사), 작은집(용언의 관형사형+명사), 들어가다(용언의 연결형+용언 어간)는 국어 문장 구조에서 흔히 나타나는 단어 배열법이므로 통사적 합성어이고, 접칼(용언 어간+명사), 높푸르다(용언 어간+용언 어간), 부슬비(불규칙 어근+명사)는 국어의 문장 구성에는 없는 단어 배열법이기 때문에 비통사적 합성어이다.

① '첫눈'은 관형사와 명사가 직접 결합하였으므로 ㉠에 해당한다.
② '큰집'은 형용사 어간에 관형사형 어미가 붙어 명사와 결합하였으므로 ㉠에 해당한다.
③ '잘못'은 부사와 부사가 연결 어미 없이 결합하였으므로 ㉡에 해당한다.
④ '덮밥'은 동사 어간이 명사와 직접 결합하였으므로 ㉡에 해당한다.
⑤ '뛰놀다'는 두 동사의 어간 사이에 연결 어미가 없이 결합하였으므로 ㉡에 해당한다.

05

◐ 9540-0100

밑줄 친 부분이 〈보기〉의 ㉠에 해당하는 것으로 적절하지 <u>않은</u> 것은?

┤ 보기 ├

　문장은 생각이나 감정을 말과 글로 표현할 때 완결된 내용을 나타내는 최소의 단위이다. 이러한 문장을 구성하는 성분을 문장 성분이라고 하고, 문장에 필요한 문장 성분이 제대로 갖추어지지 않으면 전달하려는 의미를 정확하게 표현하기 어렵다. 이때 부사어 중에서는 일반적으로 생략이 가능한 부사어와 달리, 생략하면 문장이 성립하지 않아 ㉠<u>필수적으로 요구되는 부사어</u>가 있다.

① 누나는 <u>어머니와</u> 닮았다.
② 동생이 <u>나에게</u> 책을 주었다.
③ 나는 집에서 <u>동생과</u> 놀았다.
④ 그는 <u>그녀에게</u> 사과를 받았다.
⑤ 형은 <u>나와</u> 여러 면에서 다르다.

06

◐ 9540-0101

〈보기〉를 바탕으로 ㉠과 ㉡의 문법 요소가 사용된 예로 바르게 짝지어진 것은?

┤ 보기 ├

　시간 표현과 관련된 문법 요소는 시제와 동작상으로 구분된다. 이 중 동작상은 동작 자체의 시간적 흐름을 표현하는 것으로 진행상과 완료상으로 나누어진다. ㉠진행상은 어떤 동작이 계속 이어지고 있음을 의미하는 것이고, ㉡완료상은 어떤 동작이 시간의 흐름 속에서 이미 끝났거나 그 결과가 지속되고 있음을 의미한다. 동작상은 주로 '-고 있다', '-아 가다/-어 가다', '-아 있다/-어 있다', '-아 버리다/-어 버리다' 등과 같은 보조 용언이나 '-면서', '-고서' 등과 같은 연결 어미를 통해 실현되는 것이 일반적이다.

① ㉠: 감기가 점점 나아 간다.
　㉡: 그녀는 고향을 떠나 버렸다.
② ㉠: 가게는 문이 닫혀 있었다.
　㉡: 그는 집에서 청소를 하고 있다.
③ ㉠: 그는 의자에 혼자 앉아 있다.
　㉡: 형은 도서관에서 공부를 하고 있다.
④ ㉠: 그녀는 책을 읽으면서 차를 마신다.
　㉡: 널어 두었던 빨래가 말라 간다.
⑤ ㉠: 그가 양손을 흔들고서 내게 다가왔다.
　㉡: 동생이 쓰레기를 치워 버렸다.

07

◉ 9540-0102

〈보기 1〉을 바탕으로 〈보기 2〉의 ㉠~㉤을 이해한 내용으로 적절하지 <u>않은</u> 것은?

┤보기1├

　　주어와 서술어가 하나씩 있는 문장을 홑문장이라고 하고, 둘 이상 있는 문장을 겹문장이라고 한다. 주로 서술어의 수로 홑문장과 겹문장을 구분하는데, 겹문장은 다시 이어진문장과 안은문장으로 나뉜다. 이 중에서 안은문장은 안긴문장의 성격에 따라 명사절을 안은문장, 관형사절을 안은문장, 부사절을 안은문장, 서술절을 안은문장, 인용절을 안은문장으로 나누어진다. 이때 안은문장에는 일반적으로 전성 어미가 사용되지만, 전성 어미가 없는 경우에는 조사를 사용하는 경우도 있다.

┤보기2├

㉠ 그는 항상 내가 행복하기를 응원했다.
㉡ 그녀는 자기도 여행에 참석한다고 말했다.
㉢ 나는 너의 연락을 눈이 빠지도록 기다렸다.
㉣ 다른 학교에 비해서 우리 학교가 위치는 좋다.
㉤ 동생이 종이로 만든 꽃다발을 어머니께 드렸다.

① ㉠: 전성 어미 '-기'를 활용한 명사절을 안은문장이다.
② ㉡: 조사 '고'를 활용한 인용절을 안은문장이다.
③ ㉢: 전성 어미 '-도록'을 활용한 부사절을 안은문장이다.
④ ㉣: 전성 어미 '-는'을 활용한 서술절을 안은문장이다.
⑤ ㉤: 전성 어미 '-ㄴ'을 활용한 관형사절을 안은문장이다.

08

◉ 9540-0103

〈보기〉를 참고할 때, 피동 표현이 적절하지 <u>않은</u> 것은?

┤보기├

　　피동 표현은 주어가 다른 주체에 의해 어떤 동작을 당하거나 영향을 받는 것을 표현하는 문법 요소이다. 피동문을 표현할 때에는 피동 접미사 '-이-, -히-, -리-, -기-' 혹은 '-되다'를 쓰거나, 피동의 뜻을 나타내는 '-아지다/-어지다' 혹은 '-게 되다'를 쓴다. 하지만 피동사에 '-아지다/-어지다'나 '-게 되다'를 또 붙여서 이중 피동을 만드는 경우가 있는데, 이는 잘못된 표현이다.

① 시상식에서 내 이름이 불리었다.
② 이 책은 학생들에게 읽어지고 있다.
③ 새로운 이론이 그녀에 의해 입증되었다.
④ 그가 범인이라는 것이 믿겨지지 않는다.
⑤ 거실에서 내 얼굴이 찍힌 사진을 보았다.

09

9540-0104

〈보기〉의 담화 상황을 고려할 때, ㉠~㉤에 대한 설명으로 적절하지 않은 것은?

┤ 보기 ├

현우: 지금 몇 시냐?

지현: ㉠미안해. 늦잠을 자고 말았어.

나희: 현우가 샌드위치를 싸 왔어. ㉡이거 한번 먹어 볼래?

지현: ㉢괜찮아.

현우: ㉣너 내가 화냈다고 그러는 거야?

지현: 너는 내가 그렇게 못마땅하니?

나희: ㉤그만들 해.

① ㉠: 현우의 질문을 '왜 이렇게 늦었느냐'고 나무라는 것으로 받아들인 반응이다.

② ㉡: 앞 문장의 '샌드위치'를 의미하며 표현의 중복을 피하고 있다.

③ ㉢: 나희의 권유를 거절하는 의미를 담고 있다.

④ ㉣: 샌드위치를 먹지 않겠다는 지현의 의사를 확인하고 있다.

⑤ ㉤: 현우와 지현 모두에게 언쟁을 멈추라는 의미를 함축하고 있다.

10

9540-0105

〈보기 1〉을 바탕으로 〈보기 2〉를 이해한 내용으로 적절하지 않은 것은?

┤ 보기1 ├

상대 높임법은 화자가 청자를 높이거나 낮추어 표현하는 방법으로, 주로 종결 어미에 의해 표현된다. 반면 주체 높임법은 서술의 주체를 높이는 방법으로, 주로 선어말 어미 '-시-'에 의해 표현되지만 주격 조사 '께서', '계시다'와 같은 특수 어휘에 의해 표현되기도 한다.

┤ 보기2 ├

• 사장님께서는 약속이 ㉠있으십니다.
• 손님, 여기 잔돈 ㉡있으십니다.
• 동생이 방에 ㉢들어왔습니다.
• 너 지금 선생님께서 ㉣오래.
• 오늘은 할머니께서 진지를 많이 ㉤자셨어.

① ㉠은 '사장님'과 청자를 함께 높이기 위해 쓰인 표현이로군.

② ㉡은 주어가 '잔돈'임에도 높였으므로 주체 높임이 잘못 쓰인 표현이로군.

③ ㉢은 들어오는 행위의 주체이자 청자인 '동생'을 낮추기 위해 쓰인 표현이로군.

④ ㉣은 '오라'고 말씀하신 '선생님'을 높이지 않았으므로 주체 높임이 잘못 쓰인 표현이로군.

⑤ ㉤은 서술의 주체를 높이기 위해 특수 어휘가 쓰인 표현이로군.

14 자기표현과 사회적 상호 작용

자기표현과 사회적 상호 작용을 위한 작문

■ 다음을 읽고 물음에 답하시오.

게시판

제목: 고민이 있어요.

다름이 아니라, 요즘 혼자 판단하기 어려운 문제가 생겨 여러분의 의견을 듣고자 이렇게 글을 남깁니다. 이걸 남겨야 할까 고민도 해 봤는데, 이곳이 익명 게시판이라 용기를 내어 봅니다.

[A] 저는 평소에 단정적인 말투를 좋아하지 않아서 '아니'라든지 '못' 같은 부정어를 많이 사용하는 편입니다. "걔는 그런 면이 있어."라고 표현할 일이 있으면 그보다는 "그런 면이 없지 않아."라고 표현하는 편이지요. 그런데 친구들은 제가 확실하지 않은 방식으로 말을 해서 제 말이 정확하게 무엇을 의미하는지 잘 모르겠다고 하더라고요. 그러면서 좀 명확하게 말을 하면 좋겠다고 얘기를 해 주었습니다.

친구들의 말이 맞는 면이 없지 않아, 며칠 동안 고민을 했습니다. 저를 생각해서 이렇게 얘기를 해 주었는데, 고쳐야 하는 것 아닌가 하는 생각이 들었습니다. 그러다가도 사실 이것도 제 말투이고 저만의 특징인데, 꼭 고쳐야 하는 건가라는 생각도 들었습니다.

[B] 누군가가 어떤 사람의 좋지 않은 모습에 대해 이야기할 때 "걔는 그런 면이 있어."보다는 "그런 면이 없지 않아 있어."라는 표현이, 저에게는 더 부드럽게 느껴지는 것 같습니다. 단호하게 말하면 오히려 냉정하고 사려 깊지 못한 사람이라고 여겨지는 게 아닌지 걱정입니다. 어떻게 하면 좋을지 잘 모르겠습니다. 여러분은 어떻게 생각하시나요? 조언 부탁드립니다.

○ 9540-0106

01 글쓴이가 윗글을 쓰기 위해 떠올린 생각 중, 윗글에 반영된 것은?

① 내 말투가 지닌 다양한 장점을 나열하여 독자들이 내 의견에 동조할 수 있도록 해야겠군.

② 학급 친구들의 부정어 사용 실태를 조사한 자료를 활용하여 고민의 심각성을 부각해야겠군.

③ 내 말투에 대한 친구들의 상반된 평가를 모두 제시하여 독자의 객관적 판단을 유도해야겠군.

④ 평소 친구와 대화하듯이 격식 없는 말투를 사용하여 독자들이 편안하게 조언할 수 있도록 해야겠군.

⑤ 자주 사용하는 부정어의 예를 제시하여 독자들이 내 말투의 특성을 쉽게 이해할 수 있도록 해야겠군.

개념 탄탄 *이것만은 꼭 알고 가자!*

■ **자기표현의 글**
자기표현의 글은 **생활 속의 체험이나 깨달음을 표현한 글**로, 수필, 회고문, 감상문 등이 있습니다. 각 글의 특성은 다음과 같습니다.

수필	일상적인 삶의 체험이나 주변의 사물을 관찰하고, 이에 대한 자신의 생각이나 느낌을 자유롭게 표현한 글
회고문	자신의 삶에서 의미 있는 체험이나 사건을 회상의 형식으로 표현한 글
감상문	어떤 사물이나 사건, 현상 등을 보거나 겪고 난 뒤, 이에 대한 생각이나 느낌을 표현한 글

자기표현의 글은 내용에 따라 다양한 구성 방식을 사용할 수 있지만, 일반적으로 '처음 – 중간 – 끝'의 3단 구성을 따르는 경우가 많습니다. 또한 자기표현의 글을 쓸 때에는 **자신의 체험과 깨달음 등이 진솔하고 구체적으로 드러날 수 있도록 표현**해야 합니다.

■ **사회적 상호 작용을 위한 글**
사회적 상호 작용을 위한 글은 글쓴이가 독자와 사회적인 관계를 맺고, 유지하고, 발전·확장하기 위한 목적으로 쓰는 글로, 식사문, 서간문, 자기 소개서 등이 있습니다. 각 글의 특성은 다음과 같습니다.

식사문	어떤 행사나 의식이 열리는 식장에서 그곳에 참여한 사람들에 대한 인사를 하기 위해 쓰이는 글. 환영사, 주례사, 기념사, 추도사 등이 포함됨.
서간문	편지 형식을 띠는 모든 글. 개인과 개인 사이의 사적인 편지글부터 개인과 단체, 단체와 단체 사이의 공적인 편지글이 모두 포함됨.
자기 소개서	자신을 잘 알지 못하는 사람에게 자신을 알리는 글. 자신의 성장 과정, 성격과 가치관, 능력, 재능, 특기 등을 상대방에게 알리는 것을 목적으로 함.

사회적 상호 작용을 위한 글을 쓸 때에는 글의 목적과 독자에 알맞은 내용과 형식을 선정하는 것이 중요합니다. 또한 **독자를 고려하여 격식을 갖추는 것이 필요**하며, 글쓴이의 진심을 상대방이 잘 느낄 수 있도록 표현해야 합니다.

○ 9540-0107

02 〈조건〉에 따라 윗글에 대한 답글을 작성한 내용으로 가장 적절한 것은?

| 조건 |
- [A]에 나타난 친구들의 관점에서 내용을 구성할 것.
- 예시의 방법을 활용하여 [B]의 질문에 대한 답을 제시할 것.

① 사람들은 자신감이 없을 때나 책임을 덜 지고 싶을 때 부정어를 사용하곤 합니다. 부정어를 포함하는 표현이 많다는 것은 의도를 감추고 싶은 마음이 많다는 것을 의미하기도 합니다. 그러니 부정어를 사용하는 것은 별로 좋지 않다고 생각합니다.

② 사람에게는 자기다움이라는 것이 있다고 생각합니다. 그리고 그것은 자기가 사용하는 말을 통해 가장 잘 드러난다고 생각합니다. 부정어를 사용하는 것이 다른 사람에게 불편함을 줄 수도 있겠지요. 그러나 말이라는 것은 결국 자기를 드러내는 것이니만큼 본인이 편한 대로 하는 것이 가장 좋지 않을까 싶습니다.

③ 저는 단정적인 표현을 사용하는 것보다 부정어를 사용한 모호한 표현을 사용하는 것이 더 좋다고 생각합니다. 우리가 솔직하게 말해서 손해 보는 일도 많지 않습니까? 싫어하는 대상에게 "나는 네가 싫어."라고 말하는 것보다 "나는 너를 좋아하지는 않아."라고 말하는 것이 인간관계에는 훨씬 도움이 된다고 생각합니다.

④ 의사소통은 혼자 하는 것이 아니니 다른 사람들에게 오해의 소지를 주는 것은 곤란하지 않을까요? 한 연구에 따르면 "허락하지 않는다."라는 말과 "금지한다."라는 말을 들을 때 사람들은 다르게 받아들인다고 하더라고요. 그렇지만 공식적 의사소통이 아닌 친구들과의 대화에서 부정어를 많이 사용하여 표현하는 것은 나쁘지 않은 것 같습니다.

⑤ 부정어를 사용하는 것은 의사소통에서 상대방에게 오해를 불러일으킬 수 있습니다. 부정어가 정확히 반대되는 의미를 항상 나타내는 것은 아니기 때문이지요. "걔는 너 좋아해?"라는 질문에 "좋아하지 않아."라는 답을 듣게 되면 싫어하는 것인지 좋아하는 감정 이상인지 판단하기 어려워질 수도 있으니, 가능하면 명료한 표현을 통해 의사소통을 하는 것이 좋습니다.

수능 탄탄

풀이 탄탄 지문 또는 선택지를 〈보기〉의 정보(전략, 조건 등)와 일대일로 대응시켜라.

1단계

이 문항은 주어진 〈조건〉에 따른 글쓰기의 적절성을 평가하는 문항입니다. 따라서 주어진 〈조건〉을 정확하게 파악하는 것이 중요합니다. 이 문항의 〈조건〉은 첫째, [A]에 나타난 친구들의 관점에서 내용을 구성하라는 것이며, 둘째, 예시의 방법을 활용하여 [B]의 질문에 대한 답을 제시하라는 것입니다.

2단계

〈조건〉을 확인했다면, 다음으로 지문의 내용과 연관 지어 〈조건〉을 구체화해야 합니다. 첫 번째 〈조건〉은 결국 '부정어 사용의 문제점'을 제시하라는 것이며, 두 번째 〈조건〉은 예시의 방법을 사용하여 부정어를 자주 사용하는 말투의 적절성에 대한 의견을 제시하라는 것입니다.

3단계

선택지의 내용에 〈조건〉이 모두 반영되어 있는지 확인합니다. 〈조건〉이 여러 개일 경우 〈조건〉을 하나씩 순서대로 선택지에 대응해 가며 적절한 선택지를 추려 가는 것이 좋습니다. 이때 표현 방법의 경우 명시적으로 드러나므로, 표현 방법과 관련된 〈조건〉을 먼저 적용하는 것이 좋습니다. 따라서 두 번째 〈조건〉을 먼저 적용할 경우, 선택지 ①, ②가 제외됩니다. 첫 번째 〈조건〉을 적용할 경우 선택지 ③, ④가 제외됩니다. 이런 방식으로 적절한 선택지를 추려 가면 정답을 훨씬 수월하게 찾을 수 있습니다. 그러나 정답 확정을 위해 나머지 선택지에 제시된 〈조건〉이 드러났는지 다시 한번 확인하는 것이 좋습니다. 선택지 ⑤는 "좋아하지 않아."라는 예시를 들고 있으며, 부정어 사용이 의사소통에서 오해를 불러일으킬 수 있다는 문제를 들어 명료한 표현을 통해 의사소통을 하는 것이 필요하다고 답함으로써 '부정어 사용의 문제점'을 제시하고 있으므로 〈조건〉을 모두 충족시킨 것이라 할 수 있습니다.

01 대표 유형

9540-0108

〈보기〉에 따라 대학 입학을 위한 자기 소개서 초고의 일부를 다음과 같이 고쳐 썼다. 〈보기〉의 항목 중, 고쳐 쓴 글에 반영되지 <u>않은</u> 것은?

보기

고쳐쓰기 계획

ㄱ. 장래 희망이 추상적이므로 구체화하여 제시하는 것이 좋겠어.

ㄴ. 대학교의 장점과 연관 지어 지원 동기를 분명하게 밝히는 것이 좋겠어.

ㄷ. 진로 계획을 대학 진학과 대학 졸업 후로 나누어 순차적으로 제시하는 것이 좋겠어.

ㄹ. 지원 학과에 대한 지속적 관심을 강조하기 위해 중학교 때부터 진로를 탐색한 과정을 소개해야겠어.

ㅁ. 고등학교 때 참여한 활동을 나열하기보다는 활동을 통해 얻은 점에 초점을 맞추어 서술하는 것이 좋겠어.

처음 쓴 글

저는 중학교 때부터 화학에 관심이 많아 화학을 연구하는 과학자가 되고 싶다는 꿈이 있었습니다. 고등학교에 입학해서는 나노 기술에 대해 배우고 난 후, 과학자에 대한 꿈을 더욱 키워 나갈 수 있었습니다. 이를 위해서 저는 화학 탐구 동아리 활동, 연구소 멘토링 프로그램 등에 참여하며 많은 노력을 했습니다. 제가 한국대학교 화학 공학과에 진학한다면 열심히 공부하여 제 꿈을 이룰 것입니다.

고쳐 쓴 글

제 진로에 대한 확신이 생겼던 것은 고등학교 화학 수업 때 나노 기술에 대해 처음 알게 되면서였습니다. 특히 나노 입자가 지닌 약물 전달체로서의 기능에 대해 학습하면서, 나노 입자의 약물 전달 시스템을 연구하여 난치병을 치료할 수 있는 획기적인 기술을 개발하는 공학자가 되어야겠다고 다짐했습니다. 이후 저는 학교 화학 탐구 동아리에 가입하여 다양한 실험 활동에 참여하면서 화학 탐구 능력을 키울 수 있었습니다. 또한 인근 연구소에서 진행하는 멘토링 프로그램에 참여하여 진로와 관련된 다양한 정보를 얻을 수 있었고, 연구자로서 갖춰야 할 태도도 배울 수 있었습니다.

제가 한국대학교 화학 공학과에 지원하게 된 것은 한국대학교는 나노 공학 분야에서 최고의 연구 시설과 연구진을 갖추고 있어 제 비전을 실현할 수 있는 최적의 학교라는 확신이 들었기 때문입니다. 대학교에 진학한다면, 화학 공학의 기초부터 탄탄히 다져 가며 학습하고 싶습니다. 또한 생명 공학을 복수 전공하여 화학 공학과 생명 공학을 융합할 수 있는 역량을 키워 나갈 것입니다. 졸업 후 대학원에 진학해서는 생명 의학 분야에서 나노 입자를 어떻게 응용할 수 있을 것인가에 대한 연구를 진행할 것입니다.

① ㄱ   ② ㄴ   ③ ㄷ   ④ ㄹ   ⑤ ㅁ

■ 다음은 작문 과제와 그에 따라 작성한 학생의 글이다. 물음에 답하시오.

【작문 과제】
자신이 읽은 책 중 하나를 선정하여 자신의 생각과 느낌을 자유롭게 표현해 보자.

【학생의 글】
우리는 흔히 상담자는 피상담자보다 더 뛰어나거나 성공한 사람이어야 한다고 생각한다. 그래야 피상담자가 지닌 문제에 대해 자유롭게 조언과 충고를 해 줄 수 있다고 믿기 때문이다. 하지만 「기적」이라는 책을 읽고 나서, 상담에 대한 생각이 바뀌게 되었다. 즉 상대방이 지닌 문제를 진심으로 이해해 주고 상대방의 말에 경청하며, 상대방의 입장에서 함께 고민해 주는 것, 그것이야말로 진정한 상담이라는 생각이 들었다.

이 소설 속 인물인 '○○○ 할아버지'는 대부분의 피상담자는 이미 답을 알지만 그 답이 옳다는 것을 확인하고 싶어 할 뿐이라는 말을 한다. 나는 이 말에 전적으로 공감한다. 나 또한 중학교 2학년 때 사춘기를 겪으면서 공부에 대한 흥미를 잃고 성적이 많이 떨어졌던 적이 있었다. 나는 내 문제점이 무엇인지, 그리고 어떻게 해결할 수 있는지에 대해 너무나도 잘 알고 있었지만 답답한 마음을 이겨 낼 수 없었다. 그때 친한 선배에게 상담을 받고 나서, 본래의 내 모습을 되찾을 수 있었다. 생각해 보면, 선배가 해 준 조언은 아무것도 없었다. 단지 내 마음에 공감해 주고, 나를 위로해 주었을 뿐이다. 지금 와서 생각해 보면 당시에 나는 내 생각에 대한 확신이 없었던 것 같다. 하지만 선배와의 상담을 통해 비로소 내 스스로 납득하고 인정할 수 있는 길을 찾을 수 있었으며, 지금의 나로 성장할 수 있었다.

이 책의 제목이기도 한 '기적'이라는 말을 들으면, 대부분의 사람들은 우연히 외부에서 행운이 주어지는 것을 떠올린다. 하지만 이 책은 우리가 생각하고 있는 이러한 '기적'의 개념을 깨 버린다. 오히려 이 책은 '기적'이 우연한 행운이 아니라 사람과 사람의 관계 속에서 일어나며, 스스로의 선택과 의지에 따른 결과라는 것을 강조하고 있다.

이 책을 읽으면서 나는 두 가지 '기적'을 깨달았다. 첫 번째 '기적'은 우리네 인생은 서로가 서로를 받쳐 주며 살아가는 것이라는 것이다. 즉 대단한 사람이 아닐지라도 서로의 이야기와 마음에 귀를 기울인다면, 서로의 삶을 변화시킬 수 있는 것은 기적과 같은 일이라 할 수 있다. 두 번째 '기적'은 인생에서 정답은 없으며, 자신의 마음 안에 이미 최선의 답이 있다는 것이다. 우리는 살면서 한 번쯤은 선택의 기로에 서게 되고, 그럴 때면 지금 선택한 길이 올바른 것인지 누군가에게 간절히 묻고 싶을 때가 있다. 그러나 중요한 것은 스스로의 선택을 믿고 자신 있게 나아가는 것이다. 그렇게 인생이라는 지도의 길을 만들 수 있다는 것 또한 기적과 같은 일이기 때문이다. 소중한 사람들과 함께 인생이라는 지도를 펼치고 싶은 사람이라면, 반드시 이 책을 읽으라고 권하고 싶다.

02

> 9540-0109

다음은 학생이 글을 쓰기 위해 세운 계획이다. ㉠~㉢ 중, 윗글에 반영되지 않은 것은?

> ㉠ 책 제목과 연관 지어 책을 읽고 깨달은 점을 병렬적으로 제시한다.
> ㉡ 비유적 표현을 사용하여 사람들에게 책을 권하는 이유를 강조한다.
> ㉢ 실제 경험을 제시하여 책 속 인물의 말에 공감을 느낀 이유를 제시한다.
> ㉣ 사람들이 지닌 통념과의 대조를 통해 책이 전달하고 있는 주제를 강조한다.
> ㉤ 책 내용에 대한 사람들의 다양한 해석을 소개한 후, 주관적 평가를 제시한다.

① ㉠　　　② ㉡　　　③ ㉢　　　④ ㉣　　　⑤ ㉤

■ 다음을 읽고 물음에 답하시오.

【작문 상황】
• 글을 쓰게 된 배경: ○○○ 선생님의 정년퇴직을 기념하는 행사에서 학교 학생들을 대표하여 낭독할 식사문을 작성하기로 함.
• 글의 주제: 선생님의 은혜에 대한 감사 및 석별(惜別)의 정

【학생의 글】
　유난히도 무덥고 비가 끊이지 않는 여름의 끝자락입니다. 그 누구보다 뜨거웠던 교육의 열정으로 늘 청년이셨던 ○○○ 선생님을 떠나보내야만 하는 저희들의 눈물 때문에 비가 오는가 봅니다. ○○○ 선생님의 40년 가까운 교직 생활, 그 아름다운 마무리의 장을 함께하게 되어 기쁘기도 하지만, 한편으로는 존경하는 선생님을 정년 퇴임이란 이름으로 보내 드릴 수밖에 없음이 너무나 아쉽습니다.

　작년 봄, 첫 만남, 저희들의 가슴 밭에 말씀의 씨앗을 뿌리신 선생님! "꿈을 가져라!"라는 말씀의 씨앗을 뿌리신 선생님께서는 곡식을 뿌리고 하루하루 손길을 보내며 정성을 다하는 농부의 마음으로 저희들을 보살펴 주셨습니다. 때에 맞는 김매기와 때에 맞는 거름을 통해 저희들 마음 밭에 뿌려진 씨앗은 어느덧 튼튼하게 뿌리를 내리고 새싹을 틔웠습니다.

　선생님께서는 말씀의 씨앗을 뿌려 놓고 멀찌감치 물러서서 지켜만 보시는 줄 알았습니다. 그러나 저는 항상 저희들을 위해 기도해 주신 선생님의 정성을 알고 있습니다. 문득 맹자의 '심물망(心勿忘) 물조장(勿助長)'이란 말이 떠올랐습니다. 이 말은 '밭에 씨앗을 뿌리고 싹이 빨리 자라기를 바랐던 한 농부가 싹이 빨리 자라지 않자 마음이 급해진 나머지 싹을 뽑아 올렸고, 땅에 단단히 뿌리를 내리지 못한 싹은 농부의 손길 때문에 죽고 말았다.'라는 고사에서 유래했다고 합니다. 선생님께서는 저희들의 잠재력을 믿으시고 '마음은 잊지 않지만, 억지로 기르려 해서는 안 된다.'라는 교육관을 실천하신 분이십니다.

　교육의 이름으로 저희와 만나 희로애락을 함께하신 ○○○ 선생님!

[A]

　선생님 감사드립니다. 그리고 사랑합니다.

03 대표 유형

◌ 9540-0110

[A]에 들어갈 내용을 〈조건〉에 맞게 작성하려고 할 때, 가장 적절한 것은?

—| 조건 |—

• 2, 3문단의 핵심 내용을 압축적으로 제시할 것.

• 제자로서의 포부를 담을 것.

• 직유법과 음성 상징어를 사용할 것.

① 선생님은 저희들에게 영원히 청년처럼 기억될 것입니다. 저희들 또한 선생님을 보내 드리는 아쉬운 마음을 훌훌 털어 버리고, 떳떳한 청년으로 성장해 나가겠습니다.

② 선생님! 학교를 떠나시더라도 항상 농부와 같은 마음으로 저희들을 지켜봐 주시고 기도해 주셨으면 좋겠습니다. 저희 제자 일동은 선생님과 사제의 인연을 맺을 수 있어서 한없이 감사하고 행복했습니다.

③ 선생님께서는 언제나 저희에게 꿈과 믿음을 주셨습니다. 저희들 가슴 밭에 뿌리신 씨앗이 울창한 숲으로 커 나갈 수 있도록 저희들 모두 노력하며 살겠습니다. 선생님 앞에 부끄럽지 않은 제자가 되기 위해 노력하겠습니다.

④ 선생님! 당신은 항상 저희들이 꿈을 갖고 쑥쑥 성장할 수 있도록 보살펴 주셨습니다. 이제는 저희가 선생님의 앞날에 기쁨과 영광이 가득하기를 기도합니다. 선생님은 저희들에게 언제나 큰 산과 같은 존재로 기억될 것입니다.

⑤ 선생님께서는 저희들에게 꿈을 주시고, 저희가 그 꿈을 키워 나갈 수 있을 때까지 저희를 믿고 기다려 주셨습니다. 선생님의 기도에 어긋나지 않도록 저희 제자 일동은 커다란 나무와 같은 존재로 무럭무럭 성장하여 풍성한 열매를 맺도록 하겠습니다.

15 설명

작문 계획의 적절성

■ (가)는 한 학생이 쓴 작문 일지이고, (나)는 이를 바탕으로 쓴 학생의 초고이다. 물음에 답하시오.

가 작문 일지

　최근 들어 도시의 여름이 못 견디도록 뜨거워지고 있다. 서울의 여름철 최고 기온이 30℃를 오르내리는 요즘, 각종 냉방기의 무분별한 사용은 오히려 도시의 온도를 더 높일 뿐이다. 도시의 열을 내려 줄 좋은 방법은 없는 것인지 궁금하였다. 그래서 자료 조사를 통해 우리 도시를 시원하고 쾌적하게 만들 수 있는 방법을 찾아 교지에 소개하는 글을 쓰기로 하고, 다음과 같이 ㉠작문 계획을 수립하였다.

나 학생의 초고

　도시의 여름이 점점 더 더워지고 있다. 통계청 자료에 따르면 최근 3년간 서울의 8월 평균 온도는 25.8℃ (2011), 27.1℃ (2012), 27.7℃(2013)로 꾸준히 상승하고 있다.

　이와 같은 도시의 온도 상승은 열섬 현상과 관련이 깊다. 잘 알고 있듯이 열섬의 주요 원인은 대기 오염과 도시에서 뿜어내는 인공 열 등이다. 인간이 편리를 추구하는 과정에서 생겨난 것들이 오히려 인간을 힘들게 하는 형국이다. 그렇다면 이 상황을 어떻게 극복할 수 있을 것인가? 그 답은 자연에 있을 것이다. 좀 더 자연 친화적인 도시가 될 수 있다면 도시의 열은 내리고 우리의 삶은 쾌적해지지 않을까?

　친자연적인 방법으로 도시의 열을 식힌 사례가 있다. 독일의 유명한 자동차 도시 슈투트가르트는 자동차 공업으로 발생한 공해 때문에 도시의 환경 문제가 발생하자 이 문제를 해결하기 위해 바람을 이용하기로 하였다. 도시로 불어오는 바람을 이용하면 오염된 공기를 날려 버리는 동시에 열섬으로 높아진 온도를 낮추어 상쾌하고 시원한 도시로 변화될 수 있다고 생각한 것이다. 슈투트가르트는 도시에 바람길을 조성하기 위해 건물의 배치를 바꾸고, 냉난방기의 공기 배출 통로를 바람의 확산이 잘 되는 곳에 설치하는 등의 노력을 기울였다. 또한 건물의 옥상이나 외벽에 식물이 살 수 있는 공간을 마련하여 식물을 심었다. 그 결과 슈투트가르트는 독일에서 가장 깨끗하고 시원한 도시로 유명해졌다.

　우리나라에도 이와 유사한 사례가 있다. 우리나라에서 여름에 가장 더운 도시로 유명한 대구는 푸른 옥상 조성과 나무 심기 운동 등을 통해 도시의 녹지 공간을 확보하고 지역별로 바람길의 흐름도를 작성하여 도시의 바람길을 관리하였다. 그 결과 1996년 이후 전국 최고 기온 도시라는 이름을 타 시도에 넘겨주었다.

　이와 같은 사례를 통해 도시의 온도를 낮추는 방법을 알아보았다. 슈투트가르트나 대구와 같이, 다른 도시들도 친자연적 도시를 만들기 위해 도시 전체에 나무를 심고 바람길을 내는 방법을 적극적으로 고려해야 할 것이다. 아울러 냉난방은 물론이거니와 공기 정화까지 기계에 맡기는 요즘, 우리 청소년들도 잠시 에어컨의 전원을 끄고 창문을 열어 바람을 집 안으로 끌어들이는 것을 통해 도시의 온도를 내리는 데 동참해 보는 것은 어떨까?

01 다음은 ㉠의 내용이다. (나)에 반영되지 <u>않은</u> 것만을 모두 골라 묶은 것은?

◐ 9540-0111

• 예상 독자: 교지를 읽을 학교 친구들
• 글의 목적: 도시의 여름을 시원하고 쾌적하게 만들 수 있는 방법에 대한 정보 전달 ……………………… ⓐ
• 쓰기 전략
  – 전문가의 견해를 토대로 문제의 원인을 여러 측면에서 분석해 제시하도록 하자. ………………… ⓑ
  – 문답법과 설의법을 사용하여 화제에 대한 독자의 관심을 유발하자. ……………… ⓒ
  – 문제점에 대한 독자들의 공감을 이끌어 내기 위해 일상에서 겪었던 경험을 제시하자. ……………… ⓓ
  – 해결 방안을 제시할 때에는 도시를 시원하고 쾌적하게 만드는 데 성공한 다른 나라의 사례를 활용하
    자. …… ⓔ

---

① ⓐ, ⓑ   ② ⓐ, ⓔ   ③ ⓑ, ⓓ
④ ⓒ, ⓓ   ⑤ ⓒ, ⓔ

개념 탄탄 이것만은 꼭 알고 가자!

■ **정보 전달의 글**
정보 전달의 글은 **글쓴이가 어떤 대상, 사실, 현상 등에 대하여 독자에게 새로운 정보를 제공하거나 설명하려는 목적으로 쓰는 글**로, 설명문, 기사문, 안내문 등이 있습니다. 각 글의 특성은 다음과 같습니다.

설명문	특정 지식이나 정보를 독자에게 전달하기 위한 글로, 백과사전의 글이나 인문·사회·과학 분야의 개념을 설명할 목적으로 제작한 책 속의 글 등이 포함됨.
기사문	매체를 통해 일상의 중요한 소식과 정보를 대중에게 신속하고 정확하게 전달하기 위한 글로, 보도 기사, 기획 기사, 해설 기사 등이 포함됨.
안내문	어떤 내용에 대해 모르는 독자에게 해당 내용을 객관적이고 효율적으로 전달하여 독자가 그 내용을 쉽게 이해할 수 있도록 알려 주는 글로, 장소의 위치를 알려 주는 글, 시설이나 기기의 사용법을 알려 주는 사용 안내서 등이 포함됨.

■ **정보 전달을 위한 글쓰기 방법**
정보 전달을 위한 글을 쓰기 위해서는 **자료의 수집과 정보의 선별, 정보의 속성에 따른 내용 조직, 정보를 효과적으로 전달할 수 있는 표현 전략**에 유의해야 합니다.
⑴ 자료의 수집과 정보의 선별: 여러 경로를 통해 다양한 자료를 수집하고, **수집한 자료 중 가치 있고 신뢰할 만한 정보를 선별**해야 합니다.
⑵ 정보의 속성에 따른 내용 조직: **전달하고자 하는 정보의 속성을 고려하여 글의 내용을 조직**해야 합니다. 정보의 속성에 따라 병렬 구성, 시간적 구성, 공간적 구성 등으로 내용을 조직할 수 있습니다.
⑶ 정보를 효과적으로 전달할 수 있는 표현 전략: 글의 주제와 목적, 예상 독자 등을 고려하여 표현해야 합니다. 또한 글쓴이의 주관을 가급적 배제하고 **객관적이며 정확한 표현을 사용**하는 것이 좋습니다.

02 다음은 (나)를 쓰기 위해 만든 개요이다. ⓐ~ⓔ를 구체화하기 위한 방안 중, (나)에 반영되지 <u>않은</u> 것은?

○ 9540-0112

처음	• 갈수록 뜨거워지는 도시: 도시의 여름 온도가 지속적으로 상승하고 있다. ·················· ⓐ

중간	• 도시의 여름 온도가 높아지는 이유:
	 열섬 현상이 도시의 온도 상승을 부추기고 있다. ·················· ⓑ
	 • 친자연적 문제 해결 방법
	 1. 바람길을 통한 온도 하락 방법
	    슈투트가르트는 바람길을 통해 도시를 쾌적하게 만들었다. ·········· ⓒ
	 2. 녹지 조성을 통한 온도 하락 방법
	    대구는 녹지 조성과 바람길 프로젝트를 통해 도시의 온도를 낮췄다. ····· ⓓ

끝	• 친자연적 삶에 대한 실천 ······························· ⓔ 친자연적 도시를 만들기 위해 도시 전체에 나무를 심고 바람길을 내자.

① ⓐ: 통계 자료를 인용하여 문제 제기에 대한 설득력을 높여야겠어.
② ⓑ: 열섬 현상의 원인으로 대기 오염과 인공 열을 제시해야겠어.
③ ⓒ: 사례를 바탕으로 바람길을 만든 구체적인 방법들을 제시해야겠어.
④ ⓓ: 전국 최고 기온 도시를 조사한 기사를 인용하여 보여 주어야겠어.
⑤ ⓔ: 학생들이 쉽게 실천할 수 있는 내용을 제시해야겠어.

풀이 탄탄 글쓰기 방법 및 전략에 대한 정보를 찾아 지문의 내용과 대응시켜라.

1단계
제시된 문항은 **작문 계획의 적절성을 판단**하는 문항입니다. 작문 계획의 적절성을 묻는 문항은 실질적으로 **글의 내용과 글쓰기 방법 및 전략 등에 대한 이해를 요구**합니다. 이 문항에서는 '처음-중간-끝'의 3단 구성에 따라 각 구성별 핵심 내용(갈수록 뜨거워지는 도시, 도시의 여름 온도가 높아지는 이유, 친자연적 문제 해결 방법, 친자연적 삶에 대한 실천)을 제시하고 있습니다. 따라서 개요에 따라 (나)의 내용을 구분한 후, 각 부분에서 사용한 글쓰기 방법 및 전략을 찾도록 합니다.

2단계
선택지별로 글쓰기 내용이나 글쓰기 방법 및 전략에 해당하는 정보를 추출해 냅니다. ①에서는 '통계 자료를 인용', ②에서는 '열섬 현상의 원인', ③에서는 '사례를 바탕으로 바람길을 만든 구체적인 방법들을 제시', ④에서는 '전국 최고 기온 도시를 조사, 기사를 인용', ⑤에서는 '학생들이 쉽게 실천할 수 있는 내용'이 이에 해당합니다.

3단계
1단계에서 개요를 바탕으로 구분한 (나)의 내용과 2단계에서 추출한 정보를 일일이 대응해 나갑니다. 예를 들어, (나)의 1문단에서 '최근 3년간 서울의 8월 평균 온도를 제시한 통계청 자료'와 선택지 ①의 '통계 자료를 인용'이 대응됩니다. 이런 방식으로 (나)의 내용과 선택지의 정보를 대응하면서 정답을 추려 나갑니다. (나)의 4문단에서 '1996년 이후 전국 최고 기온 도시라는 이름을 타 시도에 넘겨주었다.'라고 진술하고 있습니다. 그런데 이는 ④에서 제시한 '기사를 인용'이라는 정보와 대응되지 않으므로, 반영된 내용이라 할 수 없습니다.

■ 다음을 읽고 물음에 답하시오.

가 작문 상황

• 예상 독자: 우리나라 국민들
• 글을 쓰는 목적: '물 발자국'과 관련한 다양한 정보를 제공하여 시민들이 물 절약에 대한 인식을 새롭게 갖도록 하기 위함.
• 글의 주제: '물 발자국'의 개념과 중요성

나 학생의 글

　우리는 하루를 생활하면서 물을 마시고, 요리를 하고, 물로 씻는 등 매 순간 물을 소비한다. 그러나 문제는 이 물이 유한하다는 것이다. 국가기술표준원이 발간한 보고서에 따르면, 지구상에서 우리가 사용할 수 있는 물은 지구에 존재하는 물의 2.5%에 불과하다. 심지어 이 사용 가능한 물의 75%는 빙하에 저장되어 있다. 결국 지구상에 인간이 사용 가능한 물은 0.63%에 불과한 셈이다.

　최근 OECD에서 우리나라가 2025년에는 물 기근 국가, 2050년에는 주요국 24개 중 물 부족 지수가 가장 높은 국가가 될 것이라고 전망하였다. 따라서 물 사용에 대한 사람들의 인식 전환이 절실하지만, 대부분의 사람들은 보이지 않는 곳에서 사용되고 있는 '보이지 않는 물'이 존재한다는 것을 잘 모른다. '보이지 않는 물'의 양, 바로 그것이 '물 발자국(Water Footprint)'이다.

　'물 발자국'이란 어떤 제품을 생산해서 사용하고 폐기할 때까지의 전 과정에서 직간접적으로 소비되고 오염되는 물을 모두 더한 양을 의미한다. 이 개념은 물 발자국 네트워크 공동 창립자의 한 사람인 네덜란드 트벤테 대학의 아르옌 훅 스트라 교수가 처음 소개하였는데, 인구 증가와 생활 수준 향상으로 인해 물 소비와 오염 속도가 가속화되는 것에 대한 고민에서 나온 개념이다.

　'물 발자국'은 그린, 블루, 그레이 세 가지로 구성되며, 각각은 직접적인 물 사용과 간접적인 물 사용으로 구성되어 있다. '그린 물 발자국'은 재화와 용역 생산 시 사용한 토양에 저장된 빗물의 양을 가리키며, '블루 물 발자국'은 개인이나 공동체가 소비한 재화와 용역을 생산하기 위해 사용한 지표수와 지하수의 양을 가리킨다. '그레이 물 발자국'은 재화와 용역의 생산으로 오염된 물의 양이며, 오염원을 수질 기준 이상으로 정화하는 데 필요한 물의 양으로 계산한다. 이런 방식으로 계산하였을 경우, 우리가 마시는 커피 한 잔을 만드는 데에는 255ℓ의 물이, 피자 한 판을 만드는 데에는 1,260ℓ의 물이, 소고기 500g을 만드는 데에는 7,700ℓ의 물이 소비된다.

　'보이지 않는 물'을 아끼기 위해, 호주는 가전제품의 물 발자국을 표시하는 라벨을 도입했고, 프랑스는 이미 물 발자국 인증을 시행하고 있다. 우리나라는 아직 관련 제도를 준비 중이다. 하지만 물 부족 국가라는 위기를 현명하게 극복하기 위해서는 제도 시행과 상관없이 우리 모두가 물 발자국의 개념과 중요성을 정확하게 이해하여 실생활에서 '보이는 물'뿐만 아니라 '보이지 않는 물'의 양을 절약할 수 있도록 해야 할 것이다.

01 대표 유형

○ 9540-0113

다음은 (나)의 초고를 읽고 친구가 조언을 해 준 내용이다. 친구의 조언에 따라 초고를 수정·보완한 후 (나)를 완성했다고 할 때, (나)에 반영되지 <u>않은</u> 것은?

학생의 초고	친구의 조언
1문단에서 지구상에 존재하는 자원의 유한성을 강조했다.	➡ 화제의 범위를 고려하여 '물' 자원에 초점을 맞추어 내용을 전개하는 것이 좋겠어. ··············· ㉠
2문단에서 공신력 있는 기관에서 발표한 국가별 물 부족 실태를 제시하며 화제를 제시했다.	➡ 독자가 우리나라 시민들이라는 점을 고려하여 우리나라 실태에 한정하여 자료를 제시하는 것이 좋겠어. ··············· ㉡
3문단에서 '물 발자국'의 개념을 제시했다.	➡ 독자들이 '물 발자국'라는 개념이 생소할 수 있으므로, 개념이 만들어진 배경을 함께 설명하는 것이 좋겠어. ··············· ㉢
4문단에서 '물 발자국'의 구성 요소를 제시한 후, 각 요소의 개념을 설명했다.	➡ 독자들의 이해를 돕기 위해 기존의 방식과 '물 발자국'의 방식으로 산출했을 경우의 물 사용량을 비교하는 예를 제시하는 것이 좋겠어. ··············· ㉣
5문단에서 물 발자국 인증 제도 도입의 필요성을 강조했다.	➡ 글의 목적을 고려하여, '보이지 않는 물'에 대한 절약의 필요성을 강조하는 것이 좋겠어. ··············· ㉤

① ㉠   ② ㉡   ③ ㉢   ④ ㉣   ⑤ ㉤

■ **다음은 학생이 교지에 실은 글이다. 물음에 답하시오.**

만약에 우리가 비닐봉지, 플라스틱 병, 거울만 지닌 채 무인도에 남게 됐다면, 우리는 살아남기 위해 무엇부터 해야 할까? 이 질문에 대해 우리 학교 학생들을 대상으로 설문 조사를 한 결과, 질문에 대해 학생들은 식수 구하기, 불 피우기, 식량 구하기, 구조 신호 보내기 순으로 응답하였다.

무인도에 1급수의 계곡물이 있다면 가장 손쉽게 식수를 얻을 수 있다. 1급수의 확인은 가재, 새우 등과 같은 1급수 생물의 서식 여부로 판단하면 된다. 그러나 만약 1급수의 물이 없다면 비닐봉지와 나무만 있으면 식수를 확보할 수 있다. 잎이 무성한 나무를 찾아 비닐봉지를 씌운 후 하루 뒤에 가면 제법 많은 양의 물을 얻을 수 있다. 이는 식물의 증산 작용을 이용한 것이다. 증산 작용이란 잎에서 기공을 통해 식물체 속의 물이 수증기가 되어 나오는 현상을 말하는데, 온도가 높거나 빛이 강할 때, 그리고 습도가 낮을수록 기공이 크게 열려 증산 작용이 활발하게 일어난다. 따라서 온도가 높고 빛이 강하며 습도가 낮은 날에 이 방법을 실시하면 많은 양의 식수를 얻을 수 있다.

그렇다면 불을 피울 수 있는 방법에는 무엇이 있을까? 이 역시 과학적 원리를 이용하면 쉽게 해결할 수 있다. 비닐봉지에 물을 넣어 렌즈 모양으로 만들거나 둥근 원형의 플라스틱 병에 물을 넣어 빛을 모으면 불을 피울 수 있다. 이는 볼록 렌즈로 빛을 모으는 원리와 유사한 것이다. 장시간 빛을 모으면 연기가 피어오르지만, 불을 피우기 위해 반드시 필요한 요소인 산소를 원활하게 공급하기 위해서 입김을 계속 불어 주어야 한다.

다음으로 식량은 식물을 채취하여 확보할 수 있다. 이때 식용 식물과 독초를 잘 구분하는 것이 중요하다. 독초는 생김새가 독특하고 반점 무늬 등과 같이 불쾌감을 주는 색을 가진 경우가 많다. 또한 식물에 상처를 내면 불쾌한 냄새가 나거나 짙은 색의 즙액이 나오며, 피부에 발랐을 때 피부가 가렵거나 따가운 경우 독초인 경우가 많다. 또한 독초는 혀끝에 살짝 대어 보면 타는 것 같은 자극이 생긴다.

마지막으로 구조 신호를 보내는 방법에는 해안가에 있는 조개껍질을 이용하여 신호를 보내는 방법, 불을 피워 연기나 불빛으로 구조 신호를 보내는 방법이 있다. 이러한 방법 이외에도 나뭇가지에 거울을 매달아 놓는 것도 좋은 방법이다. 거울을 매달아 놓으면 햇빛이 반사되어 멀리서도 빛을 감지할 수 있다. 특히 바람에 의해 나뭇가지가 흔들릴 경우 반짝이는 효과까지 있어 멀리 떨어진 항공기나 선박에서도 구조 신호를 잘 볼 수 있다.

이렇듯 과학적 지식만 알고 있어도 무인도에서 살아남을 수 있다. '아는 만큼 보인다.'라는 속담도 있듯이, 과학적 지식을 알면 어떤 상황에서도 현명하게 생활할 수 있을 것이다.

02 대표 유형

○ 9540-0114

다음은 윗글을 쓰기 위한 계획이다. 윗글에 반영되지 <u>않은</u> 것은?

글의 구성	내용 전개	쓰기 전략
처음	• 화제 제시	• 학생들을 대상으로 실시한 설문 조사 결과를 활용하여 화제를 제시해야겠어.
중간	• 무인도에서 식수 구하기 방법	• 용어가 어려운 과학 지식은 그 개념을 설명해야겠어. …… ㉠
	• 무인도에서 불 피우기 방법	• 묻고 답하는 형식을 사용하여 독자들의 관심을 유발해야겠어. …… ㉡
	• 무인도에서 식량 구하기 방법	• 식용 식물과 독초의 공통점과 차이점을 설명해야겠어. …… ㉢
	• 무인도에서 구조 신호 보내기 방법	• 구조 신호를 보내는 방법을 나열해야겠어. …… ㉣
끝	• 과학적 지식의 중요성	• 속담을 사용하여 핵심 내용을 강조해야겠어. …… ㉤

① ㉠   ② ㉡   ③ ㉢   ④ ㉣   ⑤ ㉤

■ (가)는 '인문학 열풍'에 대한 기획 기사를 연재하기 위한 계획이고, (나)는 기사문을 작성하기 위해 수집한 자료이다. 물음에 답하시오.

(가)

기획 의도	최근 사회 전반에 걸쳐 불고 있는 '인문학 열풍' 현상을 비판적으로 조명하기 위함.		
연재 계획	구분	제목	내용
	1회	인문학이 뜨고 있다.	㉠ 인문학 열풍 현황
	2회	사람들은 왜 인문학에 열광하는가?	㉡ 개인 · 심리적 원인 ㉢ 사회 · 문화적 원인
	3회	인문학 열풍에 가린 '인문학 위기'	㉣ 인문학 위기 현상 ㉤ 인문학 발전을 위한 제언

나

【자료 1: 대형 서점 분석 자료】

올 상반기 단행본 분야에서는 인문 분야가 처음으로 소설을 제치고 점유율 1위에 올라섰다. 상반기 종합 베스트셀러 1위를 기록한 '○○○○'를 비롯하여, 종합 베스트셀러 10위 중 3종이 인문 분야 도서였다.

【자료 2: 전문가 의견】

우리 사회는 그동안 극단적인 물질주의 경쟁에 내몰려 있었습니다. 사람들이 인문학에 관심을 갖게 된 이유는 이러한 입시 및 취업 경쟁, 경제 불황 등의 현실로부터 도피하는 동시에 정신적 위안을 받고 싶은 심리 때문입니다. 그러나 실제 현실의 내면을 들여다보면, 대학교에서 인문학 관련 학과가 축소되거나 폐지되는 등 인문학 소외 현상이 매우 심각합니다. 이런 현상이 개선되지 않는 상황에서 현재 인문학 열풍은 허상이 될 수 있습니다.

【자료 3: 보고서 자료】

한국교육개발원(KEDI)이 조사한 자료에 따르면 대학 인문 계열 졸업자의 취업률은 48.1%로 공학(68.6%) 계열에 비해 크게 낮다. 특히 국어국문학과(37.7%) 졸업자의 취업률은 기계공학과(71.7%)의 절반 수준에 불과했다. 또한 인문 계열 취업자가 자신의 전공과 상관없는 일을 하는 비율은 44.9%로 공학 계열에 비해 20%나 높았다.

【자료 4: 신문 기사】

최근 인문학 스타 강사인 ○○○의 강연회에 1,000여 명의 사람들이 몰려 화제가 되고 있다. 아이와 함께 강연회에 참석한 주부 ○○○ 씨는 "인문학 강연을 들을 때마다, 삶과 행복에 대한 지적 욕구를 충족할 수 있어서 좋다. 아이 교육 차원에서도 매우 만족한다."라고 말했다.

【자료 5: 정부 정책 담당자】

오늘날 사회는 '창조와 감성의 시대'로 이행되고 있습니다. 이에 따라 미래 사회는 단편적인 지식이나 기술을 갖춘 인재보다 인문학적 소양을 갖춘 창의적인 인재를 요구할 것입니다. 그러나 아직 우리 사회는 실용 학문을 중시하고 있습니다. 앞으로 정부에서는 학교 교육과정에서 인문학 교육을 강화하고, 인문학 연구를 지원할 수 있는 다양한 정책을 수립할 예정입니다.

03
○ 9540-0115

(나)를 활용하여 (가)의 ㉠~㉤을 쓰기 위한 계획을 구체화한 내용으로 적절하지 <u>않은</u> 것은?

① ㉠을 쓸 때에는 【자료 1】과 【자료 4】를 활용하여 인문학에 대한 사람들의 관심이 높아지고 있음을 뒷받침해야겠군.

② ㉡을 쓸 때에는 【자료 2】와 【자료 4】를 활용하여 현실 도피 의식과 지적 욕구 등을 주된 원인으로 제시해야겠군.

③ ㉢을 쓸 때에는 【자료 4】와 【자료 5】를 활용하여 학교 교육과 연계하여 인문학 교육을 강화하려는, 정부의 정책이 주된 원인임을 밝혀야겠군.

④ ㉣을 쓸 때에는 【자료 2】와 【자료 3】을 활용하여 대학과 사회에서 인문학 관련 전공자들이 소외되고 있음을 강조해야겠군.

⑤ ㉤을 쓸 때에는 【자료 2】와 【자료 5】를 활용하여 인문학 발전을 위해서는 사회 제도나 풍토를 개선하려는 정책적 노력이 동반되어야 함을 강조해야겠군.

16 설득

글쓰기 전략

■ 다음을 읽고 물음에 답하시오.

• 작문 상황: ㉮를 읽고, 정부 관계자에게 문제 상황을 호소하기 위해 ㉯를 썼다.

㉮ 신문 기사

15년간 기르던 반려견 '뚜이'가 죽어서 슬퍼하던 ○○○ 씨는 '뚜이'의 사체를 처리하려다 깜짝 놀랐다. 현행법상 동물의 사체는 동물 보호법에 따라 동물 장묘 업체를 통해 고가의 비용을 물고 장례를 지내거나 폐기물 관리법에 따라 쓰레기봉투에 담아 처리해야 한다는 것이다.

㉯ 정부 관계자에게 쓴 호소문

동물 보호와 복지 업무를 하시는 담당자님, '반려(伴侶)'라는 말의 의미를 잘 알고 계시죠? '반려'는 말 그대로 '짝이 되는 동무'를 말합니다. 그러니까 '반려동물'은 인간과 평생 짝이 되는 친구 같은 존재인 것입니다. 얼마 전 반려동물의 사체는 현행법상 고가의 비용을 물고 장례를 치르거나 쓰레기봉투에 담아 버려야 한다는 기사를 보았습니다. 정말 놀라울 따름입니다. 짝이 되는 동무를 쓰레기봉투에 담아 버리라니요? 친구라면 어찌 그럴 수 있겠습니까? 물론 동물 장묘 업체를 이용할 수도 있겠지만 그 비용이 너무 비싸기도 하고, 업체 수도 너무 적어 동물 사체를 모두 처리할 수도 없습니다. 동물 보호 협회에서 조사한 내용에 따르면 매년 약 12~13만 마리의 반려동물이 사망하는 것으로 추정되는데, 실제 전국에 등록된 장묘 업체에서 처리할 수 있는 것은 연간 3만 마리에 불과하다고 합니다. 나머지 8~9만 마리는 쓰레기봉투에 넣어 버려지거나 불법적으로 암매장되는데, 이 경우 공공 위생 차원에서도 심각한 문제가 아닐 수 없습니다.

인간의 친구인 반려동물을 떠나보내는 데 있어 그에 걸맞은 예우를 갖출 수 있도록 동물 복지의 개선책을 시급히 마련해 주시길 간곡하게 호소하는 바입니다.

9540-0116

01 (나)에서 글쓴이가 활용한 글쓰기 전략만을 〈보기〉에서 있는 대로 골라 바르게 묶은 것은?

┤ 보기 ├

ⓐ 문제 상황을 친숙한 대상에 비유하여 글을 시작한다.

ⓑ 문제 상황에 대한 여러 사람의 견해를 인용해 내용을 전개한다.

ⓒ 문제 상황이 지속될 경우 발생할 수 있는 사태의 심각성을 부각한다.

ⓓ 문제 상황과 관련된 개념을 정확히 제시하기 위해 정의의 방식을 사용한다.

① ⓐ, ⓑ   ② ⓐ, ⓒ   ③ ⓑ, ⓒ

④ ⓑ, ⓓ   ⑤ ⓒ, ⓓ

개념 탄탄 이것만은 꼭 알고 가자!

■ **설득하는 글**

설득하는 글이란 **글쓴이가 자신의 주장을 독자에게 이해시키고 더 나아가 그 주장대로 믿고 따르게 할 목적으로 쓴 글**입니다. 따라서 설득을 위한 글을 쓸 때에는 주장이나 관점 등을 명료하게 제시해야 합니다. 이때 주장뿐만 아니라 그 주장을 논리적으로 뒷받침할 수 있는 타당한 논거를 마련하여 함께 제시하는 것이 필요합니다. 설득하는 글의 유형은 다음과 같습니다.

글의 유형	개념
건의문	개인이나 단체가 내놓은, 의견이나 희망을 적은 글
광고문	상품 판매, 공공의 이익을 목적으로 소비자나 대중을 설득할 목적으로 쓴 글
논설문	어떤 주제에 관하여 자기의 생각이나 주장을 체계적으로 밝혀 쓴 글
비평문	예술 작품을 해석하고 평가하는 글로, 작품에 대하여 옳고 그름 등의 관점에서 평가하는 글

■ **설득력을 높이기 위한 다양한 표현 전략**

동일한 내용의 글이더라도 이를 전달하는 표현법에 따라 설득의 효과는 달라질 수 있습니다. 따라서 **다양한 표현 전략을 활용하여 글쓴이의 주장이나 관점을 독자에게 명확히 전달하고, 이를 통해 독자의 행동을 유발하는 것이 필요**합니다. 설득력을 높이기 위한 다양한 표현 전략은 다음과 같습니다.

표현 전략 종류	개념
비유법	표현하고자 하는 대상을 다른 대상에 비유하여 표현하는 수사법. 직유법, 은유법, 의인법, 의성법, 의태법, 풍유법, 제유법, 환유법, 중의법 따위가 있음.
설의법	쉽게 판단할 수 있는 사실을 의문의 형식으로 표현하여 상대편이 스스로 판단하게 하는 수사법
이중 부정	한 번 부정한 것을 다시 한번 부정하여 긍정을 나타내는 표현법

● 9540-0117

02 〈조건〉의 글쓰기 전략에 따라 (나)의 제목을 만들어 본 것으로 가장 적절한 것은?

── 조건 ├─

• 설의적 표현과 대조의 표현 방식을 활용할 것.
• (나)에 나타난 글쓴이의 문제의식을 부각할 것.

① 반려동물과 함께한 시간, 추억마저 버리시겠습니까?
② 반려는 함께 지내는 것이지, 돌려보낸다는 의미가 아닙니다.
③ 장례를 지내자니 주인이 울고, 쓰레기로 버리자니 동물이 웁니다.
④ 살아서는 짝이 되는 친구이고, 죽어서는 버려야 하는 쓰레기인가요?
⑤ 반려동물은 인간의 친구입니다. 친구다운 예우가 필요하지 않을까요?

풀이 탄탄 〈조건〉의 글쓰기 전략 중 '표현 방식'을 기준으로 접근해 보라.

1단계

설득하는 글에서는 글쓴이의 주장이나 입장을 파악하는 것이 필요합니다. **내용 면에서 글쓴이의 주장이나 입장이 명확히 드러나는 부분을 찾아 밑줄을 그어 두면 좋고, 이와 직접적으로 관련이 있는 근거도 찾아서 연결**해 두면 좋습니다. 그리고 설득하는 글에서는 다양한 표현 전략을 활용하여 설득력을 높이고자 하므로 비유법, 설의법, 이중 부정 표현 등을 중심으로 정리해 두면 좋습니다.

2단계

다음으로 〈조건〉에 명시된 글쓰기 전략이 무엇인지 파악하는 것이 필요합니다. 〈조건〉의 내용을 크게 보면 표현과 내용으로 구분할 수 있습니다. 우선 표현 면에서 '설의적 표현'과 '대조'의 표현 방식에 대한 개념 정리가 필요합니다. 설의적 표현이란 쉽게 판단할 수 있는 사실을 의문의 형식으로 표현하여 상대편이 스스로 판단하게 하는 표현을 의미하고, 대조란 서로 반대되는 대상이나 내용을 내세워 주제를 강조하거나 인상을 선명하게 표현하는 표현법을 의미합니다. 내용 면에서는 반려동물의 사후에도 친구 같은 존재에 걸맞은 예우를 갖출 수 있도록 동물 복지의 개선책을 요구한다는 점을 파악해 볼 수 있습니다.

3단계

정답을 찾기 위해서는 〈조건〉의 '내용'과 '표현' 중에서 '표현' 방식을 먼저 살펴보는 편이 효율적입니다. 표현 면에서 접근해 보면 선택지 중에서 의문의 형식을 사용한 선택지 세 가지(~ 버리시겠습니까?, ~ 쓰레기인가요?, ~ 필요하지 않을까요?)와 대조의 표현 방식이 사용된 선택지(살아서는 ↔ 죽어서는)를 골라내면 효율적으로 답을 찾을 수 있습니다. 그리고 반려동물의 사후에도 그에 걸맞은 예우를 해 줘야 한다는 글쓴이의 문제의식을 반영한 내용 면을 고려하면 답을 쉽게 찾을 수 있습니다.

[01~03] 〈보기 1〉은 인터넷상에서 지켜야 할 글쓰기 윤리에 관한 학생의 작문 일기이고, 〈보기 2〉는 학생의 초고이다. 물음에 답하시오.

┤보기 1├

　얼마 전 나는 인터넷 블로그의 글을 검색하던 중 서로 다른 블로그에서 동일한 내용과 표현의 글을 발견했다. 단순히 한쪽의 글을 스크랩해 온 것이라면 문제가 되지 않지만, 다른 사람의 글을 마치 자신의 글인 것처럼 올려놓고 있어서 문제라고 생각했다. 그런데 비단 이 블로그의 운영자뿐만 아니라, 인터넷에서 글을 쓸 때 다른 사람의 글을 마음대로 가져와서 사용해도 괜찮다는 생각을 하는 사람들이 많다는 이야기를 듣고 매우 놀랍고 안타까웠다. 그래서 ⓐ이 사람들에게 인터넷에서 글을 쓸 때 글쓰기 윤리를 지키는 것이 중요하다는 내용의 설득하는 글을 써야겠다고 생각했다.

┤보기 2├

　나는 인터넷을 통해 글을 읽고 쓰는 것을 즐긴다. 그런데 어느 날 한 블로그에 ㉠탑재되어진 글을 읽다 보니, 예전에 어디선가 읽어 본 느낌이 들었다. ㉡스마트폰이 대중화됨에 따라 개인 블로그가 예전보다 많아졌다. 그래서 이 내용을 어디에서 보았는지 ㉢곰곰히 생각해 본 후, 다른 블로그의 글들을 검색해 보았더니 다른 블로그에 앞선 글과 동일한 내용, 똑같은 표현을 사용한 글이 있었다. 심지어 맞춤법을 틀린 부분까지 똑같이 쓰고 있다는 점은 정말 놀라웠다.

　우리는 인터넷에서 글을 쓸 때는 아무런 제약 없이 자유롭게 써도 괜찮다고 생각한다. ㉣그리고 이러한 생각은 바람직하지 않다. 인터넷에서 글을 쓸 때는 반드시 지켜야 할 글쓰기 윤리가 존재하기 때문이다. 무엇보다도 글을 쓸 때 다른 사람의 글을 표절해서는 안 되며, 다른 사람의 글을 일부 옮겨 쓸 때는 적절한 양식을 갖추어 인용하는 것이 필요하다. 흔히들 표절과 인용을 명확히 구분하지 못해서 실수를 저지르곤 한다. '표절'이란 시나 글 따위를 지을 때 남의 작품의 일부를 몰래 따라 쓰는 것이고, '인용'이란 남의 글을 자신의 글 속에 적절한 형식을 갖춰 끌어다 쓰는 것이다. 우리가 글을 쓸 때 '인용'하는 것은 허용되지만, '표절'하는 것은 글쓰기 윤리에서 벗어난 행위이므로 ㉤지향해야 한다. 그리고 인터넷 자료를 인용할 때에도 글쓴이, 글 제목, 검색 일자, 해당 사이트 주소 등을 정확히 밝혀 언급함으로써 올바른 글쓰기 윤리를 지켜야 한다. ⌈　　　　　　　　　　　　[A]　　　　　　　　　　　　⌉

---

01 대표 유형

◎ 9540-0118

〈보기 2〉에 나타난 글쓰기 전략에 대한 설명으로 가장 적절한 것은?

① 대상의 내용을 시간적 순서에 따라 전개하고 있다.
② 글쓴이의 경험으로부터 글감을 선정해 구체화하고 있다.
③ 대상의 다양한 측면을 제시하여 문제 상황을 부각하고 있다.
④ 설문 조사 결과를 활용하여 문제의 심각성을 구체적으로 제시하고 있다.
⑤ 내용의 신뢰성을 높이기 위해 관련 내용에 대한 전문가 의견을 인용하고 있다.

02

◎ 9540-0119

〈보기 2〉의 [A]에 들어갈 글을 작성하고자 할 때, 〈조건〉에 따라 쓴 내용으로 가장 적절한 것은?

┤ 조건 ├

- 문맥을 고려하여 〈보기 1〉의 ⓐ에게 행동의 변화가 생기도록 설득할 것.
- 전달 효과를 높이기 위해 설의적 표현을 적절히 활용할 것.

① 인터넷에서 글을 쓸 때는 글쓰기 윤리를 지키는 것이 필요하지 않을까?

② 인터넷 블로그의 글을 읽을 때는 비판적인 시각을 가져야 하지 않을까?

③ 다른 사람의 글을 표절하는 행위는 일종의 범죄 행위이므로 절대로 하지 말아야 한다.

④ "되로 주고 말로 받는다."라는 말이 있듯이, 표절로 인한 문제는 우리에게 더 큰 문제로 되돌아올 것이다.

⑤ "다 된 죽에 코 풀기."라는 말이 있듯이, 인터넷에서 글쓰기의 장점을 퇴색시키지 않도록 적극 힘써야 한다.

03

◎ 9540-0120

〈보기 2〉의 ㉠~㉤을 고쳐 쓰기 위한 방안으로 적절하지 않은 것은?

① ㉠은 피동 표현이 불필요하게 사용되었으므로 '탑재된'으로 고친다.

② ㉡은 글의 흐름과 어긋나는 문장이므로 삭제한다.

③ ㉢은 맞춤법에 맞지 않는 표현이므로 '곰곰이'로 수정한다.

④ ㉣은 앞뒤 문장 간의 연결이 어색하므로 '그러므로'로 바꾼다.

⑤ ㉤은 문맥상 적절하지 않은 단어이므로 '지양'으로 고친다.

[01~02] 다음은 학생이 쓴 글의 초고이다. 물음에 답하시오.

종일토록 앉아서 공부만 했는데 다리가 아팠다. 텔레비전 앞에 잠깐 앉아 있어야지 했는데 중간고사 준비로 피곤했던 탓일까 어느새 잠이 들었다. 부스스 눈을 떴을 때 화면에는 이국적인 아프리카의 해변이 펼쳐져 있었다. 무슨 프로그램인지 알 수 없었지만 해변을 따라 넘실대는 파도와 해안 절벽을 따라가다 보니 거대한 검은 색 무리가 날고 있었다. 아프리카 나비 떼라고 했다. 이유가 밝혀지지 않았지만 본능적으로 바다를 건너 먼 거리를 이동하는데 천적들의 공격을 피해 무리를 지어 함께 날아간다고 했다. 무리를 지어 날고 있으면 다른 동물들에게는 거대한 생명체로 인식되기 때문에 천적들이 쉽사리 공격하지 못한다고 했다. 넘실대는 파도를 타고 넘는 것 같이 해수면 가까이 날고 있는 이유도 천적들이 물을 무서워하기 때문이라고 했다.

'아프리카엔 참새만큼 큰 검정색 나비도 있네.' 하며 신기하다고 느꼈고 '저렇게 해수면 가까이 날다가 날개라도 젖으면 어쩌나' 하며 걱정하는 사이 문득 어떤 생각이 들었다. 아프리카 검은 나비는 냉혹한 자연의 세계를 저런 방식으로 살아가는구나. 약육강식의 세계를 살더라도 스스로 더 강해지려고 애쓰기보다, 다른 개체들을 밟고 올라서 먹이 사슬의 정점에 이르려고 하기보다 같이 살아가는 방법을 찾고 힘을 모아 함께 날아가는구나. 본능대로 사는 나비조차 함께 어려움을 헤쳐 나갈 수가 있구나.

이런 생각의 뒤를 쫓아 서글픔이 밀려왔다. 나는 타인들을 함께 사는 존재로 받아들이기보다 경쟁의 대상으로만 생각해 왔다. 함께 살아남으려 하기보다 나만 살아남으려 한 것이었다. 그래서 옹졸하고 속 좁게만 행동하지 않았나. 약육강식의 세상이라는 말을 들었을 때 나는 그 말이 틀리지 않다고 생각했다. 자연계가 그렇고 우리가 사는 사회도 그런 것 같았다. 그래서 남들보다 강해져야 한다, 남들보다 앞서야 한다는 말을 들었을 때 그것만이 살아가는 방법이라고 생각했다. ㉠그러나 경쟁과 생존이 아니라 협력과 공존도 가능하다는 것을 깨달았다.

01
◉ 9540-0121

〈보기 1〉을 참고하여 〈보기 2〉의 글쓰기 계획을 세웠을 때, 학생의 초고에 반영되어 있지 <u>않은</u> 것은?

┤보기 1├

우리가 일상생활에서 접하는 다양한 물건뿐만 아니라 특정한 체험 등도 정서를 표현하는 글의 대상이 될 수 있다. 정서를 표현하는 글을 쓰는 과정은 먼저 대상을 관찰하는 것으로 시작하여, 관찰을 통해 의미를 발견하거나 그에 대한 나의 정서를 파악하고, 발견한 의미나 파악한 정서를 진솔하게 표현하는 순서로 이루어진다.

┤보기 2├

• '중간고사 준비'로 피곤했던 일상을 계기로 자신의 삶을 되짚어 본다. ·················· ㉠
• '협력과 공존도 가능'한 삶의 방식임을 깨달았음을 진솔하게 표현한다. ·················· ㉡
• '아프리카 나비'에 대한 프로그램을 시청하며 알게 된 사실들에서 의미를 찾는다. ·················· ㉢
• '무리를 지어 함께' 행동하는 대신 '경쟁의 대상으로만 생각해' 온 자신을 반성한다. ·················· ㉣
• '우리가 사는 사회'에 대한 관찰을 바탕으로 약육강식의 긍정적 효과에 대해 고민한 내용을 담는다. ·················· ㉤

① ㉠   ② ㉡   ③ ㉢   ④ ㉣   ⑤ ㉤

02

◎ 9540-0122

〈보기〉의 조건에 따라 마지막 문장인 ⊙을 수정하여 초고를 완성하려고 할 때, 가장 적절한 것은?

┤ 보기 ├

1, 2문단의 아프리카 나비가 목적지에 무사히 도착하여 여정을 마무리하는 내용으로 협력과 공존의 가치를 언급해야겠어. 설의적 표현을 사용해 여운이 남도록 해야겠어.

① 그러나 아프리카 나비가 무리를 지어 함께 바다를 건너기 때문에 모두가 무사히 목적지에 도착할 수 있었던 것은 우리에게 협력과 공존의 가치를 시사하는 것은 아닐까?

② 그래서 남들보다 한 발이라도 앞서는 것에 열중하기보다 남들과 함께 한 발을 내딛도록 노력해야 되겠다는 말을 전하고 싶다.

③ 그래도 인간 사회의 질서와 자연계의 질서에는 일정한 차이가 존재하기 때문에 이 차이를 인식하는 것이 우리에게 중요하지 않을까?

④ 그렇지만 아프리카 나비의 세계에서도 약한 개체보다 크고 화려한 개체가 무리를 이끌 듯이 우리도 모두를 안전하게 이끌 수 있는 능력을 갖추기 위해 노력해야 하지 않을까?

⑤ 하지만 목적지가 아무리 멀어도 아프리카 나비가 함께 날아가기 때문에 도착할 수 있었듯이 경쟁과 생존의 과정이 아무리 힘들어도 함께라는 것을 느낀다면 견뎌 낼 수 있을 것이다.

[03~05] 다음을 읽고 물음에 답하시오.

■ 학생의 메모

• 예상 독자: 학급 학생들
• 작문 상황: 사회적 쟁점에 대한 자신의 생각을 쓰기
• 글을 쓰기 위해 떠올린 생각

⊙ 렌털 제품의 개념을 밝혀야겠어.
ⓛ 렌털 방법을 구분하여 설명해야겠어.
ⓒ 분쟁과 관련한 인터뷰를 제시해야겠어.
ⓔ 판매자로 인한 분쟁의 원인을 제시해야겠어.
ⓜ 분쟁 해결을 위해 판매자가 할 수 있는 방안을 제시해야겠어.

■ 학생의 초고

최근 전자 제품을 중심으로 일상생활에 필요한 제품들을 렌털 제품으로 구입하는 경우를 흔히 볼 수 있다. 렌털 제품은 정해진 기간 동안 사용료를 지불하며 빌려 쓰도록 계약하는 제품으로, 계약이 끝나면 제품을 다시 반납하는 '반환형 렌털'과 계약이 끝나면 소비자가 제품을 갖는 '소유권 이전형 렌털'로 나뉜다. 렌털 제품은 필요한 제품에 대해 적은 비용으로 부담 없이 이용할 수 있다는 장점이 있다. ⓐ그리고 최근에는 업체와 소비자 사이에 여러 형태의 분쟁이 발생하면서 소비자들의 피해가 발생하고 있다.

이 중에서도 소유권 이전형 렌털 제품은 매년 상담이 증가하는 추세인데, 계약을 해지하는 것과 관련한 부분이 가장 많은 편이다. 분쟁이 발생하는 원인은 판매자와 소비자 모두에게서 찾아볼 수 있다. 우선 판매자가 렌털 기간 동안 필요한 ⓑ사용료 비용의 총합과 일시불로 구입했을 때의 비용을 제대로 알려 주지 않는 경우이다. 이로 인해 소비자들이 계약 후에 렌털 계약을 해지하고 일시불로 구입하고자 할 때 분쟁이 발생하게 된다. 왜냐하면 계약 기간이 만료되기 전에 해지를 하게 되면 판매자는 위약금을 과다하게 ⓒ부과하거나 계약 해지 자체를 거부하기도 하기 때문이다.

한편 소비자들은 렌털 제품을 이용하는 것이 합리적인 소비인지 아닌지를 분별하지 못하고 충동적으로 계약을 맺는 경우가 많다. 초기 비용이 많이 들지 않기 때문에 정확하게 어느 정도의 금액을 ⓓ분담하는지를

잘 생각하지 못하게 되는 경우가 많다. 또한 계약 당시에 위약금이나 중도 해지와 관련한 내용을 제대로 숙지하지 못하고 계약을 맺는다는 점도 문제가 되고 있다.

위와 같은 분쟁을 해결하기 위해서 판매자는 계약 내용을 정확하고 분명하게 알리고, 계약 내용을 준수하려는 노력이 필요하다. ⓔ또한 광고를 통한 지나친 경쟁을 피해야 한다. 소비자들은 자신의 경제 상황에 적절한지를 판단하는 합리적인 소비 정신을 가지고 자신의 계약 조건을 꼼꼼하게 확인하려는 노력을 기울여야 한다.

03
9540-0123

㉠~㉤ 중 '학생의 초고'에 반영되지 않은 것은?

① ㉠ ② ㉡ ③ ㉢ ④ ㉣ ⑤ ㉤

04
9540-0124

〈보기〉를 활용하여 '학생의 초고'를 보완하는 방법으로 적절하지 않은 것은?

| 보기 |

(가) 통계 자료

1. 소유권 이전형 렌털 제품 소비자 상담 건수

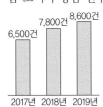

2. 소비자 상담 사유

(나) 뉴스 보도

얼마 전 A 씨는 TV 홈 쇼핑을 통해 안마 의자를 3년의 기간으로 렌털 계약했습니다. 하지만 A 씨는 계약 당시 총 렌털료보다 일시불 구입가가 저렴하다는 것을 제대로 안내받지 못했고, 얼마 후에 이 사실을 알고 렌털 계약을 해지했습니다. 그러자 판매 업체는 계약 당시의 규정대로 잔여 계약 기간 동안 발생하는 렌털료의 30%에 해당하는 금액을 위약금으로 청구

하였습니다. A 씨는 이를 인지하지 못해 받아들일 수밖에 없었고 큰 손해를 입었습니다. 하지만 아직 이를 규제할 수 있는 법적 장치가 마련되지 않았다는 점이 문제입니다.

(다) 전문가 인터뷰

최근 렌털 제품과 관련해서 많은 분쟁이 일어나고 있는 것이 사실입니다. 이러한 분쟁을 줄이기 위해서는 소비자들의 노력이 필요합니다. 우선 제품을 구입하는 것이 자신의 경제적 상황에 적절한지 합리적으로 고민해서 충동적인 계약을 줄여야 합니다. 그리고 계약을 체결할 때 중도 해지할 경우 발생하는 위약금이나 제품에 문제가 발생했을 경우 취할 수 있는 조치 등을 제대로 숙지해야 피해를 줄일 수 있습니다.

① (가)-1을 활용하여, 계약이 종료되면 제품의 소유권이 소비자에게 이전되는 렌털 제품에 대한 소비자 상담이 증가하는 추세임을 제시한다.

② (나)를 활용하여, 판매자가 렌털 제품을 일시불로 구입했을 경우에 발생하는 비용이 총 렌털료보다 적다는 것을 제대로 알리지 않고 있음을 구체화한다.

③ (다)를 활용하여, 소비자들이 충동적으로 계약을 맺는 것이 분쟁의 원인이 될 수 있음을 설명한다.

④ (가)-2와 (나)를 활용하여, 계약 해지를 거부하거나 위약금을 과다하게 부과하는 것에 대한 규제 방안이 필요하다는 것을 설명한다.

⑤ (나)와 (다)를 활용하여, 소비자들이 계약을 체결하면서 계약과 관련된 내용을 숙지하는 노력을 통해 제품과 관련한 피해를 줄일 수 있음을 제시한다.

05
9540-0125

ⓐ~ⓔ를 고쳐 쓰기 위한 방안으로 적절하지 않은 것은?

① ⓐ: 앞뒤 내용을 고려하여 '하지만'으로 고친다.

② ⓑ: 의미의 중복을 피하기 위해 '비용'을 삭제한다.

③ ⓒ: 문장 성분 간의 호응을 고려하여 '부과되거나'로 고친다.

④ ⓓ: 단어의 사용이 잘못되었으므로 '부담'으로 고친다.

⑤ ⓔ: 글 전체의 통일성을 고려하여 삭제한다.

[06~08] 〈보기 1〉은 '청소년들의 물 섭취 활성화 방안'에 대한 논설문을 쓰기 위해 수집한 자료이고, 〈보기 2〉는 논설문의 개요이다. 다음 물음에 답하시오.

┤보기 1├

(가) 교내 신문 기사

성장 발육을 위해 영양소가 세포로 전달되어 세포가 원활히 분열하고 확장하려면 충분한 양의 물 섭취가 필요하다. WHO에서는 하루에 1.5~2L정도의 물을 섭취하기를 권장하고 있다. 그러나 최근 학생들의 물 섭취량을 조사한 결과 우리 학교 학생들은 하루 평균 물을 3잔(600ml)정도 마시는 것으로 나타났다. 권장 물 섭취량의 반도 안 되는 물을 마시고 있다는 것이다. 또한 학생들은 주로 목이 마를 때에 물보다 탄산음료나 커피, 고카페인 음료 등을 이용한다고 응답하기도 했다. 적정량의 물 섭취에 대한 학생들의 의식적 노력이 시급한 상황이다.

(나) 설문 조사 결과 – 물을 잘 안 마시게 되는 이유

기타 7%
시간이 없어서 10%
음료를 대신 마시기 때문에 38%
물통을 갖고 다니지 않아서 17%
마셔야 할 이유를 몰라서 28%

* △△ 고등학교 학생들을 대상으로 함.

(다) 전문가 인터뷰

청소년기의 수분 부족은 성장 지연뿐만 아니라 건강을 위험하게 만들 수도 있기 때문에 적정량의 물 섭취가 중요합니다. 많은 학생들이 탄산이나 카페인이 든 음료 등으로 물 섭취를 대신하는데, 이런 음료들은 많이 마실수록 오히려 체내 수분을 빼내는 역효과를 냅니다. 학교에서는 당류와 카페인에 관한 영양 교육을 실시하고 학생들이 잘 모르고 있는 물 섭취의 중요성을 알려 주어야 합니다. 또한 학생들도 체중에 따른 적정 수분 섭취량을 계산하여 물 마시기 계획표를 작성해 보고 실천해 보도록 합시다. 교내에서 물통을 가지고 다니는 캠페인을 실시해 볼 것을 추천합니다. 물론 학생들이 필요성을 느끼고 자발적으로 참여하여 지속적인 실천을 독려하는 분위기를 형성해 나가는 것이 중요합니다.

┤보기 2├

○ 주제문: 적정량의 물 섭취를 실천하도록 노력하자.

Ⅰ. 서론
Ⅱ. 본론
　1. 실태 분석
　　가. 청소년들의 부족한 물 섭취량
　　나. 적정량의 물 섭취에 대한 필요성 인식 부족
　2. 원인 분석
　　가. 고당류, 고카페인 음료의 섭취
　　나. 수분 섭취를 위한 음수 시설의 부족
　3. 개선책 제안
　　가. 영양 교육 프로그램을 통한 물 섭취의 중요성 강조
　　나. 목표 물 섭취량 달성을 위한 학생 주도적 캠페인 운영
Ⅲ. 결론: 적정량의 물 섭취를 위한 적극적인 노력 촉구

06

◎ 9540-0126

학생들에게 적정량의 물 섭취를 권유하기 위해 〈조건〉에 따라 캠페인 문구를 작성하였다. 가장 적절한 것은?

┤조건├

• (가) 자료에 제시된 물을 섭취해야 하는 이유를 언급할 것.
• 비유법과 대구법을 사용할 것.

① 키가 크고 싶다면 지금부터라도 물을 많이 마셔야 합니다.
② 내 몸 속의 수분이 부족하면 내 몸 속의 세포가 멈춥니다.
③ 비를 맞아야 나무가 자라듯이 물을 마셔야 우리도 자랍니다.
④ 항상 곁에 있는 친구같이 내게 가장 중요한 것은 물입니다.
⑤ 매일 공부를 하는 것처럼 물을 마시기 위해 노력해야 합니다.

07

9540-0127

〈보기 1〉을 활용하여 〈보기 2〉를 구체화하는 방안으로 적절하지 <u>않은</u> 것은?

① (가)의 자료에서 학생들의 물 섭취량이 권장 섭취량보다 매우 적은 상황을 드러내고 있으므로, 'Ⅱ-1-가'에서 청소년들이 물을 부족하게 섭취한다는 문제 상황을 부각하는 데 활용할 수 있겠군.

② (나)의 자료에서 학생들이 물을 챙겨 마시기를 귀찮아 한다는 사실을 확인할 수 있으므로, 'Ⅱ-2-나'에서 물을 마시지 않는 이유로 음수 시설의 부족을 언급하는 데 활용할 수 있겠군.

③ (다)의 자료에서 학생들의 자발적 참여와 실천을 강조하고 있으므로, 'Ⅱ-3-나'에서 교내에서 물통을 가지고 다니는 캠페인 운영을 제안하는 데 활용할 수 있겠군.

④ (가)와 (나)의 자료에서 학생들이 물보다 탄산음료, 커피 등을 선호한다는 사실을 확인할 수 있으므로, 'Ⅱ-2-가'에서 물 섭취 부족의 원인을 분석하는 데 활용할 수 있겠군.

⑤ (나)와 (다)의 자료에서 학생들이 물을 섭취해야 하는 이유를 모르고 있음을 확인할 수 있으므로, 'Ⅱ-3-가'에서 물 섭취의 중요성을 알리는 교육 프로그램을 제안하는 데 활용할 수 있겠군.

08

9540-0128

〈보기 2〉의 'Ⅰ. 서론'에 해당하는 글을 〈조건〉에 따라 쓴 것으로 가장 적절한 것은?

┤ 조건 ├
• 〈보기 1〉의 (나) 자료에서 알 수 있는 학생들의 생각을 반영할 것.
• 글의 주제와 관련한 문제의식을 드러낼 것.

① 물을 왜 마셔야 하는지 모르고 있는 학생들이 많다. 물 대신 음료수를 더 선호하는 학생들의 생활 태도 역시 문제점으로 지적되고 있다.

② 학생들은 식사 시간을 제외하고 물을 거의 마시지 않는다. 가정에서도 충분한 지도가 이루어지지 않고 있어 근본적인 대책 마련이 필요한 상황이다.

③ 균형 잡힌 영양 섭취에 대한 홍보가 부족한 탓에 학생들의 인식이 저조한 실정이다. 이러한 상황을 극복할 수 있는 다양한 프로그램이 마련되어야 한다.

④ 다이어트를 이유로 영양소의 섭취를 제한하는 학생들이 많아졌다. 물 섭취 부족이 비만의 원인이 된다는 점을 고려하면 물 마시기에 적극 동참해야 한다.

⑤ 전문가들은 물 섭취에 대한 학생들의 인식이 가장 중요하다고 이야기한다. 교사의 강압적 지도보다는 자발적인 참여를 통해 해결하는 것이 근본적인 해결책이 될 것이다.

17 자기표현과 사회적 상호 작용

자기표현과 사회적 상호 작용을 위한 화법

■ 자기표현

인간관계의 형성·유지·발전을 위해서는 진솔한 의사소통이 필수적이다. 논리적인 내용 구성이나 수사적 기술만이 아니라, 진실한 마음이 담긴 진정성이 사람들에게 감동을 주고 공감을 유발할 수 있다. 따라서 의사소통에서 진정성의 중요함을 인식하여 진솔한 마음이 드러나도록 자기를 표현해야 한다.

■ 사회적 상호 작용

대화는 말을 주고받는 행위를 통한 의사소통 과정이다. 발표나 연설, 안내, 보고와 같은 의사소통도 일방적인 말하기인 듯하지만 청자의 호응이나 질문, 반발 등 반응이 있다. 즉 화자나 청자가 어떻게 의사소통을 수용하고 참여하느냐가 상호 작용을 결정한다.

(1) 참여자 이해

① 상대방의 요구나 수준, 태도 분석: 화자는 청자의 관심사, 이해 수준, 배경지식, 지적 능력과 화자 및 화제에 대한 심리적 태도, 직접적인 요구 등을 확인하여 담화에 반영해야 함.

② 상황에 적절한 자신의 역할과 기여 이해: 의사소통의 상황에 따라 화자가 어떤 역할을 하고 어떻게 기여할 수 있는지가 달라짐. 상대방의 의견을 주의 깊게 청취하고 적절하게 반응하며 발언 시점을 정확히 파악해야 함. 아울러 언어 예절을 준수해야 함.

③ 참여자의 상호 관계 이해: 격의 없는 사이에서도 의사소통은 존중과 관계라는 요소를 고려해야 함. 가까운 사이일수록 존중의 원칙을 지키고, 사회적 관계일수록 상대방의 특성을 배려해야 함.

(2) 의사소통 관계의 형성

① 의사소통 관계의 중요성 파악: 대인 관계에서 가장 중요한 역할을 하는 것이 의사소통임. 사람들 사이의 지속적인 관계를 위해서 긍정적인 의사소통이 필요함.

② 능동적 상호 작용: 의사소통은 참여자들의 능동적이고 적극적인 참여가 동반되어야 원활하게 이루어질 수 있음.

③ 의사소통을 통한 문제 해결: 갈등이나 문제가 발생했을 때에는 서로 이해하고 배려하는 마음을 가지고 문제에 접근해야 객관적이면서도 다양한 해결 가능성을 모색할 수 있음.

④ 의사소통을 통한 인간관계의 발전: 의사소통은 관계 맺기, 관계 유지하기, 갈등 해소하기, 관계 발전시키기에도 중요한 기여를 함. 인간관계를 발전시키기 위한 의사소통은 상호 간의 존중과 배려에 바탕을 두므로, 이를 언어적 표현뿐만 아니라 말투, 어조, 태도, 표정, 동작 등에 적절히 반영해야 하며, 이때 자신이 상대방과 어떠한 관계를 유지하며 어떻게 발전시킬지를 고려하여 적정 수준에서 자신을 노출할 필요가 있음.

⑤ 갈등을 유발하는 상호 작용의 장애 요인 점검: 자신의 의사소통 방식과 태도를 성찰하고 이를 개선하기 위해 지속적으로 노력해야 함. 의사소통의 구도에 대한 인식의 차이, 의사소통 방식에 대한 오해, 특정한 의사소통 방식 등 다양한 원인이 갈등을 유발할 수 있으므로 내용적 차원을 넘어 상호 작용의 구도와 방식에 대한 비판적 안목을 갖추어 의사소통 방식을 점검하고 개선하도록 해야 함.

■ 다음은 엄마와 아들의 대화이다. 물음에 답하시오.

> 아들: (풀이 죽은 목소리로) 다녀왔습니다.
>
> 엄마: ⊙그래, 발표는 잘했니?
>
> 아들: ⊙(아무런 말을 하지 않고 고개를 젓는다.)
>
> 엄마: 일주일 전부터 조사도 많이 하고 연습도 열심히 했잖아. 그런데도?
>
> 아들: 너무 떨려서 원고를 제대로 읽지 못했어요.
>
> 엄마: ⊙무슨 이유가 있니?
>
> 아들: 잘할 수 있다는 생각을 여러 번 하면서 자신 있게 시작했는데, 시간이 지날수록 불안해졌어요.
>
> 엄마: ⊜아이고, 저런. 많이 긴장했구나.
>
> 아들: 네, 맞아요. 친구들이 제 발표에 관심이 없는 것 같았어요. 듣고 있는 친구들도 몇 명 없고 다들 집중을 못 했거든요. 영준이가 그러는데 발표 내용이 탄탄한 편이었는데도 지루해서 집중하기가 어려웠다고 하더라고요.
>
> 엄마: ⊕발표 주제가 친구들에게 별로 흥미롭지 못했나 보구나.
>
> 아들: 친구들이 평소에 관심 있어 하는 스포츠가 무엇인지 미리 조사해서 주제를 정했거든요. 그런데도 친구들은 재미없었던 것 같아요. 다음 주에는 사회 수행 평가가 있어서 더 걱정이에요.
>
> 엄마: 사회 발표 주제는 뭐지?
>
> 아들: 우리 반 친구들이 경제 과목을 공부하고 있으니 사회적 기업에 대해 발표하려고 해요. 이번에도 친구들이 지루해하면 어떡하죠?
>
> 엄마: 흥미로운 주제를 정하고 연습을 철저히 했는데도 네가 친구들의 반응이 신경 쓰인다면 친구들의 호기심을 끌 만한 시청각 자료를 준비해 발표를 해 보는 것이 어떨까?
>
> 아들: 그렇게 해 봐야겠어요.

◐ 9540-0129

01 위 대화를 평가한 내용으로 적절하지 **않은** 것은?

① 아들은 자신의 문제를 솔직하게 털어놓으며 조언을 구하고 있다.

② 아들은 엄마의 발언 내용 중 일부를 반복하여 동조의 뜻을 표현하고 있다.

③ 엄마는 아들의 문제를 해결하기 위한 방안을 마련해 주고 있다.

④ 엄마는 아들의 이야기를 경청하며 문제 상황에 집중하고 있다.

⑤ 엄마는 아들이 가질 부담을 완화하기 위해 의문형 표현을 사용하고 있다.

개념 탄탄 이것만은 꼭 알고 가자!

■ **면접 상황 이해하기**

(1) 면접이란?
- 일반적인 사적 대화와는 달리 질문을 통해 면접 대상자의 지식이나 기능, 성품, 잠재력 등을 파악하고자 하는 특정한 목적을 지닌 공적 대화

(2) 면접 답변 전략
① 질문의 내용과 더불어 질문자의 의도까지 고려하여 답변을 해야 함.
② 목적과 수준에 따른 면접 상황을 설정하여 효과적인 답변 전략을 연습함.

⊙ 9540-0130

02 ㉠~㉤을 통해 알 수 있는 내용으로 적절하지 **않은** 것은?

① ㉠: 상대방에 대한 사전 정보가 발화에 영향을 줌을 알 수 있다.

② ㉡: 비언어적 표현이 언어적 표현을 대체할 수 있음을 알 수 있다.

③ ㉢: 제시된 정보에 대한 추가 질문을 통해 대화가 심화될 수 있음을 알 수 있다.

④ ㉣: 상대방의 말에 공감을 표시하는 것이 대화를 원활하게 해 줌을 알 수 있다.

⑤ ㉤: 대화 참여자 간의 의견 차이가 대화의 양상에 변화를 줌을 알 수 있다.

풀이 탄탄 사회적 상호 작용을 파악하라!

1단계	제시된 대화에서 **화자와 청자 간에 사회적 상호 작용**이 어떻게 일어나고 있는지 주목할 수 있어야 합니다. 먼저 화자와 청자가 어떠한 관계인지, 무엇을 소재로 대화를 나누는지, 대화에 임하는 자세는 긍정적인지 부정적인지를 확인해야겠습니다.
2단계	지문에 등장하는 두 인물은 **엄마와 아들의 관계이고, 학교에서 있었던 아들의 발표에 대해 이야기**를 나누고 있습니다. 아들은 말하기 불안을 느끼며 엄마는 아들을 돕고자 긍정적이고 적극적인 자세로 대화에 임하고 있다고 하겠지요.
3단계	㉤은 아들의 문제 해결을 도와주려는 엄마의 원인 분석이라고 볼 수 있습니다. ㉤에는 대화 참여자 간의 의견 차이가 있었다는 내용이 제시되어 있지만, 실제 대화에서 엄마와 아들 사이에는 의견 차이가 드러나지 않습니다.

■ 다음은 선생님과 학급 학생들의 대화이다. 물음에 답하시오.

선생님: 오늘 새로 전학 온 학생이 있습니다. 자, 자기소개를 좀 해 주겠니?

김민수: (약간은 긴장한 얼굴로) 안녕하세요? 저는 이번에 전학 온 김민수라고 합니다. 사실 지금 너무 떨리고 긴장됩니다. 10반에서 함께 공부할 수 있게 되어서 설레고 기대됩니다. ㉠저는 얌전해 보이지만 사실은 잘 웃고 친구들과 어울리기를 무척 좋아합니다. 지금 새로운 학교에 와서 새로운 친구들을 만나니 정말 좋습니다. ㉡제가 잘 적응할 수 있게 여러모로 도와주세요. 잘 부탁합니다.

(㉢학생들 모두 박수와 환호)

선생님: 그래요, 민수 군. ㉣자기소개를 잘해 주었어요. 혹시 더 할 말 없나요?

(빈 자리를 가리키며) 들어가 앉도록 해요. ㉤민수는 브라질에서 5년을 살았다고 하지 않았나?

김민수: 아, 네. 아버지를 따라 그곳에서 고등학교를 다니다가 이번에 입국했습니다. 사실 그래서 한국이 조금 낯설기도 하고, 오늘 아침 등교를 하면서는 무척 걱정이 되기도 했는데 지금은 기분이 좀 나아졌습니다. (미소)

01 대표 유형

◐ 9540-0131

㉠~㉤에 대한 설명으로 적절하지 <u>않은</u> 것은?

① ㉠: 청자와의 관계를 발전시키려고 자신에 대해 솔직하게 소개한다.

② ㉡: 청자를 존중하여 자신의 욕구나 소망을 겸손하게 표출한다.

③ ㉢: 화자에 대한 긍정적인 태도와 협조적 분위기를 비언어적으로 드러낸다.

④ ㉣: 상대방의 발화를 즉각적으로 평가하여 화자의 태도를 반성하게 한다.

⑤ ㉤: 청자에게 좀 더 상세한 정보를 소개하도록 유도한다.

[02~03] 다음을 읽고 물음에 답하시오.

엄마: 애야, 사탕 그만 먹으렴.

아이: ㉠(망설이다가) 아뇨. 더 먹고 싶어요.

엄마: 네가 자꾸 사탕을 먹으면 나는 네 이가 썩을까 봐 걱정이 되는걸.

아이: ㉡사탕을 먹으면 이가 썩는다는 말이죠? 그렇지만 난 사탕이 너무 좋은걸요?

엄마: ㉢넌 사탕을 아주 좋아하는구나.

아이: 네, 너무 맛있어요.

엄마: 그렇지만 맛있다고 자꾸 사탕을 먹으면 한참 성장하는 네 ㉣이가 썩고, 이가 썩으면 네가 아파하고 또 병원에도 가야 하니까. 엄마는 무척 염려가 된단다.

아이: 알았어요. ㉤이것만 먹고 이젠 안 먹을게요.

02
○ 9540-0132

㉠~㉤에 대한 설명으로 적절하지 **않은** 것은?

① ㉠: 반어적 표현이 언어적 표현의 의미를 강화하고 있다.
② ㉡: 자신이 들은 내용을 정리하여 확인하고 있다.
③ ㉢: 상대방에게 관심을 기울이며 대화를 이어 가고 있다.
④ ㉣: 예상되는 문제 상황을 언급하여 태도 변화를 유도하고 있다.
⑤ ㉤: 상대방의 발화에 담긴 요청에 수긍하고 있다.

03
○ 9540-0133

'엄마'의 발화를 평가한 내용으로 가장 적절한 것은?

① 아이의 행동 때문에 발생한 오해를 솔직하게 털어놓고 있다.
② 아이의 말을 재진술하여 아이의 발화 의도를 잘 이해했는지 확인하고 있다.
③ 치아 건강과 관련된 아이의 무지함을 나무라며 깨닫게 해 주고 있다.
④ 아이의 눈높이에 맞춰 자기 생각을 전달하여 갈등 상황을 해소하고 있다.
⑤ 아이가 제시한 방안과 자신의 방안을 절충해 그에 대한 아이의 동의를 구하고 있다.

18 설명

정보 전달을 위한 화법

■ **다음은 학생이 수업 시간에 한 발표이다. 물음에 답하시오.**

지금 여러분이 입고 있는 옷을 만드는 재료는 어디서 얻은 걸까요? (청중의 반응을 확인한 후) 아마도 양이나 면화와 같이 우리에게 친숙한 동식물들을 떠올릴 것입니다. 그런데 곤충으로부터도 아름다운 옷을 만드는 재료를 얻을 수 있습니다. (화면에 누에 사진을 제시하며) 이 누에가 만드는 고치를 통해 비단이라는 섬유를 만들 수 있습니다. 오늘 저는 여러분에게 누에의 특성을 알려 드리고, 누에로부터 어떻게 비단이 만들어지는지에 대해서 소개하고자 합니다.

누에나방의 애벌레인 누에는 원래 야생 뽕나무 잎을 먹으며 인간에게 피해를 주는 해충이었습니다. 하지만 약 5천 년 전부터 인간이 누에를 기르기 시작하면서, 인간이 기르는 누에의 야성은 점차 퇴화되고 누에는 인간에게 이로운 곤충이 되었습니다. 한편 대부분의 누에는 거의 움직임이 없고 돌아다니기 어렵기 때문에 인간이 가까이에서 보살피지 않으면 먹이를 구할 수 없어 굶어 죽기 쉽습니다. 그래서 누에는 인간이 지구 상에서 가장 가까이 돌봐야 하는 동물이라고 불리기도 합니다.

그럼 누에의 고치는 어떻게 만들어지는 걸까요? 맨 처음 누에나방이 낳은 알에서 누에가 부화합니다. 다음으로 누에는 약 4주일이 지나면 몸이 반투명해지고 고치를 만들 수 있는, (화면에 숙잠 사진을 제시하며) 이 사진과 같은 '숙잠'이 됩니다. 숙잠이 되기까지 누에는 매일 약 20~30g의 뽕잎을 먹으면서 점차 체중이 불어나 알에서 태어난 직후보다 체중이 약 1만 배나 됩니다. 마지막으로 누에는 숙잠이 되고 나서 죽을 때까지 아무것도 먹지 않고, 2~3일에 걸쳐 실을 토해 고치를 만듭니다. 사실 '비단'이라 부르는 것은 (화면에 고치 사진을 제시하며) 사진에서 보이는 바로 이 '고치'에서 생기는 섬유를 통틀어 말합니다.

여러분, 하나의 고치에서 얻는 실의 길이가 얼마나 될까요? 누에 전문가에 따르면, 누에를 처음 기르기 시작할 때에는 약 500m 정도였던 것으로 추정된다고 합니다. 이후 누에는 오랜 시간에 걸쳐 인간의 형편에 맞게 품종이 개량되어 왔고, 현재는 하나의 고치에서 얻는 실의 길이가 평균 1,200m 정도나 된다고 합니다. 그리고 약 1kg이 되는 한 벌의 옷을 만들기 위한 실을 얻기 위해서는 약 3천 개의 고치가 필요하다고 합니다. 그런데 고치에서 얻는 실의 굵기는 약 0.01~0.02mm 정도밖에 되지 않습니다. 그 굵기가 의복의 섬유로는 너무 가늘어서, 여러 개의 고치에서 취한 실이 합쳐져야 하나의 굵은 실, 즉 생사가 만들어집니다. 그리고 이러한 생사가 가공 과정을 거치게 되면 특유의 광택을 지닌 아름다운 비단으로 만들어지게 되는 것입니다.

여러분, 누에에서 어떻게 비단이 만들어지는지 잘 이해가 되셨나요? (청중의 대답을 확인한 후) 최근에는 유전자 재조합 누에의 등장으로 처음부터 색깔이 있는 비단이나, 빛을 비추면 형광색으로 빛나는 비단 등 새로운 비단들이 만들어지고 있습니다. 이만, 발표를 마치겠습니다.

　　정보 전달을 위한 화법은 정보, 지식, 기술, 경험, 문화 등을 청중에게 알려 주는 것을 목적으로 합니다. 따라서 이러한 종류의 화법 지문이 제시된 경우에는 **전달하려는 핵심 정보는 무엇인지, 핵심 정보 간의 관계는 어떠한지, 설명 대상의 특성은 무엇인지를 정확하게 파악**하며 지문을 읽는 것이 좋습니다. 특히 대학수학능력시험에서는 화법 지문의 구체적 내용을 확인하는 문제가 출제되는 경우가 있으므로 설명 내용을 정독하면서, 설명하려는 대상의 개념, 특성, 변화 과정 등과 같은 핵심적인 정보들에 밑줄을 긋거나 화살표 등을 연결하며 읽는 것이 좋습니다.

　　한편 이 발표에서는, 학생이 **누에의 특성과 누에로부터 비단이 만들어지는 과정에 대한 정보를 전달**하기 위해 발표하고 있음을 손쉽게 확인할 수 있습니다. 특히 1문단에서는 누에에 대한 청중의 관심을 유도하고 발표 내용을 소개하고 있음을 알 수 있습니다. 다음으로 본격적인 발표로 이어지면서 2문단에는 누에와 인간의 관계에 대한 통시적 분석 내용이, 3문단에는 누에의 고치가 만들어지는 과정이, 4문단에는 누에로부터 얻은 실의 특성과 이것이 비단으로 만들어지는 과정이 제시되어 있음을 알 수 있습니다. 그리고 5문단에서는 누에를 이용해 최근에 만들어지고 있는 비단에 대해 소개하면서 발표를 마무리하고 있음을 확인할 수 있습니다.

○ 9540-0134

01 위 발표의 내용과 일치하지 <u>않는</u> 것은?

① 누에고치를 통해 비단이라는 섬유를 만들 수 있다.

② 누에나방의 애벌레는 움직임이 없고 돌아다니기 어렵다.

③ 누에는 부화한 지 약 4주일이 지나면 고치를 만들 수 있다.

④ 누에고치에서 처음 뽑은 실의 굵기는 의복 섬유를 만들기에 적절하다.

⑤ 누에에 유전자 재조합 기술을 적용하면 색깔 있는 비단을 만들 수 있다.

개념 탄탄 이것만은 꼭 알고 가자!

■ **정보 전달적 화법**

정보 전달적 화법은 **어떤 대상이나 사실, 현상 등에 대하여 새로운 정보를 제공하거나 설명하려는 목적을 가진 화법**입니다. 그리고 이러한 정보 전달적 화법은 강의, 발표, 연설 등을 비롯하여 일반적인 대화 상황에서 특정 대상에 대해 제시하는 설명의 형태 등으로 실현됩니다.

강의	학문이나 기술의 일정한 내용을 체계적으로 설명하여 가르치는 것을 의미하며, 주로 사실적 정보를 전달하는 것을 목적으로 함.
발표	어떤 사실이나 결과, 작품 따위를 세상에 널리 드러내어 알리는 것을 의미하며, 정보 전달, 설득, 오락 등의 목적으로 활용됨.
연설	여러 사람 앞에서 자기의 주의나 주장 또는 의견을 진술하는 것으로, 주로 화자의 주관적 견해를 전달하는 말하기 형식이지만, 화자가 청자에게 특정한 지식이나 정보를 전달하는 말하기의 형태로 사용되기도 함.

이러한 화법 유형에서는 화자가 대상에 대한 **사실적이고 객관적인 정보를 전달**하고자 하므로 청자는 화자가 말한 내용의 사전적이고 지시적인 의미를 중심으로 내용을 이해하는 것이 좋습니다.

◎ 9540-0135

02 다음은 위 발표를 위한 계획이다. 발표 내용에 반영되지 <u>않은</u> 것은?

○ 도입
  • 질문을 통해 청중의 호기심을 유발한 후 화제를 제시한다. ⋯⋯⋯⋯⋯⋯⋯⋯⋯⋯⋯⋯⋯⋯⋯ ㉠
  • 발표 주제를 명확히 알 수 있도록 요약하여 제시한다.
○ 전개
  • 인간에 의한 누에의 변화와 누에의 특성을 제시한다.
  • 누에의 고치가 만들어지는 과정을 제시한다. ⋯⋯⋯⋯⋯⋯⋯⋯⋯⋯⋯⋯⋯⋯⋯⋯⋯⋯⋯⋯⋯ ㉡
  • 누에의 고치에서 얻는 실이 지닌 특성을 제시한다. ⋯⋯⋯⋯⋯⋯⋯⋯⋯⋯⋯⋯⋯⋯⋯⋯⋯ ㉢
  • 생사의 가공 과정을 통해 나타나는 특징을 제시한다.
○ 정리
  • 비유적 표현을 사용하여 발표의 핵심을 강조한다. ⋯⋯⋯⋯⋯⋯⋯⋯⋯⋯⋯⋯⋯⋯⋯⋯⋯⋯ ㉣
  • 최근에 만들어지는 새로운 비단들을 소개한다. ⋯⋯⋯⋯⋯⋯⋯⋯⋯⋯⋯⋯⋯⋯⋯⋯⋯⋯⋯ ㉤

① ㉠   ② ㉡   ③ ㉢   ④ ㉣   ⑤ ㉤

풀이 탄탄 설명하려는 대상과 그 내용을 정확히 이해하라.

1단계
제시된 내용이 정보 전달의 목적을 가진 것임을 확인하고, **설명하려는 대상은 무엇이고, 그 특성에는 어떤 것이 있으며, 주어진 정보 간의 관계는 어떠한지 확인**하며 지문을 이해합니다. 특히 지문으로 제시된 내용은 정보 전달을 목적으로 한 학생의 발표로, 설명하려는 대상은 누에이고, 누에가 성장하여 누에고치가 만들어지고 이를 통해 실을 얻게 되는 과정을 설명하고 있다는 사실을 확인하여야 합니다.

2단계
다음으로 선택지를 통해 확인하여야 할 정보의 내용이 무엇인지 파악하는 과정이 필요합니다. 특히 이 지문의 경우, ㉠, ㉣은 대상의 **효과적인 설명을 위해 사용한 표현 방법**을, ㉡, ㉢, ㉤은 **대상에 대한 구체적 설명 내용**을 묻고 있다는 것을 확인합니다.

3단계
2단계에서 확인한 내용을 지문과 대조하여 진위를 판별합니다. 이때 제시된 지문을 읽는 과정에서 선택지와 관련된 내용이 머릿속에 각인되어 있다면 진위 판별이 쉽지만, 그렇지 않은 경우에는 반드시 지문의 내용과 대조하여 확인하여야 합니다. 이 문제의 경우, ㉠은 발표의 1문단에서, ㉡은 3문단에서, ㉢은 4문단에서, ㉤은 5문단에서 각각 그 내용이 제시되어 있음을 확인할 수 있지만, **㉣의 내용 중 비유적 표현은 발표의 어떤 부분에도 제시되어 있지 않음**을 확인할 수 있습니다.

[01~02] 다음은 심장 자동 제세동기 사용에 대한 강연의 일부이다. 물음에 답하시오.

안녕하세요? 여러분, (손에 든 것을 들어 보이며) 요즘 공공건물이나 지하철역에서 이것이 비치된 모습을 보신 적이 있으신가요? (청중의 반응을 살핀 후) 예, 보신 분이 많으시네요. 오늘 제가 여러분에게 설명하려고 하는 것은 바로 이것, 심장 자동 제세동기입니다. 심장 자동 제세동기는 심장이 정지한 환자의 심장 박동을 안정적으로 회복시키기 위해서 환자의 흉벽에 전기적 충격을 전달하는 장치로, 심장이 정지한 응급 환자가 발생했을 때, 소중한 생명을 구할 수 있는 장치입니다. 그래서 오늘은 심장 자동 제세동기의 사용법에 대해 알려 드리려고 합니다.

먼저 심장 자동 제세동기를 사용하려면, 환자의 상태부터 확인해야 합니다. 심장 자동 제세동기는 정상적인 호흡이 없는 심정지 환자에게만 사용하는 것이기 때문에, 환자가 심정지 상태인지부터 확인하여야 합니다. 환자가 심정지 상태인 것이 확인되면, 다음으로 심장 자동 제세동기를 심폐 소생술에 방해가 되지 않는 위치에 놓은 뒤 (버튼을 직접 누르며) 전원 버튼을 누릅니다.

다음으로 (패드 두 개를 들어 보이며) 심장 자동 제세동기에 들어 있는 두 개의 패드를 가슴에 부착합니다. 패드 부착 부위에 물이나 이물질이 있다면 먼저 제거하고 패드 하나는 오른쪽 빗장뼈 바로 아래에, 나머지 하나는 왼쪽 겨드랑이에 부착합니다. 그런데 오른쪽 빗장뼈 아래가 어디인지 잘 모르시겠죠? (화면을 가리키며) 바로 여기가 오른쪽 빗장뼈 바로 아래이고, 왼쪽 겨드랑이는 이 부분을 가리킵니다.

그리고 (시범을 보이며) 패드와 제세동기 본체를 연결합니다. 제세동기에서 "분석 중"이라는 음성 지시가 나오면 환자에게서 손을 뗍니다. 분석 결과 제세동이 필요한 경우라면 "제세동이 필요합니다."라는 말과 함께 제세동기가 스스로 전기 충전을 시작합니다. 하지만 제세동이 필요 없는 경우에는 "환자의 상태를 확인하고 심폐 소생술을 계속 하십시오."라는 지시가 나오는데, 이 경우에는 즉시 심폐 소생술을 시작해야 합니다. 하지만 제세동이 필요한 경우에는 (제세동 버튼을 가리키며) 제세동 버튼이 깜빡이기 시작합니다. (목소리를 높이며) 제세동 버튼을 누르기 전에는 반드시 다른 사람들이 환자로부터 떨어져 있도록 하여야 합니다. 왜냐하면 다른 사람이 전기 충격에 노출되면 위험할 뿐만 아니라 환자에게 전달되는 전기 충격이 약화되어 제세동이 어려워질 수 있기 때문입니다. 이제 (버튼을 누르며) 제세동이 필요하다는 지시가 나오면 깜빡이는 제세동 버튼을 누릅니다.

제세동을 실시한 뒤에는 다시 심폐 소생술을 시작합니다. 제세동 후에도 심장 자동 제세동기는 2분마다 심장 리듬 분석을 반복하고, 제세동에 필요한 전기를 충전합니다. 분석 결과 제세동이 필요할 경우에는 아까처럼 "제세동이 필요합니다."라는 지시가 나오는데, 이런 경우 다시 제세동 버튼을 누르시면 됩니다. 그리고 심장 자동 제세동기 사용과 심폐 소생술의 시행은 119 구급대가 현장에 도착할 때까지 지속하셔야 합니다.

자, 그러면 (화면을 가리키며) 동영상을 보시면서, 지금까지 말씀드린 심장 자동 제세동기 사용법을 숙지해 보도록 하겠습니다.

01 대표 유형

○ 9540-0136

강연에 앞서 강연자가 계획한 내용으로 볼 수 없는 것은?

① 심장 자동 제세동기 사용 시 주의해야 할 점을 강조하기 위해 어조에 변화를 주어야겠군.
② 심장 자동 제세동기 사용법에 대한 청중의 이해를 돕기 위해 시각 자료를 활용하여야겠군.
③ 청중의 이해를 돕기 위해 심장 자동 제세동기의 사용 순서에 따라 사용법을 설명하여야겠군.
④ 강연 내용에 대한 관심을 유도하기 위해 심장 자동 제세동기를 접한 청중의 경험을 환기하여야겠군.
⑤ 청중이 심장 자동 제세동기 사용법을 숙지할 수 있도록 강연의 핵심 내용을 중간중간 정리하여야겠군.

02

○ 9540-0137

〈보기〉는 위 강연을 들은 학생들의 반응이다. 〈보기〉에 드러난 학생들의 듣기 전략을 파악한 내용으로 적절하지 않은 것은?

| 보기 |

학생 1: 심장 자동 제세동기 사용법을 숙지해 두면, 응급 환자의 소중한 생명을 구할 수도 있으니 강연 내용을 경청했어.
학생 2: 강연자께서 심장 자동 제세동기 사용법을 설명하기 위해 다양한 준비를 하신 덕분에 사용법을 정확히 이해한 것 같아.
학생 3: 심장 자동 제세동기 사용 전에 심정지 환자인지를 확인해야 하는데, 이를 위해서는 어떤 방법이 있는지 알아보아야겠어.
학생 4: 일상생활에서 응급 환자가 발생했을 때 강연 내용을 적용할 수 있도록, 심장 자동 제세동기의 사용 절차와 방법을 메모해 두었어.
학생 5: 심장 자동 제세동기의 패드를 붙이는 위치가 내가 기존에 알고 있던 것과 조금 달라졌지만, 사용 과정 자체는 크게 달라지지 않았어.

① '학생 1'은 강연의 목적에 공감하며 들었다.
② '학생 2'는 강연자의 강연 준비 정도를 고려하며 들었다.
③ '학생 3'은 강연 내용이 신뢰할 만한 것인지 검토하며 들었다.
④ '학생 4'는 강연의 핵심 내용을 정리하며 들었다.
⑤ '학생 5'는 강연 내용과 관련한 배경지식을 활성화하며 들었다.

03

◐ 9540-0138

다음은 라디오 인터뷰의 일부이다. '진행자'와 '위원장'의 말하기 방식에 대한 설명으로 적절하지 않은 것은?

> 진행자: 오늘은 20△△ 항공·우주 산업 전시회를 홍보하기 위해 ○○○ 준비 위원장님을 모시고 이야기를 나누어 보도록 하겠습니다. 위원장님 항공·우주 산업 전시회는 어떤 행사인가요?
>
> 위원장: 예, 20△△ 항공·우주 산업 전시회는 국내외의 다양한 항공·우주 관련 장비와 기술을 소개하고 관련 산업을 육성하기 위한 행사입니다. 그래서 국내외의 다양한 항공·우주 관련 장비가 전시되고 항공기 비행 시범 등을 선보여 볼거리가 많은 행사입니다. 또 관련 산업 육성을 위해 사업체들 간의 기술 협력이나 계약 체결을 위한 비즈니스 부스도 운영됩니다.
>
> 진행자: 그렇군요. 저희 방송은 주로 청소년들이 청취하는데요, 이번 전시회가 청소년들에게 어떤 도움이 될 수 있을까요?
>
> 위원장: 먼저 항공·우주 분야와 관련한 청소년들의 꿈과 희망을 키울 수 있는 좋은 기회라고 생각됩니다. 이 분야를 잘 모르는 청소년들에게는 항공·우주 분야에 대한 견문을 넓히는 기회가 될 수 있을 것이고, 평소 항공·우주 분야에 관심이 많은 학생들에게는 관련 산업이나 직업에 대한 전문적인 정보를 제공하는 기회가 될 것이라고 생각합니다.
>
> 진행자: 위원장님 설명을 들으니 저도 꼭 가 보고 싶은 생각이 드는데요, 전시회 일정을 간략하게 설명해 주시겠습니까?
>
> 위원장: 예, 전시회는 4월 11일부터 13일까지 3일간 개최될 예정입니다. 하지만 첫날은 관련 산업 관계자들을 위한 비즈니스 데이로 운영되기 때문에 일반인의 관람이 제한됩니다. 그래서 청소년들은 12, 13일, 즉 전시회 둘째 날과 셋째 날에만 전시회를 관람할 수 있습니다. 특히 13일에는 평소 접할 수 없는 국내외 전투기들의 다양한 비행이 계획되어 있어 청소년들이 더욱 재미있어 할 것 같습니다.
>
> 진행자: 예, 그러면 청소년들은 11일보다는 12, 13일에 전시회를 관람하고, 특히 항공기의 멋진 비행을 보고 싶은 학생들은 13일에 관람하는 것이 좋겠네요?
>
> 위원장: 예, 그렇습니다. 특히 이번 항공·우주 산업 전시회는 청소년들의 꿈과 희망을 육성하기 위해 청소년들은 무료로 입장이 가능하고 다양한 청소년 체험 활동이 계획되어 있으니 청소년 여러분의 많은 관심과 참여 부탁드립니다.

① 진행자는 위원장에게 청취자를 고려한 질문을 제시하고 있다.
② 진행자는 위원장의 말을 정리하며 자신이 들은 내용을 확인하고 있다.
③ 위원장은 진행자가 질문한 내용 이외의 추가적인 정보를 제시하고 있다.
④ 위원장은 자신의 주관적 견해를 배제하고 사실적인 정보를 전달하고 있다.
⑤ 위원장은 전시회 관람과 관련하여 주의해야 할 내용을 부각하여 설명하고 있다.

19 설득

주장과 근거를 통한 설득의 화법

■ 다음은 토론의 일부이다. 물음에 답하시오.

사회자: 우리 사회는 빠르게 고령화되고 있습니다. 그런데 노인에 대한 공경 의식은 점차 약화되고 있습니다. 이에 대해 많은 분들이 염려하고 있으며, 윤리적 호소로는 효의 실천을 이끌어 낼 수 없으므로 법적으로 강제해야 한다는 의견도 대두되어 논란이 되고 있습니다. 이와 관련해 오늘은 '효의 실천에 관한 내용을 법률에 명시해 효를 법적으로 강제해야 한다.'라는 논제로 토론을 실시하고자 합니다. 먼저 찬성 측 입론해 주시기 바랍니다.

찬성 1: 동방예의지국이라는 말이 무색할 정도로 효 정신이 사라져 가고 있습니다. 이러한 문제를 해결하기 위해서는 효의 실천을 강제하는 법률을 제정하는 것이 필요합니다. 싱가포르는 '부모 부양법'이라는 것을 제정하여 경제력이 있는 자녀들이 부모를 봉양하도록 강제해 노인 복지를 위한 사회적 비용을 줄이고 있습니다. 이와 같이 효를 법제화하고, 국가가 체계적으로 노인 복지 시스템을 갖추어 가족, 사회, 국가의 공조 체계를 구축해 나가야 합니다. 법적으로 효를 장려하고, 효의 의미를 교육하고, 부양을 적절하게 강제하는 것은 인간성과 가족 공동체의 회복에 효과적으로 기여할 것입니다.

반대 2: 반대 측 확인 질문하겠습니다. 효를 법적으로 강제하면 오히려 효의 정신이 훼손되지 않겠습니까?

찬성 1: 효의 정신이 훼손될 우려가 없는 것은 아닙니다. 하지만 내실 있는 교육을 통해 극복될 수 있다고 판단됩니다.

사회자: 이어서 반대 측 입론해 주시기 바랍니다.

반대 1: 반드시 법적으로 해결해야 할 문제가 있는가 하면 그렇지 않은 문제도 존재합니다. 효는 윤리적 문제입니다. 효를 강제하는 법을 정하면, 오히려 그 법이 가족 불화의 원인이 되어 가족 공동체를 훼손할 수 있습니다. 효 정신이 훼손되고 있는 현재의 문제를 해결하기 위해서는 국가가 나서서 노인 복지 시스템을 체계적으로 강화하고, 그 시스템을 통해 노인을 공경하는 정신의 회복을 도모해야 합니다.

찬성 2: 찬성 측 확인 질문하겠습니다. 법적으로 해결해야 할 문제와 그렇지 않은 문제를 구별하는 객관적 기준이 있습니까?

반대 1: 객관적 기준은 없습니다. 하지만 양심과 윤리의 영역에 속하는 문제는 법적으로 해결하는 것이 능사가 아닐 것입니다.

〈중략〉

사회자: 양측의 입론과 확인 질문을 모두 들었습니다. 반대 측부터 차례대로 반론하겠습니다.

반대 1: 효를 법으로 강제하는 것의 실효성이 있을지 의문입니다. 효를 법제화한다고 노인을 학대하던 패륜 아들이 행동을 고칠 가능성은 많지 않습니다. 오히려 부모를 봉양한다는 것을 이용해 이익을 챙기려는 시도만 많아져 효를 둘러싼 사회적 논란을 키울 수도 있을 것입니다. 이는 결국 새로운 사회적 갈등의 양산으로 이어져 노인 복지에 필요한 사회적 비용의 증가를 초래할 것입니다.

찬성 1: 통계에 따르면 노인 10명 중 4명이 학대를 당한 경험이 있다고 합니다. 또한 많은 사회학자들이 사회가 고령화될수록 학대를 당하는 노인의 수는 더욱더 늘어날 것이라고 말하고 있습니다. 이는 효가 더 이상 윤리적 문제에만 머무를 수 없다는 것을 의미합니다. 따라서 효의 실천에 관한 법률을 제정해 효의 실천을 법적으로 강제해야 합니다.

설득을 위한 화법의 내용을 이해하기 위해서는 먼저 **화자가 어떤 대상 혹은 문제에 대해 말하고 있는지를 정확하게 파악**한 다음, 그것과 관련하여 화자가 어떠한 **주장이나 견해**를 제시하고 있는지 이해하여야 합니다. 그리고 이러한 주장이나 견해를 합리화하기 위해 **어떠한 근거를 들고 있으며**, 그 근거는 신뢰성, 타당성, 공정성 등을 갖추고 있는지 따져 보아야 합니다. 또 설득을 위한 화법에 해당하는 토론과 토의는 **일정한 형식과 절차를 따르고 규정된 용어**를 사용하는 경우가 많으므로 말하기의 형식과 규정, 용어 등을 알아 두면 말하는 내용과 흐름을 이해하는 데 도움이 됩니다.

한편 이 토론에서는 '**효의 실천에 관한 내용을 법률에 명시해 효를 법적으로 강제해야 한다.**'라는 논제에 대해 찬성과 반대의 견해가 제시되어 있는 것을 간파해야 합니다. 그리고 찬성 1은 싱가포르의 '부모 부양법'을 근거로 **노인 복지 시스템의 구축과 법제화가 노인 복지를 위한 사회적 비용을 줄이는 데 기여했다는 점**을 제시하고 있습니다. 한편 반대 1은 효를 강제하는 법이 오히려 **효의 정신을 훼손하고 그 법이 가족 불화의 원인**이 될 수 있다는 근거를 제시하고 있습니다. 또 찬성 2는 법적으로 해결해야 할 문제와 그렇지 않은 문제를 구별하는 **객관적 기준이 존재하지 않는다는 점**을 들어 반대 1의 견해를 논박하고 있음을 알 수 있습니다. 또 찬성 1은 효의 법제화가 부모를 봉양하는 것으로 **이익을 챙기려는 시도를 조장하고 사회적 갈등과 비용을 증가시킬 것**이라는 반대 1의 입론에 대해 반론을 제시하면서 **사회의 고령화에 따라 학대를 당하는 노인의 수가 증가할 것**이라는 근거를 제시하고 있음을 알 수 있습니다.

○ 9540-0139

01 위 토론에서 찬성 측과 반대 측 모두가 동의하고 있는 내용은?

① 노인을 학대한 사람들에 대한 법적 책임을 강화해야 한다.

② 국가가 체계적으로 노인 복지 시스템을 갖추어 나가야 한다.

③ 효를 장려하기 위한 유인책을 세대 간 합의를 통해 마련해야 한다.

④ 노인 복지를 강화하기 위한 정책에 대해 사회적 합의가 시급히 이루어져야 한다.

⑤ 정부가 사회의 고령화 속도를 늦추기 위한 다양한 정책을 적극적으로 시행해야 한다.

개념 탄탄 *이것만은 꼭 알고 가자!*

■ **설득을 위한 화법**

설득을 위한 화법이란, 화자가 말을 사용하여 **청자의 신념, 태도, 행동 등을 변화시키는 반응을 유발하는 화법**입니다. 그리고 이러한 설득을 위한 화법은 토론, 토의, 협상, 연설, 일반적인 대화 등에서 자주 사용되고 있습니다.

토론	어떤 논제에 찬성자와 반대자가 각자 논리적인 근거를 제시하면서 자기 의견의 정당함과 상대방 의견의 부당함을 주장하는 말하기 유형
토의	어떤 공통된 문제에 대한 최선의 해결안을 얻기 위하여 여러 사람이 모여서 의논하는 말하기 유형
협상	서로의 관점이나 이익이 달라 갈등 상황에 있는 둘 이상의 주체들이 문제를 해결하기 위해 합의에 필요한 대안들을 조정하고 구성하는 공동의 의사 결정 활동

■ **설득을 위한 전략**

설득을 위한 전략에는 **이성(logos), 감성(pathos), 인성(ethos)에 호소하는 전통적인 방법**, 개인의 인지적 측면에 초점을 두는 방법, **사회·문화적 전통에 근거하여 개인의 소속감이나 사회적 자아의 측면에 초점을 두는 방법,** 그리고 의사소통 참여자가 달성하고자 하는 목적에 초점을 두는 **실용적인 방법** 등이 존재하며 이와 더불어 효과적인 설득을 위해서는 상대의 공감을 이끌어 낼 수 있는 다양한 의사소통 전략이 활용되어야 합니다.

○ 9540-0140

02 위 토론에 대한 설명으로 적절하지 <u>않은</u> 것은?

① '사회자'는 토론의 배경을 소개하며 논제를 제시하고 있다.

② '찬성 1'은 외국의 사례를 제시하여 주장을 뒷받침하고 있다.

③ '찬성 1'은 전문가의 의견을 인용하여 반론에 활용하고 있다.

④ '반대 1'은 예상되는 문제점을 근거로 반론을 제시하고 있다.

⑤ '반대 1'은 제도 실시의 시의성을 근거로 찬성 측 주장을 반박하고 있다.

풀이 탄탄 화제를 정확히 이해하고, 화제에 대한 화자의 입장을 파악하라.

1단계

제시된 내용이 설득을 위한 화법 유형 중 토론임을 확인합니다. 그리고 토론의 중심 논제는 무엇이고, **화자가 논제에 대해 각각 어떠한 입장을 드러내고 있으며 자신의 견해를 뒷받침하기 위해 어떤 근거를 들고 있는지 확인합니다.** 아울러 각각의 화자가 상대방을 효과적으로 설득하기 위해 사용한 다양한 의사소통 전략도 확인해 봅니다. 특히 화자가 제시한 근거나 의사소통 전략들은 말하기 내용을 읽으며 화살표로 연결해 두고, 특기할 만한 의사소통 전략들은 메모나 표시를 해 두는 것이 좋습니다.

2단계

제시된 내용은 '효의 실천에 관한 내용을 법률에 명시해 효를 법적으로 강제해야 한다.'라는 논제에 대한 토론임을 확인합니다. 그리고 '찬성 1'은 **효의 법제화가 노인 복지를 위한 사회적 비용을 줄이는 데 기여한다는 논거**를 들고 있으며 외국의 사례를 제시하는 전략을 구사했다는 점을 확인합니다. 또 '찬성 1'은 '반대 1'의 반론에 대해 통계 자료와 사회학자의 견해를 활용하고 있다는 점을 확인합니다. 아울러 '찬성 2'는 '반대 1'의 입론에 대해 확인 질문을 하고 있음을 확인합니다. 또 '반대 1'은 입론을 통해 효의 법제화가 오히려 **가족 불화의 원인이 될 수 있으며, 가족 공동체를 훼손할 수 있다는 근거**를 들고 있음을 확인합니다. 아울러 반론을 통해 효의 법제화가 효를 둘러싼 사회적 논란과 노인 복지에 필요한 비용을 증가시킬 것이라는 견해를 제시하고 있음을 확인합니다. 그리고 이러한 말하기 내용 모두가 효가 법제화되었을 때 발생할 수 있는 문제점을 바탕으로 제시된 견해라는 점을 간파합니다.

3단계

2단계에서 확인한 내용을 바탕으로 선택지의 내용을 확인합니다. 먼저 ①에 제시된 사회자의 역할과 관련하여 말하기 내용을 확인합니다. 그리고 '사회자'의 첫 번째 발언에서 토론의 배경이 제시되어 있으며 이를 소개하며 논제를 제시하고 있음을 확인합니다. 다음으로 ②는 '찬성 1'의 입론에서 싱가포르의 사례가 제시된 점을 상기하고 진위를 판단합니다. 또 ③은 '찬성 1'의 반론에서 사회학자의 견해를 인용한 부분이 있음을 상기하고 진위를 판단합니다. ④는 2단계에서 확인한 바와 같이 '반대 1'의 경우, 효의 법제화가 시행될 경우 나타날 수 있는 부작용을 바탕으로 자신의 견해를 뒷받침하고 있음을 상기하고 진위를 판단합니다. 마지막으로 ⑤는 '**반대 1'의 발언 중 효의 법제화 실시의 시의성에 대해 언급한 부분이 없음**을 확인합니다.

[01~02] 다음은 토의의 일부이다. 물음에 답하시오.

학생회장: 이제 체육 대회가 불과 한 달 앞으로 다가왔습니다. 이번 체육 대회도 예년과 같이 우리 학생회가 주도적인 역할을 담당하여 행사를 치러야 하기 때문에 어깨가 무겁습니다. 그래서 오늘 회의에서는 체육 대회의 성공적인 개최를 위해 작년 체육 대회에서 드러난 문제점들을 개선할 수 있는 방안에 대하여 토의해 보도록 하겠습니다. 자, 그럼 작년 체육 대회에서 드러난 가장 큰 문제점은 무엇이라고 생각하십니까?

체육 부장: 작년 체육 대회에서 드러난 가장 큰 문제점은 뭐니뭐니 해도 체육 대회에 대한 학생들의 참여와 호응이 저조했던 것이라고 생각합니다.

문화 부장: 저도 체육 부장의 의견에 동의합니다. 학급별로 축구, 농구, 계주와 같은 경기에 출전한 학생들은 경기에 참여하면서 체육 대회를 즐길 수 있었지만 경기에 출전하지 못한 대다수의 학생들은 이 경기, 저 경기 [A] 를 지켜보다가 흥미를 잃고 관중석이나 학급 응원 장소를 이탈하는 경우가 많았습니다.

총무 부장: 저도 같은 생각입니다. 더군다나 운동을 잘하는 소수의 학생들이 여러 종목에 걸쳐 출전하다 보니 정작 체육 대회를 즐긴 학생은 매우 소수에 불과했습니다.

학생회장: 여러분의 의견을 들어 보니 작년 체육 대회의 가장 큰 문제점은 경기에 출전한 선수들 외의 많은 학생이 체육 대회에 흥미를 느끼지 못했다는 점이군요. 그렇다면 이 문제와 관련하여 어떤 개선 방안이 있을까요?

문화 부장: 일단 학급별로 선수를 결정할 때 한 선수가 여러 종목에 출전하지 못하도록 규칙을 만들 필요가 있습니다. 운동을 잘하는 소수의 학생들이 여기저기 출전하다 보면 선수로 출전하지 못하는 학생들이 소외되고 [B] 이는 곧 작년과 같은 결과를 초래하게 될 것입니다.

체육 부장: 하지만 운동을 잘하는 친구들이 한 종목에만 출전한다면, 예전에 비해 경기 수준이 떨어지거나 맥 빠진 경기가 될 수도 있습니다.

문화 부장: 물론 체육 부장의 말에 일부 동의하지만, 체육 대회는 학생 모두가 참여하고 즐기는 것이 중요하다고 생각합니다. 체육 대회가 반드시 교내 최고의 선수나 팀을 가리기 위한 행사만은 아니라고 생각합니다. 또 최고의 선수는 아닐지라도 학급의 여러 선수가 다양한 종목에 출전하면 오히려 더 재미있는 결과가 나타 [C] 날 수 있습니다. '공은 둥글다.'라는 말처럼 경기 결과를 예측할 수 없다면 오히려 학생들에게 더 큰 흥미와 관심을 불러일으킬 수 있을 것 같습니다.

학생회장: 음, 좋습니다. 문화 부장께서 말씀하신 방안에 대한 세부적 논의는 잠시 후에 하기로 하고, 먼저 학생들이 체육 대회에 보다 적극적으로 참여할 수 있는 다양한 방안들을 이야기해 보시죠.

총무 부장: 많은 학생의 참여를 유도하기 위해서는 체육 대회 경기 종목도 다변화할 필요가 있다고 생각합니다. 그동안 체육 대회 경기 종목은 축구, 농구, 계주와 같이 소수의 학생만 참여하는 종목이 많았습니다. 보다 많은 학생이 체육 대회에 참가하려면 이 외에도 줄다리기나 단체 줄넘기와 같이 학급 전체가 참여할 수 있는 [D] 종목이 신설되어야 한다고 생각합니다.

체육 부장: 좋은 생각입니다. 학급원들이 모두 참여하는 반 대항 줄다리기나, 단체 줄넘기는 많은 학생이 참여할 수 있을 뿐만 아니라 학급원들의 인화 단결에도 큰 도움이 될 수 있을 것 같습니다. 또 같은 맥락에서 경기 결과만으로 순위를 정하는 방식에서 벗어나 학급별로 응원상이나 질서상 등을 수여한다면 학생들이 체육 [E] 대회에 더 적극적으로 참여할 수 있을 것이라고 생각합니다.

01

◎ 9540-0141

위 토의에 나타난 '학생회장'의 역할에 대한 설명으로 적절하지 <u>않은</u> 것은?

① 토의 참여자들에게 토의의 주제를 분명하게 밝히고 있다.
② 토의 참여자들에게 질문을 제시하며 토의를 진행하고 있다.
③ 토의 참여자들이 제시한 해결 방안의 적절성을 평가하고 있다.
④ 토의 참여자들의 이야기를 듣고 그 내용을 정리하여 제시하고 있다.
⑤ 토의 참여자들이 다양한 해결 방안을 제시할 수 있도록 논의 내용을 조정하고 있다.

02 대표 유형

◎ 9540-0142

토의 참여자의 발화 [A]~[E]에 대한 설명으로 적절하지 <u>않은</u> 것은?

① [A]: '체육 부장'의 말에 동의하며 문제 상황을 보다 구체적으로 설명하고 있다.
② [B]: '학생회장'의 요청에 따라 문제 상황을 해결할 수 있는 방안을 제시하고 있다.
③ [C]: '체육 부장'의 말을 일부 인정하면서도 상반된 해결 방안을 제시하고 있다.
④ [D]: '문화 부장'의 견해에 대해 이를 반박할 수 있는 새로운 사례를 소개하고 있다.
⑤ [E]: '총무 부장'의 말에 공감하면서 새로운 해결 방안을 추가하여 제시하고 있다.

03

○ 9540-0143

다음은 방송 연설의 일부이다. 연설자의 계획 중 연설에서 실현되지 <u>않은</u> 것은?

얼마 전 스웨덴 한림원에서 2015 노벨상 수상자를 발표했습니다. 2015 노벨상 수상자에는 이웃 나라 중국과 일본의 과학자들이 당당하게 이름을 올렸습니다. 특히 지금까지 일본은 과학 분야에서만 노벨상 수상자가 18명이 나왔고, 중국도 1명, 대만도 2명의 과학 분야 노벨상 수상자를 배출했습니다. 우리 국민들은 이 소식을 듣고 부러움과 자조가 뒤섞인 반응을 보이고 있습니다. 전 세계적인 IT 기술 강국인 우리나라가 왜 노벨상 수상자를 배출하지 못하는 것일까요? 그리고 우리나라가 과학 분야에서 노벨상 수상자를 배출하기 위해서는 어떤 노력을 기울여야 할까요?

우리나라가 과학 분야에서 노벨상을 배출하기 위해서는 먼저 국가 차원에서 과학 기술의 비전과 목표를 조절하는 노력이 필요합니다. 과학은 그 목적에 따라 투자의 방향과 우선순위가 크게 달라지는 분야입니다. 그런 측면에서 우리나라는 기초 과학에 대한 투자는 인색했던 반면, 당장 경제적 성과를 거둘 수 있는 실용적인 과학 분야만을 집중적으로 육성해 왔습니다. 과학을 경제 성장 동력으로 인식하고 그 활용 가치에만 주목해 왔던 것입니다. 그런 의미에서 우리나라가 과학 분야에서 노벨상 수상자를 배출하기 위해서는 과학의 목표를 경제적 활용 가치에만 두는 것이 아니라 기초 과학 분야의 지식을 확대하고 그 깊이를 추구하는 방향으로 조절할 필요가 있습니다.

또 과학 분야의 연구 성과를 평가하고 관련 투자를 결정하는 방식 또한 개선할 필요가 있습니다. 현재 우리나라는 연구 결과에 대한 이해나 파급 효과에 대한 분석 없이, 거의 무조건적으로 유명 학술지에 발표되는 논문의 수를 최고의 평가 지표로 삼고 있습니다. 연구의 과정이나 가치, 의미 등은 따지지 않고 유명 학술지에 논문을 내는 것을 기준으로 국가의 연구 방향을 결정짓고 투자 분야를 선정하는 일이 지난 수십 년간 지속되어 왔던 것입니다.

노벨상을 수상하는 것은 개인이지만, 그 사람의 연구 성과는 연구 환경과 인프라, 투자의 산물이라는 점을 잊지 말아야 합니다. 유명 학술지에 다수의 논문을 게재하는 개인 연구자에게 과도한 지원을 하기보다는 기초 과학 분야에 대한 투자와 연구 환경 개선에 우선순위를 두는 정책이 필요합니다. 노벨상 수상은 정부의 의지, 경제적·인적 자원의 투자, 연구 환경의 선진화, 개인의 노력 등이 총체적으로 어우러질 때 가능한 것입니다. 과학을 경제적 가치 창출을 위한 도구로만 생각할 것이 아니라 기초 과학 분야에 대한 지속적인 투자를 통해 훌륭한 과학자가 나올 수 있는 연구 환경과 분위기를 조성해야 할 것입니다.

① 연설을 듣는 청중에게 질문을 던져 연설의 내용과 방향을 제시해야겠군.
② 연설의 소재와 관련한 최근의 사건을 언급하며 청중의 관심을 유도해야겠군.
③ 연설 내용과 관련한 개인적 경험을 제시하여 청중의 공감을 이끌어 내야겠군.
④ 연설의 소재와 관련한 현실적 문제점을 언급하며 주장의 설득력을 높여야겠군.
⑤ 연설의 마지막 부분에서 전달하고자 하는 핵심적인 주장을 집약하여 제시해야겠군.

[01~02] 다음은 대학 면접의 일부이다. 물음에 답하시오.

지원자: 안녕하십니까? ○○고등학교 3학년 김수아입니다.

면접자: 반갑습니다. 우리 학부에 지원해 주셔서 감사합니다. 많이 긴장되나요? 좀 떨리더라도 평소 자신이 생각한 바나 준비해 온 내용을 침착하게 말하면 됩니다. 심호흡 크게 한 번 하고 시작할까요?

지원자: 후~. 네, 준비됐습니다.

면접자: 먼저 우리 학부에 지원한 이유는 무엇인가요?

지원자: 저는 어려서부터 말로 표현하기보다 그림 그리기를 좋아했는데, 어느 순간 그림으로 표현하는 것이 훨씬 더 직관적이고 효율적이라는 생각이 들었습니다. 그런 그림을 그리는 과정 또한 너무 즐겁습니다. 그래서 그림과 관련한 공부를 하고 싶습니다. 특히 저는 디자인에 관심이 많은데 ◇◇대학교가 디자인에 특화되어 있는 것으로 알고 있습니다.

면접자: 그렇군요. 디자인도 영역이 넓은데 어떤 디자인에 관심이 있나요? 그와 관련된 동기도 함께 말씀해 주시겠어요?

지원자: 저는 디자인이 문제를 해결해 가는 과정이라고 생각합니다. 어떤 물건을 사용하다 보면 불편함이 느껴지거나 개선했으면 더 좋겠다는 생각이 드는데 그런 점들을 해소해 주는 것이 디자인이라고 생각합니다. 그렇다 보니 생활에 필요한 다양한 제품들을 디자인하는 산업 디자인에 관심이 많습니다.

면접자: 최근 가장 인상 깊게 본 디자인이 있다면 어떤 것인가요?

지원자: 음…… 그게…….

면접자: 본인이 디자인해서 반응이 좋았던 것도 괜찮아요.

지원자: 아! 제가 최근 생각했던 것인데요. 일상에서 흔히 쓰는 수정 테이프의 디자인을 개선한 적이 있습니다. 수정 테이프를 사용할 때 어느 쪽으로 문질러야 할지 몰라서 틀린 방향으로 문지르는 경우가 많은데요. 이런 문제를 해결하기 위해서 오른손을 기준으로 자연스럽게 쥐어질 수 있도록 껍데기에 굴곡을 넣어 보았습니다. 이 제안은 문구류 제조 회사에서도 긍정적으로 평가해 주었습니다.

면접자: 그렇군요. 문구류 제조 회사에서 학생이 제안한 디자인을 긍정적으로 평가한 이유가 무엇이라고 생각하나요?

지원자: 제가 디자인한 것이 훌륭하다기보다 제가 제기한 문제의식에 공감을 하셨기 때문이라고 생각합니다.

면접자: 고등학생인 점을 감안한다면 수준이 상당하다고 할 수 있겠네요. 마지막으로 앞으로의 학업 계획이나 진로 계획이 있다면 말씀해 주시겠어요?

지원자: 입학이 허락된다면 심도 있게 디자인 관련 공부를 해 보고 싶습니다. 제가 의도하는 것은 실용적인 제품 디자인이지만 디자인과 관련된 역사나 이론에도 흥미가 있습니다. 그리고 너무 거창하다고 느끼실 수 있지만 제 이름을 브랜드로 내건 디자인 회사를 꼭 세울 겁니다.

면접자: 네. 수고하셨습니다. 우리 학교에 애정을 가지고 면접에 적극적으로 임해 주셔서 감사합니다. 나가셔도 좋습니다.

01

◯ 9540-0144

면접자의 말하기 방식으로 적절하지 않은 것은?

① 지원자의 답변 내용과 관련하여 추가적인 질문을 하고 있다.

② 지원자가 대답을 떠올릴 수 있도록 질문 내용을 보충하고 있다.

③ 지원자의 노력에 감사하며 지원자와의 면접을 마무리하고 있다.

④ 지원자의 대답을 재진술하는 방식으로 대답의 의도를 확인하고 있다.

⑤ 지원자가 지나치게 긴장하지 않았는지 지원자의 상태를 점검하고 있다.

02

9540-0145

다음은 면접자가 지원자를 면접한 후 작성한 평가지의 일부이다. 면접 내용에 비추어 볼 때, 적절하지 <u>않은</u> 것은?

- 질문에 정확하게 답변했는가?
  - 지원 동기를 묻는 질문 의도에 그림 그리기에 대한 자신의 생각을 대답했다. ·················· ①
- 질문에 대한 답변은 충분했는가?
  - 디자인 영역 중 산업 디자인에 관심이 많다는 대답과 함께 물건의 사용상 불편한 점들을 개선했으면 좋겠다고 대답했다. ·················· ②
- 전공과 관련된 경험을 가지고 있는가?
  - 그림을 그리기 좋아한다는 점과 수정 테이프 디자인을 문구류 제조 회사에 제안한 경험을 소개하였다. ·················· ③
- 입학 후 학업 계획이나 진로 계획은 어떠한가?
  - 구체적으로 준비하지 않아 당황하는 모습을 보였지만 솔직하게 대답하는 모습을 보였다. ···· ④
- 우리 학교와 디자인에 대한 관심이나 사전 지식을 갖추고 있는가?
  - 디자인에 대한 개념이나 우리 학교에 대해 이해하고 있었다. ·················· ⑤

[03~05] 다음은 '코즈 마케팅'에 대한 강연이다. 물음에 답하시오.

여러분, 안녕하세요. 혹시 최근에 한 프랜차이즈 커피 전문점에서 진행됐던 '서스펜디드 커피 운동'에 대해 들어 보셨나요? (청중의 대답을 듣고) 네, 맞습니다. (사진 자료를 보여 주며) 이렇게 커피점에서 자신이 마실 커피 이외에 추가로 커피 요금을 지불해 놓으면 이를 여러 불우 이웃에게 기부하는 것입니다. 아직 생소하게 느껴지시는 분들도 계실 텐데요, 오늘은 '서스펜디드 커피 운동'과 같은 코즈 마케팅에 대해서 소개해 드리겠습니다.

우선 코즈의 개념부터 살펴볼 텐데요, 코즈는 명분이나 원인이라는 뜻으로 소비자에게 소비하거나 참여할 이유를 주는 것을 의미합니다. 코즈 마케팅은 소비자가 주머니에서 따로 돈을 꺼내지 않아도 손쉽게 기부 활동에 참여할 수 있고, 기업은 선한 이미지를 알릴 수 있다는 점에서 장점을 지니고 있습니다.

코즈 마케팅은 미국의 한 신용 카드 회사의 마케팅이 그 시초라고 할 수 있습니다. (사진 자료를 보여 주며) 화면에 보이는 조형물을 복원하기 위해 고객이 카드를 사용할 때마다 1센트를, 신규로 카드에 가입할 경우에는 1달러가 기부금이 되는 형식의 마케팅 프로그램을 실시했습니다. 많은 사람들이 조형물 복원에 관심을 가졌고, 결과적으로 카드 회사에서 총 170만 달러의 기부금을 낼 정도로 성공했습니다.

여러분이 들어 보셨을 만한 사례로는 한 신발 회사의 창립자가 여행을 하는 도중에 신발조차 살 수 없을 정도로 가난한 아이들을 보고 충격에 빠져 시행했던 캠페인이 있습니다. '내일을 위한 신발'이라는 슬로건으로 소비자가 한 켤레의 신발을 구입할 때마다 다른 한 켤레의 신발을 신발 회사에서 제3세계 어린이들에게 기부하는 것으로, 많은 사람에게 관심을 이끌었습니다.

우리나라에도 유명한 코즈 마케팅 사례가 있습니다. (사진 자료를 보여 주며) 이 생수통은 어느 대기업에서 제작한 생수통인데, 보이는 것처럼 바코드가 두 개 있습니다. 하나는 가격 정보가 담긴 일반적인 바코드이고, 다른 하나는 기부를 위한 바코드입니다. 상점에서 가격 바코드를 스캔해서 제품 값을 지불할 때, 소비자의 선택에 따라 기부를 위한 바코드를 함께 스캔하면 소비자가 그 자리에서 100원을 추가로 부담하게 됩니다. 그리고 소비자가 부담한 금액과 같은 100원을 대기업과 생수를 판매한 유통사에서 각각 부담해 총 300원을 기부하는 시스템입니다.

이처럼 코즈 마케팅은 다양한 방법으로 활용이 되고 있는데요, 코즈 마케팅을 시행하기 위해서는 소비자들이 공감할 수 있는 요소를 활용해야 합니다. 또한 일회성 이벤트가 아니라 꾸준히 진행함으로써 해당 기업의 이미지를 부각시켜 주고 진정성을 담고자 하는 노력을 해야 성공적인 사회 공헌 마케팅이 될 수 있습니다.

(청중을 돌아보며) 오늘 제 소개 내용이 잘 이해되셨는지 모르겠습니다. 지금까지 소개해 드린 것처럼 최근에는 기업의 사회적 책임을 중시하는 문화가 확산되고 소비자들도 윤리적 소비에 대한 관심이 늘어나면서 기업들 사이에서는 코즈 마케팅 열풍이 점점 거세지고 있습니다. 소비자와 함께 나눔의 가치를 만들고 공유할 수 있는 코즈 마케팅에 동참해 보시면 어떨까요? 이상으로 오늘 강연을 마치겠습니다.

04
9540-0147

학생의 메모 중에서 강연의 내용과 일치하지 <u>않는</u> 것은?

○ 강연 주제: 코즈 마케팅
○ 장점: 소비자가 쉽게 기부 활동에 참여할 수 있고, 기업은 좋은 이미지를 홍보할 수 있음. ………… ①
○ 사례
  • 한 켤레의 신발을 구입하면 신발 회사에서 다른 한 켤레를 기부하는 형태의 캠페인이 있음. … ②
  • 외국의 카드 회사와 우리나라의 생수 구입 사례의 경우 소비자의 적극적인 기부 의사를 확인하고 있음. ……………………………………… ③
○ 유의점: 소비자들이 공감할 수 있는 요소를 활용하고 꾸준히 진행하여 진정성을 담아야 함. ……… ④
○ 전망: 기업의 사회적 책임이 커지고 소비자들의 윤리적 소비에 대한 관심이 높아져 점점 확대될 것으로 예상함. ……………………………… ⑤

03
9540-0146

위 강연자의 말하기 방식으로 적절한 것만을 〈보기〉에서 모두 고른 것은?

┤ 보기 ├

ㄱ. 강연의 소재를 다른 상황에 빗대어 청중이 이해하기 쉽도록 설명하고 있다.
ㄴ. 강연 내용에 대한 청중의 반응을 예상하고, 강연의 중심 화제를 소개하고 있다.
ㄷ. 시각 자료를 여러 차례 활용하여 정보를 전달함으로써 청중의 이해를 돕고 있다.
ㄹ. 강연을 마무리할 때 질문을 던짐으로써 내용을 이해하고 있는지를 확인하고 있다.

① ㄱ, ㄴ
② ㄱ, ㄹ
③ ㄴ, ㄷ
④ ㄴ, ㄹ
⑤ ㄷ, ㄹ

05

◎ 9540-0148

〈보기〉는 위 강연을 들은 청중의 반응이다. 이에 대한 이해로 적절하지 <u>않은</u> 것은?

┤ 보기 ├

청자 1: 얼마 전에 빵을 사러 갔더니 '착한빵' 스티커가 붙은 제품을 구입하면 2개가 팔릴 때마다 단팥빵 1개를 제빵 회사에서 복지 시설에 기부하더라고. 그래서 오늘 강연을 이해하는 데 도움이 되었어. 그리고 코즈 마케팅이 어떻게 시작되었는지를 새롭게 알게 되어 좋았어.

청자 2: 코즈 마케팅을 통해 경제적으로 어려운 사람들이 구체적으로 어떤 도움을 받았는지를 자세하게 들을 수 있을 거라 기대했는데 소개되지 않아 아쉬웠어. 하지만 소비를 통해 기부를 할 수 있다는 내용의 언론 보도를 본 적이 있어서 강연 내용이 잘 이해되었던 것 같아.

청자 3: 평소에는 물건을 사면서 특별히 다른 사람을 도울 수 있다는 생각을 한 적은 없었는데 오늘 강연을 듣고 나니까 코즈 마케팅이 적용된 제품을 구매하면 기부도 할 수 있고 좋을 것 같다는 생각이 들었어. 그리고 혹시 코즈 마케팅에 실패한 사례는 없는지도 찾아봐야겠어.

① '청자 1'은 강연을 통해 새롭게 알게 된 사실을 긍정적으로 생각하고 있군.

② '청자 2'는 강연 내용 중에 기대에 충족되지 않은 점을 떠올리며 아쉬워하고 있군.

③ '청자 3'은 강연의 중심 화제로 소개된 내용과 관련하여 추가적인 활동을 계획하고 있군.

④ '청자 1'과 '청자 2'는 강연과 관련된 경험을 떠올리며 강연의 내용을 이해하고 있군.

⑤ '청자 2'와 '청자 3'은 강연의 중심 화제에 대해 갖고 있던 기존의 부정적인 생각이 변화되었군.

[06~08] 다음은 협상의 일부이다. 물음에 답하시오.

학생회장: 교내 매점 이용에 불편함을 겪고 있다는 학생들이 많아 학생회에서 만족도 조사를 실시한 결과, 많은 학생들이 1, 2교시 쉬는 시간에 매점이 너무 붐벼서 매점을 찾지 않게 된다고 응답했습니다. 따라서 1교시 쉬는 시간부터인 매점의 운영 시간을 학생들이 등교하는 아침 7시부터로 조정해 주십시오.

조합 대표: 하지만 그렇게 되면 매점을 운영하는 조합 측에서 부담해야 할 인건비가 늘어납니다. 저희 조합 매점은 외부 업체들보다 아주 적은 이윤으로 물건을 판매하기 때문에 지출이 늘어나는 것은 운영에 타격이 큽니다. ⊙인건비의 증가는 결국 조합이 물건의 가격을 올리는 것으로 이어져 학생들에게 불이익이 될 수 있습니다. 이러한 상황을 이해해 주시기 바랍니다.

학생회장: 물론 적은 이윤으로 운영해야 하는 고충을 모르는 바는 아닙니다. 하지만 아침에는 식사를 못하고 등교하는 학생이 많아 매점 물건의 수요가 많은데도, 이용 시간의 제약이 커 학생들이 무척 불편한 상황입니다. 게다가 좁은 매점에 인파가 몰렸을 때에는 안전사고가 발생할 수 있기 때문에 특정 시간에 학생들이 몰리지 않도록 조치가 반드시 필요합니다. 운영 시간을 7시부터로 조정해 주신다면, 학생회 주최로 매점 홍보 활동과 행사를 진행하겠습니다. ⓒ학생회의 활동을 통해 매점의 매출을 높일 수 있을 것입니다.

조합 대표: ⓒ물론 학생들의 불편함과 아침 7시 운영의 수요는 충분히 인지하고 있습니다. 하지만 운영 시간을 조정하려면 먼저 학생회의 홍보와 행사 진행이 매점의 매출을 높이는 데에 얼마나 도움이 될지 판단이 필요합니다. 일단 이번 달에 한해 시범적으로 7시 개방을 추진하고, 학생회가 활동한 뒤 이달 말에 매출을 계산하여 계속 연장 운영을 할지의 여부를 결정하는 것은 어떤가요?

학생회장: 알겠습니다. ⓔ하지만 이번 달만으로는 학생회가 활동을 기획하여 실행하기에는 기한이 너무 촉박합니다. 다음 달까지로 기한을 주셔야 홍보의 효과가 나타날 수 있을 것 같습니다. 홍보와 동시에 학생들에게 매점에서의 안전사고 예방에 대한 교육도 함

께 진행할 예정이기 때문에 시간을 좀 확보해 주시기를 부탁드립니다.

조합 대표: 알겠습니다. 다음 달까지로 추진해 보겠습니다. 하지만 조합 매점 운영과 관련된 사항은 조합원 회의를 거쳐야 하기 때문에, 학생회의 입장을 조합원 회의에 전달하고 회의의 반응을 살펴 최종적인 결정을 내려야 할 것 같습니다.

학생회장: 알겠습니다. 저희가 제시한 방안을 조합원 회의에 잘 전달해 주시고 회의 결과를 알려 주시기 바랍니다. ⓜ학생들의 복지와 안전을 위해서는 조합 측의 협조가 반드시 필요합니다. 저희의 이러한 입장을 이해해 주시면 감사하겠습니다.

조합 대표: 예, 알겠습니다. 저희도 이 방안들을 조합원 회의에 잘 전달해서 학생들의 요구 사항을 반영할 수 있도록 노력하겠습니다.

06

◐ 9540-0149

위 협상에 대한 이해로 적절하지 않은 것은?

① 학생회장은 협상을 시작하며 조합 대표에게 자신의 요구 사항을 명확하게 제시하고 있다.
② 학생회장은 자신이 제시한 조건을 수용할 경우에 상대방이 얻을 수 있는 이점을 언급하고 있다.
③ 학생회장은 조합 대표와 협의한 내용을 수행하는 데 필요한 추가적인 요구 사항을 제시하고 있다.
④ 조합 대표는 학생회장을 통해 매점의 홍보 부족에 대해 새로운 대안을 마련해 줄 것을 요청하고 있다.
⑤ 조합 대표는 자신이 얻게 될 이익을 판단하기 위해 조건을 달아 학생회장의 요구를 받아들이고 있다.

07

◐ 9540-0150

위 협상에서 '학생회장'과 '조합 대표'가 공통된 견해를 보이는 내용으로 적절한 것은?

① 학생회가 매점에 대한 홍보 활동과 행사를 진행하면 매출 향상을 통해 인건비가 충분히 확보된다.
② 조합 대표가 조합원 회의에 학생회장의 의견을 전달하면 조합원들은 학생들의 요구를 받아들일 것이다.
③ 매점에서의 안전사고 예방에 대한 교육은 학생들이 특정 시간에 몰리지 않도록 하는 실효성 있는 대안이다.
④ 학생회장과 조합 대표 간의 협상으로 결정된 내용이 효력을 발휘하기 위해서는 학생들의 동의가 필요하다.
⑤ 조합 매점은 적은 이윤으로 운영되고 있기 때문에 인건비 부담을 덜 수 있을 정도의 수익이 보장되어야 운영 시간의 연장이 가능하다.

08

◐ 9540-0151

〈보기〉를 참고하여, 위 협상에서 ⓐ의 협상 전략이 적용된 발화로 적절한 것은?

┤ 보기 ├

협상의 목표는 양보와 설득을 통해 실현 가능한 구체적인 타협안을 찾는 것이기 때문에 합의를 이끌어 내기 위한 전략이 중요하다. 협상의 전략에는 상대방의 요구에 진심으로 귀 기울이기, 의견을 표현할 때 바로 결정하지 않기, 감정적으로 대응하지 않기, 공통점을 강조하고 차이점을 줄여 나가려 노력하기, 협상의 결과가 서로에게 도움이 됨을 함께 인식하기, ⓐ상대에게 공감한다는 것을 표현하기 등이 있다.

① ㉠   ② ㉡   ③ ㉢   ④ ㉣   ⑤ ㉤

20 매체의 본질

매체의 유형과 특성

■ 다음은 인터넷 신문 기사이다. 물음에 답하시오.

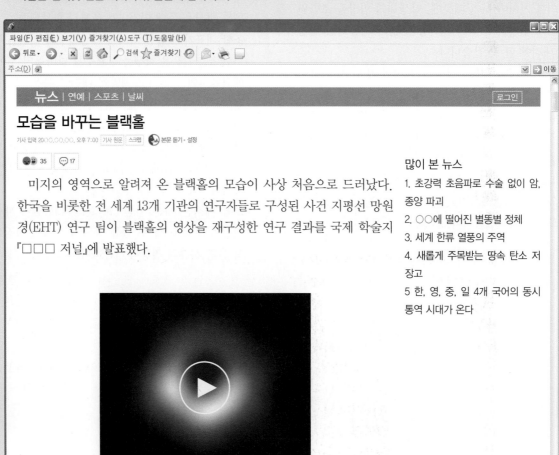

뉴스 | 연예 | 스포츠 | 날씨 　　　　　　　　　　　　　　　　　　　　　로그인

모습을 바꾸는 블랙홀

기사 입력 20○○.○○.○○. 오후 7:00 | 기사 원문 | 스크랩 | 본문 듣기 · 설정

👍 35　💬 17

　　미지의 영역으로 알려져 온 블랙홀의 모습이 사상 처음으로 드러났다. 한국을 비롯한 전 세계 13개 기관의 연구자들로 구성된 사건 지평선 망원경(EHT) 연구 팀이 블랙홀의 영상을 재구성한 연구 결과를 국제 학술지 『□□□ 저널』에 발표했다.

많이 본 뉴스
1. 초강력 초음파로 수술 없이 암, 종양 파괴
2. ○○에 떨어진 별똥별 정체
3. 세계 한류 열풍의 주역
4. 새롭게 주목받는 땅속 탄소 저장고
5 한, 영, 중, 일 4개 국어의 동시 통역 시대가 온다

▶

▲ 시간에 따라 흔들리는 것처럼 보이는 M87의 모습

　　EHT 연구 팀이 연구한 블랙홀은 처녀자리 은하 중심에 있으며 지구로부터 5,500만 광년 떨어진 M87이다. M87은 질량이 태양의 65억 배에 이르는 블랙홀이다. 블랙홀은 빛조차 빠져 나가지 못할 정도로 중력이 강해 직접적으로 관측할 수 없는 천체이기 때문에 블랙홀을 감싸고 있는 물질이 내는 빛을 통해 블랙홀의 모습을 추론해야 한다. 블랙홀이 가린 그림자를 보는 셈이다.

완료　　　　　　　　　　　　　　　　　　　　　　　　　　　　　인터넷　　🔍 100%

EHT 연구 팀은 2009년부터 2017년에 걸쳐 관찰한 데이터를 토대로 M87의 모습을 통계적으로 추측해 냈다. 그 결과 블랙홀의 그림자 지름이 예측치와 맞았으며, 블랙홀 주변의 상대적으로 밝게 빛나는 부분의 위치가 바뀌는 것도 밝혀냈다. 블랙홀로 빨려 들어가는 가스는 수십억 도까지 가열되고 자기장에 의해 흔들리게 된다. 이 과정에서 지구 방향으로 움직이는 물질이 도플러 효과 때문에 더 밝게 보인다. 이에 대해 연구 주저자인 빌거스 교수는 물질의 흐름이 격렬해 시간에 따라 흔들리는 것처럼 보이는 것이라고 말했다.

〈2009년부터 2017년까지 관측한 M87 블랙홀의 모습〉

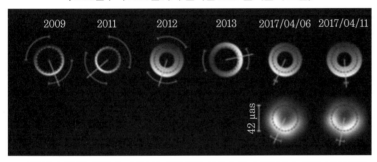

▲ 블랙홀 주변 밝게 빛나는 부분이 매해 위치가 달라지는 것을 볼 수 있다. EHT 제공

− ○○○ 기자

[관련 기사]
└ 지금까지 발견된 가장 큰 블랙홀 병합 중력파로 첫 확인
└ 올 과학계 최대 사건은 '블랙홀 촬영'
└ 분광학, 블랙홀 촬영으로 천문학의 새 장을 열다

[댓글]   [A]
tkw**** 무생물이지만 무언가 격렬하게 살아 움직이는 생물체처럼 보이네요. 불가사의한 우주!!
kch**** 영화의 한 장면 같은 일이 현실에서 일어난다고 하니 놀랍네요.
cooc*** 질량이 태양의 65억 배에 이르다니 감히 상상이 안 되네요. 그런 블랙홀의 모습을 볼 수 있다니 그 관측 방법이 신기하네요.

○ 9540-0152

01 위 기사에 대한 설명으로 가장 적절한 것은?

① 기사 정보의 생산과 수용이 실시간으로 동시에 이루어지고 있다.

② 문자, 동영상, 이미지 등이 복합된 양식을 통해 정보를 구체화하고 있다.

③ 공간의 제약을 뛰어넘어 직접적인 소통 방식을 통해 정보를 전달하고 있다.

④ 정보 생산자가 수용자의 상호 작용을 토대로 기사 정보의 의미를 규명하고 있다.

⑤ 기사문 형식의 제약을 받지 않고 객관적 사실을 자유로운 형식으로 서술하고 있다.

개념 탄탄 *이것만은 꼭 알고 가자!*

■ 매체와 매체 언어의 개념

매체	생각이나 느낌의 표현과 전달 효과를 높이기 위해 여러 기술을 적용하여 발전시킨 의사소통과 정보 전달의 다양한 수단
매체 언어	매체를 활용하여 생각, 느낌 등을 표현하거나 전달하는 언어. 음성, 문자, 소리, 이미지, 동영상 등이 결합된 복합적 형식으로 활용되는 경우가 많음.

■ 매체의 분류

기록하는 양식에 따라	인쇄 매체, 전자 매체
정보의 유형에 따라	시각 매체, 청각 매체, 시청각 매체
전달 범위에 따라	개인 간 매체, 대중 매체
소통 양상에 따라	단방향 매체, 양방향 매체
목적과 기능에 따라	언론 매체, 광고 매체, 누리 소통망 서비스[SNS] 등

■ 매체의 종류와 특성

음성 언어	• 말하기 중심으로 억양, 어조, 몸짓, 표정 등을 통해 의미를 주고받음.	
문자 언어	• 지식의 기록, 축적, 보존이 가능함. • 간접적 소통 방식으로 시·공간적 제약을 극복함.	
인쇄 매체	• 정보의 대량 생산 및 유통을 가능하게 함. • 간접적 소통 방식으로 문자 언어를 중심으로 시각적 이미지의 활용이 가능함.	
음성 매체	• 시·공간적 제약을 받지 않고 소리, 음성의 전송이 가능함. • 대표적 영상 매체: 라디오, 팟캐스트	• 라디오, 텔레비전, 영화는 불특정 다수의 사람들에게 대량의 정보를 전달할 수 있음.
영상 매체	• 시·공간적 제약을 받지 않고 소리, 음성, 문자, 이미지, 영상의 전송이 가능함. • 대표적 영상 매체: 텔레비전, 영화	• 문자 해독 능력에 영향을 받지 않고 지식과 정보의 수용이 가능함.

◐ 9540-0153

02 [A]에 대한 이해로 가장 적절한 것은?

① 블랙홀의 모습이 시간에 따라 변화하는 것처럼 보이는 이유를 알 수 있게 해 주는군.

② EHT 연구 팀이 블랙홀의 모습을 연구하게 된 계기와 연구 목적을 이해하게 해 주는군.

③ 블랙홀의 특성에 접근할 때 기사와 상반된 관점을 취할 수 있음을 알 수 있게 해 주는군.

④ 블랙홀 관측과 관련한 지식을 확장하거나 블랙홀에 대한 여러 관점을 접할 수 있게 해 주는군.

⑤ 빛조차 흡수하는 블랙홀의 성질과 그로 인해 나타나는 결과에 대해 단계적인 이해를 제공해 주는군.

풀이 탄탄 매체를 구성하는 요소와 그 기능을 고려하라!

1단계
이 문항은 매체의 유형과 특성에 대해 이해할 수 있는지를 묻고 있습니다. 이와 같은 문항을 해결하기 위해서는 **매체의 유형과 특성을 고려**하고 매체를 통해 제시되고 있는 내용에 대한 이해를 바탕으로 **매체를 구성하는 요소와 그 기능을 파악**해야 합니다.

2단계
이 문항의 출제에 사용된 매체는 인터넷 신문입니다. 인터넷 신문은 디지털 매체로 뉴 미디어에 해당합니다. 인터넷 신문은 동영상, 사진 등의 멀티미디어 자료를 사용하며, 관련 기사 링크와 댓글을 제공합니다. 이 문제에서는 관련 기사 링크와 댓글 부분을 [A]로 묶어 그 기능을 묻고 있습니다. 따라서 **[A] 부분의 기능을 기사 내용과 관련지어 파악**해야 합니다. 관련 기사 링크는 제시된 기사의 내용과 관련하여 지식을 확장하는 것을 가능하게 하며, 댓글은 기사의 내용에 대한 다양한 사람들의 입장을 접할 수 있게 해 줍니다.

3단계
관련 기사 링크는 블랙홀 관측에 대한 지식을 확장할 수 있는 내용을 제공하고 있습니다. 병합 중력파로 가장 큰 블랙홀을 관측한 것, 분광학에 힘입어 블랙홀을 촬영할 수 있게 되었다는 사실은 블랙홀 관측에 대한 지식의 확장을 가능하게 해 줍니다. 댓글을 통해서는 블랙홀에 대해 살아 있는 생물체처럼 인식하는 관점, 무서워하는 관점, 블랙홀의 모습을 관측한 방법에 초점을 맞추는 관점 등을 접할 수 있습니다. **[A] 부분은 블랙홀 관측과 관련한 지식을 확장하거나 블랙홀에 대한 여러 관점을 접할 수 있게 해 주고 있는 것입니다.**

[01~03] (가)는 휴대 전화 메신저, (나)는 휴대 전화의 영상 통화, (다)는 편지의 일부이다. 물음에 답하시오.

가

할머니, 안녕하세요?
㉠어제 라일락을 봤는데 할머니 생각이 났어요. 라일락 보셨어요?

라일락을 좋아하는데, 안 보았을 리가 없지. 요즘 자주 보아 기분이 매우 좋단다. 😊
그런데 철호를 본 지가 오래 되었구나. 잘 지내지?

네, 그럼요. 한동안 건강이 안 좋았다고 들었어요. 😔 요즘 몸은 좀 어떠세요?

별 문제 없이 잘 지내고 있단다.

정말 다행이에요. 그래도 늘 건강 잘 챙기시면서 지내세요.

나

(걱정하는 말투로) 할머니, 안색이 안 좋으세요. 살이 조금 빠지신 것 같아요.

날이 더워지니 입맛이 없구나.

내일 할머니 댁에 제가 갈게요. 할머니께서 좋아하시는 삼계탕 같이 먹으러 가요.

(밝은 표정으로) 그러자꾸나.

다

할머니께

㉡어느덧 5월이 되어 할머니께서 좋아하시는 라일락이 피었습니다.

건강하게 잘 지내고 계시지요?

저도 공부 열심히 하면서 잘 지내고 있습니다. 5월이 되니 할머니 생각이 많이 납니다. 제철 음식이라며

올갱이국을 맛나게 끓여 주시고, 갖은 나물을 먹음직스럽게 무쳐 주시던 할머니의 모습이 눈에 선합니다.

다음 주에 할머니 댁에 가도 될까요? 할머니께서 해 주시는 맛있는 음식들을 어서 빨리 먹고 싶습니다.

(……)

20○○년 5월 철호 올림

01 대표 유형

○ 9540-0154

(가)~(다)에 대한 설명으로 적절하지 <u>않은</u> 것은?

① (가)는 (나)와 달리 철호와 할머니가 감정이나 느낌을 상대에게 전달하는 데 그림말을 이용하고 있다.

② (가)는 (다)와 달리 구어체로 철호가 할머니를 생각하는 마음을 전하고 있다.

③ (나)는 (가)와 달리 공간의 특성이 철호와 할머니가 매체의 사용 여부를 결정하는 제약으로 작용하고 있다.

④ (나)는 (다)와 달리 철호와 할머니가 즉각적인 상호 작용을 바탕으로 제안에 대한 수용 여부가 결정되고 있다.

⑤ (다)는 (가)와 달리 철호가 매체에 적용되는 글의 일반적인 형식을 고려하여 할머니의 안부를 묻고 있다.

02

○ 9540-0155

(나)에서 드러나고 있는 매체의 특성에 대한 이해로 적절한 것은?

① 단방향의 소통을 통해 대량의 정보를 신속하게 전달할 수 있다.

② 문자 해독 능력에 따라 지식과 정보의 수용 정도가 결정될 수 있다.

③ 정보의 축적이 가능하여 다양한 정보를 체계적으로 제공할 수 있다.

④ 여러 사람이 비동시적 소통을 통해 여러 종류의 정보를 교환할 수 있다.

⑤ 준언어적 표현과 비언어적 표현을 사용하여 의미 전달의 효과를 높일 수 있다.

03

○ 9540-0156

㉠, ㉡이 공통적으로 수행하고 있는 기능으로 가장 적절한 것은?

① 의사소통 상대의 주의를 환기하고 있다.

② 의사소통의 상황에서 겪게 되는 어려움을 암시하고 있다.

③ 의사소통을 통해 이루고자 하는 궁극적 목적을 밝히고 있다.

④ 의사소통 상대에게 대상에 대한 새로운 인식의 필요성을 강조하고 있다.

⑤ 의사소통 당사자가 대상으로부터 느낀 정서를 상대에게 구체적으로 전달하고 있다.

21 매체 언어의 탐구와 활용

매체 자료의 생산과 수용

■ (가)는 텔레비전 뉴스의 보도이고, (나)는 누리 소통망 서비스의 내용이다. 물음에 답하시오.

가

[앵커]

태풍이 내일 밤부터 한반도에 직접 영향을 미칠 것으로 예상됩니다.

이번 태풍은 바람도 문제지만 특히 비가 위협적일 거라는 전망입니다.

손○○ 기자가 전하겠습니다.

[리포트]

제주도 남쪽 약 2백 킬로미터까지 접근한 태풍이 현재 서해 쪽으로 방향을 틀어 북상하고 있습니다. 전남 서해안 지역에는 태풍 예비 특보가 발령되어 있으며, 밤부터는 전남 전 지역이 태풍의 직접 영향권에 들어 갈 것으로 예상됩니다.

이번 태풍은 초속 25미터의 강풍을 동반하고 있어 그에 따른 피해도 조심해야 하지만, 집중 호우를 뿌리 고 있어 그에 대한 철저한 대비가 필요합니다.

[A] ⎡ 제주, 남해안, 지리산 등에는 최고 400mm 이상의 물 폭탄이 쏟아질 것으로 예상됩니다. 그 외의 지 역에도 100mm에서 200mm의 많은 비가 내리겠습니다.
높은 파도가 치는 해안가나 폭우로 물이 급격하게 불어나는 강, 계곡 등의 위험 지역에서는 특히 안전 ⎣ 에 주의해야 하겠습니다.

△△△ 뉴스 손○○입니다.

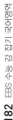

나

지금 이 시각 태풍이 다가옴에 따라 그 영향으로 □□시에 많은 양의 비가 내리고 바람도 점점 강해지고 있습니다. 피해가 없도록 철저한 대비가 필요합니다. 태풍 시 지켜야 할 5가지 행동 요령을 참고하여 안전에 유의해 주십시오.

↳ **시민 1:** 태풍이 다가오는 것이 실제로 느껴지네요. 지금 여기는 시내의 ○○ 도로인데 빗물이 빠지지 않아 차량 통행이 어렵고 사고의 위험이 있습니다. 우회하시기 바랍니다. 시 당국에서는 수습을 빨리 해 주시기 바랍니다. [B]

↳ **시민 2:** 그렇군요. 저는 해안 도로에 있는데, 지금 태풍의 영향으로 파도가 점점 높아지고 있어요. 해안 도로에서의 차량 운행을 피하는 것이 좋겠습니다.

↳ **시민 1:** 위험한 곳을 빨리 알려 주셔서 감사합니다.

● 9540-0157

01 (가)와 (나)의 공통점으로 적절하지 <u>않은</u> 것은?

① 시의성 있는 정보를 전달하기 위한 소통이 이루어지고 있다.

② 소통의 목적을 달성하기 위해 정서를 구체화하여 표현하는 것을 중시하고 있다.

③ 객관적 사실에 근거하여 수용자에게 필요한 정보를 전달하는 기능을 수행하고 있다.

④ 시간과 공간의 제약을 받지 않고 다수에게 정보를 전달할 수 있는 파급력을 갖고 있다.

⑤ 음성 언어, 문자 언어, 영상 등을 복합적으로 활용하여 정보 전달의 효율성을 높이고 있다.

개념 탄탄 *이것만은 꼭 알고 가자!*

■ **뉴 미디어**

개념	디지털 기술의 발전에 따라 새롭게 등장한 매체 ⑩ 스마트폰, 온라인 신문, 블로그, 누리 소통망 서비스[SNS] 등
특성	• 시간적·공간적 제약이 적음. • 여러 사람이 동시적 또는 비동시적으로 의사소통이 가능함. • 정보 수용자가 동시에 정보 송신자로서 존재하는 상호 작용성을 보여 줌. • 언어, 소리, 공간, 몸짓, 시각 요소 등을 복합적으로 사용하는 복합 양식성을 지니고 있음.
영향	• 지식과 정보의 생산 및 교환이 폭발적으로 증가함. • 전 인류가 물리적 한계를 넘어 관심사를 공유하고 친밀감과 유대감을 형성할 수 있게 됨.

■ **의사소통의 목적에 따라 고려해야 할 사항**

정보 전달	정보의 정확성, 정보의 다양성, 정보의 객관성 등
설득	주장의 타당성, 추론의 논리성, 근거의 적절성 등
친교	적절한 관계 설정, 관계의 상호성 등
정서 표현	표현의 심미성, 공감 가능성 등

■ **음성 언어, 문자 언어, 매체 언어의 비교**

	음성 언어	문자 언어	매체 언어
정보 전달 수단	음성(＋비언어적 표현, 준언어적 표현)	문자	소리, 음성, 이미지, 문자, 동영상 등
시·공간 범위	제한됨.	제한되지 않음.	제한되지 않음.
의사소통의 상황 의존성	높음.	낮음.	유동적임.

■ **매체의 수용과 생산**

매체의 수용	매체의 생산
• 매체 자료의 의미를 비판적으로 분석하고 평가하기 • 다양한 관점과 가치를 고려하여 수용하기 • 매체 자료의 창의적인 표현 방식과 심미적 가치를 이해하고 향유하기	• 매체 자료의 작성 목적, 수용자, 매체의 특성을 고려하여 생산하기 • 기초 매체 자료를 창의적으로 변용하기 • 매체 언어의 특성을 고려하여 동일 내용을 다른 매체로 표현하기

○ 9540-0158

02 [A], [B]에 대한 설명으로 가장 적절한 것은?

① [A]는 태풍으로 발생하는 사건을 실시간으로 전하여 태풍의 위험성을 강조하고 있다.

② [B]는 영상 자료에 대한 설명을 통해 태풍에 대한 주의의 필요성을 환기하고 있다.

③ [A]는 일방향 소통을 통해, [B]는 쌍방향간 소통을 통해 태풍으로 인한 피해 예방을 위한 유의 사항을 공유하고 있다.

④ [A]는 직접적인 소통을 통해, [B]는 간접적인 소통을 통해 태풍에 의해 초래될 수 있는 부정적 결과를 전달하고 있다.

⑤ [A]는 공적인 이익을 위한 소통을 통해, [B]는 사적인 이익을 위한 소통을 통해 태풍과 관련 있는 기상 예측 정보를 안내하고 있다.

풀이 탄탄 매체의 특성을 고려하여 매체 자료의 의미를 파악하라!

1단계
매체의 특성에 대한 이해를 바탕으로 매체 자료의 의미를 정확하게 파악할 수 있는지를 묻고 있는 문항입니다. 이와 같은 문항을 해결하기 위해는 **매체의 특성을 파악하고, 그 특성과 매체 자료의 의미를 연결해 종합적으로 사고**할 수 있어야 합니다. 이에 따라 (가), (나)의 매체 특성부터 파악해야 합니다. (가)는 텔레비전 뉴스 보도이고, (나)는 □□시의 누리 소통망 서비스의 내용입니다. 텔레비전 뉴스 보도는 정보가 일방향으로 전달되는 반면에, 누리 소통망 서비스는 정보에 대한 쌍방향 소통이 가능합니다.

2단계
[A]에서는 태풍으로 인한 집중 호우를 예측한 기상 정보를 제시하고 위험 지역에서 안전에 유의해야 한다는 점을 강조하고 있습니다. 그리고 [B]에서는 실시간으로 시내의 ○○ 도로와 해안 도로의 상황을 제시하고 있습니다. 각각의 내용을 파악했다면, [A], [B]의 **내용상의 공통점이나 차이점을 파악해 매체의 특성과 연결**해야 합니다. [A], [B]는 모두 태풍에 의해 초래될 수 있는 피해를 예방하기 위해 주의를 기울여야 한다는 내용을 제시하고 있습니다.

3단계
마지막으로 매체의 특성과 **[A], [B]의 내용을 연결하여 종합적으로 사고**해야 합니다. 일방향으로 정보가 전달되는 텔레비전 뉴스 보도와 달리 누리 소통망 서비스는 실시간으로 쌍방향 소통이 가능합니다. 즉 [A]는 일방향 소통을 통해, [B]는 쌍방향 소통을 통해 태풍 피해를 예방하기 위한 유의 사항을 전달하고 있습니다.

[01~03] (가)는 공익 광고이고, (나)는 학교 신문의 기사이다. 물음에 답하시오.

가

학생들이 말을 많이 하고 있는 일상의 시끄러운 상황

학생들이 말을 많이 하고 있는 일상의 시끄러운 상황

장면의 촬영 시작을 알려 주는 슬레이트를 이용하여 욕설이나 은어를 사용하지 않고 말을 해 보라는 과제 제시

말을 잘 잇지 못하는 가운데 배경 음악으로 '어서 말을 해'라는 노랫말만 들림.

말을 잘 잇지 못하는 가운데 배경 음악으로 '어서 말을 해'라는 노랫말만 들림.

말을 제대로 할 수 없어 답답해하는 가운데 배경 음악의 '어서 말을 해'라는 노랫말이 반복됨.

말을 제대로 할 수 없어 답답해하는 가운데 배경 음악의 '어서 말을 해'라는 노랫말이 반복됨.

성우의 내레이션으로 "당신은 어떻습니까?"라는 물음을 제시

입에서 꽃잎이 나오는 모습을 보여 주며 성우의 내레이션으로 "아름다운 말을 쓰는 당신이 아름답습니다."라는 메시지를 제시

꽃이 피어나는 이미지 위에 "아름다운 말을 쓰는 당신이 아름답습니다."라는 메시지를 제시하며 마무리

나

언어생활의 개선을 위한 다양한 활동이 펼쳐져

"나쁜 말 버리고 좋은 말 품기" 행사에 전교생이 참여해

ㄱ우리 학교 학생회에서는 학생들의 언어생활 개선을 위해 지난 5월 11일부터 5월 18일까지 매일 등교 시간에 교문에서 언어폭력 없는 학교 만들기 캠페인을 벌이고 5월 18일 자치 활동 시간에 교실과 운동장에서 전교생이 참여하는 "나쁜 말 버리고 좋은 말 품기" 행사를 개최했다.

ㄴ이 행사에서는 먼저 전교생이 욕설이나 은어를 무분별하게 사용하는 언어생활의 개선을 위한 공익 광고를 보고, 그다음 언어폭력을 당해 피해를 호소하는 여러 학생들의 인터뷰를 보았다. 그리고 '상처가 되는 말'과 '듣고 싶은 말'을 종이에 적은 다음, 종이비행기를 접어 운동장으로 날리는 퍼포먼스 활동을 했다. ㄷ학생들이 날린 종이비행기에는 '너가 뭔데.', '너 같은 건 필요 없어.', '넌 할 수 있어.', '너가 자랑스러워.' 등이 적혀 있었다.

ㄹ학생회에서는 종이비행기에 적힌 '상처가 되는 말'과 '듣고 싶은 말'을 분류하여 학교 게시판과 홈페이지에 게시하고 정기적으로 언어 순화 활동을 펼치겠다고 했다. ㅁ이 활동에 대해 여러 선생님과 학생들은 인터넷, 휴대 전화, 누리 소통망 서비스 상에서 욕설이나 은어를 사용하여 감정이나 생각을 여과 없이 표현하는 언어생활을 개선하는 데 기여할 수 있을 것이라는 반응을 보였다.

― 이○○ 기자

01

🔘 9540-0159

(가)와 (나)에 대한 이해로 가장 적절한 것은?

① (가)는 문제 상황에 대한 해설을 통해, (나)는 문제 상황에 대한 분석을 통해 문제의 원인을 규명하고 있다.
② (가)와 달리 (나)는 표제와 부제를 통해 욕설이나 은어의 사용으로 초래되는 문제점을 구체적으로 제시하고 있다.
③ (가)와 달리 (나)는 구어적 성격이 강한 문체를 사용하여 매체 수용자에게 고운 말 쓰기의 필요성을 주지시키고 있다.
④ (나)와 달리 (가)는 음성 언어를 사용하여 욕설과 은어의 사용이 대인 관계에 미치는 부정적 영향을 지적하고 있다.
⑤ (나)와 달리 (가)는 문자 언어와 시각적 이미지의 결합을 통해 매체 수용자가 고운 말을 쓰도록 설득하기 위한 메시지를 제시하며 끝을 맺고 있다.

02 대표 유형

● 9540-0160

〈보기〉를 참고하여 (가)의 광고에 대해 판단한 내용으로 적절하지 <u>않은</u> 것은?

┌─ 보기 ├─

　　광고에서 수용자의 주의를 끄는 것은 광고의 성공을 위한 필수 조건이다. 수용자의 주의를 끈 다음에 광고의 생산자는 자기의 생각에 수용자가 공감하도록 만드는 내용을 전개한다. 이 과정에서 문제를 제기하고 구체화하며 문제에 대한 해결 방안을 제시하여 수용자와 공감을 형성한다.

① 장면 ❶, ❷에서 일상의 시끄러운 상황을 제시하는 것은 수용자의 주의를 끄는 역할을 하고 있다고 볼 수 있겠어.

② 장면 ❸에서 욕설이나 은어를 쓰지 않고 말해 보라는 과제를 제시하는 것은 문제 제기를 위한 것이라고 볼 수 있겠어.

③ 장면 ❶, ❷에서의 모습과 대비되도록 ❹, ❺에서 말을 잇지 못하는 모습을 제시하는 것은 문제를 구체화하는 역할을 하고 있다고 볼 수 있겠어.

④ 장면 ❻, ❼에서 '어서 말을 해'라는 노랫말을 반복적으로 제시하는 것은 문제의식을 바탕으로 해결 방안을 제시하는 역할을 하고 있다고 볼 수 있겠어.

⑤ 장면 ❽에서 성우의 내레이션과 함께 자막으로 "당신은 어떻습니까?"를 제시하는 것은 수용자가 문제에 대해 공감하도록 만들기 위한 것이라고 볼 수 있겠어.

03

● 9540-0161

(나)의 언어적 특성을 고려할 때, ㉠~㉤에 대한 설명으로 적절하지 <u>않은</u> 것은?

① ㉠: 부사구를 활용하여 캠페인과 행사의 목적, 시간, 장소 등을 구체적으로 제시하였다.

② ㉡: 담화 표지를 사용하여 시간적 순서에 따라 행사의 프로그램들을 소개하였다.

③ ㉢: 피동 표현을 사용하여 종이에 적힌 말들을 주어로 삼음으로써 그 내용을 부각하였다.

④ ㉣: 연결 어미를 사용하여 앞 절과 뒤 절이 인과 관계로 이어짐을 나타내었다.

⑤ ㉤: 간접 인용 표현을 써서 학생회의 활동에 대한 학교 구성원들의 기대를 전달하였다.

22 매체에 관한 태도

매체 자료의 비판적 수용과 매체 문화의 발전을 위한 노력

■ (가)는 학생 A의 매체 생활 관찰 보고서이고, (나)는 학생 A가 매체를 통해 조사한 자료이다. 물음에 답하시오.

가

일주일간의 매체 생활 관찰 보고서

이용한 매체	내가 생산한 매체 자료	자료에 나타나는 매체 언어의 특성
블로그	내가 다녀온 음식점을 소개하고 음식 맛에 대한 생각을 적은 글과 음식 사진을 올림.	사진을 여러 장 활용하였으며, 줄임말과 그림말을 많이 사용함.
휴대 전화 문자 메시지	친구들, 가족들과 일상 속 즐거웠던 일에 대해 대화함.	친구들과 대화할 때 줄임말, 유행어, 비속어를 여러 차례 사용함.
누리 소통망 서비스	학교생활을 촬영한 사진과 동영상, 간단한 소개 글을 게시함.	글이 대체로 짧으며, 사진과 동영상이 게시물의 대부분을 이룸.
인터넷 게임 커뮤니티 게시판	재미있는 스마트폰 게임의 선정 기준에 대한 나의 생각과 내가 잘하는 스마트폰 게임 정보를 적은 글, 관련 사진, 동영상 등을 게재함.	커뮤니티에서 유행하는 말투를 사용함. 게시물을 보는 사람들이 이해하기 쉽게 사진과 동영상을 활용하여 게임 관련 내용을 설명함.

이용한 매체	다른 사람이 생산한 매체 자료 중 내가 수용한 자료	자료에 나타나는 매체 언어의 특성
인터넷 신문	청소년기에 척추 건강을 지키기 위해 유의해야 할 점을 제시한 기사문	문어체 및 어법에 맞는 문장을 사용하였으며 인용 표현이 많음.
블로그	내가 알고 싶어 하는 음악의 역사를 설명해 놓은 글	친근한 말투로 설명이 되어 있고, 음악 관련 전문어가 많이 사용됨.
텔레비전	내가 응원하는 야구팀의 야구 경기 중계방송	감탄사가 많이 사용됨.

나

1

- 기자는 사실과 의견을 명확히 구분하여 보도 기사를 작성해야 한다. 또한 기자는 편견이나 이기적 동기로 보도 기사를 고르거나 작성해서는 안 된다.
- 기자는 경합 중인 사안을 보도할 때 어느 한쪽의 주장을 편파적으로 보도하지 않는다. 여론 조사 등을 바탕으로 보도할 경우 그 조사의 신뢰성에 대한 근거를 분명히 밝혀야 한다.
- 기자는 출처가 분명치 아니하거나 확인되지 않은 사실을 부득이 보도할 경우 그 점을 분명히 밝혀야 한다.
- 재난이나 대형 사건 등을 보도할 때 상황과 상관없는 흥미 위주의 보도를 지양하고 자극적이거나 선정적인 용어는 사용하지 않는다. 재난 및 사고의 피해자, 희생자 및 그 가족의 명예나 사생활 등 개인의 인권을 침해하는 일이 없도록 유의해야 한다.

  － 한국신문윤리위원회, 「신문 윤리 실천 요강」 제3조 보도 준칙에서

2

- 인터넷에서 떠도는 글, 그림, 사진 등을 내 누리집에 옮기기
- 공유 사이트, 웹 하드 등에서 자료 주고받기
- 영화·음악 파일을 게시판 자료로 올리기
- 컴퓨터 프로그램을 복제하여 친구들에게 나눠 주기
- 내가 가진 음악 파일을 개인 누리집이나 블로그에 대가 없이 배경 음악으로 쓰기
- 인터넷 자료를 그대로 옮겨서 내 것인 양 학교 과제로 제출하기
- 학습 자료를 스캔해서 학교 누리집에 올리기

  － 한국저작권위원회, 「이럴 때 저작권 침해」에서

● 9540-0162

01 (가)를 통해 매체 언어에 대해 알 수 있는 내용으로 적절하지 않은 것은?

① 필요한 지식과 정보를 습득할 수 있게 해 준다.
② 즐거움을 주고 취미 활동을 할 수 있게 해 준다.
③ 타인과 친교 관계를 유지해 나갈 수 있게 해 준다.
④ 자신의 의견을 다양한 방식으로 표출할 수 있게 해 준다.
⑤ 자신이 속한 집단이 발전해 나가야 할 청사진을 제공해 준다.

개념 탄탄 이것만은 꼭 알고 가자!

■ **현대 사회에서 매체를 올바르게 사용하는 태도의 필요성**

현대 사회에서 매체는 개인적·사회적 의사소통을 위한 중요한 수단으로 기능하므로 매체 언어가 의사소통과 인간관계에 미치는 영향을 고려하여 올바르게 매체를 사용하는 태도를 지녀야 합니다.

■ **관점과 가치를 고려한 매체 자료의 수용**

텔레비전, 신문	• 특정한 사건이나 쟁점에 관심을 두고 그 문제를 집중적으로 보도함. • 특정한 사건이나 쟁점을 선별하고 보도하는 과정에서 매체 자료를 생산하는 주체의 관점과 가치가 작용함.
인터넷 기반의 매체	• 개인적 활용도가 높아 매체 자료 생산이 쉬움. → 개인의 다양한 관점과 가치가 담길 수 있음. • 생산자와 수용자 간의 상호 작용이 활발하여 매체 자료와 댓글, 댓글과 댓글 간에 관점과 가치의 차이가 많이 드러남.

⇒ 매체 자료에는 특정한 관점과 가치가 반영된 경우가 많기 때문에 주체적이고 비판적인 수용 태도가 필요합니다.

■ **매체 자료의 비판적 수용을 위한 점검 항목**

매체 언어는 현실을 바라보는 특정한 관점을 구성할 수 있으므로 매체 자료의 숨은 의도와 가치를 읽어 낼 수 있어야 합니다. 이를 위해 다음의 점검 항목을 참고하여 매체 자료를 비판적으로 수용할 수 있어야 합니다.

① 매체 자료의 출처는 어디이며, 생산자는 누구인가?
② 매체 자료의 내용은 객관적인 사실에 근거하고 있는가?
③ 생산자가 대상이나 사건을 바라보는 관점은 무엇인가?
④ 매체 자료의 내용은 누구의 이해관계와 관련되어 있는가?
⑤ 강조하거나 드러내려 하는 정보는 무엇이고, 누락된 정보는 무엇인가?

■ **매체 언어의 점검과 개선을 통한 매체 문화의 발전**

• 타인에 대한 비방, 개인 정보의 유출 등을 하지 않고 상대를 배려하여 예의를 갖춘 언어를 사용해야 함.
• 표절이나 불법 복제 등 지적 재산권을 침해해서는 안 됨.

⇒ 바람직한 매체 문화의 발전에 이바지

◯ 9540-0163

02 (나)를 참고하여 (가)의 매체 자료 생산과 수용에 대한 점검 계획을 세웠을 때, 적절하지 <u>않은</u> 것은?

① 음악의 역사에 관한 글이 다른 블로그에서 임의로 가져온 것이 아닌지 출처를 확인해 봐야겠어.

② 블로그에 음식 맛을 평가하는 내용을 적을 때 평가의 객관적인 기준을 제시했는지를 확인해 봐야겠어.

③ 게임 커뮤니티 게시판에 올린 사진, 동영상이 저작권자의 권리를 침해한 것은 아닌지 점검해 봐야겠어.

④ 청소년기의 척추 건강에 관한 기사문에서 사실과 의견을 명확히 구분하고 기사 내용의 타당성에 대해 판단해 봐야겠어.

⑤ 블로그, 문자 메시지, 커뮤니티 게시판 등에서 줄임말, 유행어, 비속어 등을 사용한 것이 정보 공유의 적법성을 해치는 것은 아닌지를 확인해 봐야겠어.

풀이 탄탄 여러 준거를 고려하여 매체 자료 생산과 수용의 적절성을 판단하라!

1단계	점검 기준을 고려하여 매체 자료를 생산하고 수용함으로써 매체 문화의 발전에 이바지할 수 있는지를 묻고 있는 문항입니다. **점검 기준을 이해하고, 그 기준에 따라 매체 자료의 생산과 수용의 적절성 여부를 판단**할 수 있어야 합니다.
2단계	(나)에서는 매체 자료를 생산하고 수용할 때 참고해야 할 내용을 제시하고 있으므로 그 내용으로부터 **점검 기준을 파악**해야 합니다. (나)를 통해, 자신이 생산하는 매체 자료가 공정한 것인지, 신뢰할 만한 자료인지, 자신이 생산하는 매체 자료가 타인에게 상처가 되거나 피해를 입히지는 않는지, 자신이 생산하는 매체 자료가 타당한 내용을 담고 있는지, 타인이 생산한 매체 자료를 아무런 표시나 허락 없이 사용하고 있는 것은 아닌지, 타인이 생산한 매체 자료의 내용을 무분별하게 수용하는 것은 아닌지 등을 점검해야 함을 알 수 있습니다.
3단계	(나)로부터 점검 기준을 파악해 그 내용을 이해했으면 **점검 기준을 (가)에 적용**해야 합니다. (가)를 보면, 학생 A는 블로그에서 줄임말을 사용했으며, 문자 메시지를 주고받을 때 줄임말, 유행어, 비속어 등을 사용했습니다. 그리고 게임 커뮤니티 게시판에서 유행하는 말투를 사용했습니다. 이러한 매체 언어의 사용은 언어 사용의 측면에서 성찰의 대상이 되는 것이지, 정보 공유의 적법성을 해치는 것은 아닌지를 검토하는 대상이 되는 것이 아닙니다.

[01~02] (가)는 블로그의 일부이고, (나)는 라디오 방송 대담의 일부이다. 물음에 답하시오.

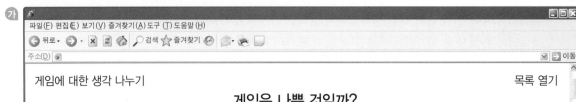

게임에 대한 생각 나누기 　　　　　　　　　　　　　　　　　　　　　　목록 열기

게임은 나쁜 것일까?

Ⅰ. 게임이란?

이야기, 음악, 미술, 디자인이 어우러지는 종합 예술이자 최신 기술력을 요구하는 첨단 기술의 총아

Ⅱ. 게임의 순기능은?

① 최근 많은 아이들이 스마트폰 게임을 즐기면서 타자를 치며 스스로 한글을 공부하고, 누가 알려 주지 않아도 스스로 첨단 기기 사용 방법을 깨우치고 있다는 점에서 자기 학습을 유도하는 콘텐츠의 성격을 지니고 있음.

② 과중한 학업으로 바쁜 일상으로 힘든 학생들에게 게임은 스트레스를 해소하는 방법이 된다는 점에서 정신 건강을 유지하는 데 도움을 줌.

Ⅲ. 게임 중독은 별도의 질환?

게임 중독이 하나의 질환으로 인정되기 위해서는 다른 질환과 차별화되는 고유 패턴이 있어야 함. 그러나 게임 중독은 다른 질환으로 모든 설명이 가능하고 별도의 질환으로 구분할 수 없음.

> ** 게임 중독이란 말의 사용에 대한 생각
> 질환을 연상시키는 '게임 중독'이란 말을 사용하는 것은 적절하지 않다. '게임 중독'이란 말 대신 게임을 편중되게 이용한다는 의미를 나타낼 수 있는 '게임 편용'이라는 새말을 사용하는 것이 적합하다.

사회자: 오늘 이 시간에는 ○○대 정신 건강 의학과 이□□ 교수님을 모시고 행위 중독 문제에 대해 말씀을 나누겠습니다. 방송 중에 청취자분들께서 질문이나 의견을 주시면 그에 대해서도 교수님과 이야기를 나누겠습니다. 교수님, 안녕하세요?

이 교수: 네, 안녕하세요?

사회자: '행위 중독'이란 말이 조금 어려운데요. 이 말의 의미부터 말씀해 주시죠.

이 교수: 행위 중독이란 특정 행위에 따른 만족 경험과 강력한 기억, 다시 그 보상을 경험하기 위한 반복적 행동이 부정적 결과를 초래하는데도 그만두지 못하고 강박적으로 지속되는 질환이라고 할 수 있습니다. 대표적으로 인터넷 중독, 게임 중독 등이 행위 중독에 해당됩니다. 이러한 행위 중독은 특히 청소년에게 미치는 부정적 영향이 크기 때문에 그에 대한 폭넓은 관심과 적절한 관리 노력이 절실합니다.

사회자: 행위 중독을 예방하고 치유하기 위한 적절한 관리 대책이 필요하다는 말씀이시군요.

이 교수: 맞습니다. 행위 중독 관리를 위한 좀 더 체계적인 국가 정책이 필요합니다.

사회자: 청취자께서 의견을 주셨습니다. 게임이 나쁘기만 한 것이 아닌데, 게임 중독이라는 말 자체가 게임을 부정적인 것으로만 인식하게 만든다는 의견을 주셨네요.

이 교수: 행위 중독 관리를 주장하는 어떠한 연구자도 게임 산업의 위축을 바라지 않으며 게임의 긍정적 측면을 부정하지 않습니다. 다만 긍정적 측면과 함께 존재하는 폐해에 대해 적절한 대책을 마련해 시행하는 것이 중요하다고 여길 뿐입니다.

사회자: 긍정적 측면과 부정적 측면을 구별해야 한다는 말씀이시군요. 그렇다면 행위 중독이 청소년에게 미치는 부정적 영향으로는 어떤 것이 있을까요?

이 교수: 최근 청소년의 중독 문제를 분석한 국내 한 연구에 따르면 청소년기의 게임 중독이 초기 성인기의 과음 및 흡연과 밀접하게 연관되는 것으로 분석되었습니다. 이와 같은 결과는 효과적인 정책을 통해 청소년의 게임 중독을 예방하기 위한 사회 환경과 제도를 시급히 개선해야 함을 나타냅니다.

01

○ 9540-0164

(가)와 (나)에 대해 이해한 내용으로 가장 적절한 것은?

① (가)에 비해 (나)는 유사한 관심을 가진 매체 수용자들이 특정 내용에 관해 쌍방향으로 소통하는 것이 수월하다.

② (가)와 달리 (나)는 글, 사진, 동영상, 음악을 동시에 복합적으로 활용하여 의미를 구성하는 것이 가능하다.

③ (나)에 비해 (가)는 정보 수용자들에게 전달하고자 하는 정보를 구성할 때 시간과 공간의 제약을 많이 받는다.

④ (나)와 달리 (가)는 정보의 생산과 수용이 동시에 이루어져 정보 수용자들에게 그들이 원하는 정보들을 실시간으로 전달하는 것이 가능하다.

⑤ (가)의 내용은 블로그를 이용하는 사람들의 선택을 전제로 전달될 수 있지만, (나)의 내용은 라디오를 청취하는 불특정 다수에게 임의로 전달될 수 있다.

02 대표 유형

○ 9540-0165

〈보기〉를 참고하여 (가)와 (나)에 대해 판단한 내용으로 적절하지 않은 것은?

┤ 보기 ├

매체 자료에는 다양한 관점과 가치가 담길 수 있기 때문에 매체 자료를 수용할 때는 매체 자료에 반영된 관점과 가치를 파악하고 매체 자료가 전달하는 의미를 비판적으로 수용할 필요가 있다. 매체 자료를 비판적으로 수용할 때는 매체 자료의 목적이나 의도는 무엇인가, 매체 자료의 내용은 객관적인 사실에 근거해 신뢰할 수 있으며 그 내용은 타당한가, 매체 자료에 반영되어 있는 관점은 무엇인가, 매체 자료의 내용은 누구의 이해관계와 관련되어 있는가 등을 고려해야 한다.

① (가)에서 게임을 정의하고 있는 내용을 통해 (가)의 생산자가 긍정적인 관점에서 게임을 다양한 예술적 요소를 갖춘 것으로 생각하고 있다고 볼 수 있어.

② (가)에서 게임을 자기 학습을 유도하는 콘텐츠의 성격을 지닌 것으로 제시한 것은, 근거가 되는 사례를 제시하고 있다는 점에서 신뢰할 만한 내용이라고 볼 수 있어.

③ (나)에서 이 교수와의 행위 중독에 대한 대담을 제시한 데에는 행위 중독을 관리하기 위한 정책의 필요성을 알리기 위한 목적이 반영되어 있다고 볼 수 있어.

④ (나)에서 청소년기의 중독 문제를 분석한 연구 결과를 인용한 것은, (나)의 내용이 게임의 순기능을 부정하는 입장의 이해관계와 관련 있음을 나타낸다고 볼 수 있어.

⑤ (가)에서 게임 중독을 별도의 질환으로 인정하지 않는다고 한 것에 대해 행위 중독을 질환으로 보는 (나)의 관점에서는 타당하지 않다고 평가할 수 있어.

[01~03] (가)는 학생회 학생들이 자선 장터의 준비를 위해 휴대 전화 메신저로 나눈 대화이고, (나)는 (가)를 바탕으로 작성한 동영상 제작 계획이다. 물음에 답하시오.

(가)

철호: 자선 장터 준비를 시작해야 할 때가 됐어. 그래서 ㉠자선 장터에서 판매할 물품을 기증받는다는 내용과 자원봉사자를 모집한다는 내용을 담은 홍보물을 만들려고 해. 그에 대한 얘기를 해 보자.

미영: 작년에는 우리 학교 선생님들과 학생들만을 대상으로 삼아 홍보물을 만들었잖아. ㉡올해는 학부모님들도 홍보 대상에 추가하는 것이 어때?

준서: 완전 동의. ㅎㅎ 그렇게 하면 기증 물품이 많아져서 장터가 더 풍성해질 것 같아 ~ ^o^

철호: 좋아. 그럼 홍보물에 어떤 내용을 담을지 생각해 보자.

희수: ㉢기증이 가능한 물품의 종류, 기증 방법과 기간, 자원봉사자가 할 일, 자원봉사자 신청 방법과 기간 등을 담으면 되지 않을까?

미영: 선생님들과 학생들은 자선 장터에 대해 잘 알고 있지만, ㉣학부모님들은 어떤 행사인지 잘 모를 수 있으니까 장터의 목적, 수익금 사용 계획 등도 밝히는 것이 좋겠어.

준서: 나도 동의. ㅎㅎ 'ㅧㅧㅧ 돌봄 센터' 등 지역의 복지 시설들에 수익금이 기부되는 것을 알리면, 많은 학부모님들이 그 취지에 동참하셔서 좋은 물품을 많이 기증하실 것 같아. ㉤수익금 사용 계획을 알리면서 지난 3년간 기부한 금액을 제시하도록 하자.

철호: 좋은 생각이야.(^_^) 홍보물은 어떤 형식으로 제작할까?

미영: 작년에는 인쇄물로 제작했는데, 홍보 효과가 제한적이었어. 올해는 학부모님들에게까지 홍보를 해야 하니까 동영상을 제작해 학교 누리집과 누리 소통망을 통해 홍보하면 어떨까?

희수: 학부모님들이 누리집을 많이 이용하시더라. 누리집에서는 누구나 쉽게 동영상을 시청할 수 있어 홍보 효과가 크겠어. 누리 소통망의 네트워크도 홍보 효과를 높이는 데 큰 도움을 주겠어.

준서: 좋아.^^ 그런데 동영상 외에 교실마다 있는 학급 게시판에 붙일 홍보 포스터도 만들면 좋겠어.

희수: 그러면 더 효과적으로 홍보할 수 있겠다.

미영: 동영상에는 작년 행사 영상을 제시하고 자막을 넣자. 그리고 포스터에도 작년 행사 사진을 넣도록 하자.

철호: 좋아. 계획안을 작성해서 함께 열심히 만들어 보자~ ㄴ(^^)ㄱ

나 자선 장터 홍보를 위한 동영상 제작 계획

#1	제7회 ○○고 자선 장터 물품 기증과 자원봉사로 장터에 사랑을 채워 주세요.	• **배경**: 작년 자선 장터 사진 • **효과**: 어구 단위로 제목의 글자가 차례대로 나타나게 함. '물품 기증', '자원봉사'는 색을 달리 해 강조함.
#2		• 학생회장이 자선 장터의 목적을 간략하게 소개함. • 학생회장 말의 핵심 내용을 자막으로 제시함.
#3	＊ 기증 가능 물품: ××, ×××, ×××× 등 ＊ 기증 방법: ×××××××××××××× ＊ 기증 기간: ××월 ××일 ~ ××월 ××일 (……)	• 화면에 기증 가능한 물품의 종류, 기증 방법과 기간, 자원봉사자 신청 방법과 기간을 안내하는 내용을 차례대로 제시함.
#4		• 자원봉사를 했던 학생의 인터뷰를 제시함. • 자원봉사 활동의 내용과 보람에 대해 말을 해 달라고 요청함.
#5		• 학생회장이 장터 수익금 사용 계획을 간략하게 소개한 후, 수익금 기부 대상인 지역의 복지 시설 모습을 하나씩 보여 줌.
#6		• 막대그래프를 활용하여 지난 3년간의 연도별 기부 금액과 3년간의 기부 총액을 보여 줌.
#7	자선 장터의 성공적인 개최를 위해 선생님, 학부모님, 학생 여러분의 적극적인 참여를 부탁드립니다.	• 선생님, 학부모님, 학생들에게 전하는 당부의 말을 제시하면서 마무리함. • **효과**: 어구 단위로 글자가 나타나게 함.

01

9540-0166

(가)의 대화에 대한 설명으로 가장 적절한 것은?

① '철호'는 불특정 다수에게 대량의 정보를 전하는 방식으로 의사소통하고 있다.
② '희수'는 홍보 대상자의 특성과 홍보 매체의 특성을 근거로 홍보 효과를 예상하고 있다.
③ '준서'는 한글 자음자로 된 기호를 활용하여 상대의 제안에 반대한다는 뜻을 나타내고 있다.
④ '미영'은 의사소통 대상의 특성을 고려하여 작년에 이루어진 홍보의 문제점을 지적하고 있다.
⑤ '준서'와 '철호'는 모두 그림말을 활용하여 행사 준비에 임하는 자신들의 의지와 태도를 강조하고 있다.

02

9540-0167

㉠~㉤을 바탕으로 세운 홍보물 제작 계획 중 (나)에 반영되지 않은 것은?

① ㉠에서 언급된 물품 기증과 자원봉사자 모집에 관한 내용을 담고 아울러 설득의 목적이 드러나도록 제목을 정하여 첫 화면에 제시한다.
② ㉡에서 언급된 홍보 대상 추가와 관련하여 학생회장의 설명을 통해 학부모님들의 물품 기부 참여가 자선 장터를 더 풍성하게 만든다는 설명을 전달한다.
③ ㉢에서 언급된 내용 중 자원봉사자가 할 일을 제시할 때 자원봉사에 참여했던 학생의 인터뷰를 통해 자원봉사 활동의 내용과 함께 그 활동을 통해 느꼈던 보람을 전달한다.
④ ㉣에서 언급된 내용 중 수익금 사용 계획을 제시할 때 자선 장터 수익금의 기부 대상인 지역 복지 시설들의 모습을 보여 주면서 자막으로 시설명을 제시한다.
⑤ ㉤에서 언급된 지난 3년간 기부한 금액을 제시할 때 그래프와 같은 시각 자료를 활용하여 각 연도별 기부 금액과 기부 총액을 나타내 보여 준다.

03

○ 9540-0168

〈보기〉는 (가)의 대화에 참여한 학생들이 함께 제작한 포스터이다. (나)를 바탕으로 제작한 동영상(A)과 〈보기〉의 포스터(B)를 비교한 내용으로 가장 적절한 것은?

─┤ 보기 ├─

제7회 ○○고 자선 장터

함께 나누는 기쁨
함께 채우는 사랑

자선 장터에서 판매할 물품을 기부 받습니다. 그리고 자선 장터에서 활동할 자원봉사자를 모집합니다.

☐1 물품 기증 안내
  • 기증 가능 물품: ××, ×××, ×××× 등
  • 기증 방법: ×××××××××××××××××
  • 기증 기간: ××월 ××일 ~ ××월 ××일
☐2 자원봉사 신청 안내
  • 신청 방법: ××××××××××××××××××
  • 신청 기간: ××월 ××일 ~ ××월 ××일
○○고등학교 학생회

① A는 영상, 소리, 문자 언어 등이 복합되어 물품 기증과 자원봉사 신청을 안내한다는 점에서 B에 비해 복합 양식적인 특성이 강하다고 할 수 있다.

② A는 대구와 같은 표현 방식을 사용해 자선 장터의 목적을 자막으로 간결하게 제시하고 있다는 점에서 B에 비해 다양한 표현 전략을 사용하고 있다고 할 수 있다.

③ B는 물품 기증과 자원봉사 신청에 대해 안내하는 내용을 항목별로 정리해 제시하고 있다는 점에서 A에 비해 정보의 전파력이 강하다고 할 수 있다.

④ B는 사진을 중심으로 자선 장터의 의미에 대한 정보를 전달하고 있다는 점에서 A에 비해 활용할 수 있는 매체 언어의 종류가 다양하다고 할 수 있다.

⑤ B는 동적인 성격의 매체 언어를 사용하여 홍보물 제작의 목적을 직접적으로 밝히고 있다는 점에서 A에 비해 의사소통의 목적에 대한 명시성이 높다고 할 수 있다.

[04~05] (가)는 인터넷 포털 사이트에서 뉴스를 검색한 화면이고, (나)는 블로그의 일부이다. 물음에 답하시오.

가

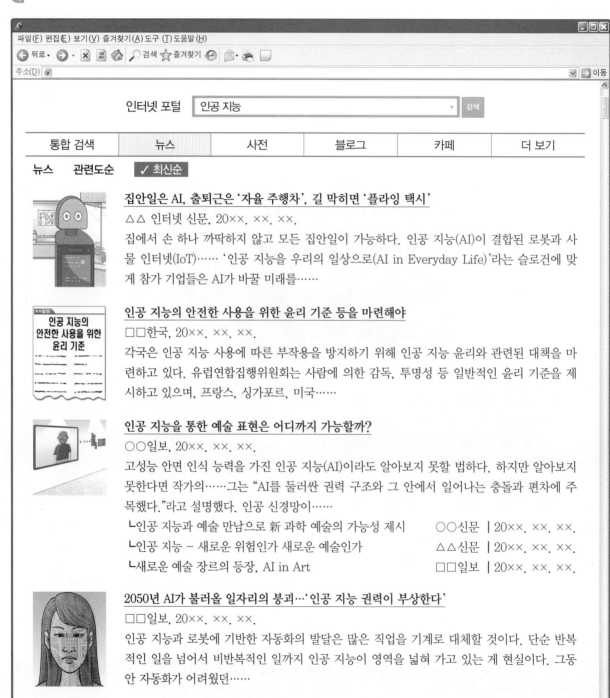

파일(F) 편집(E) 보기(V) 즐겨찾기(A) 도구(T) 도움말(H)

뒤로 · · ✕ 검색 즐겨찾기

주소(D) 이동

인공 지능으로 코로나-19에 맞서다

20××. ××. ××. 15:39   URL 복사 + 이웃 추가 ⋮

인공 지능(AI)의 활용 분야가 더욱 넓어지면서 그 중요성이 날로 커지고 있습니다. 코로나-19의 팬데믹 상태가 지속됨에 따라, 전 세계적으로 관련 연구가 활발히 진행되고 있는데, 인공 지능을 활용하여 질병에 대응하는 것도 높은 관심을 받고 있어요. 왜냐하면 인공 지능이 시급한 대처가 필요한 전염성 바이러스에 빠르고 효율적인 대응을 가능하게 해 주기 때문입니다. 인공 지능은 질병의 확산 상황 및 대응 정보를 수집·제공하고, 환자 진단과 치료제를 발굴하고 개발하는 등 코로나-19의 발생부터 치료까지 활용이 가능합니다. 다음 표는 코로나-19 위기 단계별 인공 지능 적용 예시입니다.

〈코로나-19 위기 단계별 인공 지능 적용 예시〉

연구 가속화 (Accelerating research) 개방 데이터 프로젝트 및 분산 컴퓨팅을 통해 약물 및 백신 개발 등 AI가 주도하는 대유행 솔루션 발굴	추적 (Detection)	조기 경보 (Early warming) 이상 징후 및 디지털 '스모크 시그널' 감지 (예) BlueDot	진단(Diagnosis) 의학 영상과 증상 데이터를 사용한 패턴 인식 (예) CT 스캔	
	예방 (Prevention)	예측(Prediction) 개인별 감염 확률 계산 (예) EpiRisk	감시(Surveillance) 실시간 감염 모니터링 및 추적 (예) 접촉자 추적 조사	정보 전달(Information) 잘못된 정보에 대처하기 위한 개인별 맞춤 뉴스와 콘텐츠 조절 (예) 소셜 네트워크 활용
	대응 (Response)	전달(Delivery) 물자 운송 드론 및 병원 등 노출 고위험 업무 로봇 (예) CRUZR 로봇	서비스 자동화(Service automation) 환자 분류를 위한 가상의 어시스턴트 및 챗봇 배포 (예) 캐나다 COVID-19 챗봇	
	회복 (Recovery)	모니터(Monitor) 인공위성, GPS, 소셜 미디어 데이터를 통해 경제 회복 추적 (예) WeBank		

출처: 코로나-19를 극복하기 위한 글로벌 인공 지능 프로젝트(한국정보화진흥원)

#코로나 #인공 지능 #AI #머신 러닝 #팬데믹

👍 84   💬 17

이 블로그 인기 글	전체 글 보기
AI, 로봇이 의식을 갖게 할 수 있을까(3)	20××. ××. ××.
코로나-19에 맞서 싸우는 인공 지능 이야기(5)	20××. ××. ××.
디지털 범죄? 인공 지능과 빅 데이터가 지금 잡으러 갑니다!(4)	20××. ××. ××.
알파고가 바둑을 터득한 비결은?(4)	20××. ××. ××.

완료   인터넷   100%

04

9540-0169

(가)와 (나)의 공통점으로 가장 적절한 것은?

① 링크로 연결되어 있는 정보들을 이용하여 지식을 확장시킬 수 있다.
② 여러 사람들이 동시에 협력적인 소통을 통해 정보를 생산할 수 있다.
③ 수용자가 문자 해독 능력에 영향을 받지 않고 정보의 수용이 가능할 수 있다.
④ 정보 생산자와 수용자 간에 직접적인 소통을 통해 대량 정보가 전달될 수 있다.
⑤ 여러 정보 생산자가 정보 생산 과정에서 실시간으로 필요한 정보를 주고받을 수 있다.

05

9540-0170

〈보기〉를 참고하여 (가)와 (나)에 대해 판단한 내용으로 적절하지 않은 것은?

┤ 보기 ├

　매체를 통해 전달되는 정보의 구체적 형태를 매체 자료라고 한다. 각각의 매체 자료에는 매체의 특성에 맞는 매체 언어가 사용되어 있다. 매체 언어는 매체를 활용하여 생각, 느낌 등을 표현하거나 전달하는 언어로, 음성, 문자, 소리, 이미지, 동영상 등을 일컫는다. 이러한 매체 언어의 기능, 의미 등을 파악하는 것은 매체 자료를 비판적으로 수용하는 데 필요하다. 매체 언어의 기능, 의미 등을 파악할 때는 매체 자료에 반영되어 있는 관점을 고려해야 하며, 제시되는 정보들의 배열, 자료의 출처 등을 확인하고, 객관적인 근거에 의해 정보의 신뢰성과 타당성도 판단할 수 있어야 한다.

① (가)에서 이미지가 매체 언어로 사용되어 있는데 이미지가 인공 지능에 관한 해당 기사의 주요 내용과 관련이 있는 것인지 고려할 필요가 있겠어.
② (가)에서 인공 지능이 미래에 초래할 결과에 대해 부정적 관점을 보여 주는 기사들이 검색 결과로 제시되지 않은 이유를 파악해 봐야겠어.
③ (가)에서 기사들이 최신순으로 배열되어 있는데 인공 지능에 대해 필요한 정보를 효율적으로 얻기 위해 순서를 재배열하여 활용할 필요가 없는지 확인해 봐야겠어.
④ (나)에서 전염병 바이러스에 대한 대처와 관련하여 인공 지능을 중시하고 있는데 객관적인 근거에 기반하고 있는 관점인지 확인해 봐야겠어.
⑤ (나)에서 '코로나-19 위기 단계별 인공 지능 적용 예시'로 제시한 표의 출처에 대해 확인하여 정보의 신뢰성을 점검할 필요가 있겠어.

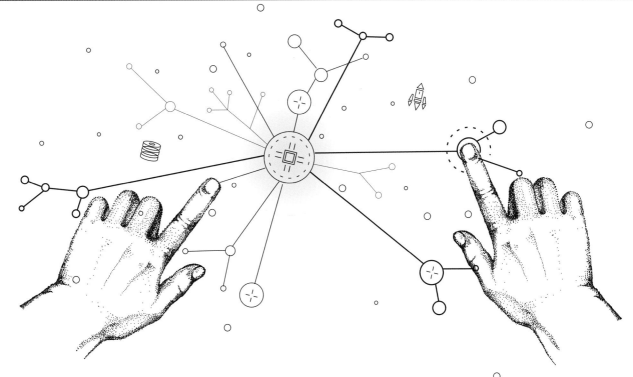

올림포스

[국어, 영어, 수학의 EBS 대표 교재, 올림포스]

2015 개정 교육과정에 따른 모든 교과서의 기본 개념 정리

내신과 수능을 대비하는 다양한 평가 문항

수행평가 대비 코너 제공

국어, 영어, 수학은 EBS 올림포스로 끝낸다.

[올림포스 16책]

국어 영역 : 국어, 현대문학, 고전문학, 독서, 언어와 매체, 화법과 작문

영어 영역 : 독해의 기본1, 독해의 기본2, 구문 연습 300

수학 영역 : 수학(상), 수학(하), 수학Ⅰ, 수학Ⅱ, 미적분, 확률과 통계, 기하

EBS

정답과 해설

수능 감感 잡기

국어영역

국어

EBS 수능 감(感) 잡기 국어영역 국어

정답과 해설

문학

01 현대시

본문 8~10쪽

01	⑤	02	③

김광균, 「노신」

해제 | 이 시는 예술가로서 시에 대해 갖고 있는 신념과 생활인으로서 겪게 되는 현실적 고통이 서로 충돌하는 순간의 괴로움을 다룬 작품이다. '잠들은 아내와 어린것'을 부양해야 하는 가장인 화자는 '시를 믿고 어떻게 살어가나' 하는 고민으로 잠을 못 자고 있다. 생계의 문제조차 원활히 해결하지 못하고 무수한 시련을 겪으며 추락해 온 삶을 떠올리던 화자는 등불을 켜고 일어나 앉아 쓸쓸한 생각에 잠겨 있다가 문득 중국의 문인 '노신'을 떠올린다. 화자는 상심한 상황에서도 쓸쓸히 앉아 등불을 지키듯 굳세게 살았던 노신과 자기 자신을 동일시함으로써 현실의 고통을 극복하려는 의지를 다져 보고 있는 것이다.

주제 | 생활의 고통으로 인한 고민과 그 극복 의지

01 시어 및 시구의 이해 　　　　　정답 | ⑤

생활고에 시달리는 화자는 중국의 문인인 노신을 떠올린다. 노신은 어려운 상황 속에서도 등불을 지키듯 살았기 때문에 자기 자신과 동일시할 수 있는 존재이며 현재의 상황을 극복할 의지를 갖게 해 주는 대상이다. 따라서 이상과 현실의 괴리로 인한 갈등을 유발하는 대상이라고 감상하는 것은 적절하지 않다.

오답 피하기 | ① '서른 먹은 사내'는 화자 자신을 가리키는 객관적인 표현이다.

② 눈이 오는 깊은 밤 잠들지 못하는 화자가 멀리 기적 소리를 듣고 있는 것으로 시적 분위기가 형성된다.

③ '먹고산다는 것' 때문에 화자는 걱정을 하고 있으며, '언제까지 나를 쫓아오느냐.'는 생활고에 대한 걱정에 끊임없이 시달리고 있음을 나타낸다.

④ 생활고에 대한 걱정 때문에 잠들지 못하는 심정은 일어나 앉아 담배를 피우는 행위로 구체화된다.

02 외적 준거에 따른 작품 감상 　　　　　정답 | ③

화자는 등불의 속삭임이라는 형식을 빌려 '여기 하나의 상심한 사람이 있다. / 여기 하나의 굳세게 살아온 인생이 있다.'라고 말하고 있다. 이때 '상심한 사람', '굳세게 살아온 인생'은 고통스러운 상황에서도 일관된 문학관을 견지했던 노신을 가

리키는 말인 동시에, 현재 고통스러운 상황에 처해 있지만 노신처럼 어려움을 이겨 내려는 화자 자신을 가리키는 말이기도 하다. 따라서 ㉠에서 화자는 자신처럼 고통스러운 삶을 살면서도 일관된 문학적 신념을 견지했던 노신을 떠올리며 그의 의지를 본받으려는 태도를 드러냈다고 볼 수 있다.

오답 피하기 | ① 화자가 현실적인 고통 때문에 문학적 신념을 지키기 어려운 상황에 있음을 토로한 부분은 이 시의 1행인 '시를 믿고 어떻게 살어가나'라고 할 수 있다. ㉠에서는 오히려 자신도 노신처럼, 고난에도 불구하고 문학적 신념을 지키겠다는 다짐을 보이고 있는 것이라고 해석할 수 있다.

② 맥락으로 볼 때, ㉠의 '상심한 사람', '굳세게 살아온 인생'은 민중을 가리키는 것이 아니라 노신, 그리고 화자 자신을 가리키는 것이다. 따라서 ㉠을 민중에 대한 사랑이나 연민으로 볼 수 없다.

④ 화자가 타인에게 수모를 겪은 것을 드러낸 부분은 ㉠이 아니라 '무수한 손에 뺨을 얻어맞으며', '지나는 돌팔매' 같은 시구들이라고 할 수 있다. 또 ㉠은 노신의 신념과 의지를 본받으려는 태도를 드러낸 것이기 때문에 사회의 부조리에 대한 분노 표출로도 볼 수 없다.

⑤ 화자가 문학이 아닌 새로운 길을 택하겠다는 계획을 갖고 있다고 판단할 근거가 없다. 또 화자는 노신이 삶의 방향을 바꾸었다는 것 자체가 아니라, 작가로서의 길을 걸으며 의지를 잃지 않고 문학적 신념을 지켰다는 사실에 가치를 부여하고 있다고 볼 수 있다. 따라서 ㉠을 문학이 아닌 길에 대한 계획을 암시한 것으로 볼 수 없다.

수능의 感 익히기

본문 11~13쪽

01	③	02	④	03	①
04	①				

[01~02]

나희덕, 「땅끝」

해제 | 이 시는 땅끝이라는 공간을 통해 삶의 본질을 탐구하고 있다. '땅끝'은 구체적인 지명으로 봤을 때 화자 '나'가 살아가는 현실적 공간이기도 하고, '나'가 삶의 절망감을 맛보는 상징적 공간이기도 하다. '나'는 어린 시절을 회상하며 '고운 노을'과 '나비'를 쫓던 모습을 떠올린다. 하지

만 '나'는 어른이 된 후로는 그것이 희망이 아니라 절망이 될 수도 있음을 깨닫게 된다. 그런데 절망적인 상황 속에서도 '나'는 삶을 포기하지 않고 버텨 나가는 모습을 유지하고 있으며, 절망 속에서도 오히려 희망을 찾을 수 있다는 삶의 진리를 새롭게 인식하게 된다.

주제 | 절망적인 상황에서 발견한 역설적 희망

01 표현상 특징 파악 정답 | ③

이 시의 4연 3, 4, 6행에서는 '~는 것이'로 끝나는 유사한 형식의 어구를 사용함으로써 운율감을 형성하고 있다.

오답 피하기 | ① 이 시에서는 설의적 표현을 사용하고 있지 않으며, 이를 통해 주제를 강조하고 있지도 않다.

② 이 시의 1연 5행 '삐걱삐걱'에서 음성 상징어를 활용하고 있지만, 이를 통해 화자의 의지를 부각하고 있는 것은 아니다.

④ 이 시에서는 물음을 던지는 형식이 사용되지 않았다.

⑤ 이 시에서는 선경 후정의 방식을 활용하고 있지 않고, 회상의 방식을 통해 화자의 삶에 대한 인식을 드러내고 있다.

02 외적 준거에 따른 작품 감상 정답 | ④

화자는 어린 시절에는 '땅끝'을 긍정적이고 희망적으로 여겼지만, 성장하는 과정에서 이를 부정적이고 절망적인 공간으로 인식하게 된다. 〈보기〉에 따르면 '끝내 발 디디며 서 있는 땅의 끝'이라는 공간은 현실 세계에 대한 화자의 인식이 긍정적인 방향에서 부정적인 방향으로 변화되는 것과 관련이 있으므로 적절한 감상이 아니다.

오답 피하기 | ① 〈보기〉에 따르면 '고운 노을을 보려'는 화자의 태도는 화자가 현실을 긍정적이고 희망적으로 보고 있었다는 인식과 관련된 행동이다.

② 화자는 자신이 보고 싶어 하던 '노을'이 '끝내 어둠에게 잡아먹'히는 상황을 마주하게 된다. 〈보기〉에 따르면 이는 화자가 현실 세계의 부정적이고 절망적인 면들을 경험하게 되는 것과 관련이 있다.

③ 화자는 성장하는 과정에서 위기감을 느낄 정도로 힘들고 극한 상황에 서게 된다. 〈보기〉에 따르면 이러한 경험으로 인해 화자는 현실의 부정적이고 절망적인 요소들을 직면하게 되었다고 하였으므로 '파도가 끊임없이 땅을 먹어 들어오는 막바지'는 화자가 겪었을 현실의 극한 상황과 관련이 있다.

⑤ 화자는 '땅끝'을 절망적인 공간으로만 인식하는 것이 아니라, 늘 젖어 있어서 그 속에 희망적인 요소가 포함되어 있다는 점을 인식하게 된다. 〈보기〉에 따르면 이는 '부정적이고 절망

적인 현실 상황 속에서도 긍정적이고 희망적인 면을 발견할 수 있다는 삶의 깨달음'과 관련이 있다.

[03~04]

㉮ 서정주, 「견우의 노래」

해제 | 이 시는 '견우직녀' 설화를 바탕으로 만남과 이별에 대해 노래하고 있다. 화자 '나'는 견우이고, 시적 대상이자 청자는 직녀이다. 현재 두 사람은 떨어져 있는 상황인데, 이에 대해 화자는 참된 사랑을 키워 나가기 위해서는 오히려 이별과 기다림이 필요하다는 역설적 인식을 드러낸다. 두 사람은 '물살', '바람', '푸른 은핫물' 등의 장애물로 인해 만나지 못하는 상황이지만, 각자의 역할을 충실히 감당하며 만남을 기다리자는 성숙한 사랑의 모습을 보이고 있다.

주제 | 이별을 통해 깨닫게 되는 사랑의 참된 의미

㉯ 김소월, 「초혼」

해제 | 이 시는 사랑하던 사람의 죽음으로 인한 슬픔과, 그 사람에 대한 그리움을 형상화한 작품이다. '초혼'이란 사람이 죽었을 때에, 죽은 사람의 이름을 세 번 부르며 그 혼을 소리쳐 부르는 일을 의미한다. 화자는 사랑하던 사람에게 사랑을 고백하지 못한 것을 안타까워하며 사랑하던 사람과의 영원한 이별에 슬퍼하고 좌절하고 있다. 그리고 이러한 슬픔을 직접적으로 표출함으로써 사랑하던 사람에 대한 그리움을 부각하고 있다.

주제 | 사랑하는 사람의 죽음으로 인한 슬픔과 그리움

03 표현상 특징 파악 정답 | ①

(가)에서는 '이별이', '허이언', '있어야 하네' 등의 시어를 반복하여 운율감을 형성하고 있고, (나)에서는 '이름이어!', '그 사람이어!', '부르노라' 등의 시어를 반복하여 운율감을 형성하고 있으므로 공통점으로 적절하다.

오답 피하기 | ② (가)와 (나)는 모두 공간의 이동에 따라 시상을 전개하고 있지 않고, 이를 통해 화자의 정서 변화를 강조하고 있지도 않다.

③ (가)와 (나)는 모두 설의적 표현을 활용하고 있지 않고, 이를 통해 화자의 정서를 드러내고 있지도 않다.

④ (가)와 (나)는 모두 계절감을 나타내는 시어를 통해 애상적 분위기를 환기하고 있지 않다.

⑤ (가)와 (나)는 모두 실현 불가능한 상황을 설정하고 있지 않고, 이를 통해 시적 긴장감을 조성하고 있지도 않다.

04 시어 및 시구의 의미 파악 정답 | ①

[A]의 '직녀'는 화자인 '나'가 그리워하는 대상이고, [B]의 '그 사람'은 화자인 '나'가 사랑하던 대상이자, 그리워하는 대상이다.

오답 피하기 | ② [B]의 '사슴의 무리'는 화자의 슬픔을 투영한 대상으로 볼 수 있다. 그러나 [A]의 '검은 암소'는 '나'의 직업 및 역할을 보여 주는 소재일 뿐, '검은 암소'에 화자의 감정이 투영되어 있다고 볼 수 없다.

③ [A]의 '번쩍이는 모래밭'은 공간적 정보만을 줄 뿐, 여기에 희망적 이미지는 나타나지 않는다. [B]의 '서산 마루'도 사랑하는 사람의 죽음과 관련된 공간이므로 희망적 이미지가 나타나지 않는다.

④ [A]의 '그대는 비단을 짜세.'에는 '나'가 '직녀'에게 권유하는 태도가 나타날 뿐, 화자의 소극적인 태도는 나타나지 않는다. 그리고 [B]의 '끝끝내 마저 하지 못하였구나.'에는 화자의 소극적 태도로 인한 안타까움이 나타나고 있다.

⑤ [A]의 '돋아나는 풀싹을 나는 세이고……'에는 관조의 태도가 나타나지 않고, [B]의 '그대의 이름을 부르노라.'에는 성찰의 태도가 나타나지 않는다.

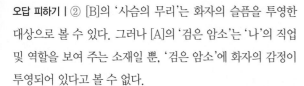

02 고전 시가

내신 탄탄 | 수능 탄탄   본문 14~16쪽

| 01 | ⑤ | 02 | ③ |

윤선도, 「만흥」

해제 | 윤선도가 유배에서 풀려나 해남에서 은거하고 있을 때 지은 전 6수의 연시조이다. 자연을 벗하며 유유자적 살아가는 삶의 흥겨움을 노래하고 있다. 자연 속에서 안빈낙도하는 화자의 모습과 함께 임금의 은혜에 대한 감사의 마음을 드러내고 있다.

주제 | 자연과 함께하는 삶의 즐거움

01 표현상 특징 파악   정답 | ⑤

이 작품에서는 화자가 독백적 어조로 자신의 정서를 전달하고 있다. 자연물에 인격을 부여하여 화자 자신과 동일시하는 내용은 찾아볼 수 없다.

오답 피하기 | ① 제3, 4수에서 비교의 방식이 사용된 것을 확인할 수 있다.

② 이 작품은 3장 6구의 형식에, 4음보의 정형적 율격을 사용하고 있음을 알 수 있다.

③ 제4수에서 '소부 허유'가 제시되어 중국의 고사가 활용되고 있음을 알 수 있다.

④ 작품 전반에서 '-라', '-랴'와 같은 종결 어미가 반복되어 사용되고 있음을 알 수 있다.

02 작품 간의 공통점, 차이점 파악   정답 | ③

「만흥」에서는 '풋나물'이라는 단어를 통해 제한적이지만 계절감을 드러낸 것으로 볼 수 있으나, 계절감을 활용하여 자연의 변화를 묘사하고 있지는 않다. 〈보기〉의 경우에는 계절감을 나타내는 시어도 찾아볼 수 없다. 이 글과 〈보기〉 모두 계절감을 활용하여 자연의 변화를 묘사하고 있지 않다.

오답 피하기 | ① 「만흥」의 제3수에서는 먼 산을 바라보는 화자의 반가움이 드러나 있고, 〈보기〉에서는 화자가 '청풍명월'을 벗으로 여기고 있음을 확인할 수 있다.

② 「만흥」의 경우, 제2, 3, 4, 6수에서, 〈보기〉는 2행, 4행에서 설의법이 사용된 것을 확인할 수 있다.

④ 「만흥」에서는 대구가 사용된 부분을 찾을 수 없고, 〈보기〉에서는 1행에 대구가 사용되고 있음을 확인할 수 있다.

⑤ 「만흥」에서는 주객이 전도된 표현을 찾을 수 없지만, 〈보기〉에서는 주체인 화자와 객체인 '공명'과 '부귀'의 관계가 역전되어 주객이 전도된 표현을 확인할 수 있다.

수능의 感 익히기   본문 17~19쪽

| 01 | ① | 02 | ④ | 03 | ② |
| 04 | ② | | | | |

[01~02]

가 정서, 「정과정」

해제 | 고려 의종 때 과정(瓜亭) 정서(鄭敍)가 지은 10구체 단련의 작품으로 『악학궤범』에 전한다. 작가가 유배지 동래에서 임금의 부름을 기다리다가 지쳐 지었다고 하여 이른바 '충신연주지사(忠臣戀主之詞)'의 효시라고도 한다.

주제 | 임금에 대한 그리움과 변명

나 작자 미상, 「개야미 불개야미 ~」

해제 | 작자 미상의 사설시조로 사람들의 말을 임이 가려듣기를 호소하는 내용이다. 불가능하고 허황된 상황을 제시한 뒤 이를 통해 사람들의 말이 허황된 거짓일 수 있음을 밝혀 청자를 설득하는 형식으로 구성된 작품이다.

주제 | 남의 말에 무조건 따르는 행동에 대한 경계

01 표현상 특징 파악

정답 | ①

(가)에는 자신을 찾아 주지 않는 임에 대한 화자의 그리움과 한의 정서가 '산 접동새'에 이입되어 있음을 확인할 수 있다. 하지만 (나)에서는 화자의 감정이 이입된 대상을 찾아볼 수 없다.

오답 피하기 | ② (가), (나) 모두에서 직유의 표현 방식이 사용된 부분을 확인할 수 없다.

③ (나)에는 가공의 대상인 '개야미'의 상태가 제시되어 있을 뿐 대상이 변화하는 과정은 제시되어 있지 않다.

④ (가)에는 감탄사가 사용되고 있으나, (나)에는 감탄사가 사용되고 있지 않다.

⑤ (가), (나)에서 일부 시어가 반복된 부분은 찾을 수 있으나, 동일한 시구의 반복을 통해 운율을 형성한 부분은 찾을 수 없다.

02 감상의 적절성 평가

정답 | ④

〈보기〉에 따르면, (가)의 '님'은 정서를 부르기로 약속한 임금이라고 볼 수 있다. 또 (나)의 '님'은 화자가 자신의 뜻을 전달하고 있는 대상임을 확인할 수 있다.

오답 피하기 | ① (가)의 '잔월효성'은 자신의 결백을 알고 있는 절대자와 같은 존재이며, (나)의 '불개야미'는 가공의 대상으로 화자가 동정하는 대상으로 볼 수 없다.

② (가)의 '벼기더시니'는 화자가 허물이 있음을 우기는 사람이며, (나)의 '온 놈'은 거짓되고 허황된 말을 하는 사람이라고 볼 수 있다.

③ (가)의 '과'와 '허믈'은 화자가 쓴 누명을 의미하며 임금이 화자를 멀리하게 되는 이유가 될 수 있다. 하지만 (나)의 '정종'과 '종귀'는 가공의 대상인 '개야미'의 외양을 드러내기 위해 제시된 것으로 화자와 청자를 멀어지게 하는 장애물로 보기는 어렵다.

⑤ (가)의 '괴오쇼셔'와 (나)의 '짐쟉ㅎ쇼셔' 모두 화자가 청자에게 바라는 행위라고 볼 수 있다.

[03~04]

㉮ 이색, 「백설이 잦아진 골에 ~」

해제 | 기울어져 가는 고려 왕업을 안타깝게 여기는 작가의 모습이 형상화되어 있는 작품이다. 역사적 전환기에 우국지사(憂國之士)로 상징되는 '매화'가 피어 있지 않은 현실을 보며 한탄을 하는 고려 신하의 모습이 드러나 있다.

주제 | 고려의 쇠락에 대한 한탄

㉯ 신흠, 「산촌에 눈이 오니 ~」

해제 | 조선 중기의 문신인 신흠이 지은 시조이다. 이 작품은 속세와 동떨어진 산골에 은거하는 화자의 탈속 지향적 자세와 초월적 태도를 드러내고 있다.

주제 | 자연에 은거하는 마음

㉰ 정구, 「강호에 기약을 두고 ~」

해제 | 강호에 대한 지향을 드러내는 가운데 성은의 지중함을 함께 이야기하는 작품으로, 물러남과 나아감의 조화를 추구했던 조선 사대부의 보편적 정서를 드러내고 있다.

주제 | 성은의 지중함과 강호에 대한 지향

03 표현상 특징 파악

정답 | ②

(가)에는 '백설', '구름', '매화', (나)에는 '눈', '돌길', '달', (다)에는 '강호', '백구' 등의 자연물이 사용되어 있으며 각각의 자연물을 통해 시적 정서가 형상화되고 있음을 알 수 있다.

오답 피하기 | ① (가), (나)에는 선경 후정의 시상 전개 방식이 사용되고 있지만, (다)에서는 이러한 시상 전개 방식이 사용된 것을 확인할 수 없다.

③ (가), (나), (다)에서 동일한 시어를 반복하여 주제를 부각한 부분을 찾을 수 없다.

④ (가), (나), (다)에서 반어적인 표현이 사용된 것을 확인할 수 없다.

⑤ (가)의 경우, '백설'과 '석양'을 통해 일부 색채의 대비가 나타난다고 볼 수 있지만, (나), (다)에는 시각적 이미지가 사용되었을 뿐 선명한 색채 대비가 나타나 있지는 않다.

04 구절의 의미 파악

정답 | ②

(나)의 화자가 '사립문'을 열지 말라고 한 것은 화자가 속세와 단절하겠다는 의지를 보인 것으로, '충효'를 실천하지 못한 것에 대한 화자의 성찰적 태도가 드러난 것으로 볼 수 없다.

오답 피하기 | ① (가)의 화자는 부정적 현실에서 지조와 절개를 상징하는 매화를 찾지 못한 채 방황하고 있다. 그리고 화자는 석양 속에서 어찌할 바를 모르는 모습을 보이고 있으므로 '갈 곳'을 몰라 하는 것은 화자의 심리적 괴로움이 드러난 것으로 볼 수 있다.

③ (나)의 화자가 '날 찾을 이'가 없을 것이라고 한 것은, 속세로부터 유리된 화자의 처지에 대한 인식을 표현한 것이라고 볼 수 있다.

④ (다)에서, 성은이 지중하여 이를 갚은 후에 '강호'에 돌아가

⑤ (다)의 화자는 강호에 돌아가겠다는 약속과 함께 십 년 동안 강호를 떠나 분주했다고 언급하고 있으므로, (다)의 '십 년'은 화자가 자연을 떠나 성리학적 세계관을 실현하기 위해 애써 온 시간을 의미한다.

03 현대 소설

내신 탄탄	수능 탄탄			본문 20~24쪽
01	④	02	②	

이상, 「날개」

해제 | 「날개」는 '아내'에게 기생해서 살아가는 무기력한 '나'의 모습을 통해 식민지 지식인의 무기력한 삶과 심리를 형상화한 작품이다. 이 작품에서 '아내'의 방과 '나'의 방은 공간적으로 분리되어 있으며 대조적 속성을 지니고 있다. 이를 통해 '나'와 '아내'의 비정상적인 관계, '나'의 억압된 자아의식을 드러내고 있다. 어두운 방에서만 지내던 '나'는 다섯 번의 외출을 하는데, 이 과정에서 '나'는 무기력한 삶에서 벗어나 상실된 자아를 회복하려는 의지를 찾게 된다. 또한 이 작품은 의식의 흐름 기법을 사용하여 작품의 주제를 효과적으로 드러내고 있다.

주제 | 자아를 상실한 무기력한 삶에서 벗어나 본래의 자아를 회복하려는 의지

01 인물의 심리와 태도 파악　　　　　정답 | ④

ⓒ에서 '나'는 의미 없이 무기력한 삶을 살고 있던 자신의 삶을 돌아보며, '날개'가 돋기를 염원하고 있다. 이는 자아 각성을 바탕으로 상실한 자아를 회복하려는 의지를 보여 주는 것이다. 따라서 사회적 문제에 무관심했던 삶의 태도를 반성한다는 진술은 적절하지 않다.

오답 피하기 | ① '나는 또 이런 방을 위하여 이 세상에 태어난 것만 같아서 즐거웠다.'라는 문장에서 알 수 있듯이, '나'는 ㉠에서의 생활에 대해 아무런 문제점을 느끼지 못한 채 순응적 태도로 자신의 삶을 받아들이고 있다.

② ㉡에서 '나'는 아내의 화장대에 들이비치는 햇살을 관찰하거나 돋보기, 거울, 화장품 등을 이용한 유희로 즐거움을 얻고 있다.

③ '나'는 아내와의 관계를 '숙명적으로 발이 맞지 않는 절름발이'로 인식하고, 아내에게로 돌아가야 하는지에 대해 의문을 품고 있다.

⑤ '나'는 '정오 사이렌' 소리를 들으며, 삶의 의지를 느끼고 있다. 이는 억압되고 폐쇄된 공간인 ㉠에서 벗어나 자아를 회복하려는 노력으로 볼 수 있다.

02 외적 준거에 따른 작품 감상　　　　　정답 | ②

해가 들지 않는 '나'의 방과 달리 아내의 방은 '그래도 해가 든다'는 점에서 아내의 방에서 벌이는 '나'의 유희는 무기력한 자아로부터 벗어나고 싶은 욕망이 발현된 것으로 볼 수 있다. 또 아내를 '나'의 또 다른 자아로 해석하는 관점에서 볼 경우, 아내의 방은 또 다른 자아를 탐색하는 공간이라고도 볼 수 있다. 따라서 어떤 관점으로 해석하든 '나'의 방에서 아내의 방으로의 이동을 자아를 상실하는 과정으로 보기는 어렵다.

오답 피하기 | ① '나'가 아무런 까닭 없이 아내에게 생활을 의존한 채 빈둥거리는 것은 자아를 상실한 무력감에 기인한 것으로 볼 수 있다.

③ '방'을 자아의 모습으로 이해할 경우, '볕 안 드는' 어두운 방은 곧 자아의 어두운 내면을 의미하는 것으로 볼 수 있다.

④ '미쓰꼬시 옥상'에서 '나'가 자신의 삶을 돌아보고 자아 회복의 의지를 가지게 된다는 점에서, '미쓰꼬시 옥상'은 자아 성찰의 공간이라 할 수 있다.

⑤ '밝음'이 의식의 각성 혹은 자아 회복의 가능성과 연결된다는 점, 또 '날개'를 달고 비상하는 것이 자아의 회복을 의미한다는 점을 고려할 때, '날개'가 돋아나려는 듯 '겨드랑이가 가렵다'고 느끼는 것은 자아 회복의 의지가 생겼음을 의미한다고 볼 수 있다.

수능의 感 익히기					본문 25~30쪽
01	④	02	②	03	②
04	④				

[01~02]

최인훈, 「광장」

해제 | 「광장」은 남북 분단과 이데올로기 문제를 비판적 관점에서 그려 낸 장편 소설이다. 남쪽의 체제와 북쪽의 체제 모두에서 부조리한 사회적·정치적 현실을 목격한 주인공 명준은 이데올로기의 허구성을 깨닫고 중

립국으로 향하던 중 끝내 자살을 하고 만다. 이 작품은 명준의 비극적인 운명을 통해 우리 민족이 처해 있는 분단 상황이 얼마나 허구적인 것인지를 비판적인 시각으로 그려 냈다는 점에서 주목된다.

주제 | 남북 분단과 이념 대립의 허구성에 대한 비판

01 인물의 심리 파악 정답 | ④

명준은 입을 비죽거리며 전공을 묻는 형사의 언행에 모멸감을 느끼지만 적극적으로 항변하는 대신 고개를 돌려 외면해 버린다. 이는 형사의 언행을 무시하는 소극적인 저항이나 더 큰 불이익을 당하지 않으려고 인내하는 것으로 이해할 수 있다.

오답 피하기 | ① 영미 아버지는 친구인 명준의 아버지가 평양 방송에 나오자, 명준이 경찰에 불려 가 조사받게 될 일을 걱정하며 이름이라도 바꾸었다면 남한에 사는 아들에게 영향이 오지 않았으리라는 아쉬운 마음을 내비치고 있다.
② 명준은 영미 아버지 밑에서 지내 온 몇 해 사이에 어머니는 가끔 생각이 났으나 아버지는 보고 싶지도, 생각나지도 않았다고 하였다.
③ 명준은 영미 아버지에게 자신의 생활을 의탁하는 것을 신세라고 여기지 않고 있다.
⑤ 명준이 형사의 질문을 제대로 듣지 못하고 "네?"라고 되묻자 형사가 화를 내며 책상을 내리치고 있다.

02 외적 준거에 따른 작품 감상 정답 | ②

명준이 남한에서 지내면서 돈이라는 물건을 '살갗 안에 있는 것으로 느껴 본 적이 없다'는 것은 돈의 필요성을 절실히 느끼지 못한다는 것이다. 이를 자본주의적 생활 양식을 비판하는 것으로 감상하는 것은 적절하지 않다.

오답 피하기 | ① 평양 방송의 대남 방송은 북한이 남한을 향해서 자신들의 이데올로기나 체제를 선전하는 방송이다. 전쟁은 그쳤지만 체제 선전 방송을 통해 남북의 분단 현실을 알 수 있다.
③ 아버지와 만날 수 있는 광장을 열린 공간으로 생각하는 명준은 북으로 가는 길에 기관총이 걸려 있다는 것을 자각한다. 이는 남한과는 분리된 공간으로 북한이 존재한다는 것을 의미한다.
④ 아버지가 대남 방송에 나온다는 이유만으로 형사에게 불려 가 취조를 당하는 명준의 상황을 통해 당시 남한 사회에 팽배해 있던 반공 이데올로기가 부조리하게 작동하고 있음을 알 수 있다.

⑤ 형사의 취조에 명준의 눈시울이 뜨거워지는 것은 남한의 반공 이데올로기의 실상을 경험하면서 느끼는 환멸에 따른 서글픔 때문이다.

[03~04]
양귀자, 「한계령」

해제 | 「한계령」은 밤무대 가수인 친구의 전화를 받고, 주인공인 '나'가 자신의 지난 시절을 회상하는 형식으로 이루어져 있다. 작품 속에서 '나'는 과거와 현재를 오가며 어릴 적 단짝 동무였던 은자, 그리고 가족을 위해 헌신해 온 큰오빠의 삶의 의미를 되새기면서, 정신적 여유를 잃어 가는 현대인의 삶에 대해 성찰하고 있다. '나'는 어린 시절의 친구를 만나고 싶은 욕구와 그 만남으로 인해 소중한 추억이 깨어지지 않을까 하는 두려움을 동시에 느끼는데, 작가는 이러한 '나'의 심리를 세밀한 문체로 표현하면서 현대 사회의 주변부에서 살아가는 소시민들의 삶을 따뜻한 눈으로 바라보고 있다.

주제 | 현대 사회에서 소외된 소시민의 삶과 소박한 꿈

03 서술상의 특징 및 효과 파악 정답 | ②

이 소설은 일인칭 주인공 시점이므로 서술자가 자신의 내면을 서술할 때에는 자유로운 반면, 타자의 내면 서술에는 한계가 있다. ㉡의 '걱정할 일은 아니었다.'라는 서술은 주인공인 서술자가 자신의 내면을 직접적으로 서술한 것이다.

오답 피하기 | ① 제3자인 '동생'의 말을 통해 큰오빠의 마음과 식구들의 심정이 대신 전달되고 있다.
③ 제3자인 '동생'의 말을 통해 큰오빠의 심리가 대신 전달되고 있다.
④ 큰오빠의 말을 간접적으로 인용함으로써 인물의 내면을 전달하고 있다.
⑤ 서술자인 '나'가 큰오빠의 심리를 짐작하여 전달하고 있다.

04 인물의 심리·정서 추리 정답 | ④

'책만 끼고 살더니 가끔 글줄이나 짓는가 보다는 나 또한 궤도 이탈자는 결코 아닌 셈이다.'로 볼 때, '나'는 다른 형제들과 마찬가지로 '큰오빠의 신화'를 저버리지 않는 삶을 살고 있음이 드러난다. 따라서 '큰오빠'의 기대에 못 미치는 삶을 살고 있는 자신의 모습에 안타까움을 느끼고 있다는 진술은 적절하지 않다. 오히려 '나'는 '큰오빠의 텅 빈 가슴을 생각하면 무력한 내 자신이 안타까웠다.'에서 알 수 있듯이, '큰오빠'의 마음을 이해하면서도 아무런 도움을 줄 수 없는 것을 안타까워한다.

오답 피하기 | ① '나'는 '위안을 주었던 유년의 소설도, 소설 속의 한 시대도 스러지고야 말리라는 불안감' 때문에 은자와의 만남을 망설이고 있다. 이는 '나'가 '표지판'과 같은 유년의 추억을 상실할까 봐 두려워하고 있음을 보여 준다.
② '나'는 결국 '은자'의 무대를 보러 가지 않았지만, '이미 현실로 나타난 은자를 외면할 수 있을는지'에 대해서는 확신을 하지 못하고 있다. 이는 '나'의 심리적 갈등을 보여 주는 것이다.
③ '나'는 '고향에서 들려오는 살붙이의 음성'인 동생의 목소리를 듣고, '모든 불길한 예감을 젖히고 우선 반가웠다.'라고 말하고 있다.
⑤ '큰오빠의 마음을 알 수 있을 것도 같았다.'에서 알 수 있듯이, '나'는 무언가를 잃은 것처럼 텅 빈 가슴을 가지고 살아가는 '큰오빠'의 심정을 이해하고 있다.

04 고전 소설

내신 탄탄 | 수능 탄탄

본문 31~34쪽

01	④	02	④

김시습, 「이생규장전」

해제 | 「이생규장전」은 『금오신화』 중 한 편으로, 조선 전기 한문 소설이다. 현실의 제약을 초월해 진실한 사랑을 나누는 남녀의 사랑을 소재로 한 이 소설은 당시로서는 허용될 수 없는 자유연애 사상을 담고 있다. 또 죽어서 귀신이 된 여인과 사랑을 나눈다는 설정은 상당히 파격적이고도 진보적인 것이라 할 수 있다. 우연히 담장 너머로 서로를 바라보다 사랑에 빠진 이생과 최 씨는 결혼을 하지만 전란이 일어나고 최 씨는 도적에게 죽임을 당한다. 이생은 귀신이 되어 나타난 최 씨와 못다 한 사랑을 나눈다.

주제 | 죽음을 초월한 남녀 간의 사랑

01 사건의 이해

정답 | ④

'이생은 최 씨가 이미 죽은 줄 알면서도 사랑하는 마음이 간절했던 까닭에'라고 진술되어 있다. 따라서 이생은 최 씨가 죽은 것을 알지만 너무도 사랑하여 귀신이 되어 나타난 최 씨를 사랑하는 것으로 이해할 수 있다.

오답 피하기 | ① 국학에 공부를 하러 다니던 이생은 우연히 담장 안을 엿보다 최 씨의 모습에 반하여 사랑에 빠진다.
② 이생은 최 씨의 시 읊는 소리에 반하여 화답하는 시를 적어 담장 안으로 던진다.
③ 전란을 피하여 달아나던 최 씨는 겁탈하려는 도적에게 죽음으로 저항한다.
⑤ 도적에게 죽임을 당한 최 씨는 귀신으로 나타나서 이생에게 다시 행복하게 살자고 제안한다.

02 다양한 맥락에 따른 감상

정답 | ④

〈보기〉는 「이생규장전」의 전기성에 대해 설명하고 있으므로, 「이생규장전」의 사건 중 비현실적인 부분을 전기성과 관련하여 이해할 수 있어야 한다. 이생이 전란 속에서 최 씨를 잃고 혼자 목숨을 보전한 것은 현실적인 상황을 그린 것으로, 환상적 기이함과는 관계가 없다.

오답 피하기 | ① 홍건적의 난은 두 사람의 사랑을 방해하는 요소로, 현실적인 장벽이라 볼 수 있다.
② 이생은 최 씨와의 사랑을 이루고자 자신의 마음을 시로 전하는데, 이는 사랑을 이루려는 인간적 욕망이라 볼 수 있다.
③ 살아서 못다 한 사랑을 귀신이 된 최 씨와의 재결합으로 이루는 것은 '환상적으로 성취된 것'이라 볼 수 있다.
⑤ 최 씨의 집에서 이생은 죽은 최 씨와 재회하게 되는데, 이때 최 씨의 집은 현실의 욕망이 실현되는 공간이면서 비현실적인 일이 벌어지는 공간이기도 하다.

수능의 感 익히기

본문 35~39쪽

01	①	02	④	03	①
04	①				

[01~02]

작자 미상, 「홍계월전」

해제 | 「홍계월전」은 작자 및 연대 미상의 고전 소설로, 중국 명나라를 배경으로 홍계월(평국)의 고행과 무용을 엮어 놓은 여성 영웅 소설이다. 대개 남성이 중심이 되는 전쟁 이야기에서 주인공을 여성으로 설정함으로써 봉건적 질서에 맞서는 근대적 여성의 모습을 보여 주고 있는 작품이다. 기존의 고전 소설들이 가부장적 질서를 충실히 반영하고 있는 것과는 달리 계월을 남편인 보국보다 우월한 위치에 두었다는 점에서 당대 여성 독자층의 요구를 반영한 소설이라 할 수 있다. 그리고 여성 또한 사회적으로 중요한 역할을 담당할 수 있다는 당대인들의 사고를 반영한 것으로 여성의 능력에 대한 긍정적인 태도를 보여 준다고도 할 수 있다.

주제 | 여성 영웅 홍계월의 뛰어난 활약과 업적

01 서술상의 특징 파악 정답 | ①

[A]는 보국이 평국(홍계월)과 대결하는 장면이다. 평국은 도술을 부려 보국을 당황하게 한다. 고전 소설에서 도술과 같은 비현실적 요소는 전기적 특징을 보여 주는 것으로, 이 부분에서는 평국의 뛰어난 능력, 비범함을 드러내고 있다.

오답 피하기 | ② 보국과 평국의 대결을 객관적인 묘사라 생각할 수 있지만, 도술을 사용하고 있다는 점에서 사건의 현실성을 더하는 것과는 거리가 멀다.

③ 공간적 배경이 '모래사장'으로 제시되고 있지만 사건의 결말을 예고하는 것과는 거리가 멀다.

④ 보국과 평국의 대결을 우연한 사건으로 보기 어려우며, 사건의 인과 관계도 나타나지 않는다.

⑤ 서술자의 개입이 드러나지 않으며, 인물 간의 갈등이 해소되는 것과도 거리가 멀다.

02 다양한 맥락에 따른 감상 정답 | ④

〈보기〉는 「홍계월전」의 가치를, 당시의 성 이데올로기에서 벗어나 여권 신장, 남녀평등 사상을 지향하는 태도로 해석하고 있다. 다른 작품들과 달리 여성이란 사실이 드러났음에도 불구하고 벼슬을 유지하면서 자신의 능력을 발휘한다는 점에서 「홍계월전」의 독보적인 위치가 드러난다. 홍계월이 천자에게 올리는 글에는 임금을 속이고 조정에서 벼슬한 것을 죄로 고백하고 있다. 따라서 이 부분에서 성 이데올로기를 타파하고자 했던 노력은 보이지 않는다.

오답 피하기 | ① 홍계월이 자신이 여자임이 탄로 나면 나랏일을 할 수 없다고 판단하는 대목에서 당시의 남성 중심의 성 이데올로기를 엿볼 수 있다.

② 천자가 홍계월이 여성임을 알게 되고도 능력을 인정하는 대목에서 여성의 능력을 긍정하는 태도를 지향했던 당대인의 의식이 드러나고 있다.

③ 홍계월이 여성임이 밝혀졌지만 여전히 원수로 활약하는 것에는 여권이 신장되기를 소망했던 당대인의 태도가 투영되어 있다고 볼 수 있다.

⑤ 여성인 홍계월이 남성인 보국을 희롱하는 장면에서 여권 신장을 지향한다고 볼 수 있다.

[03~04]

작자 미상, 「춘향전」

해제 | 「춘향전」은 표면적으로는 신분적 차이를 초월한 남녀의 자유연애와 사랑의 성취를 다룬 고전 소설이다. 이 과정에서 부패한 탐관오리에 대한 저항과 응징이 드러나며 이를 통해 사회적 부당함에 대한 저항과 인간 해방을 이면적 주제로 삼고 있다. 제시된 부분에서는 관권을 남용하는 변 사또의 부당한 요구에 대한 춘향의 합리적인 대응이 보인다. 이를 통해 당시 민중의 사회의식의 성장과 부당한 관권에 대한 저항 의식을 엿볼 수 있다.

주제 | ① 중세의 신분·사회적 제약을 뛰어넘는 인간 해방
② 부정한 탐관오리에 대한 저항

03 등장인물의 태도 이해 정답 | ①

춘향이 절개를 지키기 위하여 사또의 명령을 거부하자 회계 나리는 춘향을 '천한 기생 무리'라고 무시하며 '충렬'이 가당치 않다고 폄하한다. 즉 춘향과 같이 미천한 신분의 사람에게 수절이나 정절이 어울리지 않는다는 이유를 들며 호통을 치고 있다.

오답 피하기 | ② 사또는 서울로 떠난 이 도령(양반)이 돌아올 리 없다는 점과 세월이 흐르면 춘향의 아름다움도 사라질 것이라는 점을 들어 자신의 명령을 따르라고 권한다.

③ 사또는 춘향이 '일부종사'를 언급하며 정절을 지키려 하자 '아름답도다. 계집이로다. 네가 진정 열녀로다.'라고 칭찬을 하면서도 춘향의 마음을 돌이키려 하고 있다.

④ 춘향은 해서 기생, 선천 기생, 진주 기생, 평양 기생, 안동 기생의 사례를 열거하며 기생도 정절이 있음을 보이고 있다.

⑤ 춘향은 기산의 허유나 서산의 백이숙제의 고사와 맹분 같은 용맹, 소진과 장의의 입담 등의 고사를 인용하여 자신의 의지를 밝히고 있다.

04 다양한 맥락에 따른 작품 감상 정답 | ①

〈보기〉는 춘향의 상징적 의미와 「춘향전」을 읽으면서 당시 독자들이 보였을 반응에 대해 설명하고 있다. 즉 관권의 억울한 피해자, 저항의 상징에 해당하는 춘향을 통해 독자들도 일체감을 느끼며, 그에 따라 울분과 저항 의식도 느꼈을 것이다. ⓐ는 춘향의 미모가 출중하여 여러 양반이 만나기를 원한다는 것과 이 도령과 혼인을 하여 수절하고 있다는 사연을 수노가 변 사또에게 고하는 내용이다. 따라서 춘향의 억울한 사연에 해당하지 않으며 이 부분을 통해 독자가 일체감을 얻는다고 볼 수 없다.

오답 피하기 | ② 춘향은 기생이 아니라는 점과 이 도령과 결혼을 해서 수절한다는 내력을 밝혀 춘향을 부르는 것이 변 사또의 체면을 손상시키는 부적절한 행동임을 간언하고 있다.

③ 변 사또가 관권을 남용하는 부당한 지시로 탐관의 속성을 본격적으로 드러내기 시작하고 있다.

④ 변 사또가 억지 죄를 씌워 춘향에게 가혹한 형벌을 내리고 있으므로, 독자들은 울분과 함께 저항 의식을 갖게 될 것이다.

⑤ 변 사또의 행동이 '유부녀를 겁탈하는 죄'라고 직접적으로 꼬집고 있는 춘향을 통해 민심이 이반될 탐관의 죄상을 고발하고 있다.

05 극·수필

내신 탄탄	수능 탄탄		본문 40~43쪽
01	①	02	②

이강백, 「파수꾼」

해제 | 이 작품은 우화를 빌려 진실이 왜곡된 사회 현실을 풍자하는 단막으로 된 희곡이다. 이 작품은 철책 너머에는 흰 구름만 있을 뿐 이리 떼는 없음에도 불구하고 이리 떼가 왔다고 외쳐야만 평화로울 수 있는 아이러니한 상황을 담고 있다. 작가는 권력자인 '촌장'과 그를 돕는 '파수꾼들'이 조장한 '이리 떼'라는 공포의 존재, 진실을 알지 못한 채 두려움에 떠는 어리석은 '마을 사람들', 진실을 알게 되지만 결국 촌장에게 설득당하는 '파수꾼 다'를 통해 당대 현실을 우의적으로 표현하고 있다.

주제 | 진실이 왜곡된 사회 모습에 대한 비판

01 작품 형상화의 적절성 파악   정답 | ①

소품인 양철 북과 무대 장치인 망루를 통해 긴장감이 고조되는 망루와 그 주변이 배경이 됨을 알 수 있다.

오답 피하기 | ② 이 글에서 사건은 시간의 흐름에 따라 전개되고 있다.

③ 이리 떼가 나타났다는 대사와 행동을 반복하지만, 이를 통해 긴장감이 이완되지 않는다.

④ 지시문을 통해 비판적 의식을 직접 제시하고 있지 않다.

⑤ 이 글의 〈중략〉 이전에는 파수꾼 가와 파수꾼 다의 대화에서 갈등 상황을 확인할 수 있지만, 〈중략〉 이후에는 파수꾼 다 역시 이리 떼가 몰려온다고 거짓말을 하는 것에 동조하게 되기 때문에 갈등이 심화된다고 할 수 없다.

02 외적 준거에 따른 작품 감상   정답 | ②

파수꾼 나는 망루 밑에서 파수꾼 가가 외치는 소리를 듣고 북을 친다. 따라서 진실에 대한 무지한 태도를 보여 줄 뿐, 의도적으로 진실을 왜곡하는 것이라고 할 수 없으며, 권력을 독점하려고 파수꾼 다에게 말을 건네고 있는 것도 아니다.

오답 피하기 | ① 파수꾼 다는 자신이 망루 위에 올라가 보았던 진실을 말하여 이리 떼의 습격이 거짓임을 밝히려 하고 있다.

③ 파수꾼 가는 망루 위에 있기 때문에 이리 떼가 없다는 사실을 알면서도 이리 떼가 온다고 소리치고 있다. 따라서 잘못된 통치 체제를 생산하고 유지하는 데 기여한다고 할 수 있다.

④ 파수꾼 다는 진실을 밝히려던 태도를 바꾸어 오히려 이리 떼가 몰려온다고 거짓말을 한다. 파수꾼 다의 거짓말로 진실이 밝혀지지 못한다.

⑤ 촌장은 주민들을 선동하며 군중이 이리 떼가 없다는 진실을 알지 못하도록 유도하여 잘못된 통치 체제에 순응하도록 하고 있다.

수능의 感 익히기					본문 44~48쪽
01	①	02	④	03	①
04	⑤				

[01~02]

작자 미상, 「봉산 탈춤」

해제 | 이 글은 황해도 봉산 지방에서 전승되어 내려오는 가면극이다. 전체 7개 과장으로 이루어져 있는데, 각 과장에서는 양반에 대한 풍자와 비판, 파계승에 대한 풍자, 일부다처제하에서 여성에 대한 남성의 횡포 등을 두루 다루고 있다. 각 과장은 독립적이고 개별적으로 구성되어 있어서 내용상 연결되지 않는다는 점도 특징이다. 제시된 부분은 제6과장인 '양반 과장'으로 말뚝이가 양반 삼 형제를 모시고 다니며, 그들의 권위를 실추시키고 희롱하며 양반의 세태를 풍자하는 부분이다. 말뚝이는 겉으로는 양반의 지시를 따르는 척하지만, 실제로는 익살스럽고 과장된 언행을 통해 양반을 조롱하고 무시하며 양반의 어리석음을 풍자하는 역할을 한다.

주제 | 양반에 대한 조롱과 풍자

01 작품의 종합적 이해   정답 | ①

이 글에는 별도의 무대 장치가 나타나 있지 않고, 무대 장치의 변환이 빈번하게 이루어지고 있지도 않다.

오답 피하기 | ② 이 글에는 등장인물들의 대사, 행동 외에 이들이 함께 굿거리장단에 맞춰 일제히 춤을 추는 장면이 나온다.

③ 이 글에서는 '담박녕정, '백인당중유태화' 등의 어려운 한 자어를 사용하고 있으며, 이와 더불어 쉬운 일상어도 함께 사용하고 있다.

④ 이 글은 말뚝이, 양반들이라는 등장인물들의 대사와 행동을 통해 사건을 진행하고 있다.

⑤ 이 글에서 말뚝이는 벙거지를 쓰고 채찍을 들었고, 양반들은 흰 창옷, 남색 쾌자 등을 입고, 관, 복건 등을 썼다. 이와 같은 소도구를 통해 등장인물 각각의 신분을 드러내고 있다.

02 외적 준거에 따른 작품 감상   정답 | ④

말뚝이는 양반들의 호통을 들은 후 양반들의 심기를 거짓으로 풀어 주기 위해 ㉣과 같이 실제와는 다른 말로 변명하고 있다. 이를 통해 말뚝이와 양반들 사이의 갈등이 일시적으로나마 해소되고 있다.

오답 피하기 | ① ㉠에서는 샌님과 서방님을 언청이로 설정하고 있다. 이는 양반들을 비정상적인 외양을 지닌 존재로 분장시킴으로써 양반들을 희화화하려는 의도가 깔려 있는 것이다.

② ㉡의 '개잘량'의 '량'과 '양반'의 '양', '개다리소반'의 '반'과 '양반'의 '반'은 동일한 발음이다. 이와 같은 말뚝이의 대사를 통해 양반들을 조롱하고 있다.

③ ㉢에서 도령이 형들의 면상을 때리는 행동은 양반 신분에 걸맞지 않은 행동이다. 이를 통해 양반인 도령의 경박한 성격을 형상화하고 있다.

⑤ ㉤에서 양반들은 말뚝이의 변명에 속아 넘어가는 모습을 보인다. 이와 같은 양반들의 대사와 행동을 통해 그들의 어리석은 면모를 형상화하고 있다.

[03~04]

차범석, 「성난 기계」

해제 | 이 글은 현대의 물질문명 속에서 인간성을 상실한 채 살아가던 인물이 점차 인간성을 회복해 가는 모습을 그린 단막극이다. 주인공 '회기'는 기계적으로 환자를 대하는 의사인데, 연초 공장에서 일하다 건강이 크게 악화된 '인옥'의 수술을 거절하고 '인옥'을 냉정하게 돌려보낸다. 이후 '인옥'의 남편인 '상현'이 '회기'를 찾아와서 금전적인 문제 때문에 '인옥'의 수술을 하지 말아 달라는 비인간적인 요청을 하게 된다. '회기'는 자신보다 더욱 비정한 모습을 보이는 '상현'을 만난 후 분노를 느끼고, 참된 인간성을 회복하게 된다.

주제 | 물질문명으로 인한 인간성 상실과 그 회복에 대한 소망

03 작품의 종합적 감상   정답 | ①

이 글의 〈중략〉 이전 부분은 인옥과 회기 사이의 갈등 관계를 중심으로 장면이 구성되어 있고, 〈중략〉 이후 부분은 상현과 회기 사이의 갈등 관계를 중심으로 장면이 구성되어 있다. 각 부분은 등장인물 간의 대화를 중심으로 사건이 전개되고, 이를 통해 등장인물 간의 갈등이 심화되고 있다.

오답 피하기 | ② 이 글에서는 극 중 시간의 흐름이 역전되어 사건이 전개되는 부분을 찾을 수 없다.

③ 이 글에서는 등장인물의 성격을 드러내는 소도구가 사용되고 있지 않다.

④ 이 글에서는 등장인물이 관객에게 말하는 방식이 나타나 있지 않고, 이를 통해 앞으로 전개될 사건을 설명하고 있지도 않다.

⑤ 이 글은 시간의 흐름에 따라 사건이 진행되고 있다. 그러나 공간적 배경의 변화가 나타나지 않고, 이를 통해 작품의 분위기가 전환되지도 않는다.

04 외적 준거에 따른 작품 감상   정답 | ⑤

회기는 상현이 말하는 것을 듣는 동안과 말하는 것을 들은 후에 모두 심정이 변화되고, 이에 따라 기계적인 모습에서 참된 인간성을 회복하는 방향으로 태도가 바뀌게 된다.

오답 피하기 | ① 회기가 '직업이란 사람을 기계로 만들게 마련이죠.'라고 말한 데서 회기는 기계적인 태도로 의료 행위를 해 왔다는 점을 확인할 수 있다.

② 회기는 상현과 대화하는 과정 중 상현의 비인간적인 면모를 접하면서 불쾌감을 느끼고, 노골적으로 분노를 터뜨리는 모습을 보이고 있다.

③ 회기는 인옥, 상현과의 대화 이후 인간성을 회복하게 된다. 그리고 자신의 일에 어떠한 의미를 부여하지 않던 모습 역시 바뀌게 된다. 따라서 회기가 금숙에게 일을 지시하는 것은 의미가 부여된 지시라고 볼 수 있다.

④ 회기는 인옥과 대화 중 앞부분에서는 냉정한 태도를 보이고 있지만, 대화가 진행됨에 따라 약간 감동하는 모습을 보이기도 하고, 인옥에 대해 측은해하는 등 인간적인 모습을 보이며 감정의 변화를 드러내고 있다.

수능의 感 완성하기

01	②	02	③	03	②	04	①	05	②
06	④	07	①	08	④				

[01~02]

가 윤동주, 「길」

해제 | 이 작품은 식민지 시대를 살아가는 젊은 지식인의 고민을 노래한 작품이다. 삭막한 현실이지만 포기하지 않고, 진지한 물음을 통해 참된 자아의 회복을 염원하고 있다. '길'에서 절망적 상황을 느끼고 어둡고 암울한 분위기가 조성되지만 화자는 자아 성찰을 통해 자아 회복의 의지를 다지고 있다. 진정한 삶의 가치를 추구하기 위한 고통스러운 탐색의 행위가 잘 드러난 작품이라고 할 수 있다.

주제 | 자아 탐색 및 회복을 위한 노력

나 천양희, 「외길」

해제 | 이 작품은 '새'의 존재 방식을 통해 자신이 처한 상황에 절망하지 않고 자신이 선택한 삶의 길을 지켜 내려는 화자의 의지와 삶의 태도를 표현한 작품이다. 세상에 존재하는 다양한 삶의 방식과 복잡한 영향 관계를 물리치고 자신이 선택한 삶의 길을 고수하며 살아가려는 화자의 태도는 시인 자신의 실존적인 삶을 지켜 내려는 의지를 표현한 것으로 볼 수 있다.

주제 | 주체적이고 실존적인 삶의 의지

---

01 표현상의 특징과 효과 파악 정답 | ②

(가)에서는 '나아갑니다', '통했습니다', '푸릅니다', '까닭입니다' 등의 경어체를 통해, (나)에서는 '삽니다', '않습니다', '날아오릅니다', '없습니다', '두시지요' 등의 경어체를 통해 화자의 태도를 표현하고 있으므로 적절하다.

오답 피하기 | ① 의성어나 의태어와 같은 음성 상징어는 (가)와 (나) 모두에서 사용되지 않았으므로 적절하지 않다.

③ (가)에서 '푸릅니다'라는 색채 이미지가 사용되었고, (나)에서 '동백꽃'을 통해 색채 이미지가 환기될 수 있다. 하지만 이와 대비되는 색채 이미지를 통해 계절감을 나타내고 있지 않았으므로 적절하지 않다.

④ 의문형 어미나 감탄형을 활용한 설의적 표현은 (가)와 (나) 모두에서 사용되지 않았으므로 적절하지 않다.

⑤ 경외심을 드러내기 위한 영탄적 표현은 (가)와 (나) 모두에서 사용되지 않았으므로 적절하지 않다.

02 외적 준거에 따른 작품 감상 정답 | ③

화자는 성찰을 통해 잃은 것을 찾아야 한다는 신념에 따라 '풀

한 포기 없는 이 길을 걷는 것'이라고 하며 앞으로 살아갈 삶의 신념에 대한 의지를 드러내고 있다. 따라서 과거에서부터 살아온 자신의 신념대로 살아가야 한다는 굳은 의지를 확인할 수 있다는 설명은 적절하지 않다.

오답 피하기 | ① 화자가 잃어버린 것은 본질적 자아가 추구하는 신념이라고 볼 수 있다. 이것이 무엇인지 몰라 길에 나아가고 있으므로 자신의 삶의 방향이나 태도를 모색하기 위해 나아가는 모습을 확인할 수 있다는 설명은 적절하다.

② 화자가 자신의 삶을 돌아보는 과정에서 눈물지으며 부끄러워하고 있으므로 자신에 대해 반성적으로 인식했음을 알 수 있다는 설명은 적절하다.

④ 새들은 주어진 환경에서 살아가며 고소 공포증을 느끼지 않고 날아오르고 있으므로 흔들림 없이 자신들의 존재 방식을 유지하고 있는 모습을 엿볼 수 있다는 설명은 적절하다.

⑤ 자신의 길인 외길을 그대로 내버려 두길 바라고 있으므로 화자 자신이 지향하는 삶의 태도를 지키려는 모습을 살펴볼 수 있다는 설명은 적절하다.

[03~04]

손창섭, 「비 오는 날」

해제 | 「비 오는 날」은 비 내리는 피란지 부산을 배경으로 전쟁의 후유증으로 인한 암울한 현실을 드러내고 있는 전후 소설이다. 원구와 동욱, 동욱의 여동생 동옥의 이야기가 중심축을 이루고 있는데, 전쟁이라는 절망의 시기와 장마철이라는 계절적 이미지가 어울려 작품의 분위기를 형성하고 있다. 삶을 극복하려는 의지가 없는 무기력하고 비정상적인 인물들을 통해 전쟁이 인간을 얼마나 황폐하게 만드는가와 파탄에 빠진 시대상을 사실적이고 냉정하게 그려 내고 있다. 제시된 부분의 내용은 구성 단계상 절정과 결말에 해당하는데, 극한 상황에 처한 인물들의 무기력한 삶이 비극적으로 형상화되고 있다.

주제 | 전쟁으로 인한 절망적 현실과 황폐한 인간의 모습

---

03 내재적 접근에 따른 작품 감상 정답 | ②

이 글은 시간적 순서에 따라 사건이 진행되고 있다. 또한 사건의 전모가 밝혀지지 않은 채, 동욱 남매의 행방을 불분명하게 처리하고 있으므로 ⓑ는 적절하지 않다.

오답 피하기 | ① 이 글은 형식상 전지적 작가 시점이지만, 실제로는 '원구'의 시각으로 서술하여 동욱 남매를 바라보는 원구의 내면에 공감하도록 유도하고 있다.

③ 이 글의 시간적 배경은 장마철로, 계속 비가 내려 어둡고 침침한 분위기를 조성하고 있다. '비'는 인물들의 우울하고 궁

핍한 삶을 보여 주는 동시에 전후의 절망적인 상황을 상징적으로 보여 준다.

④ 이 글의 결말에서 원구는 동욱 남매의 집을 다시 찾지만, 이미 남매는 떠난 상태였다. 그러나 서술자가 동욱 남매의 행방을 묘연하게 제시하고 있어, 독자는 동욱 남매의 상황을 상상할 수밖에 없다.

⑤ 이 글에서는 '~ 것이다, ~ 것이었다.'라는 서술어를 반복적으로 사용하고 있는데, 이런 방식은 3인칭 서술자인 작가가 사건을 간접적으로 제시하고 있음을 보여 준다.

04 작품의 종합적 이해 　　　　　정답 | ①

㉠은 동생 동옥이 주인 노파에게 오빠 몰래 빌려준 이만 환의 빚을 떼였음을 동욱이 알게 되면서, 자기의 분노를 주체하지 못하고 동생에게 화풀이를 하는 장면이다. 따라서 전후의 부조리한 상황에서 벗어나기 위한 동욱의 적극적 의지를 보여 준다는 진술은 적절하지 않다.

오답 피하기 | ② ㉡에서 동옥은 인가가 드문 외딴집을 원하고 있는데, 이는 다리가 불편하여 하루 종일 집에 갇혀 지내는 신세인 동옥이 피해 의식으로 인해 현실에 적응하지 못한 채 살아가는 인물임을 보여 준다.

③ ㉢은 동욱 남매의 집에 대한 묘사이다. '낡은 목조 건물', '금방 쓰러질 듯이 빗속에 서 있었다.'라는 내용은 전후 현실 속에서 비참하고 절망적으로 살아가는 인물의 상황을 잘 보여 준다.

④ ㉣에서 원구는 동옥의 상황에 대해 비관적으로 예측하고 있다. 이는 동옥이 육체적 장애를 지니고 있기 때문에 능동적으로 현실에 적응할 수 있는 능력이 없음을 보여 준다.

⑤ ㉤에서 원구는 동옥이 사창가에 팔려 갔을지도 모른다고 짐작하고 있지만, 그녀를 찾거나 구하려는 어떤 시도도 하지 않은 채 말없이 발길을 돌리고 있다. 동욱 남매에 대한 관심과 애정을 지닌 원구의 이런 행동이 그가 무기력에 빠져 있는 인물임을 보여 준다.

[05~06]
정극인, 「상춘곡」
해제 | 「상춘곡(賞春曲)」은 조선 전기 강호 가사(江湖歌辭)로, 자연의 아름다움과 그 속에서의 즐거움과 흥취를 노래한 작품이다. 봄날의 아름다운 풍경을 즐기며 자연과 하나 되는 경지와 강호가도를 표현하고 있으며, 안

빈낙도(安貧樂道)의 즐거움을 드러내고 있다.
주제 | 봄날의 아름다운 풍경과 그에 대한 흥취

05 표현상 특징 파악 　　　　　정답 | ②

'도화 행화는 석양리예 픠여 잇고 / 녹양방초는 세우 중에 프르도다'에서 대구의 방식을 활용해 화자가 바라본 봄날의 아름다운 풍경을 묘사하고 있다.

오답 피하기 | ① '수풀에 우는 새' 등에 인격을 부여해 표현하고 있다고 볼 수 있으나, 화자의 애환이 아닌 봄을 맞는 흥취가 드러난다.

③ 동일한 시구의 반복은 나타나지 않는다.

④ '물아일체어니 흥이야 다를쏘냐' 등에서 설의적 표현이 사용되었으나, 화자 자신에 대한 반성은 드러나지 않는다.

⑤ '이바 니웃드라, 산수 구경 가쟈스라' 등에서 말을 건네는 방식이 사용되었지만, 청자에 대한 비판이 아닌 권유의 뜻이 나타난다.

06 시어 및 시구의 이해 　　　　　정답 | ④

'무릉이 갓갑도다 저 들이 그곳인가'는 화자가 속한 강호를 이상향인 무릉도원과 연결시켜 생각하는 표현으로, 세속적 공간에 대한 미련을 드러낸다고 보기 어렵다.

오답 피하기 | ① '답청란 오늘 하고 욕기란 내일 하세 / 아침에 채산 하고 저녁에 낚시 하세'는 화자가 자연 속에서 한가로이 지내고 싶어 하는 모습이다.

② '조화신공이 물물마다 헌사롭다'는 조물주의 솜씨가 모든 자연물마다 야단스럽다는 것으로, 봄날의 풍경에 대한 예찬의 표현이다.

③ '물아일체어니 흥이야 다를쏘냐'에는 화자가 자연과 하나 되는 경지에 이를 만큼 자연에 몰입한 모습이 드러난다.

⑤ '단표누항에 홋튼 혜음 아니하네'는 자연 속에서의 소박한 생활에 만족하고 부귀공명을 멀리하겠다는 것으로, 안빈낙도의 생활 태도를 다짐하는 것으로 이해할 수 있다.

[07~08]
작자 미상, 「매화전」
해제 | 이 작품은 남녀 간의 사랑을 주제로 한 애정 소설이다. 이 작품에는 남녀 간의 사랑을 다룬 애정 모티프와 계모에 의한 시련과 고난, 부모로부터 버림받음, 도술을 통한 문제 해결 등 고전 소설의 다양한 모티프들이

복합적으로 사용되고 있다. 또한 판소리 사설의 문체를 지니고 있어 판소리계 소설, 혹은 판소리계 소설의 영향을 받은 작품으로 평가받고 있다.

주제 | 온갖 시련을 이겨 낸 양유와 매화의 사랑

07 서술상 특징 파악   정답 | ①

천지 기운을 보는 주부가 동자에게 바위 위에 부적을 붙여 병사를 모셔 오게 한 것이나, 범이 양유를 물고 온 것을 듣고 양유를 구원하는 부분은 비현실적 요소에 의한 사건 전개라고 볼 수 있다. 또 주부가 학을 타고 하늘에서 내려오는 것과 병사가 동자를 따라 초당에 도착하여 경험하게 되는 신이한 경험들은 모두 비현실적 요소로 볼 수 있다.

오답 피하기 | ② 이 글은 시간이 역전된 부분 없이 순행적인 사건 전개를 보이고 있다. 과거의 일에 대한 언급이 있으나 이것은 시간의 역전적 구성이 이루어진 것이 아니라 인물의 대화 속에 과거의 일이 진술된 것일 뿐이다.

③ 이 글에서 풍자적 서술이 제시된 부분은 찾을 수 없다.

④ 이 글에 비유적 표현이 일부 사용되고 있기는 하지만 사건 전개를 암시하는 부분은 찾을 수 없다.

⑤ 이 글에 우연적 사건이 등장하고 있기는 하지만 이를 통해 인물 간의 갈등이 심화되는 부분은 찾을 수 없다.

08 서사 구조에 대한 이해   정답 | ④

주부는 동자를 통해 병사를 초당으로 안내하고, 병사는 초당에서 부부가 된 양유와 매화를 만나 기뻐하고 있음을 확인할 수 있다.

오답 피하기 | ① 주부는 이미 매화를 보호하고 있으므로 병사가 매화를 만나지 못하게 하는 것에 대해 분노한 것은 아니다.

② 병사는 매화가 자신의 며느리가 될 것이라는 말을 듣고 '나는 자식도 없는 사람이라 어찌 자부를 얻으리요.'라고 언급하고 있음을 알 수 있다.

③ 동자를 부른 것은 주부이며, 주부가 동자에게 바위 위에 부적을 붙여 병사를 모셔 올 것을 지시하였다.

⑤ 이 글에서 주부가 병사에게 감사의 말을 전하는 부분을 찾아볼 수 없다.

06 인문

01	④	02	②

「가치의 본성」

해제 | 이 글은 오랫동안 철학의 관심이 되어 온 가치의 질적 특성에 대한 두 입장을 설명하고 있는 글이다. 이 글에서는 가치의 실재를 주장하는 '가치 실재론'을 설명하면서 가치를 자연적 성질로 보는 입장과 가치를 형이상학적 성질로 보는 입장을 소개한다. 그리고 사물 자체에 가치가 실재하는 것이 아니라 가치라는 것이 사물을 대하는 주체의 심리적 태도에 의해 생긴다고 보는 '가치 비실재론'에 대해 설명하고 있다.

주제 | 가치의 질적 특성에 관한 철학적 입장

01 내용의 비판적 이해   정답 | ④

고대의 플라톤이나 현대의 무어는 형이상학적 가치가 존재한다고 보는 입장을 지니고 있다. 따라서 가치를 모두 자연적 성질을 가진 것으로 이해하는 입장에 대해 형이상학적 가치가 엄연히 존재한다는 내용을 바탕으로 비판을 가하는 것은 바람직하다.

오답 피하기 | ①, ②, ⑤ 형이상학적 가치가 존재한다고 보는 고대의 플라톤이나 현대의 무어가 가진 입장이 반영되어 있지 않은 비판이므로 적절하지 않다.

③ 대상의 가치를 주관적 견해로 보고 가치 자체가 실재하지 않는다고 언급하고 있으므로 적절한 비판으로 볼 수 없다.

02 내용의 비판적 이해   정답 | ②

〈보기〉에서는 전제에 이미 결론의 내용이 선취되어 있음에도 불구하고 마치 가정에 없는 내용이 결론에서 새롭게 도출된 듯이 보이게 만드는 논점 선취의 오류에 대해 설명하고 있다. ㉠에 따르면, 가장 아름다운 세계와 가장 추한 세계라는 가정에 이미 결론의 내용인 전자가 후자보다 낫다는 내용이 선취되어 있음을 확인할 수 있으므로 ②는 ㉠에 대한 적절한 비판 내용으로 볼 수 있다.

오답 피하기 | ①, ③, ④, ⑤ 〈보기〉에 제시된 논점 선취와 무관한 내용을 바탕으로 비판을 제시하고 있으므로 적절한 비판 내용으로 볼 수 없다.

01	⑤	02	③	03	③
04	④				

[01~02]

「'베르그송'의 지속의 철학」

해제 | 이 글은 전통 형이상학을 뒤집고 현대 형이상학의 새로운 세계를 개척한 베르그송의 철학에 대해 설명하고 있는 글이다. 베르그송은 운동과 지속의 개념을 중심으로 세계를 이해하고 설명하였으며, 그의 이러한 철학은 현대 철학자와 과학에도 영향을 미쳤다.

주제 | 현대 형이상학을 개척한 베르그송의 철학

01 중심 화제 파악   정답 | ⑤

1문단에 따르면 베르그송은 정작 실재하는 것은 운동 자체라고 설명하고 있다. 2문단의 내용을 통해 대상의 운동이 빠진 영원한 정지체가 진정한 존재라고 보는 입장은 전통 형이상학임을 알 수 있다.

오답 피하기 | ① 5문단에서 베르그송은 전통 형이상학과 구별되는 현대 형이상학의 새로운 세계를 개척했다는 내용을 확인할 수 있다.

② 5문단에서 베르그송의 철학이 현대 철학자들은 물론 과학 영역에도 지대한 영향을 미쳤다는 내용을 확인할 수 있다.

③ 3문단에서 베르그송은 생물이 물질과 달리 자기 동일성을 유지하는 것은 바로 '기억' 때문이라고 주장하였음을 알 수 있다.

④ 4문단에서 베르그송은 '생의 약동'이 우주가 창조적으로 진화하는 원동력이라고 생각하였다는 진술을 확인할 수 있다.

02 자료의 적절성 평가   정답 | ③

〈보기〉에서는 선분 AB 위를 움직이는 것을 운동 자체로 이해하지 않고 점 C, D, E와 같이 중점이라는 분절적 점을 이용하여 운동이란 있을 수 없다는 결론에 도달하고 있다. 하지만 베르그송은 실재하는 것은 운동 자체이며, 운동체와 운동의 궤적은 운동체의 겉에서 추상해 낸 것이라고 주장하면서, 정지체를 진정한 존재로 인식하는 전통 형이상학을 뒤집고 있다. 따라서 베르그송의 입장에 따르면, 선분 AB를 분할하여 점이라는 정지체에만 주목함으로써 실재를 잘못 이해했다고 비판할 수 있다.

오답 피하기 | ① 정지체인 점 사이의 관계에 대해서 주목하는 것은 전통 형이상학의 관점이다.

② 〈보기〉에서 선분 AC에서 이루어지는 운동에만 주목한 부분을 확인할 수 없다.

④ 〈보기〉에서는 선분 AB 사이의 운동에 대해 집중한 것이 아니라 점들의 공간적 위치에만 집중하고 있다.

⑤ 〈보기〉에서는 선분 BC에서 이루어지는 운동만을 무시한 것이 아니라 운동 자체를 무시하고 실재를 분절적 점으로만 이해하고 있다.

[03~04]

「역사는 진보하는가」

해제 | 이 글은 진보 사관이 출현하게 된 배경을 설명하고 있는 글이다. 진보 사관은 근대 시기 인간의 이성과 과학에 대한 신뢰를 바탕으로 출현한 이후 19세기에 절정에 달했으나 현대 사회의 다양한 자연 재해와 환경 파괴, 테러, 분쟁 등으로 말미암아 그 믿음이 크게 흔들리게 되었다.

주제 | 진보 사관에 대한 통시적 분석

---

03 세부 정보, 핵심 정보 파악 　　　　정답 | ③

3문단에 따르면 유럽에서 역사가 진보한다는 관점이 등장한 것은 17세기부터이지만, 이러한 관점이 급속히 확산된 것은 18세기이고, 19세기에 이르러 절정에 도달했음을 알 수 있다.

오답 피하기 | ① 4문단을 통해, 과학과 이성에 대한 과도한 신뢰가 진보 사관의 발달을 촉진했다는 내용을 확인할 수 있다.

② 2문단을 통해, 근대 이전의 사람들은 역사를 주로 윤리와 도덕의 관점에서 바라보았음을 알 수 있다.

④ 1문단을 통해, 감계 사관이란 역사 속에서 후대에 귀감이 될 만한 도덕적 규범을 찾아 그것을 역사적 판단의 기준으로 삼고자 하는 교육적 역사관임을 확인할 수 있다.

⑤ 4문단을 통해, 콩도르세는 인간의 육체적 발전에 적절한 교육이 더해지면 정신적, 지적, 도덕적 측면까지도 계속해서 진보할 수 있다고 주장했음을 알 수 있다.

04 내용의 비판적 이해 　　　　정답 | ④

〈보기〉에는 이성을 통해 발전된 과학이 오히려 인류에게 비인간적인 결과를 초래한 사례가 제시되어 있다. 그러므로 진보 사관에서 맹신하고 있는 인간의 이성이 비인간적인 결과를 초래할 수 있으므로 막연히 인류가 지속적으로 진보할 것이라고

생각하는 것은 잘못된 것이라는 비판을 제기할 수 있다.

오답 피하기 | ① 〈보기〉에서는 인간의 세속적 욕망이 무한하다는 내용에 대해 언급하고 있지 않다.

② 〈보기〉와 이 글의 내용에서 진보 사관이 인류가 처한 현실을 외면하려고 시도한 부분에 대한 언급은 찾아볼 수 없다.

③ 〈보기〉에는 인간이 이성보다 감성을 중시한다는 내용을 확인할 수 있는 부분이 제시되어 있지 않다.

⑤ 〈보기〉에서 인간의 행동이 자신이 처한 환경에 의해 결정된다는 내용을 찾을 수 없으며, 진보 사관은 인간의 내면세계를 중시하는 관점이라는 내용도 확인할 수 없다.

07 사회

내신 탄탄 | 수능 탄탄 　　　　본문 64~67쪽

01	③	02	②

「공적 연금 제도」

해제 | 이 글은 연금 산정 방법과 연금 급여에 필요한 재원 조달 방법에 대해 설명하고 있다. 연금 산정 방법으로 '확정 기여 방식'과 '확정 급여 방식'에 대해 설명하고 있는데, 확정 기여 방식은 기여금이 사전에 결정되어 있고 급여액은 미확정의 상태로 남아 있는 방식이며, 확정 급여 방식은 연금 가입 시에 기여금은 물론 연금 급여액도 결정되어 있는 방식이다. 이와 같은 연금 산정은 연금 재원 조달 방법과 밀접한 관련을 맺고 있다. 재원 조달 방법에는 '적립 방식'과 '부과 방식'이 있으며, 적립 방식은 경제 활동 시기에 납부하는 기여금을 적립하였다가 퇴직 후에 연금으로 지급하는 방식이고, 부과 방식은 현재의 근로 세대로부터 거둔 기여금을 사용하여 현 퇴직 세대에게 연금을 지급하는 방식이다.

주제 | 연금 산정과 재원 조달 방법의 종류와 특징

---

01 추론적 이해 　　　　정답 | ③

이 글에서 확정 기여 방식은 '기여금이 사전에 결정되어 있고 급여액은 미확정의 상태로 남아 있는 방식'이라고 설명하고 있다. 확정 기여 방식은 내야 할 돈은 정해져 있지만 나중에 연금으로 받게 될 금액은 정해지지 않는 방식이다. 나중에 받게 될 금액은 운영 수익에 따라 결정되기 때문이다. 따라서 확정 기여 방식은 '급여액을 사전에 확정할 수 있'다는 추론은 적절하지 않다.

오답 피하기 | ① 2문단에 확정 기여 방식은 '투자 수익에 따라

연금 자산 총액 및 연금액이 결정되며'라고 설명되어 있어, 투자 수익이 이익(+)이냐, 손실(−)이냐에 따라 달라진다고 추론할 수 있다.

② 2문단에서 확정 기여 방식은 '투자에 따른 위험 부담은 개인이 부담한다.', '적립 방식을 채택할 수밖에 없다.'라고 설명하고 있다. 따라서 '부과 방식을 채택할 수 없'다는 것을 추론할 수 있다.

④ 2문단 끝에서 '확정 기여 방식은 ~ 적립 방식을 채택할 수밖에 없다.'라고 설명하였으며, 4문단에서 '적립 방식은 시간적 소득 재분배의 효과가 있'다고 설명하였다. 따라서 확정 기여 방식은 재정 운영 방식으로 시간적 소득 재분배의 효과가 있는 적립 방식만을 채택할 수밖에 없다는 내용을 추론할 수 있다.

⑤ 4문단 끝에서 '적립 방식은 물가 상승에 대해 연금의 실질 구매력을 확보하기 어려운 데 비해, 부과 방식은 물가 상승에 대처하기 쉬우며'라고 설명하고 있다. 물가 상승에 대처하기 쉽다는 것은 물가의 변동에 따라 연금 급여액을 유동적으로 정할 수 있다는 의미로 추론할 수 있다.

02 추론적 이해 정답 | ②

확정 기여 방식은 적립금을 누적한 후 적립된 금액으로 연금을 지급하는 것인데 투자 수익에 따라 연금 급여액이 달라진다. 이는 개인이 낸 기여금의 총합과 연금 급여액의 총합이 다를 수 있음을 의미한다. 그리고 적립 방식은 물가 상승에 대해 연금의 실질 구매력을 확보하기 어려운 단점이 있다. 이러한 이유로 적립식 확정 기여 방식은 노후의 경제적 안정을 보장하는 데에 한계가 있다.

오답 피하기 | ① '민영 연금에서 채택하기에 유리'한 것이 노후의 경제적 안정을 보장하는 데에 한계로 작용하지 않는다.

③ 확정 기여 방식은 필요한 재원이 개인별로 적립되기 때문에 '개인별로 적립되지 않'는다는 내용은 적절하지 않다.

④ 확정 기여 방식은 확정 급여 방식에 비해 오히려 기여금을 일정하게 정하는 것이 용이하다.

⑤ 투자를 해 손실이 있을 경우 그에 대한 책임은 연금 가입자에게 있다.

[01~02]

「거시 경제의 두 가지 모형」

해제 | 이 글은 거시 경제를 바라보는, 상반된 두 가지 모형을 설명하고 있다. 먼저 고전학파 모형에서는 경제 주체들이 합리적인 선택을 하며, 가격에 즉각적이고 신축적으로 반응하여 여러 경제 문제들이 자동적으로 조절된다고 본다. 반면 케인스학파 모형에서는 경제 주체들이 가격에 즉각적이고 신축적으로 반응한다고 보지 않으며, 정부와 같은 제3의 경제 주체가 조절하지 않으면 경제 문제는 해결되지 않는다고 본다. 이 상반된 두 학파 간의 논쟁이 거시 경제학의 변천 과정이라 할 수 있다.

주제 | 거시 경제학의 고전학파와 케인스학파의 모형

01 사실적 이해 정답 | ⑤

케인스학파는 대공황의 발생에 따라 고전학파 모형과는 다른 입장을 취하였다. 고전학파 모형에서는 가격에 따라 즉각적으로 경제 문제들이 조정될 것으로 보았지만 현실에서는 그렇지 못하고 경제 대공황이 발생하고 말았다. 이에 대해 케인스학파는 가격에 의해 자동적으로 경제 문제 상황이 해결되지 못하기에 이를 조정할 제3의 경제 주체의 개입이 필요하다고 생각하였다.

오답 피하기 | ① 외적인 충격에 의해 문제가 발생한다고 보는 것은 고전학파 모형의 입장이며, 케인스학파 모형에서는 경제는 끊임없이 문제가 발생한다고 보고 있다.

② 케인스학파 모형은 정부와 같은 제3의 경제 주체가 적극적으로 개입하여 경제 문제들을 조정해야 한다고 보고 있다.

③ 민간 경제 주체들이 합리적으로 경제 문제를 해결할 수 있다고 보는 입장은 고전학파 모형이다.

④ 가격이 즉각적이고 신축적으로 조정된다고 보는 것은 고전학파 모형의 입장이다.

02 추론적 이해 정답 | ②

㉠은 신축적 물가 모형, ㉡은 비신축적 물가 모형이다. 〈보기〉는 단기간에 실업률이 급격하게 증가하였으며, 임금이나 물가 수준이 크게 하락한 현상을 보여 주고 있다. 신축적 물가 모형에 따르면 변화된 가격(물가가 낮아지므로)에 즉각적으로 반응하여 소비가 증대되고, 따라서 생산 활동도 증가할 것이다.

따라서 생산 활동이 극심하게 침체될 것이라는 진술은 적절하지 않다.

오답 피하기 | ① 신축적 물가 모형에서는 가격의 변동에 따라 민간 경제 주체들이 합리적으로 행동을 취해 문제를 해결한다고 본다.

③ 신축적 물가 모형에서는 가격의 변동에 즉각적이고 신축적으로 대응한다. 따라서 물가 하락이 발생하더라도 단기간에 그치고 경제 문제는 해결된다.

④ 비신축적 물가 모형에서는 실업자의 증가가 자발적인 선택이 아니다.

⑤ 비신축적 물가 모형에서는 이러한 경제 문제를 해결하기 위해 정부와 같은 제3의 경제 주체의 노력이 적극적으로 요구된다.

[03~04]

「국제법상 난민의 정의」

해제 | 이 글은 국제법상 난민의 개념을 설명하고 있다. 현재 국제법상에서는 난민을 인종이나 종교, 정치적 의견 등을 이유로 국적국을 떠나 국적국의 보호를 받지 못하거나 박해 때문에 보호받기를 거부한 사람들로 정의한다. 그러나 현대 사회가 복잡해짐에 따라 현재 국제법상에서 난민으로 인정받지 못하는 환경 난민이나 경제 난민 등도 발생하고 있으며, 난민의 지위를 온전하게 보호하지 못하는 등의 문제들이 있다.

주제 | 국제법상 난민 지위의 인정 요건

03 내용 전개 방식 파악   정답 | ⑤

1문단에서 넓은 의미에서 본 난민에 대한 개념을 설명한 후 2문단에서는 현재 국제법에 따른 난민의 정의를 설명한다. 3문단에서 5문단에 걸쳐서는 국제법상에서 난민으로 인정받기 위한 자격 요소들을 각각 설명한 후 마지막 문단에서 현재 난민법이 지니고 있는 한계를 지적하고 있다.

오답 피하기 | ① 난민법이 난민들의 지위를 온전하게 보장하지 못한다는 것을 지적할 뿐, 난민 문제를 발생시키는 원인에 대한 비판은 나타나지 않는다.

② '난민'에 대한 개념 정의와 자격 요건을 설명하고 있지만, 난민 문제가 대두되게 된 역사적 배경을 설명하고 있지는 않다.

③ 난민으로 인정받기 위해 필요한 요건들을 나열하고 있지만, 시간의 흐름에 따른 인식 변화를 나타내고 있지 않다.

④ 마지막 문단에서 현재 난민법이 지닌 한계를 지적하고 있기는 하지만, 다양한 사례를 들어 난민 구호의 시급함을 강조하고 있는 것은 아니다.

04 구체적 사례에의 적용   정답 | ①

(가)의 독립운동가들은 '나라의 자주독립'을 위해 임시 정부를 수립했다는 점에서 국적국이 사라져 상주국을 떠나 중국에 머문 상태라 할 수 있다. 따라서 이들이 국적국의 보호를 받고 싶지 않아 종전 상주국으로 돌아가지 않으려는 것이 아니라 정치적으로 박해를 받을 상황이기에 어쩔 수 없이 종전 상주국으로 돌아가지 못하고 있는 것이다.

오답 피하기 | ② (가)의 독립운동가들은 국적국을 떠나 중국에 머물고 있으므로, 5문단에서 말하는 난민 자격 요건 중 국적국 밖에 있어야 한다는 요건을 충족한다고 할 수 있다.

③ (가)의 독립운동가들은 나라의 자주독립을 위해 중국에 임시 정부를 세워 투쟁하고 있다는 점에서 국적국 안에서 정치적으로 박해를 받을 이유가 충분하다고 볼 수 있다.

④ 마지막 문단을 보면, 환경 문제로 인해 발생하는 난민은 현재 국제법상에서는 난민으로 인정하고 있지 않음을 알 수 있다.

⑤ 마지막 문단에서는 현재의 국제법으로는 난민으로 보호되어야 할 사람들에 대한 지위를 수용국에 위임하고 있기에 그들의 지위가 온전히 보장되고 있지 않음을 지적하고 있다.

08 과학

내신 탄탄	수능 탄탄		
01	②	02	⑤

본문 72~75쪽

「암의 발생과 치료」

해제 | 이 글은 암세포의 비정상적인 특성과 정상 세포가 암세포로 변화하는 과정에 대해 설명하고 있다. 암세포는 영양분이 계속 공급되기만 하면 무한정 분열을 계속할 수 있다는 비정상적인 특성이 있다. 양성 종양과 악성 종양 중 악성 종양은 유전자와 세포의 변이로 인해 생겨난 것으로 몸의 여러 기관으로 퍼져 나가고, 몸의 여러 기관의 기능을 손상시킨다. 악성 종양을 치료할 수 있는 방법에는 방사선 치료와 약물을 혈액을 통해 주입하는 화학 요법 등이 있는데, 치료 과정에서 일부 부작용이 발생할 수 있다는 한계가 있다.

주제 | 암세포의 발생 과정과 그 치료 방법

01 세부 정보 파악   정답 | ②

4문단에 따르면 '악성 종양'은 정상 세포에 비해 방사선을 쪼였을 때 더 많이 손상되므로 적절한 이해가 아니다.

오답 피하기 | ① 2문단에 따르면 '악성 종양'은 다른 조직으로 퍼져 나가서 하나의 기관 혹은 여러 기관의 기능을 손상시킨다고 했다.

③ 3문단에 따르면 '악성 종양'은 원래 생성된 위치에서 멀리 떨어진 다른 부위로 퍼져 나갈 수 있고, 이를 통해 새로운 종양을 형성한다고 했다.

④ 2문단에 따르면 '악성 종양'은 형질 전환이 진행될 때 파괴 과정을 피한 세포가 계속해서 증식하여 형성된 비정상 세포의 덩어리 중 악성의 성질을 띤 종류를 의미한다.

⑤ 4문단에 따르면 화학 요법으로 '악성 종양'을 치료할 때 약물이 머리카락의 모낭 세포에 영향을 주어 머리카락이 빠지게 될 수도 있다고 했다.

02 구체적 상황에의 적용　　　　　　　　정답 | ⑤

4문단에 따르면 암 치료를 할 때 화학 요법을 사용하면 정상적인 장 세포에 영향을 미칠 수 있으며, 이로 인해 메스꺼움이 나타날 수도 있다고 했다.

오답 피하기 | ① 4문단에 따르면 암세포는 정상 세포에 비해 DNA 손상을 회복하는 능력이 작다고 했다.

② 4문단에 따르면 전이가 의심되는 종양을 치료하려면 화학 요법이 사용된다. 〈보기〉의 A 씨의 경우 종양의 전이가 의심되는 상황이므로 화학 요법이 필요하다. 이와 같은 화학 요법은 화학적 약물을 혈액을 통해 주입하여 세포 분열의 특정 단계를 저해하는 것이다.

③ 3문단에 따르면 악성 종양은 원래의 종양에서 떨어져 나와 혈관을 통해 전이될 수 있다. 따라서 위와 멀리 떨어진 부위에서도 전이가 나타날 수 있다.

④ 4문단에 따르면 고에너지 방사선 치료는 악성 종양이 한 곳에 모여 있을 때 사용하기 적절한 치료법이다. 〈보기〉의 A 씨는 다른 여러 부위로 전이가 의심되는 상황이므로, 고에너지 방사선 치료가 우선되어야 한다는 이해는 적절하지 않다.

수능의 感 익히기				본문 76~79쪽	
01	④	02	②	03	⑤
04	④				

[01~02]

「고체의 다양한 전기적 성질」

해제 | 이 글은 고체의 다양한 전기적 성질을 설명하고 있다. 고체 중 도체는 전기를 잘 전달하고 전기 저항이 작다. 반면 부도체는 전기를 잘 전달하지 못하고 전기 저항은 크다. 반도체는 도체와 부도체의 중간 정도의 성질을 갖는다. 이와 같이 고체 물질의 종류에 따라 전기적 성질이 다른 이유는 에너지띠의 구조가 각각 다르기 때문이다. 도체에는 금지띠가 존재하지 않는 데 비해 부도체와 반도체에는 금지띠가 존재한다. 그중 반도체는 부도체에 비해 금지띠의 간격이 좁기 때문에 상대적으로 작은 전기장을 걸어 주어도 전기가 흐를 수 있다는 특징이 있다.

주제 | 고체의 다양한 전기적 성질과 전기가 흐르는 이유

01 세부 정보 파악　　　　　　　　정답 | ④

고체의 외부에서 전기장을 걸어 주면 전자가 이동할 수 있는 상태가 된다. 하지만 이 상태가 되면 자유 전자가 금지띠를 뛰어넘을 수 있는 상태가 된다는 것이지, 금지띠가 좁아지는 것은 아니다.

오답 피하기 | ① 3문단에 따르면 도체의 에너지 구조는 전도띠와 가전자 띠가 연속적으로 이어진 형태라고 했다.

② 1문단에 따르면 고체는 전기적인 성질에 따라 도체, 부도체, 반도체로 구분될 수 있다고 했다.

③ 1문단에 따르면 전기 저항은 '도체 < 반도체 < 부도체'의 순으로 크기 차이가 있다고 했다.

⑤ 6문단에 따르면 반도체와 부도체의 에너지띠의 구조는 기본적으로 비슷하지만, 에너지 간격의 넓이가 크면 부도체, 넓이가 작으면 반도체로 전기적인 성질이 구분될 수 있다고 했다.

02 구체적 상황에의 적용　　　　　　　　정답 | ②

5문단에 따르면 저마늄은 고체 구분상 반도체이다. 반도체는 〈그림〉의 (c)와 같이 전도띠와 가전자 띠 사이에 금지띠가 존재하고, 이로 인해 전자의 이동에 제약이 있다.

오답 피하기 | ① 〈보기〉에 따르면 실리콘의 에너지 간격은 다이아몬드의 에너지 간격에 비해 좁다. 이 글에 따르면 실리콘은 고체 구분상 반도체이고, 다이아몬드는 부도체이다. 1문단에 따르면 반도체는 부도체에 비해 전기를 잘 전달한다고 했다.

③ 5문단에 따르면 실리콘은 고체 구분상 반도체이다. 반도체의 양쪽 끝에 전기장을 걸어 주거나 적당한 에너지를 가하면 전자가 전도띠로 이동하여 전류가 흐르게 된다고 했다.

④ 〈보기〉에 따르면 다이아몬드는 다른 고체인 실리콘, 저마

늄 등에 비해 에너지 간격이 상대적으로 매우 넓기 때문에 다이아몬드는 고체 구분상 부도체로 구분할 수 있다. 4문단에 따르면 부도체의 전도띠는 물론이고 가전자 띠도 전자로 모두 채워져 있다고 했다.

⑤ 〈보기〉에 따르면 저마늄의 에너지 간격은 다이아몬드의 에너지 간격에 비해 좁다. 그리고 5문단에 따르면 저마늄은 고체 구분상 반도체이므로, 저마늄의 양쪽 끝에 전기장을 걸어 주거나 적당한 에너지를 가하면 전류가 흐르게 될 것이다.

[03~04]
「지구 중심 우주론과 태양 중심 우주론」
해제 | 이 글은 프톨레마이오스의 '지구 중심 우주론'과 코페르니쿠스의 '태양 중심 우주론'을 비교하여 설명하고 있다. 고대로부터 지구가 우주의 중심이라는 생각은 유지되어 왔고 프톨레마이오스의 지구 중심 우주론은 당시에는 진리로 인정받았다. 그러나 코페르니쿠스는 별을 직접 관측하고 다양한 데이터를 수집하고 분석하는 방식을 통해 프톨레마이오스의 지구 중심 우주론의 문제점을 지적했다. 이후 코페르니쿠스는 태양이 우주의 중심이라는 '태양 중심 우주론'을 주장하였고, 이를 통해 기존의 프톨레마이오스의 '지구 중심 우주론'으로는 설명할 수 없었던 여러 우주 현상에 대한 명확한 답을 찾아냈다는 점에서 의의가 있다.
주제 | 코페르니쿠스의 '태양 중심 우주론'의 특징과 의의

03 세부 정보 파악 　　　　　　　　　　정답 | ⑤

이 글을 통해 코페르니쿠스의 '태양 중심 우주론'과 프톨레마이오스의 '지구 중심 우주론'에 공통으로 영향을 준 이론이 무엇인지는 알 수 없으므로, 해결할 수 없는 질문이다.
오답 피하기 | ① 2문단에서 주전원과 이심원의 개념을 설명하고 있다.
② 1문단에 따르면 고대인들은, 지구는 움직이지 않고 하늘이 움직인다고 생각했다.
③ 4문단에서 코페르니쿠스의 '태양 중심 우주론'에서는 태양을 중심으로 지구의 앞쪽에 수성과 금성이 위치한다는 내용을 확인할 수 있다.
④ 3문단에 따르면 코페르니쿠스는 우주의 구조를 설명하기 위해 하늘에 80개 이상의 주전원이 그려져야 한다는 점과 주전원, 이심원과 같은 부가적인 장치를 사용해야 한다는 것에 의문을 가졌다고 했다.

04 구체적 상황에의 적용 　　　　　　　　정답 | ④

5문단에 따르면 코페르니쿠스의 '태양 중심 우주론'은 우주가

천체들이 붙어 있는 투명한 수정구로 겹겹이 둘러싸여 있다는 것을 의심하지 않았다는 점에서 한계가 있다고 했다.
오답 피하기 | ① 4문단과 〈보기〉에 따르면 코페르니쿠스의 '태양 중심 우주론'에서는 지구가 우주의 중심이 아니며, 단지 달의 궤도와 중력의 중심이라고 했다.
② 4문단과 〈보기〉에 따르면 코페르니쿠스의 '태양 중심 우주론'에서는 여러 행성이 태양을 중심으로 회전하고 있다고 주장했다. 이는 행성들이 멈추거나 후퇴하기도 한다는 프톨레마이오스의 '지구 중심 우주론'과는 거리가 있는 견해이다.
③ 2문단에 따르면 프톨레마이오스의 '지구 중심 우주론'에서는 행성의 운동을 설명하기 위해 주전원, 이심원이라는 부가 장치를 사용하였다. 이와 달리 코페르니쿠스의 '태양 중심 우주론'에서는 주전원, 이심원의 개념을 사용하지 않고 상대적으로 간단하게 행성의 운동을 설명하고 있다.
⑤ 5문단에 따르면 프톨레마이오스의 '지구 중심 우주론'에서는 태양, 금성, 수성의 배열 순서를 정하는 것에 어려움이 있었다. 그러나 코페르니쿠스의 '태양 중심 우주론'에서는 프톨레마이오스의 '지구 중심 우주론'에 비해 수성, 금성, 지구의 순서를 〈보기〉와 같이 쉽게 정하여 배열하는 데 문제가 없었음을 알 수 있다.

09 기술

내신 탄탄		수능 탄탄		본문 80~83쪽
01	⑤	02	④	

「LCD의 특징 및 작동 원리」
해제 | 이 글은 LCD 액정 기술의 특징과 작동 원리에 대해 설명하고 있다. LCD 액정의 특성 및 기술적 원리, TN 방식의 구체적 작동 방식, 기존의 CRT 방식에 비해 LCD가 지니는 장점, LCD의 향후 연구 과제 등이 차례로 소개되어 있으며, 특히 TN 방식의 구체적 작동 원리에 초점을 맞추고 있다. TN 방식은 막대 모양의 액정 분자들에 전압을 가하거나 편광판을 활용하여 빛의 투과도를 조절함으로써 다양한 색을 구현할 수 있게 된다.
주제 | LCD 액정 기술의 특징과 작동 원리

01 세부 정보 파악 　　　　　　　　　　정답 | ⑤

3문단을 참고할 때, 액정에 전압이 가해지면 픽셀 내의 모든

액정 분자들이 수직 방향으로 정렬되고, (픽셀로 진입 시 수직 편광판을 통과하면서 수직 방향으로만 편광되어 있던 상태의) 빛은 이에 따라 계속 수직 방향으로만 진행하다가 결국 수평 편광판을 통과하지 못하여 화면이 검게 보이게 됨을 알 수 있다.

오답 피하기 | ① 3문단에서 빛은 서로 일정한 규칙성 없이 조금씩 뒤틀린 액정 분자들을 통과하게 된다고 하였다.

② 3문단에서 광원으로부터 들어온 빛은 수직 편광판을 통과한다고 하였다.

③ 2문단에서 알 수 있듯이, 전기장의 방향에 따라 계속 변화하며 진행하는 것은 일반적 빛의 특성일 뿐, 편광판의 설치를 통해 빛의 투과를 막음으로써 화면이 검게 보이는 현상과는 무관하다.

④ 2문단에서 전압의 크기에 따라 빛의 투과도를 변화시킬 수 있다고 하였다. 그러나 3문단의 설명에서 알 수 있듯이 TN 방식에서 화면이 검게 보이게 되는 이유는 빛의 편광성에 따른 투과 여부 때문이지 전압의 크기 때문이 아니다.

02 시각 자료에의 적용 정답 | ④

(나)-[D]는 액정에 전압을 가해 준 상태이다. 3문단의 설명을 참고하면, 이때 액정 분자들은 전압에 의해 수직 방향으로 정렬되고, (처음에 광원으로부터 픽셀로 들어올 때 수직 편광판을 통해서 수직 방향으로만 편광된 상태였던) 빛이 그대로 수직 방향의 편광 상태로 계속 진행하게 됨을 알 수 있다. 즉 (나)-[D]에서 빛의 편광 방향은 변하지 않는다.

오답 피하기 | ① 3문단의 TN 방식에 대한 설명을 참고할 때, (가)-[A]는 액정 뒷면에 위치한 광원으로부터 나온 빛이 수직 편광판을 통과하게 되는 과정에 대응한다.

② (가)-[B]는 3문단의 '일정한 규칙성 없이 조금씩 뒤틀린 액정 분자들을 통과하면서 분자들의 정렬 상태를 따라 수평 방향으로도 정렬되고'에 대응하는 과정이다.

③ (가)-[C]는 3문단의 '일부의 빛이 액정 앞면에 있는 수평 편광판을 통과하게 되면서 화면이 밝게 보인다.'에 대응하는 과정이다.

⑤ (나)-[E]는 3문단의 '(빛이) 결국 앞면에 놓인 수평 편광판을 통과하지 못해 화면은 검은색으로 보인다.'에 대응하는 과정이다.

| 01 | ④ | 02 | ② | 03 | ⑤ |
| 04 | ③ | | | | |

[01~02]
「컴퓨터의 데이터 처리 과정」

해제 | 이 글은 컴퓨터가 문자나 소리 데이터를 어떻게 처리하는지에 대해 설명하고 있다. 문자 데이터의 경우, 각 문자들을 아스키코드나 유니코드와 같은 문자 이진 코드에 대응시켜 컴퓨터가 이해할 수 있는 방식으로 처리하게 된다. 소리 데이터의 경우, '표본화-양자화-부호화' 과정을 거치며 처리하게 되는데, 표본화는 연속적인 아날로그 신호를 일정한 시간 간격으로 잘라 표본을 추출하는 과정이고, 양자화는 표본화 과정을 통해 추출된 신호의 크기를 디지털화할 수 있는 값으로 처리하는 과정을 말한다. 또한 부호화는 양자화된 신호들을 0과 1로 이루어진 2진수로 표현해 내는 과정을 뜻한다. 컴퓨터는 다양한 자료들을 디지털 데이터로 처리함으로써 저장 및 편집 등에서 장점을 확보할 수 있게 된다.

주제 | 컴퓨터의 문자 및 소리 데이터 처리 과정

01 세부 정보 파악 정답 | ④

4문단을 통해 잡음이 발생하는 이유를 확인할 수 있는데, 이에 따르면 표본값과 양잣값의 차이만큼 잡음이 발생한다는 사실을 알 수 있다.

오답 피하기 | ① 1문단의 '중앙 처리 장치에서 데이터를 읽고 명령어를 해독한 뒤'를 통해 확인할 수 있다.

② 2문단의 '서로 다른 형태의 문자를 구별해 내기 위해 '문자 이진 코드'를 사용하게 되는데'를 통해 확인할 수 있다.

③ 1문단에서 문자 자료는 키보드와 같은 특수한 입력 장치를 통해 디지털 신호로 변화시키고 이후 중앙 처리 장치를 거쳐 모니터와 같은 출력 장치를 통해 사용자에게 전달한다고 하였다.

⑤ 5문단의 '디지털 데이터로 처리된 정보들은 저장 및 편집 처리 과정이 매우 편리하며'를 통해 확인할 수 있다.

02 시각 자료에의 적용 정답 | ②

(가)는 '표본화'에 대한 시각 자료로, 연속적인 아날로그 신호를 일정한 시간 간격으로 잘라 내어 표본을 추출하는 과정을 보여 주고 있다. 이때 (가)의 x축의 시간 간격은 원음의 아날로그 신호를 얼마만큼 세밀한 단위로 잘라 표본을 추출할 것인지에 해당하는 요소이다. 그런데 3문단에서 '신호를 추출해 내는 시간 간격이 세밀할수록 표본화율은 커지며 음질은 원음에 가까워지게 된다.'라고 하였으므로 오히려 (가)의 x축의 시

간 간격이 '좁아질수록' 디지털 음질이 원음에 가까워지게 됨을 알 수 있다.

오답 피하기 | ① 3문단의 '컴퓨터에서 소리를 처리하기 위해서는 아날로그 형태인 소리 데이터를 디지털 형태로 변환해야 한다.'와 '소리 데이터의 처리는 구체적으로 표본화, 양자화, 부호화 과정을 거쳐 이루어진다.'를 통해 확인할 수 있다.

③ 먼저, 그래프 자료를 통해 (가)는 표본화 과정, (나)의 y축의 값은 양잣값을 의미함을 알 수 있으며, 4문단에서 양자화는 표본화 과정을 통해 추출된 신호의 크기를 디지털화할 수 있는 값으로 처리하는 과정이라고 하였으므로 적절한 진술이다.

④ (나)의 y축의 값은 양잣값을 의미한다. 그런데 4문단에서 양잣값을 '표본값을 수치화할 때, 근접한 정수의 값으로 변화시키는 것으로 이때 얻은 값'으로 정의를 내리고 있으므로 적절한 진술이다.

⑤ (다)에서 6에 대응하는 하단의 숫자가 110인 점과 4문단의 '양자화를 거쳐 추출된 신호의 크기가 6인 경우, 이것을 3비트로 부호화하면 이진법 변환 원리에 따라 '110'으로 표현되는 것과 같다.'를 통해, (다)의 제일 하단에 0과 1로 조합된 숫자들이 양자화를 거친 신호의 크기들을 각각 3비트로 부호화한 결과임을 알 수 있다.

[03~04]

「산업 현장의 생산 자동화 시스템」

해제 | 이 글은 산업 현장의 생산 자동화 시스템에 대해 설명하고 있다. 제품 생산 공정에 자동화를 적용함으로써 생산품의 품질을 높이게 되었고 생산 효율 또한 크게 향상되었다. 자동 제어 방식 중 시퀀스 제어는 주어진 조건에 따라 정해진 제어 과정을 순차적으로 실행하는 것이고, 피드백 제어는 설정해 놓은 양과 목표에 맞게 정해진 차이 내에서 자동으로 이루어지는 제어 방식이다. 생산 자동화 시스템은 생산 형태에 따라 고정 자동화 시스템, 프로그램 자동화 시스템, 유연 자동화 시스템 유형으로 구분되는데, 이 글은 이들이 지닌 각각의 특징을 소개하며 글을 마무리하고 있다.

주제 | 생산 자동화 시스템의 작동 원리 및 유형별 특징

03 세부 정보 파악　　　　　정답 | ⑤

5문단에서 유연 자동화 시스템은 '생산 제품의 변경에 따른 시간의 낭비 없이 다양한 제품을 생산할 수 있도록 고안된 시스템'이라고 하였다. 따라서 이 시스템이 단일한 제품의 생산성을 높이려는 목적으로 개발되었다고 파악하는 것은 적절하지 않다.

오답 피하기 | ① 1문단의 '자동화는 단위 기계의 자동화, 생산 라인의 자동화, 공장 전체의 자동화 순으로 발전하였고'를 통해 확인할 수 있다.

② 3문단에서 시퀀스 제어가 사용되는 예로, 특정 부분만 반복하여 용접 작업을 하고자 하는 경우를 언급하고 있다.

③ 5문단에서 고정 자동화 시스템의 특성으로 조립 작업의 순서가 장비 배열에 의해 고정되어 있으며 생산성이 높다는 점을 언급하고 있다.

④ 5문단에서 프로그램 자동화 시스템의 특징으로 '생산 제품의 변화에 따른 생산 기계의 유연성을 높이기 위해 작업 과정을 프로그램화하여 변경할 수 있도록 구성한 시스템'이라는 점을 언급하고 있다.

04 시각 자료에의 적용　　　　　정답 | ③

〈보기〉의 (나)는 '피드백 제어' 시스템을 도식화한 것으로, 3문단의 관련 설명을 참고할 때 ⓒ은 일정한 목푯값이 주어지는 단계일 뿐, 새로운 목푯값을 예측하는 것과는 무관한 과정임을 알 수 있다.

오답 피하기 | ① [A]에서 시퀀스 제어에 대한 설명으로 언급된 '작업 명령이 주어진 뒤 명령 처리부에서 조작부로 제어 신호를 보내면 다시 조작부에서 제어 대상으로 조작 신호를 주게 되고'를 통해 확인할 수 있다.

② [A]에서 시퀀스 제어는 주어진 조건에 따라 정해진 제어 과정을 순서대로 실행하는 것이라고 설명하고 있으며, 처리부에서 조작부로 제어 신호를 보내면 다시 조작부에서 제어 대상으로 조작 신호를 주게 된다고 하였으므로 적절한 진술이다.

④ ⓔ은 지속적인 피드백 작용 과정을 거쳐 원했던 목푯값에 도달한 상태로, 이 경우 더 이상 피드백 작용은 이루어지지 않게 된다.

⑤ (가)는 시퀀스 제어 시스템, (나)는 피드백 제어 시스템을 의미하는데, [A]에서 제품 가공 시 주어진 오차 내에서만 정밀하게 제어하고자 할 때 피드백 제어 시스템을 주로 채택한다고 하였으므로 적절한 진술이다.

10 예술

내신 탄탄 · 수능 탄탄			본문 88~91쪽
01	②	02	③

「감정 미학과 한슬리크의 비판적 견해」

해제 | 이 글은 감정 미학과 그에 대한 한슬리크의 비판적 견해에 대해 설명하고 있다. 감정 미학은 19세기 낭만주의 시대에 절정을 이루게 된 예술적 관점으로, 이에 따르면 음악은 인간의 내면적 감정이 표현된 예술 양식이다. 쇼펜하우어는 이러한 감정 미학의 관점을 지지하며 철학적 위엄을 부여하기도 하였다. 한편 한슬리크는 이러한 감정 미학에 전면적 반론을 제기하게 된다. 한슬리크는 아름다움은 어떤 목적도 갖지 않는다는 점과 감정의 재현이 음악의 내용이 될 수는 없다는 점에서 감정 미학을 비판한다. 그는 오히려 음악이 지닌 불확정적 요소들과 '역동성'의 개념을 강조하면서 음악이 어떤 명확한 내용을 재현해 낸다고 보는 것은 옳지 않다고 주장한다.

주제 | 감정 미학과 그에 대한 한슬리크의 비판

---

01 핵심 정보 파악

정답 | ②

(나)에서 감정 미학에 대한 쇼펜하우어의 철학적 뒷받침을 통해 음악은 모든 예술 가운데 감정을 표현해 내는 가장 뛰어난 예술 양식으로 자리매김할 수 있었다고 하였으므로, (나)의 중심 내용을 '감정 미학에 대한 쇼펜하우어의 반론'으로 파악하는 것은 적절하지 않다. (나)의 중심 내용은 '감정 미학에 대한 쇼펜하우어의 철학적 지지' 정도가 될 것이다.

오답 피하기 | ① (가)는 19세기 낭만주의 시대에 절정을 이루게 된 감정 미학의 주요 관점에 대해 언급하고 있다.

③ (다)는 한슬리크가 감정 미학의 관점을 두 가지 측면에서 비판하고 있음을 언급하고 있다.

④ (라)는 음악과 감정의 인과 관계에 대한 감정 미학의 관점을 한슬리크가 어떻게 비판하고 있는지에 대해 설명하고 있다.

⑤ (마)는 감정의 재현으로서 음악을 바라보는 감정 미학의 관점을 한슬리크가 어떻게 비판하고 있는지에 대해 설명하고 있다.

---

02 핵심 정보 파악

정답 | ③

이 글은 (가)~(나)에서 감정 미학 및 쇼펜하우어의 지지를 중심 내용으로 다루고 있으며, (다)~(마)에서 감정 미학에 대한 한슬리크의 비판적 견해를 중점적으로 소개하고 있다. 따라서 글 전체를 포괄해야 하는 표제로는 '감정 미학과 그에 대한 한슬리크의 비판'이 가장 적절하다. 또한 좀 더 세부적 내용으로

는 감정과 음악의 관계에 초점을 맞추어 감정 미학과 한슬리크의 상반된 입장을 소개하고 있으므로, 부제로서 '감정과 음악의 관계'를 언급하는 것이 적절하다.

오답 피하기 | ① 글 전체의 흐름 및 (마)에서 직접적으로 확인할 수 있듯이, 이 글은 감정 미학에 대한 한슬리크의 비판에 초점이 맞추어져 있다. 따라서 '감정 미학의 의의'는 표제로서 적절하지 않다. 또한 이성에 대비되는 개념으로서의 감정이 글의 중심 화제는 아니다.

② 감정 미학에서 바라본 음악관과 쇼펜하우어의 견해는 글의 전반부 (가)~(나)에 걸쳐 소개되어 있지만, 이것만으로는 글 전체의 표제와 부제가 되기에 적절하지 않다. (다)~(마)에 걸쳐 소개되어 있는 한슬리크의 견해를 포괄할 수 없기 때문이다.

④ 글의 후반부에 중점적으로 다루어지고 있는 한슬리크의 견해를 포괄할 수 없으므로 적절하지 않다.

⑤ 감정 미학이 음악사에 미친 영향은 이 글의 초점과 거리가 멀다. 또한 19세기의 시대적 특징은 (가)에서만 부분적으로 소개되어 있을 뿐 글 전체를 포괄하기에 적절하지 않다.

수능의 感 익히기					본문 92~95쪽
01	⑤	02	⑤	03	②
04	⑤				

[01~02]

「단원 김홍도의 '황묘롱접도'」

해제 | 이 글은 단원 김홍도의 작품 세계가 드러내는 탁월한 한국적 미의식을 '황묘롱접도'가 지니는 소재의 다양성과 상징성을 예로 들어 설명하고 있다. '황묘롱접도'에 등장하는 다양한 소재들에 담긴 상징적 의미와 주제 의식, 예술성을 높여 주는 회화 기법 등을 소개하고 있으며, 김홍도의 작품 세계가 현대 회화의 흐름 속에서 지니는 의의에 대해서도 소개하고 있다.

주제 | 단원 김홍도의 '황묘롱접도'에 담긴 전통적 예술성

---

01 핵심 정보 파악

정답 | ⑤

이 글은 '황묘롱접도'에 나타난 다양한 소재 및 상징성을 분석함으로써 단원 김홍도 작품의 특징과 의의를 드러내고 있다. 글 전반에 걸쳐 단원 김홍도 작품 세계의 특징을 드러내고 있으며, 5문단에서 김홍도 작품의 의의에 대해 강조하고 있다. 또한 이를 뒷받침하기 위해 2~4문단을 통해 그의 작품 중 하나인 '황묘롱접도'에 나타난 다양한 소재 및 상징성에 대해 상

세하게 다루고 있다. 이렇게 볼 때, 글의 표제로는 '단원 김홍도 작품의 특징과 의의', 부제로는 '황묘롱접도'의 소재 및 상징성을 중심으로' 정도가 가장 적절함을 알 수 있다.

오답 피하기 | ① 단원 김홍도의 작품 세계와 현대 회화와의 공통점을 중심으로 설명하고 있는 글이 아니므로 적절하지 않다. 오히려 5문단에서 김홍도의 작품 세계가 현대 회화의 일반적 흐름과 어떠한 측면에서 다른지 차이점을 중심으로 언급하고 있다.
② 단원 김홍도의 인물화를 중심으로 한 글이 아니므로 적절하지 않다. 1문단에서 김홍도가 산수, 인물, 풍속, 화조, 문인화, 기록화, 삽화 등 그림의 모든 분야에 능통했다고 언급하고 있기는 하지만, 2~4문단에서 인물이 아닌 고양이와 나비, 꽃등이 중심 소재로 등장하는 '황묘롱접도'에 초점을 두고 김홍도 작품 세계의 특징을 분석하고 있음을 알 수 있다.
③ 4문단에서 부분적으로 패랭이꽃과 제비꽃의 상징적 의미에 대해 언급하고 있기는 하지만, 글 전체를 포괄하는 중심 내용으로 볼 수 없으며, 패랭이꽃과 제비꽃의 공통점에 대한 서술은 나타나 있지 않다.
④ 김홍도 작품 세계의 일반적 특징과 '황묘롱접도'의 작품 해석이 다루어지고 있을 뿐, 김홍도의 작품 세계가 어떻게 변모하였는지에 대한 언급은 나타나 있지 않다.

02 세부 정보 파악   정답 | ⑤

2, 3문단의 내용을 참고할 때, '황묘롱접도'는 단원 김홍도가 어떤 분의 생신을 축하하려는 뜻에서 의도적으로 대상들을 선택하여 창작한 작품임을 알 수 있다. 즉 단원은 '생신을 맞은 어르신께서는 부디 칠십, 팔십 오래도록 청춘인 양 건강을 누리시고 또 모든 일이 뜻대로 이루어지소서.'와 같은 그림의 전체적 주제를 염두에 두고 다양한 소재들을 의도적으로 선택하여 특정 의미를 형상화한 것이다.

오답 피하기 | ① 4문단에서 '황묘롱접도'가 다양하고 아름다운 색채의 조화를 이루고 있는 작품이라고 언급하고 있지만, 이를 통해 노인이 갖추어야 할 덕목을 드러내고 있다고 볼 수는 없다. '황묘롱접도'는 생신을 맞은 노인에게 건강과 장수를 축원하는 뜻을 전하고 있을 뿐, 노인이 갖추어야 할 덕목을 말하고자 한 작품이 아니다.
② 4문단에서 알 수 있듯이 '황묘롱접도'는 다양한 소재를 폭넓게 사용하고 있는 작품이지만, 이를 통해 당대의 통념적 해석으로부터 벗어나고자 하는 의도를 지녔던 것은 아니다. 오

히려 4문단의 '선조들의 오랜 삶 속에서 형성된 문화적 상징들을 알뜰하게 잘 녹여 냈다는 측면에서'와 같은 대목을 통해 '황묘롱접도'가 당대의 통념적 해석을 적절하게 활용한 작품임을 확인할 수 있다.
③ 3문단에서 알 수 있듯이 '황묘롱접도'는 의도적 선택에 의한 개별적 소재의 상징성들을 바탕으로 '생신을 맞은 노인에 대한 축원'이라는 특정한 종합적 주제 의식을 이끌어 내고 있는 작품이다. 따라서 작품의 종합적 주제보다 개별적 소재의 상징성을 더 중요하게 생각했다고 볼 수는 없다.
④ 작품의 곳곳에서 우아하고 세밀한 묘사가 나타나고 있는 것은 맞지만, 이를 통해 자연의 아름다운 모습을 파격적으로 변형하고자 한 것은 아니다.

[03~04]
「사진의 기술적 특성과 예술적 특성」

해제 | 이 글은 사진이 지니고 있는 기술적 특성과 예술적 특성에 대해 설명하고 있다. 사진은 복사성과 기록성이라는 기술적 특성을 확보함으로써 사실적 대상에 대한 객관적 기록물로서 주목받을 수 있었다. 한편 사진은 현대 대중 사회에 들어서면서 다른 예술 분야와 차별화된 대중적 예술성을 지닐 수 있게 되었고, 더 나아가 구도를 통한 주제성의 부각을 통해 객관적 기록물의 차원을 넘어서 독립적 예술 분야로 굳건히 인정받을 수 있게 되었다.
주제 | 사진의 기술적 특성과 주제성을 통한 예술성의 확보

03 핵심 정보 파악   정답 | ②

1문단에서 사진의 기술적 특성으로서 '복사성'과 '기록성'이 지니는 장점을 소개하고 있고, 4문단에서 사진의 기술적 특성이 대중 예술로서의 사진에 어떠한 긍정적 영향을 미쳤는가에 대해 언급하고 있을 뿐, '사진의 기술적 특성의 단점'에 대한 언급은 나타나 있지 않다.

오답 피하기 | ① 1문단에서 사진이 지닌 기술적 특성으로서 복사성과 기록성의 개념을 소개하고 있다.
③ 5문단에서 최근의 현대 사진 예술이 어떤 특징을 보이고 있는지 소개하고 있다.
④ 2문단에서 사진을 예술로 인정해야 하는가의 문제를 둘러싸고 벌어진 논쟁에 대해 소개하고 있다.
⑤ 4문단에서 대중 예술로서의 사진에 기여한 기술적 특성에 대해 소개하고 있다.

04 구체적 상황에의 적용
정답 | ⑤

〈보기〉의 사진 작품에서 작가가 초점을 두고자 하는 대상인 '아이'가 중앙에 배치되어 있음을 확인할 수 있다. 또한 〈보기〉의 작품 설명을 통해, 작가는 이러한 구도 설정을 통해 감상자의 시선을 아이에게 집중시키고 사회적 약자의 힘든 처지에 대한 주제 의식을 부각하고 있음을 확인할 수 있다. 이러한 작가의 의도적 구도 설정은 사진 작품에 주제성을 부여하는 중요한 역할을 하게 되며, 이를 통해 고유의 예술적 개성과 주관적 관점을 드러내게 된다는 사실을 3문단의 내용에서 확인할 수 있다.

오답 피하기 | ① 〈보기〉의 작품은 작가의 의도적 구도 설정을 통해 사회적 약자의 힘든 처지에 대한 주제 의식을 부각하고자 하는 것을 주된 목표로 삼고 있음을 확인할 수 있다. 단순히 특정한 사실적 장면을 있는 그대로 재현하는 것을 주된 목표로 삼고 있는 것은 아니므로 적절하지 않은 진술이다.

② 〈보기〉의 사진 작품은 선택된 소재들을 제한된 프레임 안에서 표현했다고 볼 수 있지만, 이것은 작품의 의도적 구도 설정을 통한 주제 의식 부각과 관련된 내용으로, 이를 통해 사진의 '복사성'이 잘 구현되었다고 파악하는 것은 적절하지 않다. 1문단에서 확인할 수 있듯이 '복사성'은 '사실적 대상을 있는 그대로 한 치의 오차 없이 정확히 표현해 내는 특성'을 뜻한다.

③ 브레송의 사진 작품이 조각과 같은 전통적 예술 양식을 계승했다고 볼 만한 근거를 이 글이나 〈보기〉에서 확인할 수 없으며, 〈보기〉에서 이 작품이 많은 사람들의 큰 호응을 얻었다고 밝히고 있으므로 창작과 감상의 폭이 특권적 소수에 국한될 수 있다는 한계를 지닌다고 파악하는 것은 적절하지 않다.

④ 1문단에서 '기록성'은 '현실 속의 어떤 사실을 장시간 객관적으로 보존할 수 있는 특성'을 말하는 것이라고 밝혔다. 〈보기〉의 작품은 작가가 그 짧은 순간을 놓쳤더라면 사라지게 되었을 순간적 구도를 잘 포착하고 있는 경우에 해당한다. 또한 〈보기〉에서 '극히 짧은 시간의 한 장면을 절묘하게 보존해 내어'라고 하였으므로 이 작품의 경우 사진의 '기록성'이 매우 효과적으로 구현된 사례로 볼 수 있다.

수능의 感 완성하기   본문 96~101쪽

01	④	02	④	03	③	04	③	05	④
06	③	07	⑤	08	①				

[01~02]
「주자가 제시한 이(理)를 탐구하는 방법」

해제 | 이 글은 객관적인 지식을 알아 가는 방법과 본성의 이치를 길러 내는 방법에 대한 주자의 견해를 다루고 있다. 주자는 사람의 마음은 보존해야 할 대상으로 보고 마음을 움직이는 '이(理)'를 탐구하는 방법에 대해 제시하였는데, 성인들의 언행을 정밀하게 이해하고 탐구하는 독서의 방법을 중요시하였다. 또한 사람의 마음에 있는 '지(知)'로 사물의 '이(理)'를 탐구하여 이를 깨달아 마음이 밝아지는 '활연관통(豁然貫通)'의 경지에 이를 수 있는 '격물치지(格物致知)'를 함께 제시하였다. 주자가 제시한 '격물치지'는 생활 속에서 일어나는 일을 바로잡아 다른 데로 돌리고, 선천적으로 갖추고 있는 올바른 판단 능력인 양지(良知)를 실현하는 방법으로 제시한 왕양명의 '격물치지'와 다르다. 즉 주자는 외적인 탐구에, 왕양명은 내적인 탐구에 관심을 두었다고 볼 수 있다.

주제 | 이(理)를 탐구하기 위해 주자가 제시한 방법인 독서와 격물치지

01 세부 정보 파악
정답 | ④

2문단을 통해 선악을 판가름하는 척도가 '이'라는 것을 확인할 수 있다. 3문단에서는 옛 성인의 언행을 정밀하게 탐구하는 독서를 통해 '이'를 알 수 있다고 하면서 '이'가 언제나 변하지 않는 것이 전제되어야 함을 알 수 있다. 따라서 선과 악을 판가름하는 척도가 달라진다는 설명은 적절하지 않다.

오답 피하기 | ① 2문단을 통해 학문에서 가장 우선되는 것이 '이'를 탐구하는 것이고, 궁리로부터 학문이 시작된다는 것을 확인할 수 있으므로 적절하다.

② 4문단을 통해 마음의 '지'로 사물의 '이'를 탐구한 결과 만물의 '이'를 깨닫게 됨을 알 수 있으므로 적절하다.

③ 5문단을 통해 사물에 대한 탐구가 하나씩 누적이 되면 활연관통이 가능하다는 것을 알 수 있으므로 적절하다.

⑤ 5문단을 통해 만물의 '이'는 근본적으로 동질성을 지녔다고 보는 것은 '이'의 한 부분에 대한 탐구를 통해 전체의 '이'를 깨달을 수 있다고 보았기 때문임을 알 수 있으므로 적절하다.

02 핵심 개념의 차이점 이해
정답 | ④

5문단에서 '주자'는 독서와 격물치지를 통해 사물을 탐구함으로써 마음의 성숙함이 가능하다고 하였다. 〈보기〉의 입장에서는 천지 만물이나 다른 사람들에 대한 마음이 밝지 않은 것은

선천적으로 갖추고 있는 '양지'가 없기 때문이라고 하였으므로 적절하다.

오답 피하기 | ① 사물을 탐구하려는 마음은 2문단에서 제시된 궁리에 해당하므로 〈보기〉의 입장에서 할 수 있는 말로 적절하지 않다.

② 마음을 보존하려는 노력은 1문단에서 제시된 '심'에 관한 공부에 해당하므로 〈보기〉의 입장에서 할 수 있는 말로 적절하지 않다.

③ 성인들이 남긴 경전을 통해 옳고 그름을 구별하는 것은 3문단에서 제시된 독서의 방법이므로 〈보기〉의 입장에서 할 수 있는 말로 적절하지 않다.

⑤ 끊임없는 탐구로 천지 만물에 대한 마음이 밝아진 것은 5문단에서 제시된 활연관통에 해당하므로 〈보기〉의 입장에서 할 수 있는 말로 적절하지 않다.

[03~04]

「관세가 미치는 경제적 효과」

해제 | 이 글은 관세가 미치는 경제적 효과를 분석하기 위해 소비자 잉여와 생산자 잉여의 개념을 바탕으로 국가 전체의 경제적 이익의 변화에 대해 설명하고 있다. 일반적으로 자유 무역 거래가 발생하면 국제 가격의 영향을 받기 때문에 해당 재화의 국내 가격은 상승하기도 하고 하락하기도 하지만, 총잉여는 증가하는 효과가 있다. 이때 관세가 부과되면 자유 무역에 비해서 총잉여는 감소하고 정부의 개입이나 소비가 줄어든다는 단점이 있지만, 국내 생산량 증가로 인한 고용 증대 및 정부의 재정수입 증대 등의 긍정적인 점 때문에 중요한 무역 정책의 수단으로 활용되고 있다.

주제 | 무역 정책에서 관세가 갖는 경제적 효과

03 세부 정보 파악 　　　　　정답 | ③

7문단에서 관세 부과를 통해 고용을 증대시킬 수 있음을 알 수 있지만, 이는 수입품에 관세가 부과된 경우이다. 수출품에 관세가 부과된 경우는 고용의 증대 여부를 알 수 없으므로 적절하지 않다.

오답 피하기 | ① 1문단에서 관세는 법률이나 조약에 의해 강제적으로 징수된다고 하였으므로 적절하다.

② 1문단에서 관세가 무역량을 조절하는 무역 정책의 수단으로 이용된다고 하였으므로 적절하다.

④ 7문단에서 관세가 부과되면 정부의 재정 수입이 증대된다고 하였으므로 적절하다.

⑤ 6문단에서 관세 부과로 수요가 줄어든다고 하였고, 7문단에서 관세가 부과되어 소비가 줄어든다고 하였으므로 적절하다.

04 구체적 상황에의 적용 　　　　　정답 | ③

5문단을 통해 자유 무역을 시작하면 소비자 잉여가 늘어남을 알 수 있고, 6문단을 통해 자유 무역 이후 관세가 부과되면 수입량에 부과된 관세인 정부의 재정 수입이 나타남을 알 수 있다. 〈보기〉의 ㉠에서 증가한 소비자 잉여가 ⓐ와 ⓑ임을 알 수 있고, ㉡에서 ⓐ의 일부가 ⓔ, ⓕ, ⓖ로 감소된 것을 알 수 있다. 이 중에서 재정 수입의 증가를 나타낸 것은 ⓖ이므로 ⓒ와 ⓖ만큼 증가했다는 설명은 적절하지 않다.

오답 피하기 | ① 5문단을 통해 관세가 부과되기 전에는 자유 무역으로 공급량이 늘어나면 감소한 생산자 잉여보다 증가한 소비자 잉여가 더 많음을 알 수 있다. 〈보기〉의 ㉠에서 ⓐ는 늘어난 소비자 잉여에 해당하므로 총잉여가 ⓐ만큼 증가했다는 설명은 적절하다.

② 5문단을 통해 관세가 부과되기 전에는 자유 무역으로 소비자 잉여는 증가하고 생산자 잉여는 감소한다는 것을 알 수 있다. 〈보기〉의 ㉠에서 자유 무역을 시작하기 전보다 감소한 생산자 잉여는 ⓑ이고, 증가한 소비자 잉여는 ⓑ와 ⓐ임을 알 수 있으므로 적절하다.

④ 6문단에서 자유 무역 상황에 관세가 부과되면 생산자 잉여는 증가한다는 것을 알 수 있다. 〈보기〉의 ㉡에서 관세가 부과됨에 따라 감소한 소비자 잉여는 ⓓ, ⓔ, ⓕ, ⓖ이고, 증가한 생산자 잉여는 ⓓ임을 알 수 있으므로 적절하다.

⑤ 6문단을 통해 관세가 부과되면 관세가 부과되기 전보다 늘어난 철강의 생산량은 가격에 부담을 느낀 소비자들의 소비가 줄어들기 때문에 남게 되고, 이로 인해 사회적 손실이 나타나 총잉여가 감소한다는 것을 알 수 있다. 〈보기〉의 ㉡에서 ⓔ는 관세 부과 이전과 이후의 차이가 공급 곡선에 의해 발생했지만 생산자 잉여나 소비자 잉여에 해당하지 않으므로 늘어난 국내 생산량이 모두 소비되지 않은 것에 따른 손실을, ⓕ는 관세 부과 이전과 이후의 차이가 수요 곡선에 의해 발생했지만 생산자 잉여나 소비자 잉여에 해당하지 않으므로 이전보다 줄어든 철강 소비에 의한 손실을 나타내므로 해당 면적만큼 총잉여가 감소했다는 설명은 적절하다.

[05~06]

「비행기에 작용하는 과학적 원리」

해제 | 이 글은 비행기에 작용하는 힘의 종류가 무엇인지를 살펴봄으로써 비행기가 공중에 뜨고 비행할 수 있는 과학적 원리를 설명하고 있다. 비행기에 작용하는 힘은 크게 중력, 양력, 추력, 항력 등으로 구분해서 살펴

볼 수 있다. 이 중에서 비행기가 공중에 뜰 수 있는 것은 양력에 의해 가능한 것으로, 양력을 발생시키는 과학적 원리는 공기의 흐름과 압력의 차이에 의한 것이라는 베르누이의 정리로 설명할 수 있다. 곡선으로 이루어진 비행기 날개의 위쪽에서 공기의 흐름이 아래쪽보다 빨라지고, 공기의 압력은 아래쪽보다 낮아지면서 비행기 날개 아래쪽의 공기가 위쪽으로 이동하는 양력을 얻을 수 있다.

주제 | 비행기에 작용하는 힘의 종류와 과학적 원리

05 세부 정보 파악 　　　　　　　　　 정답 | ④

5문단에서 비행기 날개의 아래쪽 공기의 흐름이 위쪽보다 느리다고 했다. 또한 아래쪽 공기의 흐름이 빨라지면 공기의 압력이 낮아지기 때문에 오히려 양력과 반대 방향으로 공기의 이동이 일어나게 되므로 적절하지 않다.

오답 피하기 | ① 3문단에서 비행기와 공기와의 마찰을 줄이기 위해 비행기 표면을 매끄럽게 제작한다고 했으므로 적절하다.
② 2문단에서 비행기 표면에 작용하는 항력이 압력 항력임을 알 수 있고, 3문단에서 비행기를 유선형으로 제작함으로써 압력 항력을 줄일 수 있다고 했으므로 적절하다.
③ 3문단에서 중력을 줄이기 위해 비행기의 재질을 가볍고 튼튼한 것을 사용한다고 했으므로 적절하다.
⑤ 5문단에서 추력으로 인해 비행기 속도가 빨라진 상태에서는 공기의 압력은 공기의 흐름이 빨라진 날개 위쪽이 아래쪽보다 상대적으로 낮아진다고 했으므로 적절하다.

06 추론의 적절성 파악 　　　　　　　　 정답 | ③

5문단에서 비행기 날개와 비행기가 전진하는 방향 사이의 기울기가 커질수록 양력이 커진다고 했고, 〈보기〉에서는 이 기울기를 받음각임을 알 수 있다. 따라서 양력이 사라지지 않는 범위 내에서 받음각을 활용해 각을 크게 하여 기울기를 크게 하면 양력이 증가하게 되므로 적절하다.

오답 피하기 | ① 3문단에서 추력을 높이기 위해서는 강력한 엔진을 개발하는 것을 알 수 있고, 날개의 각이 경사지게 되면 비행기가 전진하는 방향과 반대 방향으로 공기와의 마찰이 많아져 항력이 증가하므로 적절하지 않다.
② 5문단에서 비행기 날개와 비행기가 전진하는 방향 사이의 기울기가 클수록 양력이 커진다고 하였으므로 적절하지 않다.
④ 양력이 증가하더라도 중력이 감소하는 것은 아니다. 2문단에서 중력은 비행기의 무게가 해당된다고 하였고, 3문단에서 가볍고 튼튼한 구조를 통해 중력을 줄일 수 있다고 하였으므

로 적절하지 않다.
⑤ 공기가 흘러가고 있는 날개의 각을 줄이면 곡선 부분이 줄어들게 된다. 5문단을 통해 곡선 부분이 줄어들면 공기의 흐름이 느려지고 이에 따른 압력의 차이가 작아져 양력이 감소한다는 것을 알 수 있으므로 적절하지 않다.

[07~08]
「오브제 미술과 마르셀 뒤샹」

해제 | 이 글은 오브제 미술과 그에 대한 마르셀 뒤샹의 예술관에 대해 설명하고 있다. 예술가의 천재성과 대상의 아름다운 재현을 숭배했던 전통 미학에 대한 거부를 바탕으로, 사물 자체를 작품으로 제시하는 오브제 미술이 출발했음을 제시하고 있다. 또한 이러한 의식에 영향을 받은 다다이즘의 대표적 작가 마르셀 뒤샹을 소개하며, 그의 작품 〈샘〉이 일상용품과 미술 작품 사이의 경계를 허물고 '창조주로서의 작가'가 아닌 '제안자로서의 작가'로 작가의 위상을 바꾸어 놓았다는 점을 설명하고 있다. 그러한 맥락에서 작품의 의미가 완성되는 데에 '작가'-'작품'-'관람자'의 우연한 만남이 개입한다는 그의 관점을 소개하며 기존 예술의 개념을 새롭게 정의하는 데 그 의의가 있음을 밝히고 있다.

주제 | 오브제 미술과 마르셀 뒤샹의 예술관

07 세부 정보의 확인 　　　　　　　　 정답 | ⑤

4문단에서 뒤샹은 작가가 작품을 창작하는 최종 제작자가 아니라 우연히 만난 오브제를 작품이 될 수 있도록 제안하는 사람으로 존재한다고 밝히며, 작품의 의미 형성에 관람자의 참여가 중요하다고 주장했다.

오답 피하기 | ① 1문단에서 작품을 신성한 가치를 지닌 대상으로 받아들이는 시각은 현재에도 남아 있다고 언급하였다.
② 2문단에서 '오브제'라는 용어는 '발견된 사물'로서, 물체가 본래의 용도나 기능을 벗어나 새로운 의미를 갖게 되는 것을 말한다고 하였다.
③ 2문단에서 오브제 미술은 사물 자체를 작품으로 제시하는 방식을 취하는 미술이고, 작품의 소재가 되는 사물을 재현하는 것은 르네상스 이후 서양 근대 미술의 전통이라고 언급하였다.
④ 3문단에서 다다이스트들이 기성 예술에 대항한 사실을 확인할 수 있으나, 예술 작품이 작가와 작품 사이의 필연적 만남에 의해 완성된다고 본 것은 기존 예술계에서의 시각이다.

08 구체적 상황에의 적용 　　　　　　　 정답 | ①

뒤샹의 〈샘〉과 아르망의 〈장기 주차〉는 공통적으로 변기, 자

동차와 같은 기성의 일상용품을 오브제로 활용하여 사물이 본래의 기능에서 벗어나 작품으로서의 새로운 의미를 형성하게 하였다.

오답 피하기 | ② 폐기물을 제시한 작품은 〈장기 주차〉이고 〈샘〉은 이와는 관련이 없다. 전쟁을 낳은 산업 문명을 혐오하는 입장을 취한 것은 다다이스트들이다.

③ 두 작품 모두 사물을 본래의 기능에서 멀어진 오브제로 선택한 작품들이나, 이 작품들이 미술의 순수성에 대한 믿음을 드러내지는 않는다.

④ 물체를 조합하고 결합하는 집적 미술을 선보인 것은 아르망의 〈장기 주차〉이므로 뒤샹의 〈샘〉과 관계가 없다.

⑤ 익명성을 바탕으로 작가의 개성을 최대한 제거한 작품은 뒤샹의 〈샘〉이다. 〈장기 주차〉에서 익명성과 관련된 부분은 확인할 수 없다.

11 음운

01	③	02	④	03	②

01 음절의 끝소리 규칙
정답 | ③

'안팎'은 [안팍]으로 발음하며 음절의 끝에 있는 'ㄲ'이 'ㄱ'으로 바뀌어 소리가 난 것으로 음절의 끝소리 규칙이 적용된 것이다. 음절의 끝소리 규칙은 교체 현상에 해당한다.

오답 피하기 | ① 음절의 끝소리에 오는 'ㅅ', 'ㅊ'은 'ㄷ'으로 바뀌어 발음된다.

② '놓지'의 'ㅎ'과 'ㅈ'은 축약되어 'ㅊ'으로, '맏형'의 'ㄷ'과 'ㅎ'은 축약되어 'ㅌ'으로 발음된다.

④ '따뜻한'은 [따뜨탄]으로 발음되는데, 음절의 끝소리 규칙이 적용되어 [따뜯한]이 되고, 'ㄷ'과 'ㅎ' 음운의 축약 과정을 거쳐 [따뜨탄]으로 소리 나는 것이다.

⑤ 폐쇄음(ㅂ, ㄱ) 뒤에 오는 예사소리(ㄱ, ㅂ)는 된소리(ㄲ, ㅃ)로 바뀌어 발음된다.

02 'ㄴ' 첨가
정답 | ④

'이웃집'은 '이웃'+'집'의 구성이며 [이욷찝]으로 발음된다. '이웃'이 [이욷]으로 발음되는 것은 음절의 끝소리 규칙이며, 폐쇄음 뒤의 예사소리가 된소리로 바뀌어 [찝]으로 발음된다. 따라서 교체 현상이 일어난다고 설명할 수 있다.

오답 피하기 | ① '집안일'은 [지반닐]로 발음되며 [ㄴ] 소리가 덧나고 있어 첨가 현상이 일어난다.

② '솜이불'는 [솜:니불]로 발음되며 [ㄴ] 소리가 덧나고 있어 첨가 현상이 일어난다.

③ '나뭇잎'은 [나문닙]으로 발음되며 [ㄴ ㄴ] 소리가 덧나고 있어 첨가 현상이 일어난다.

⑤ '맨입'은 [맨닙]으로 발음되며 [ㄴ] 소리가 덧나고 있어 첨가 현상이 일어난다.

03 탈락
정답 | ②

ⓛ의 삵은 [삭]으로 발음되는 과정에서 'ㄺ' 중 'ㅅ'이 탈락하고, 곬은 [골]로 발음되는 과정에서 'ㄽ' 중 'ㅅ'이 탈락하고, 흙은 [흑]으로 발음되는 과정에서 'ㄺ' 중 'ㄹ'이 탈락한다. 따라서 ⓛ에서는 하나의 음운이 없어지는 탈락이 일어난 것으로 볼 수 있다.

오답 피하기 | ① ㉠은 한 음절 내에서 일어나므로 음절의 결합 과정으로 볼 수 없다.

③ ㉢에서는 앞 음절의 자음 'ㄷ, ㅌ'이 뒤 음절의 모음 'ㅣ'를 만나 변하고 있으므로 자음이 변한 것이다.

④ ㉣은 앞 음절의 끝소리에 영향을 받아 뒤 음절의 첫소리가 된소리로 바뀌는 현상이다. 따라서 두 음운이 합쳐져서 일어나는 현상이 아니다.

⑤ ㉢은 뒤 음절의 모음 때문에 앞 음절의 음절 말 자음이 변하는 현상이고, ㉣은 앞 음절의 음절 말 자음이 뒤 음절의 첫소리에 영향을 주어 일어나는 현상이다.

01	④	02	①	03	③
04	⑤				

01 음운의 개념 파악
정답 | ④

음운은 한 언어에서 같은 소리라고 받아들여지는 추상적인 개념이다. 〈보기〉의 미국인은 /k/와 /g/를 다른 음운(무성음과 유성음)으로 받아들이는 반면 한국인은 동일한 음운으로 받아들인다.

오답 피하기 | ① 〈보기〉에서는 미국인이나 한국인 모두 2음절로 받아들이고 있어 음절을 통한 의미 구별을 확인할 수 없다.

② 〈보기〉에서 '감기'의 발음을 설명하면서 '일반적으로', '우리', '미국인'과 같이 같은 언어를 사용하는 집단의 입장에서 접근하고 있다. 따라서 개인의 언어 습관과 관련되었다고 판단할 수 없다.

③ 〈보기〉에서 '감기'는 미국인이나 한국인에게 모두 2음절로 받아들여지고 있어 〈보기〉를 탐구한 내용이라 볼 수 없다.

⑤ 음운은 같은 언어권에서 같은 소리로 받아들여지는 추상적 개념이다.

02 받침의 발음

정답 | ①

ⓐ의 '밟지'는 자음 앞의 겹받침이므로 제10항의 '다만'이 적용된다. '밟−'은 자음 앞에서 [밥:]으로 발음된다고 나와 있다. 따라서 [밥:]으로 발음해야 옳다.

오답 피하기 | ② 제11항에서 겹받침 'ㄺ'은 자음 앞에서 'ㄱ'으로 발음한다고 정하고 있다.

③ 제14항에서 겹받침이 모음으로 시작된 조사와 결합하는 경우, 뒤엣것만을 뒤 음절 첫소리로 옮겨 발음하는데, 'ㅅ'은 된소리로 발음한다고 하고 있다.

④ 제11항에서 겹받침 'ㄿ'은 자음 앞에서 'ㅂ'으로 발음한다고 정하고 있다.

⑤ 제12항에서 'ㄶ'의 'ㅎ'은 뒤 음절의 첫소리와 합쳐서 [ㅋ]으로 발음한다고 정하고 있다.

03 모음−표준 발음법

정답 | ③

'다만 4'에서 단어의 첫음절 이외의 '의'의 경우에만 [ㅣ]로, 조사 '의'는 [ㅔ]로 발음하는 것을 허용한다고 정하고 있다. '의미'의 '의'는 단어의 첫음절에 오고 있으므로 [ㅢ]로 발음해야 한다.

오답 피하기 | ① 첫음절 이외의 '의'는 [ㅣ]로 발음하는 것도 허용하고 있으므로 [혀비비]로 발음할 수 있다.

② 첫음절 이외의 '의'는 [ㅣ]로, 조사 '의'는 [ㅔ]로 발음하는 것도 허용하고 있으므로 [강:이에 의이]로 발음할 수 있다.

④ 조사 '의'는 [ㅔ]로 발음하는 것도 허용하고 있으므로 [우리에]로 발음할 수 있다.

⑤ '희망'이나 '무늬'는 자음을 첫소리로 가지고 있으므로 '희', '늬'를 [히], [니]로 발음한다.

04 축약

정답 | ⑤

ⓜ의 '앉히−'는 자음 축약이 일어나 [안치]로 발음되는 것이다. 이는 음운의 개수가 하나 줄어드는 변동이 일어난 것이다. '앉히−' 뒤에 어미 '−어'가 오면, '앉히어' 또는 '앉혀'로 표기될 수 있다. '앉히어'로 표기되면 [안치어] 또는 [안치여]로 발음될 수 있으며, '앉혀'로 표기되면 [안처]로 발음된다. '앉혀'를 [안처]로 발음하는 까닭은 [ㅊ] 뒤의 [ㅕ]를 온전하게 발음하기 어렵기 때문이다.

오답 피하기 | ① ㉠의 [배워]는 'ㅜ'와 'ㅓ'가 만나는 환경에서 앞

의 'ㅜ'가 반모음으로 변동된 것이다.

② ㉡의 '가−+−아서'가 [가서]로 발음되는 것은 [아]가 탈락했기 때문이다. 이 탈락으로 음운의 개수가 하나 줄었다.

③ ㉢에서 'ㄴ'이 첨가되어 최종적으로 [생년필]로 발음되고 있다. 이를 자음의 첨가로 음운의 개수가 늘어나는 변동이 일어나는 사례로 이해하는 것은 적절하다.

④ ㉣에서 'ㅎ'과 'ㄱ'이 만나 'ㅋ'으로 축약되고 있다. 이는 축약으로 거센소리가 새롭게 나타나는 변동이 일어날 수 있음을 보여 준다.

12 단어

01 형태소 개념, 특성 파악

정답 | ②

형태소는 '일정한 뜻을 지닌 가장 작은 말의 단위'이다. 이렇게 볼 때 '빨갛다'의 경우, '빨갛− + −다'와 같이 형태소를 분석하는 것이 적절하다. '빨−'과 '−갛−'의 각각에는 일정한 뜻이 담겨 있지 않다. '빨갛−'의 2음절이 합쳐질 때 비로소 '붉다'의 뜻을 지니게 되기 때문이다. 또한 '−었−'과 같은 과거 시제 선어말 어미의 경우 문법적인 기능('과거'를 나타내는 기능)을 담당하고 있기 때문에 별도의 형태소로 인정한다. 형태소의 기본적 개념에 등장하는 '일정한 뜻'이라는 말에는 문법적 기능도 포함되어 있음을 잘 기억해 둬야 한다.

오답 피하기 | ① 집(명사) / 에(조사) / 책(명사) / 이(조사) / 많−(용언의 어간) / −다(종결 어미)

③ 마당(명사) / 에(조사) / 꽃(명사) / 이(조사) / 피−(용언의 어간) / −었−(과거 시제 선어말 어미) / −다(종결 어미)

④ 영희(명사) / 가(조사) / 혼자(부사) / 딸기(명사) / 를(조사) / 먹−(용언의 어간) / −었−(과거 시제 선어말 어미) / −다(종결 어미)

⑤ 책(명사) / 가방(명사) / 에(조사) / 돈(명사) / 이(조사) / 있−(용언의 어간) / −었−(과거 시제 선어말 어미) / −다(종결 어미)

02 형태소 개념, 특성 파악 　　　　　정답 | ①

㉠ '친구'는 실질적 의미를 지니는 실질 형태소이자, 단독으로 쓰일 수 있는 자립 형태소이다.

㉡ 접미사 '-질'은 단독으로 쓰일 수 없는 의존 형태소이자, 실질적 의미를 지니지 않는 형식 형태소이다.

㉢ 과거 시제 선어말 어미 '-았-'은 단독으로 쓰일 수 없는 의존 형태소이자, 문법적 의미만을 지니고 있는 형식 형태소이다.

㉣ 관형사 '새'는 실질적 의미를 지니는 실질 형태소이자, 단독으로 쓰일 수 있는 자립 형태소이다.

㉤ 용언의 어간 '예쁘-'는 실질적 의미를 지니는 실질 형태소이지만 단독으로는 쓰일 수 없고 어미와의 결합에 의해서만 쓰일 수 있는 의존 형태소이다.

수능의 感 익히기 　　　　　본문 110~112쪽

01	②	02	③	03	②
04	④				

01 단어의 구조 파악 　　　　　정답 | ②

㉠ 돌다리: 돌(어근)+다리(어근) → 합성어

㉡ 높푸른: 기본형 '높푸르다'

　높-(어근)+푸르-(어근)+-다(어미) → 합성어

㉢ 지우개: 지우-(어근)+-개(접미사) → 파생어

㉣ 엿들었다: 기본형 '엿듣다'

　엿-(접두사)+듣-(어근)+-다(어미) → 파생어

㉤ 눌러썼다: 기본형 '눌러쓰다'

　누르-(어근)+쓰-(어근)+-다(어미) → 합성어

02 어미의 파악 　　　　　정답 | ③

㉢에는 '그가 훌륭한 교사일는지.'와 같이 '-ㄹ는지'가 종결 어미로 쓰인 예문이 제시되어야 하는데, '그녀가 이렇게 위험한 장소에 올는지 알 수 없다.'의 경우 '어떤 일의 실현 가능성에 대하여 스스로 의문을 나타내는 연결 어미'에 해당하는 예문이므로 적절하지 않다.

오답 피하기 | ① 예문으로 제시된 '비가 올는지 습한 바람이 불기 시작했다.'를 살펴보면 '-ㄹ는지'가 '연결 어미'로 쓰인 경우임을 알 수 있다. 받침이 없는 용언의 어간 '오-'에 '-ㄹ는지'가 결합되어 '올는지'가 된 경우로, '-ㄹ는지'가 문장을 끝맺지 않고 뒤 절 '습한 바람이 불기 시작했다.'에 연결되고 있다.

② '손님이 올는지 까치가 아침부터 울고 있다.'는 '-ㄹ는지'에 의해 두 문장이 연결되고 있으며, 뒤 절인 '까치가 아침부터 울고 있는 일'과 상관성이 있는 앞 절 '손님이 오는 상황'의 실현 가능성에 대한 의문을 나타낸 연결 어미의 적절한 예에 해당한다.

④ '친구가 거기에 갈는지 가지 않을는지 두고 봐야지.'는 '-ㄹ는지 ~ -ㄹ는지'의 구성으로, 두 가지 가능성 중 어떤 것이 실현될 것인지에 대해 의문을 드러내고 있으므로 적절한 예에 해당한다.

⑤ '부모님께서 이 선물을 받으시고 좋아하실는지 모르겠다.'를 통해 알 수 있듯이 '-ㄹ는지'가 '모르다'와 같은 서술어와 어울려 쓰여, 어떤 일의 실현 가능성에 대해 스스로 의문을 나타낼 수 있음을 파악할 수 있다.

03 조사의 특징 파악 　　　　　정답 | ②

'가'는 앞말에 붙어 그 단어가 문장 내에서 주어의 자격을 갖추게 해 주는 '격 조사'에 해당하고, '도'는 앞말에 붙어 '역시'의 의미를 더해 주는 '보조사'에 해당함을 알 수 있다.

오답 피하기 | ① '가'와 '도'는 모두 조사로서 문장에 따라 형태가 바뀌지 않는 불변어에 해당한다.

③ '도'는 '가'와 달리 앞에 오는 체언에 특별한 뜻('역시'의 의미)을 더해 주는 기능을 한다.

④ '가'는 체언 뒤에 붙어서 앞에 오는 체언이 문장에서 일정한 자격을 갖추도록 해 주는 격 조사이다. 또한 '도'는 다른 말과의 문법적 관계를 나타내는 기능을 하는 것이 아니라 앞말에 특별한 뜻을 더해 주는 보조사이다.

⑤ '가'는 문장에서 홀로 쓰이지 못하며 다른 말과의 문법적 관계를 나타내 준다고 볼 수 있다. 그러나 '도'는 '역시'의 뜻을 더해 주는 보조사로서 두 단어를 같은 자격으로 이어 주는 역할을 하는 것이 아니다. 두 단어를 같은 자격으로 이어 주는 역할을 하는 조사는 '접속 조사'로 '와', '과' 따위에 해당한다.

04 보조 용언의 특징 파악 　　　　　정답 | ④

'연극은 숙제를 마치고 보자.'에서 '보자'는 '연극을 보자.'로 실질적인 뜻을 나타내는 용언이므로 보조 용언이 아니라 본용언으로 쓰인 경우에 해당한다. 한편 상황에 따라 '보자'가 보조 용언으로 쓰일 수도 있는데, '책을 읽어 보자.'와 같이 '어떤 행동을 시험 삼아 함.'을 나타내는 경우가 그 예이다.

오답 피하기 | ① '날씨가 추워 온다.'에서 '온다'는 앞의 본용언 '춥다'가 가리키는 상태가 진행되고 있다는 의미를 더해 주는 보조 용언으로 쓰였다.

② '나는 포도를 먹고 싶다.'에서 '싶다'는 자립하여 쓰일 수 없으며 앞의 본용언 '먹다'의 의미를 보충하는 보조 용언으로 쓰였다.

③ '사람들은 모두 떠나 버렸다.'에서 '버렸다'는 본용언으로 쓰인 것이 아니라 앞의 본용언 '떠나다'의 뒤에 붙어서 일정한 뜻을 보충해 주는 보조 용언으로 쓰였다.

⑤ '이제 모닥불이 서서히 꺼져 간다.'에서 '간다'는 앞의 본용언 '꺼지다'의 뒤에 붙어서 일정한 뜻을 보충해 주는 보조 용언으로 쓰였다.

13 문장 및 문법 요소

내신 탄탄	수능 탄탄		본문 116~117쪽
01	⑤	02	④

01 안은문장 파악   정답 | ⑤

ⓜ은 인용절을 안은문장이다. 그러나 직접 인용을 사용한 인용절이 아니라 간접 인용을 사용한 인용절을 안은 문장에 해당한다. 다른 사람의 말을 그대로 끌어오는 것을 직접 인용이라고 하며, 직접 인용을 나타내는 조사로는 '라고'가 쓰인다.

오답 피하기 | ① '바람이 그치(다)'에 명사형 어미 '-기'가 붙어 만들어진 명사절을 안은문장에 해당한다.

② '내가 예전부터 즐겨 읽(다)'에 관형사형 어미 '-(으)ㄴ'이 붙어 만들어진 관형절을 안은문장에 해당한다.

③ '소리도 없(다)'에 부사형 어미 '-이'가 붙어 만들어진 부사절을 안은문장에 해당한다.

④ '마음씨가 매우 착하다.'를 서술절로 안은문장에 해당한다.

02 안은문장과 이어진문장 파악   정답 | ④

ⓔ '열심히 공부를 하던 영희는 집에 갔다.'는 관형절을 안은문장이다. '열심히 공부를 하던'은 관형사형 어미 '-던'을 통

해 뒤에 오는 '영희'를 수식해 주는 관형어 역할을 하고 있다. 〈보기〉에서 안긴문장은 다른 문장 속에 들어가 하나의 성분처럼 쓰이는 문장을 말한다고 하였으므로 ⓔ을 대등하게 이어진 문장으로 파악하는 것은 적절하지 않다.

오답 피하기 | ① '영희는 집에 간다.'는 주어와 서술어의 관계가 한 번만 나타나므로 홑문장이다.

② '영희는 집에 간다고 말했다.'는 '영희(주어)-말했다(서술어)'와 '영희(주어)-간다(서술어)'처럼 주어와 서술어의 관계가 두 번 이루어지고 있다. 이때 두 문장에서 주어 '영희'가 같으므로 생략되었으며 인용절을 안은문장에 해당한다.

③ '영희는 영호가 집에 갔음을 알았다.'에서 '영호가 집에 갔음'은 명사절에 해당하는데, 여기에 격 조사 '을'이 붙어 문장 전체에서 목적어로 쓰였다.

⑤ '영희가 집에 도착하면'에서 '-면'은 '가정'의 뜻을 드러내는 어미로서 앞 문장과 뒤 문장은 종속적으로 이어져 있는 관계이다.

수능의 感 익히기			본문 118~120쪽
01	④	02	②
03	⑤		
04	⑤		

01 시제와 동작상 파악   정답 | ④

ⓔ은 부사 '이제', 현재형 어미 '-는-', 현재 시제 관형사형 어미 '-ㄴ'을 통해 사건시와 발화시가 일치하는 현재 시제를 실현하고 있는 문장이다. 사건시보다 발화시가 앞서는 경우는 아직 일어나지 않은 일을 미리 말하고 있는 상황을 뜻하는 것으로 '미래 시제'에 해당한다.

오답 피하기 | ① ㉠은 과거를 뜻하는 부사 '어제'와 선어말 어미 '-었-'을 사용하여 과거 시제를 나타내고 있다.

② ㉡은 용언의 어간 '읽-'에 '-어 버리다'가 결합하여 발화시를 기준으로 동작(여기서는 '읽는 행위')이 이미 완료되었음을 나타내고 있다.

③ ㉢은 용언의 어간 '먹-'에 '-고 있다'가 결합하여 발화시를 기준으로 동작(여기서는 '먹는 행위')이 계속 진행되고 있음을 나타내고 있다.

⑤ ㉣은 용언의 어간 '닫히-'에 '-어 있다'가 결합하여 동작이 완료된 상태(여기서는 '현관문이 닫힌 상태로 유지되고 있는 것'에 해당함.)가 지속되고 있음을 나타내고 있다.

02 필수적 부사어 파악   정답 | ②

'예쁜 나팔꽃이 아름답게 피었다.'에서 서술어 '피다'는 한 자리 서술어로 이 문장에서 '아름답게'는 완결된 문장을 위해 반드시 요구되는 '필수적 부사어'가 아니다. 부속 성분인 '예쁜'이나 '아름답게'를 문장에서 생략한다고 하더라도, '나팔꽃이 피었다.'와 같이 완결된 문장을 이룰 수 있기 때문이다.

오답 피하기 | ① '집으로'를 생략할 경우 '나는 향했다.'와 같이 문장이 성립할 수 없음을 알 수 있다. 따라서 '집으로'는 문장에서 생략할 수 없는 필수적 부사어에 해당한다.

③ '수제자로'를 생략할 경우 '나는 그 학생을 삼았다.'와 같이 문장이 성립할 수 없음을 알 수 있다. 따라서 '수제자로'는 필수적 부사어임을 알 수 있다.

④ '친구에게'를 생략할 경우 '그녀는 오천 원을 빌렸다.'가 되는데 이는 완결된 문장 형태로 볼 수 없다. 왜냐하면 '빌리다'라는 서술어는 기본적 개념상 '어떤 대상'이 전제되어야 하기 때문이다. 즉 '빌리다'는 주어, 목적어, 필수적 부사어를 요구하는 세 자리 서술어이다. 따라서 빌리는 행위의 대상으로서 '친구에게'는 문장에서 생략할 수 없는 필수적 부사어임을 알 수 있다.

⑤ '음악가로'를 생략할 경우 '부모님은 그녀를 만들었다.'와 같이 문장의 성립이 충족되지 못한다. 따라서 '음악가로'는 필수적 부사어임을 알 수 있다.

03 높임 체계 파악   정답 | ⑤

[A]는 선생님이 제자인 철수에게 말하는 상황으로 '있구나', '있겠니?'와 같이 종결 어미를 통해 상대방에 대한 낮춤의 태도를 드러내고 있으며, 특수한 어휘 '드리다', '모시다'와 부사격 조사 '께'를 사용하여 '부모님'에 대한 객체 높임법을 실현하고 있다. 또한 [B]는 주격 조사 '께서'와 '중이시라'의 '-시-'를 통해 문장의 주체인 '부모님'을 높이고 있으며, '-습니다'와 같은 종결 어미를 통해 청자인 선생님에 대한 높임의 태도를 드러내고 있다.

04 사동 표현 파악   정답 | ⑤

㉠과 ㉡은 크게 보면 모두 사동 표현에 해당한다. 그런데 ㉠은 직접 사동(사동주가 피사동주의 동작에 직접 관여하여 사동

행위를 실행하는 경우), ㉡은 간접 사동(사동주가 피사동주에게 말이나 지시 등을 통해 행위를 하도록 시키기만 할 뿐 그 행위에 참여하지 않는 경우)이라는 의미적 차이를 보인다. '가영이는 다쳐서 혼자서 신발을 신지 못하는 동생에게 신발을 신겼다.'는 피사동주인 동생이 스스로 신발을 신을 수 없는 상황에서 문장의 주어 '가영이'가 직접 동생의 신발을 신겨 주는 행동을 하게 되는 경우이다. 또한 '신다'의 어근 '신-'에 사동 접미사 '-기-'가 결합되어 사동문을 실현하고 있음을 확인할 수 있다. 따라서 이 문장은 사동사에 의한 사동문으로 직접 사동의 의미를 갖는다. 한편 '가영이는 앉아 있는 동생에게 신발을 신게 했다.'는 용언의 어간 '신-'에 '-게 하다'를 결합시킨 사동 표현으로, 이 경우 신발을 직접 신는 주체는 사동주인 '가영이'가 아니라 피사동주인 '동생'이 된다. 따라서 이 문장은 '-게 하다'에 의한 사동문이면서 의미적으로 간접 사동에 해당한다.

오답 피하기 | ① '엄마가 아이를 안았다.'는 능동문이고, '아이가 엄마에게 안겼다.'는 피동문에 해당한다.

② '환자는 식사를 했다.'는 주동문이고, '의사는 환자에게 식사를 하게 했다.'는 '-게 하다'에 의한 간접 사동문에 해당한다.

③ '강아지가 영희에게 잡혔다.'는 피동문이고, '영희가 동생에게 강아지를 잡게 했다.'는 '-게 하다'에 의한 간접 사동문에 해당한다.

④ '주인은 정원사에게 시든 꽃을 꺾게 했다.'는 '-게 하다'에 의한 간접 사동이고, '주인의 요청으로 정원사가 시든 꽃을 꺾었다.'는 주동문에 해당한다.

수능의 感 완성하기   본문 121~125쪽

01	③	02	②	03	②	04	③	05	③
06	①	07	④	08	④	09	④	10	③

01 음운 변동 – 음운의 개수 변화 파악   정답 | ③

'값하다[가파다]'는 탈락(자음군 단순화)과 축약(거센소리되기)이 일어나 변동의 결과로 음운의 개수가 두 개 줄어든다.

오답 피하기 | ① '맏형[마텽]'은 축약(거센소리되기)만 일어나 변동의 결과로 음운의 개수가 한 개 줄어든다.

② '삯일[상닐]'은 탈락(자음군 단순화)과 첨가('ㄴ' 첨가), 교체(비음화)가 일어나 변동 결과 음운 개수의 변화가 없다.

④ '긁히다[글키다]'는 축약(거센소리되기)만 일어나 변동의 결과로 음운의 개수가 한 개 줄어든다.

⑤ '뜻하다[뜨타다]'는 교체(음절 끝소리 규칙)와 축약(거센소리되기)이 일어나 변동의 결과로 음운의 개수가 한 개 줄어든다.

02 교체, 첨가 – 음절의 끝소리 규칙, ㄴ첨가　　　정답 | ②

'논일'의 '일'은 조사, 어미, 접미사가 아닌 실질 형태소이기 때문에 제13항을 적용할 수 없다. '논일'은 제29항에 따라 '일'에 'ㄴ' 음이 첨가되어 [논닐]로 발음한다.

오답 피하기 | ① '민낯'의 받침 'ㅊ'은 어말이므로 제9항에 따라 대표음 'ㄷ'으로 바꾸어 [민낟]으로 발음한다.

③ '꿋꿋이'에서 첫음절의 받침 'ㅅ'은 자음 앞에 위치하여 제9항에 따라 대표음 'ㄷ'으로 발음하고, '–이'는 접미사이므로 제13항을 적용하여 제 음가대로 [꾿꾸시]로 발음한다.

④ '콩엿'에서 뒤 단어 '엿'은 제29항을 적용해 'ㄴ' 음을 첨가하고, 받침 'ㅅ'은 어말이므로 제9항에 따라 대표음 'ㄷ'으로 바꾸어 [콩년]으로 발음한다.

⑤ '연잎을'에서 '잎'은 제29항에 따라 'ㄴ' 음을 첨가하여 발음한다. 또한 '을'은 조사이므로 제13항을 적용하여 받침 'ㅍ'을 제 음가대로 연음해 [연니플]로 발음한다.

03 조사의 특징 파악　　　정답 | ②

'은'은 특별한 의미를 더해 주는 보조사이므로, 생략하면 의미가 변하기 때문에 생략할 수 없다.

오답 피하기 | ① (가)의 '가을 하늘'은 '가을(의) 하늘'로, 체언인 '가을'과 '하늘' 사이에 관형격 조사 '의'가 생략되어 있다.

③ (가)의 '이다'는 서술격 조사로, 다른 조사들과는 달리 '이고', '이니', '이면', '이지' 따위로 활용하므로 형태가 변화할 수 있다.

④ (나)의 '에서도'는 격 조사 '에서'와 보조사 '도'가 결합하여 쓰인 형태이다. 조사는 두 개 이상이 결합하여 쓰일 수 있다.

⑤ (나)에서 '도'는 입장을 발표한 여러 주체들에 '정부'가 포함된다는 의미를 더해 주는 기능을 하는 보조사이다.

04 단어의 구조 파악　　　정답 | ③

부사와 부사가 직접 결합하는 것은 '곧잘, 또다시, 이리저리, 따로따로' 등과 같이 문장에서 일반적으로 확인되는 배열법이므로 '잘못'은 통사적 합성어이다.

오답 피하기 | ① 관형사와 명사가 배열되는 것은 문장에서 일반적으로 확인되는 배열법이므로 '첫눈'은 통사적 합성어이다.

② 형용사 어간 '크–'에 관형사형 어미 '–ㄴ'이 결합하여 관형어의 형태로 명사 '집'을 수식하는 구조이고, 이는 문장에서 일반적으로 확인되는 배열법이다. 따라서 '큰집'은 통사적 합성어이다.

④ 동사 어간 '덮–'에 어미가 결합하지 않고 명사와 직접 결합되었으므로 '덮밥'은 일반적인 문장 배열법과 다른 비통사적 합성어이다.

⑤ '뛰놀다'는 동사 어간 '뛰–'와 동사 어간 '놀–'이 연결 어미 없이 직접 결합되었으므로 일반적인 문장 배열법과 다른 비통사적 합성어이다.

05 문장 성분의 이해　　　정답 | ③

'놀다'는 목적어나 부사어를 필수적으로 요구하는 서술어가 아니다. '동생과'를 생략하더라도 놀았다는 의미를 표현할 수 있으므로 필수적으로 요구되는 부사어로 적절하지 않다.

오답 피하기 | ① '닮다'는 목적어나 부사어를 요구하는 서술어이다. '어머니와'가 생략되면 어떤 대상과 닮았는지 알기 어려우므로 필수적으로 요구되는 부사어로 적절하다.

② '주다'는 목적어와 부사어를 요구하는 서술어이다. '나에게'가 생략되면 책을 누구에게 주었는지 알기 어려우므로 필수적으로 요구되는 부사어로 적절하다.

④ '받다'는 목적어와 부사어를 요구하는 서술어이다. '그녀에게'가 생략되면 누구로부터 사과를 받았는지 알기 어려우므로 필수적으로 요구되는 부사어로 적절하다.

⑤ '다르다'는 부사어를 요구하는 서술어이다. '나와'가 생략되면 어떤 대상과 다른지 알기 어려우므로 필수적으로 요구되는 부사어로 적절하다.

06 동작상의 이해　　　정답 | ①

㉠은 감기가 계속 이어지고 있음을 보조 용언 '–아 가다'를 통해 실현한 것이므로 진행상이고, ㉡은 고향을 떠난 것이 끝났음을 보조 용언 '–아 버리다'를 통해 실현한 것이므로 완료상이다.

오답 피하기 | ② ㉠은 문이 닫힌 것이 지속되고 있음을 보조 용언 '-아 있다'를 통해 실현한 것이므로 완료상이고, ㉡은 청소가 계속 이어지고 있음을 보조 용언 '-고 있다'를 통해 실현한 것이므로 진행상이다.

③ ㉠은 앉아 있는 것이 지속되고 있음을 보조 용언 '-아 있다'를 통해 실현한 것이므로 완료상이고, ㉡은 공부가 계속 이어지고 있음을 보조 용언 '-고 있다'를 통해 실현한 것이므로 진행상이다.

④ ㉠은 책을 읽는 것이 계속 이어지고 있음을 어미 '-면서'를 통해 실현한 것이므로 진행상이고, ㉡은 빨래가 마르는 것이 계속 이어지고 있음을 보조 용언 '-아 가다'를 통해 실현한 것이므로 진행상이다.

⑤ ㉠은 양손을 흔드는 것이 끝났음을 연결 어미 '-고서'를 통해 실현한 것이므로 완료상이고, ㉡은 쓰레기를 치운 것이 끝났음을 보조 용언 '-어 버리다'를 통해 실현한 것이므로 완료상이다.

07 안은문장의 이해   정답 | ④

㉣은 전성 어미가 아닌 '위치는 좋다'라는 문장 자체를 활용한 서술절을 안은문장이므로 전성 어미 '-는'을 활용했다는 설명은 적절하지 않다.

오답 피하기 | ① ㉠은 '내가 행복하다'라는 문장에 전성 어미 '-기'를 활용한 명사절을 안은문장이므로 적절하다.

② ㉡은 '여행에 참석한다'라는 문장에 조사 '고'를 활용한 인용절을 안은문장이므로 적절하다.

③ ㉢은 '눈이 빠지다'라는 문장에 전성 어미 '-도록'을 활용한 부사절을 안은문장이므로 적절하다.

⑤ ㉤은 '종이로 만들다'라는 문장에 전성 어미 '-ㄴ'을 활용한 관형사절을 안은문장이므로 적절하다.

08 피동 표현의 이해   정답 | ④

'믿겨지지'는 '믿다'에 피동 접미사 '-기-'와 '-어지다'를 모두 활용하여 이중 피동을 만들었으므로 잘못된 표현이다. '믿기다' 혹은 '믿어지다'로 활용해야 한다.

오답 피하기 | ① '불렀다'에 피동 접미사 '-리-'를 활용해 '불리었다'라는 피동 표현을 만들었으므로 적절하다.

② '읽고'에 '-어지다'를 활용해 '읽어지고'라는 피동 표현을

만들었으므로 적절하다.

③ '입증하였다'에 '-되다'를 활용해 '입증되었다'라는 피동 표현을 만들었으므로 적절하다.

⑤ '찍은'에 피동 접미사 '-히-'를 활용해 '찍힌'이라는 피동 표현을 만들었으므로 적절하다.

09 담화의 맥락 이해   정답 | ④

담화의 맥락을 살펴보면 현우의 샌드위치를 지현이 먹지 않겠다고 의사를 밝혔다. 이 맥락을 현우는 자신이 화를 냈기 때문에 지현의 기분이 나빠져 샌드위치를 먹지 않겠다고 말한 것으로 받아들이고 있다. 따라서 먹지 않겠다는 지현의 의사를 확인하는 것이 아니라 샌드위치를 먹지 않겠다고 하는 이유를 확인하기 위한 질문이다.

오답 피하기 | ① 지현은 몇 시냐는 현우의 질문을 왜 이렇게 늦었느냐는 비난으로 받아들였기 때문에 사과와 함께 늦은 이유를 말하고 있다.

② 나희가 말한 '이거'는 언어적 맥락을 고려할 때 앞 문장의 샌드위치를 의미한다.

③ 지현이 말한 '괜찮아'는 상황 맥락을 고려할 때 먹고 싶지 않다는 의미를 담고 있다.

⑤ 상황 맥락을 고려할 때 주어인 '현우와 지현 모두', 목적어인 '다툼을'이라는 내용이 생략되어 있다.

10 높임 표현의 이해   정답 | ③

'-습니다'는 청자를 높이는 상대 높임법에 해당한다. 따라서 청자를 높이는 상대 높임법이 활용되고 있다.

오답 피하기 | ① 서술의 주체인 '사장님'을 높이기 위해 '께서'와 함께 '사장님'과 관련된 사물인 '말씀'을 높이는 간접 높임이 쓰였다. 또한 '-ㅂ니다'를 통해 청자를 높이고 있다.

② 주어가 '잔돈'이므로 주체 높임의 선어말 어미 '-시-'를 사용하는 것은 적절하지 않다.

④ 서술의 주체는 '선생님'이므로 '오라고 하셔'의 줄임말인 '오라셔'가 올바른 표현이다.

⑤ '먹다'의 주체 높임 표현인 경우 특수 어휘인 '자시다'를 쓰는 것이 적절하다.

작문

14 자기표현과 사회적 상호 작용

내신 탄탄 | 수능 탄탄   본문 126~129쪽

01	⑤	02	⑤

01 작문 계획의 적절성   정답 | ⑤

'그런 면이 없지 않아.'와 같이 구체적인 예를 제시하여 자신의 말투의 특성에 대해 독자들이 이해하기 쉽도록 하고 있다.

오답 피하기 | ① 글쓴이는 자신의 말투에 대해 '부드럽게 느껴지는 것 같'다는 장점을 제시하고는 있지만, 다양한 장점을 나열하지는 않고 있다. 또한 자신의 고민에 대해 독자들의 조언을 부탁하고 있을 뿐, 자신의 의견에 대해 독자들이 동조할 수 있도록 유도하고 있지도 않다.

② 제시된 글에는 학급 친구들의 부정어 사용 실태를 조사한 자료가 제시되어 있지 않다.

③ 글쓴이는 자신의 말투에 대한 친구들의 부정적 평가에 대해 제시하고 있을 뿐, 친구들의 긍정적 평가는 제시하고 있지 않고 있으므로 상반된 평가를 모두 제시하였다는 것은 적절하지 않다.

④ 글쓴이는 '게시판'이라는 특성에 맞게 불특정 예상 독자를 고려하여 경어체를 사용하고 있다.

02 작문 계획에 따른 표현하기   정답 | ⑤

[A]에 나타난 친구들의 관점에서 부정어 사용의 문제점을 제시하고, [B]의 질문에 대한 답을 예시로 제시해야 한다. "좋아하지 않아."라는 예시를 통해 부정어 사용이 의사소통에서 오해를 불러일으킬 수 있다는 문제를 들어 명료한 표현을 통해 의사소통을 하는 것이 필요하다고 답하고 있는 ⑤가 〈조건〉을 충족시킨다고 할 수 있다.

오답 피하기 | ① 부정어를 사용하는 의도를 자신감이 없을 때나 책임을 덜 지고 싶을 때로 언급하여 부정어 사용의 문제점을 제시하고 있으므로 [A]에 나타난 친구들의 관점을 반영하고 있다. 그러나 예시의 방법을 활용하지 않았다.

② 부정어를 사용하는 것이 다른 사람에게 불편함을 줄 수 있겠지만 본인이 편한 대로 말하는 것이 가장 좋다고 언급하고

있으므로 [A]에 나타난 친구들의 관점을 반영한 것이라 보기 어렵다. 또한 예시의 방법을 활용하지 않았다.

③ 부정어를 사용하는 것이 인간관계에는 훨씬 도움이 된다고 언급하고 있으므로 [A]에 나타난 친구들의 관점을 반영한 것이라 보기 어렵다. "나는 너를 좋아하지는 않아."라는 말을 통해 예시의 방법이 활용되었음을 확인할 수 있다.

④ 의사소통에서 오해를 불러일으킬 수 있는 부정어를 사용하는 것은 곤란하나 친구들과의 대화에서 부정어를 많이 사용해서 표현하는 것은 나쁘지 않다고 언급하고 있으므로 [A]에 나타난 친구들의 관점을 반영한 것이라 보기 어렵다. "허락하지 않는다."와 "금지한다."라는 말을 통해 예시의 방법이 활용되었음을 확인할 수 있다.

수능의 感 익히기   본문 130~133쪽

01	④	02	⑤	03	⑤

01 작문 계획의 적절성   정답 | ④

'처음 쓴 글'에는 중학교 때부터 화학에 관심이 많았음을 제시하고 있지만, '고쳐 쓴 글'에는 중학교 관련 내용을 삭제하고 진로에 대한 확신이 생겼던 계기로 '고등학교 화학 수업'을 제시하고 있다. 중학교 때부터 진로를 탐색한 과정에 대해서는 언급하지 않고 있다.

오답 피하기 | ① '처음 쓴 글'에는 장래 희망에 대해 '화학을 연구하는 과학자'로 되어 있으나, '고쳐 쓴 글'에는 '나노 입자의 약물 전달 시스템을 연구하여 난치병을 치료할 수 있는 획기적인 기술을 개발하는 공학자'로 서술되어 있어, 장래 희망이 구체화되어 있다.

② '처음 쓴 글'에는 대학교의 장점이 언급되어 있지 않지만, '고쳐 쓴 글'에는 '나노 공학 분야에서 최고의 연구 시설과 연구진을 갖추고 있어'에서 알 수 있듯이 대학교의 장점을 제시하고 있다. 또한 이와 관련하여 '제 비전을 실현할 수 있는 최적의 학교라는 확신' 때문에 대학교에 지원했다고 지원 동기를 밝히고 있다.

③ '처음 쓴 글'에는 대학교 진학에만 초점을 두어 진로 계획이 제시되어 있지만, '고쳐 쓴 글'에는 '대학교 진학', '졸업 후

대학원에 진학'과 같이 진로 계획을 구분하여 순차적으로 제시하고 있다.

⑤ '처음 쓴 글'에는 고등학교 때 참여한 활동을 나열하고 있지만, '고쳐 쓴 글'에는 '화학 탐구 능력을 키울 수 있었습니다.', '진로와 관련된 다양한 정보를 얻을 수 있었고, 연구자로서 갖춰야 할 태도도 배울 수 있었습니다.'에서 알 수 있듯이 활동을 통해 얻은 점에 초점을 맞추어 서술하고 있다.

02 작문 계획의 적절성　　　　　　　정답 | ⑤

'학생의 글'에는 책 내용에 대한 주관적 평가는 제시되어 있지만, 책 내용에 대한 사람들의 다양한 해석은 제시되어 있지 않다.

오답 피하기 | ① '학생의 글' 중 4문단을 보면, 책 제목인 '기적'과 관련하여 책을 읽고 깨달은 점 두 가지를 병렬적으로 서술하고 있음을 알 수 있다.

② '학생의 글' 중 4문단의 '소중한 사람들과 함께 인생이라는 지도를 펼치고 싶은 사람이라면, 반드시 이 책을 읽으라고 권하고 싶다.'에서 알 수 있듯이 비유적 표현을 사용하여 책을 권하는 이유를 강조하고 있다.

③ '학생의 글' 중 2문단을 보면, '중학교 2학년 때 사춘기' 경험이 제시되어 있다. 이 경험을 바탕으로 '나는 이 말에 전적으로 공감한다.'와 같이 책 속 인물의 말에 대한 공감을 표현하고 있다.

④ '학생의 글' 중 1문단의 '우리는 흔히 상담자는 피상담자보다 더 뛰어나거나 성공한 사람이어야 한다고 생각한다.', '대부분 사람들은 우연히 외부에서 행운이 주어지는 것을 떠올린다.'에서 알 수 있듯이, 사람들의 통념을 제시하고 있다. 그리고 '하지만 「기적」이라는 책을 읽고 나서, 상담에 대한 생각이 바뀌게 되었다.', '하지만 이 책은 우리가 생각하고 있는 이러한 '기적'의 개념을 깨 버린다.'에서 알 수 있듯이, 사람들이 지닌 통념과 대조하여 책이 전달하고 있는 주제를 제시하고 있다.

03 작문 계획에 따른 표현하기　　　　정답 | ⑤

'학생의 글'의 2문단에서는 학생들에게 꿈을 심어 주고 정성껏 학생들을 보살펴 주신 선생님에 대한 감사의 마음이, 3문단에서는 학생들의 잠재력을 믿고 학생들을 위해 기도해 주신

선생님에 대한 감사의 마음이 표현되어 있다. ⑤의 '선생님께서는 저희들에게 꿈을 주시고, 저희가 그 꿈을 키워 나갈 수 있을 때까지 저희를 믿고 기다려 주셨습니다.'라는 문장은 2, 3문단의 핵심 내용을 반영한 것이다. 또한 '선생님의 기도에 어긋나지 않도록 ~ 풍성한 열매를 맺도록 하겠습니다.'에서 제자로서의 포부를 확인할 수 있으며, '나무와 같은 존재'에서 직유법을, '무럭무럭'에서 음성 상징어를 확인할 수 있다.

오답 피하기 | ① 2, 3문단의 핵심 내용을 압축적으로 제시하지 않고 있다. 반면 '떳떳한 청년으로 성장해 나가겠습니다.'에서 제자로서의 포부가 드러나 있으며, '영원한 청년처럼'에서 직유법을, '훌훌'에서 음성 상징어를 확인할 수 있다.

② 2, 3문단의 내용이 일부 제시되어 있으나, 제자로서의 포부가 드러나 있지 않다. 또한 '농부와 같은 마음'에서 직유법을 사용하고 있으나, 음성 상징어는 사용되지 않았다.

③ '선생님께서는 언제나 저희에게 꿈과 믿음을 주셨습니다.'라는 문장은 2, 3문단의 핵심 내용을 반영하고 있다. 또한 '선생님 앞에 부끄럽지 않은 제자가 되기 위해 노력하겠습니다.'에서 제자로서의 포부가 드러난다. 그러나 직유법과 음성 상징어는 사용되지 않았다.

④ '당신은 항상 저희들이 꿈을 갖고 쑥쑥 성장할 수 있도록 보살펴 주셨습니다.'는 2, 3문단의 핵심 내용을 반영하고 있다. 또한 '큰 산과 같은 존재'에서 직유법을, '쑥쑥'에서 음성 상징어를 확인할 수 있다. 그러나 제자로서의 포부가 드러나지 않았다.

15 설명

내신 탄탄	수능 탄탄		본문 134~136쪽
01	③	02	④

01 작문 계획의 적절성　　　　　　　정답 | ③

(나)에서 도시의 온도 상승과 관련이 깊은 열섬의 주요 원인으로 '대기 오염과 도시에서 뿜어내는 인공 열 등'을 제시하고 있지만, 전문가의 견해를 제시하지는 않았다. 또한 (나)에서 도시의 온도를 내리기 위해 독자들의 일상 속 실천을 강조하

고는 있지만, 일상에서 겪었던 글쓴이의 경험이 제시되어 있지는 않다.

오답 피하기 | ⓐ (나)의 3문단에서는 바람길을 이용한 방법, 4문단에서는 녹지 조성과 바람길을 이용한 방법을 소개하고 있다. 이는 모두 도시의 여름을 시원하고 쾌적하게 만들 수 있는 방법에 해당한다.

ⓒ (나)의 2문단을 보면, '이 상황을 어떻게 극복할 수 있을 것인가?'라고 질문을 하고, '그 답은 자연에 있을 것이다.'라고 스스로 답변을 하는 부분에서 문답법을 확인할 수 있다. 또한 '좀 더 자연 친화적인 도시가 될 수 있다면 도시의 열은 내리고 우리의 삶은 쾌적해지지 않을까?'에서 설의법을 확인할 수 있다.

ⓔ (나)의 3문단에서 독일의 '슈투트가르트' 사례를 제시하고 있다.

02 작문 계획의 적절성 정답 | ④

(나)의 4문단에서 대구가 전국 최고 기온 도시라는 이름을 타 시도에 넘겨 주었다고 언급하고 있지만, 전국 최고 기온 도시를 조사한 기사를 인용하여 제시하고 있지는 않다.

오답 피하기 | ① ⓐ에서는 통계 자료에 대해 인급하고 있지 않지만, (나)의 1문단에서는 통계청 자료를 인용하여 최근 3년간 서울의 8월 평균 온도를 제시하여 문제 제기에 대한 설득력을 높이고 있다.

② ⓑ에서는 열섬 현상이 도시의 온도 상승을 부추기고 있다는 것만 제시하고 있지만, (나)의 2문단에서는 열섬의 주요 원인으로 대기 오염과 인공 열을 제시하고 있다.

③ ⓒ에서는 바람길을 통해 도시를 쾌적하게 만들었다는 진술만 하고 있지만, (나)의 3문단에서는 건물의 배치를 바꾸거나 냉난방기에서 나온 공기의 배출 통로를 바람의 확산이 잘 되는 곳에 설치하는 등의 구체적인 방법들을 사례를 통해 제시하고 있다.

⑤ ⓔ에서는 친자연적 삶을 실천하는 방법으로 도시 전체에 나무를 심고 바람길을 내자는 제안을 하고 있는데, (나)의 5문단에서는 이외에 학생들이 쉽게 실천할 수 있는 방법으로 에어컨의 전원을 끄고 창문을 열어 바람을 집 안으로 끌어들이자는 내용을 제시하고 있다.

01	④	02	③	03	③

01 작문 계획의 적절성 정답 | ④

(나)의 4문단에서 '물 발자국'의 방식으로 산출했을 경우의 물 사용량이 제시되어 있지만, 이를 기존의 방식으로 산출했을 경우의 물 사용량과 비교하는 부분은 없다.

오답 피하기 | ① (나)의 1문단을 보면 '지구상에 인간이 사용 가능한 물은 0.63%에 불과한 셈이다.'에서 알 수 있듯이, '물' 자원의 유한성을 강조하고 있다.

② (나)의 2문단을 보면, '우리나라가 2025년에는 물 기근 국가, 2050년에는 주요국 24개 중 물 부족 지수가 가장 높은 국가가 될 것'이라고 하며 우리나라 실태를 제시하고 있다.

③ (나)의 3문단을 보면, '인구 증가와 생활 수준 향상으로 인해 물 소비와 오염 속도가 가속화되는 것에 대한 고민에서 나온 개념'이라고 하며 '물 발자국' 개념이 만들어진 배경을 설명하고 있다.

⑤ (나)의 5문단의 '우리 모두가 물 발자국의 개념과 중요성을 정확하게 이해하여 실생활에서 '보이는 물'뿐만 아니라 '보이지 않는 물'의 양을 절약할 수 있도록 해야 할 것이다.'에서 글의 목적에 맞게 '보이지 않는 물' 절약에 대한 인식을 갖도록 유도하고 있음을 확인할 수 있다.

02 작문 계획의 적절성 정답 | ③

4문단에서 '무인도에서 식량 구하기 방법'을 설명하고 있다. 이 문단에서는 '식용 식물'과 구분할 수 있도록 '독초'의 특징을 설명하고 있으나, '식용 식물'과 '독초'의 공통점과 차이점을 설명하고 있지는 않다.

오답 피하기 | ① 2문단에서 '증산 작용'에 대해 그 개념을 구체적으로 설명하고 있다.

② 3문단에서, '불을 피울 수 있는 방법에는 무엇이 있을까?'라고 질문을 한 후, 그에 대한 답을 제시하고 있다.

④ 5문단에서, '구조 신호 보내기 방법'에 대해 '해안가에 있는 조개껍질을 이용하여 신호를 보내는 방법, 불을 피워 연기나 불빛으로 구조 신호를 보내는 방법', '나뭇가지에 거울을 매달아 놓는' 방법 등을 나열하고 있다.

⑤ 6문단에서 '아는 만큼 보인다.'라는 속담을 사용하여 과학

적 지식의 중요성을 강조하고 있다.

03 작문 계획의 적절성   정답 | ③

【자료 4】에서는 인문학 열풍의 원인으로 '삶과 행복에 대한 지적 욕구를 충족'할 수 있음을 밝히고 있다. 또한 【자료 5】에서는 인문학적 소양의 중요성을 강조하며 학교 교육과정에서 인문학 교육을 강화, 인문학 연구를 지원할 수 있는 정책이 추진될 예정임을 밝히고 있다. 따라서 【자료 4】와 【자료 5】를 활용하여 정부 정책의 결과로 인문학 열풍이 발생했다는 내용을 쓰는 것은 적절하지 않다.

오답 피하기 | ① 【자료 1】에서는 인문 도서가 베스트셀러가 되고 있음을, 【자료 4】에서는 인문학 강연회에 많은 사람이 몰렸음을 확인할 수 있다. 따라서 이들 자료를 활용하여 인문학에 대한 사람들의 관심이 높아지고 있음을 강조할 수 있다.

② 【자료 2】에서는 사람들이 '현실로부터 도피하는 동시에 정신적 위안을 받고 싶은 심리' 때문에 인문학에 관심을 갖게 되었음을, 【자료 4】에서는 '삶과 행복에 대한 지적 욕구를 충족'하려는 심리 때문에 사람들이 인문학에 관심을 갖게 되었음을 확인할 수 있다. 이는 모두 개인·심리적 원인에 해당한다.

④ 【자료 2】에서는 '인문학 관련 학과가 축소되거나 폐지'되고 있는 대학의 현실을, 【자료 3】에서는 인문 계열 졸업자들의 취업률이 공학 계열에 비해 크게 낮은 현실을 제시하고 있다. 따라서 이들 자료를 통해 인문학 관련 전공자들이 겪는 소외 현상을 강조할 수 있다.

⑤ 【자료 2】에서는 인문학 소외 현상에 대한 개선의 필요성을, 【자료 5】에서는 인문학 관련 정책 수립의 필요성을 이끌어 낼 수 있다. 따라서 이들 자료를 통해 인문학 발전을 위해서는 사회 제도나 풍토를 개선하려는 노력이 필요함을 강조할 수 있다.

16 설득

01	⑤	02	④	

01 글쓰기 전략의 이해   정답 | ⑤

ⓒ (나)에서는 정상적으로 처리되지 않고 암매장되는 반려동물의 사체가 점차 늘어나고 있다는 점을 문제 상황으로 언급하고 있다. 그리고 이와 같은 상황이 지속될 경우 예상되는 사태의 심각성을 부각하고 있으므로 ⓒ는 글쓴이가 활용한 글쓰기 전략으로 볼 수 있다.

ⓓ (나)의 도입부에서 문제 상황과 관련된 용어인 '반려'의 개념을 '짝이 되는 동무'라고 정의하여 제시했으므로, ⓓ는 글쓴이가 활용한 글쓰기 전략으로 볼 수 있다.

오답 피하기 | ⓐ (나)에서는 반려동물의 사체를 정상적으로 처리하지 않는 문제 상황을 친숙한 대상에 비유하지 않았으므로, ⓐ는 글쓴이가 활용한 글쓰기 전략으로 볼 수 없다.

ⓑ (나)에서는 반려동물의 사체를 정상적으로 처리하지 않는 문제 상황과 관련된 여러 사람의 견해를 인용하지 않았으므로, ⓑ는 글쓴이가 활용한 글쓰기 전략으로 볼 수 없다.

02 조건에 따른 표현의 적절성 평가   정답 | ④

표현 면에서는 '~ 하는 쓰레기인가요?'에서 설의적 표현을 사용하였고, '살아서는 짝이 되는 친구'와 '죽어서는 버려야 하는 쓰레기'에서 대조의 표현 방식을 활용하였다. 내용 면에서는 반려동물을 쓰레기봉투에 넣어 버리면 안 된다는 (나)에 나타난 글쓴이의 문제의식을 적절히 부각하고 있으므로 제시된 〈조건〉을 모두 충족한 제목으로 볼 수 있다.

오답 피하기 | ① 내용 면에서는 글쓴이의 문제의식을 반영하였다. 그리고 표현 면에서 '~ 버리시겠습니까?'에서 설의적 표현도 활용하였다. 그러나 대조의 표현 방식을 활용하지 않았으므로 제시된 〈조건〉을 모두 충족한 제목으로 볼 수 없다.

② 내용 면에서 글쓴이의 문제의식을 부각하지 못했다. 그뿐만 아니라 표현 면에서 설의적 표현과 대조의 표현 방식을 활용하지 않았으므로 제시된 〈조건〉을 모두 충족한 제목으로 볼 수 없다.

③ 내용 면에서 글쓴이의 문제의식을 반영하였다. 그리고 표현 면에서 '장례를 지내자니'와 '쓰레기로 버리자니'에서 대조의 표현 방식도 활용하였다. 그러나 설의적 표현을 활용하지 않았으므로 제시된 〈조건〉을 모두 충족한 제목으로 볼 수 없다.

⑤ 내용 면에서 글쓴이의 문제의식을 반영하였다. 그리고 표현 면에서 '~ 필요하지 않을까요?'에서 설의적 표현도 활용하였

다. 그러나 대조의 표현 방식을 활용하지 않았으므로 제시된 〈조건〉을 모두 충족한 제목으로 볼 수 없다.

01 글쓰기 전략의 이해 　　　　　　정답 | ②

〈보기 2〉에서는 '인터넷상에서 지켜야 할 글쓰기 윤리'에 대한 글을 쓰기 위해, 서로 다른 블로그에서 동일한 글을 발견했던 글쓴이의 경험으로부터 글감을 선정하여 내용을 구체화하고 있으므로 글쓰기 전략으로 적절한 설명이다.

오답 피하기 | ① 〈보기 2〉에서는 대상인 '인터넷상에서 지켜야 할 글쓰기 윤리'에 대한 내용을 시간적 순서에 따라 전개하고 있지 않다.

③ 〈보기 2〉에서는 대상인 '인터넷상에서 지켜야 할 글쓰기 윤리'의 다양한 측면을 제시하고 있지 않고, 이와 관련된 문제 상황을 부각하고 있지도 않다.

④ 〈보기 2〉에서는 '인터넷상에서 지켜야 할 글쓰기 윤리'와 관련된 설문 조사 결과를 활용하고 있지 않다.

⑤ 〈보기 2〉에서는 '인터넷상에서 지켜야 할 글쓰기 윤리'의 내용에 대한 전문가의 의견을 인용한 부분을 찾을 수 없다.

02 조건에 따른 표현의 적절성 평가 　　　정답 | ①

'인터넷에서 글을 쓸 때는 글쓰기 윤리를 지키는 것이 필요'하다는 부분에서 ⓐ의 행동의 변화가 생기도록 설득하고 있으므로 첫 번째 조건을 충족하였다. 그리고 '~ 필요하지 않을까?'에서 설의적 표현을 활용하여 전달 효과를 높이고 있으므로 두 번째 조건도 충족하였다. 따라서 ①이 [A]에 들어갈 말로 적절하다.

오답 피하기 | ② '~ 가져야 하지 않을까?'에서 설의적 표현을 활용하여 두 번째 조건을 충족하였다. 그러나 인터넷에서 글을 쓸 때 글쓰기 윤리를 지키는 것이 필요하다는 문맥을 고려하여 ⓐ에게 행동의 변화가 생기도록 설득하지는 않았으므로 첫 번째 조건은 충족하지 못했다.

③ ⓐ에게 인터넷에서 글을 쓸 때는 표절을 하지 말아야 한다는 내용은, 인터넷에서 글을 쓸 때 글쓰기 윤리를 지켜야 한다는 점과 관련이 있으므로 첫 번째 조건을 충족했다고 볼 수 있다. 그러나 설의적 표현을 사용하지 않았으므로 두 번째 조건은 충족하지 못했다.

④ 표절로 인한 문제가 크다는 점을 지적하는 것은 이 글의 맥락과 어긋나므로 첫 번째 조건을 충족하지 못했다. 그리고 설의적 표현을 사용하지도 않았으므로 두 번째 조건 역시 충족하지 못했다.

⑤ '~ 적극 힘써야 한다.'에서 ⓐ에게 행동의 변화가 생기도록 설득하고 있지만, 인터넷에서 글을 쓸 때 글쓰기 윤리를 지키는 것이 필요하다는 문맥을 고려하지 못했으므로 첫 번째 조건을 충족하지 못했다. 그리고 설의적 표현도 활용하지 않았으므로 두 번째 조건 역시 충족하지 못했다.

03 고쳐쓰기의 적절성 평가 　　　　　정답 | ④

ⓔ의 '그리고'는 단어, 구, 절, 문장 따위를 병렬적으로 연결할 때, 첨가·보충의 의미를 드러내려 사용하는 접속 부사이다. ④의 '그러므로'는 앞의 내용이 뒤의 내용의 이유나 원인, 근거가 될 때 쓰는 접속 부사이다. 앞뒤 문장의 연결을 고려할 때 ⓔ에는 역접의 의미를 지닌 접속 부사를 넣는 것이 자연스러우므로 '그러므로' 대신 '그러나'로 바꾸는 것이 적절한 고쳐쓰기 방안이다.

오답 피하기 | ① ㉠은 피동 표현이 불필요하게 이중으로 사용되었으므로 '탑재된'으로 고치는 것은 적절하다.

② ㉡은 이 글의 중심 내용인 인터넷에서 글을 쓸 때 글쓰기 윤리를 지켜야 한다는 점과는 관련 없는 내용이므로 글의 통일성을 고려하여 삭제하는 것은 적절하다.

③ '곰곰히'는 '곰곰이'의 잘못된 표기이다. '여러모로 깊이 생각하는 모양'이라는 뜻의 '곰곰이'로 수정하는 것은 적절하다.

⑤ ㉤의 '지향'은 '어떤 목표로 뜻이 쏠리어 향함. 또는 그 방향이나 그쪽으로 쏠리는 의지.'를 의미하므로 문맥상 적절하지 않게 사용된 단어이다. 따라서 ㉤을 '더 높은 단계로 오르기 위하여 어떠한 것을 하지 아니함.'을 의미하는 '지양'으로 고치는 것은 적절하다.

01 내용 생성의 적절성   정답 | ⑤

우리가 사는 사회에 대한 관찰을 바탕으로 하고 있지 않으며, 약육강식의 긍정적 효과에 대해서 고민하고 있지 않다.

오답 피하기 | ① 중간고사 준비로 피곤하여 잠시 잠이 들었다가 깨어나 텔레비전을 보게 된 일상의 경험을 계기로 경쟁을 하며 살아온 삶을 되돌아보고 있다.

② 아프리카 나비를 보며 모르고 있던 협력과 공존의 가치를 깨달았다고 솔직하게 표현하고 있다.

③ 아프리카 나비들이 무리 지어 해수면 가까이 날아간다는 사실에서 협력과 공존의 의미를 떠올리고 있다.

④ 타인을 경쟁의 대상으로만 생각해 자신이 옹졸하고 속 좁게만 행동하지 않았나 반성하고 있다.

02 효과적인 전달을 위한 표현의 적절성   정답 | ①

'모두가 무사히 목적지에 도착할 수 있었'다는 협력과 공존의 가치를 언급하고 있으며, '~ 아닐까?'라는 의문문 형식으로 문장을 마무리하여 설의적 표현을 사용하였다.

오답 피하기 | ② 설의적 표현을 사용하지 않았다.

③ 아프리카 나비가 목적지에 도착하여 여정을 마무리하는 내용이 제시되어 있지 않다.

④ 협력과 공존의 가치를 언급하고 있지 않다.

⑤ 설의적 표현을 사용하지 않았다.

03 글쓰기 계획   정답 | ③

'학생의 초고'에서 렌털 계약으로 인해 발생한 분쟁과 관련된 인터뷰를 제시한 부분은 찾아볼 수 없으므로 적절하지 않다.

오답 피하기 | ① 1문단에서 렌털 제품은 정해진 기간 동안 사용료를 지불하며 빌려 쓰도록 계약하는 제품이라는 개념을 밝히고 있으므로 적절하다.

② 1문단에서 렌털 제품의 종류를 '반환형 렌털'과 '소유권 이전형 렌털'로 밝히고 있으므로 적절하다.

④ 2문단에서 판매자가 렌털 사용료의 총합과 일시불 비용을

제대로 알려 주지 않기 때문에 분쟁이 발생한다는 원인을 제시하고 있으므로 적절하다.

⑤ 4문단에서 판매자가 계약 내용을 분명하게 알리고 준수하려는 노력이 필요함을 분쟁을 해결할 수 있는 방안으로 제시하고 있으므로 적절하다.

04 자료 활용의 적절성   정답 ④

(가)-2는 계약 해지 관련 상담 사유가 많다는 자료이고, (나)는 계약을 해지하면서 발생한 위약금으로 인한 피해 사례에 대한 보도이다. 하지만 이와 관련한 법적 규제 방안에 대해 '학생의 초고'에서 언급된 내용이 없으므로 이를 설명하는 자료로 활용한다는 설명은 적절하지 않다.

오답 피하기 | ① (가)-1은 렌털 제품 상담이 증가하는 추세임을 나타낸 자료이므로, 이를 활용하여 2문단의 상담이 증가한다는 내용을 제시하기에 적절하다.

② (나)는 A 씨가 렌털 계약 당시에는 일시불 구입가가 저렴하다는 것을 몰랐기 때문에 뒤늦게 알고서 계약을 해지했다는 자료이므로, 2문단의 판매자가 이에 대해 제대로 알리지 않는다는 내용을 구체화하기에 적절하다.

③ (다)는 소비자들이 합리적으로 소비해야 할 필요성을 나타낸 자료이므로, 3문단의 충동적인 계약이 분쟁의 원인이 될 수 있다는 내용을 설명하기에 적절하다.

⑤ (나)는 A 씨가 위약금에 대해 인지하지 못했다는 자료이고, (다)는 소비자들이 위약금에 대해 숙지해야 할 필요성을 나타낸 자료이므로, 4문단의 소비자 노력으로 분쟁을 해결할 수 있다는 내용을 제시하기에 적절하다.

05 고쳐쓰기의 적절성   정답 ③

ⓒ에 해당하는 문장에서 주어는 '판매자'로 주동형 문장으로 진술이 되어 있다. '부과되거나'는 '소비자'의 입장에서 피동형으로 진술되어야 하므로 '부과하거나'로 사용하는 것이 적절하다.

오답 피하기 | ① ⓐ의 앞부분은 렌털 제품의 장점을, 뒷부분은 렌털 제품으로 인한 피해를 언급하고 있으므로 '하지만'으로 고쳐 쓰는 것이 적절하다.

② ⓑ에서 '사용료'에는 비용을 의미하는 한자어 '료(料)'가 이미 사용되었으므로 '비용'을 삭제하는 것이 적절하다.

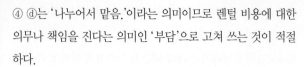

④ ⓓ는 '나누어서 맡음.'이라는 의미이므로 렌털 비용에 대한 의무나 책임을 진다는 의미인 '부담'으로 고쳐 쓰는 것이 적절하다.

⑤ 광고로 인한 지나친 경쟁에 대해서는 언급하지 않은 내용이기 때문에 해결 방안으로 제시되는 것은 통일성을 해치므로 삭제하는 것이 적절하다.

06 조건에 따른 표현의 적절성 파악   정답 | ③

'비를 맞아야 나무가 자라듯'에서 비유법이 사용되었고, '물을 마셔야 우리도 자'란다는 뒷부분과 대구를 이루고 있다. (가) 자료에서 성장 발육을 돕기 위해 물을 섭취해야 한다는 내용을 언급하였다.

오답 피하기 | ① 물을 마셔야 키가 커질 수 있다고 언급했으나 비유법과 대구법이 사용되지 않았다.

② 대구법이 사용되었으나 수분이 부족할 때의 위험성을 언급했고 비유법이 사용되지 않았다.

④ 물의 중요성을 언급하고 '친구같이' 부분에서 비유법이 쓰였지만 대구법을 사용하지 않았다.

⑤ '공부를 하는 것처럼' 부분에서 비유법이 쓰였지만, 물을 마셔야 하는 이유를 언급하지 않았고, 대구법을 사용하지 않았다.

07 자료 활용의 적절성 파악   정답 | ②

(나)에서 학생들이 물을 챙겨 마시기를 귀찮아 한다는 사실은 확인할 수 없고, 또한 이는 음수 시설 부족으로 인한 불편함과 관련이 없다. 따라서 음수 시설의 부족을 언급하는 자료로 활용할 수 없다.

오답 피하기 | ① (가)에서 학생들이 WHO의 권장 물 섭취량보다 물을 적게 마시고 있다는 점을 언급하고 있으므로, 이를 청소년들이 물을 부족하게 섭취하고 있는 실태를 부각할 때 활용할 수 있다.

③ (다)에서 학생들의 자발적 참여와 지속적인 실천을 독려하는 분위기가 형성되는 것이 중요함을 강조하고 있다. 따라서 이를 학생들이 교내에서 물통 가지고 다니기를 직접 실천해 보도록 캠페인을 제안하는 데 활용할 수 있다.

④ (가)와 (나)에서 공통적으로 학생들이 물을 잘 안 마시는 것은 음료를 물 대신 이용하기 때문임을 드러내고 있다. 따라서

물을 마시지 않는 원인으로 고당류, 고카페인 음료의 섭취를 제시하는 데 활용할 수 있다.

⑤ (나)와 (다)에서 공통적으로 학생들이 물을 마셔야 하는 이유를 모르고 있음을 드러내고 있다. 따라서 이를 물 섭취의 중요성을 알려 주는 교육 프로그램을 제안하는 데 활용할 수 있다.

08 조건에 따른 표현의 적절성 파악   정답 | ①

(나) 자료에서 물을 마셔야 할 이유를 모른다는 학생들의 생각을 반영했고, 음료를 선호하는 태도로 인해 학생들의 물 섭취량이 부족한 것에 대한 문제의식이 드러나 있으므로 적절하다.

오답 피하기 | ② (나) 자료에서 식사 시간을 제외하고 물을 마시지 않고 있다는 학생들의 생각은 확인할 수 없다.

③ (나) 자료에서 알 수 있는 학생의 생각이 인용되어 있지 않고 글의 주제와 관련이 없으므로 적절하지 않다.

④ (나) 자료에서 다이어트를 이유로 영양소의 섭취를 제한한다는 학생의 생각은 확인할 수 없다.

⑤ 물 섭취에 대한 인식 부족과 관련된 학생의 생각이 아닌 전문가의 입장을 인용하였으므로 적절하지 않다.

17 자기표현과 사회적 상호 작용

본문 153~154쪽

내신 탄탄	수능 탄탄		
01	②	02	⑤

01 사회적 상호 작용   정답 | ②

아들은 대화에서 엄마의 물음에 대답하고 있다. 하지만 엄마의 발언을 반복하고 있지 않다.

오답 피하기 | ① 아들은 무슨 이유냐고 묻는 엄마의 질문에 학교에서 발표 시 있었던 문제를 솔직하게 털어놓고 어떻게 하면 좋을지 해결책을 묻고 있다.

③ 엄마는 친구들의 호기심을 끌 만한 시청각 자료를 준비하자는 해결책을 제시하고 있다.

④ 엄마는 아들의 문제 상황에 공감하며 집중하는 자세로 듣고 있다.

⑤ 엄마는 마지막 발언, '~ 보는 것이 어떨까?'로 아들이 느낄 부담을 고려하여 의문형 표현을 사용하고 있다.

02 사회적 상호 작용   정답 | ⑤

ⓗ은 친구들이 자신의 발표에 관심을 보이지 않았다는 아들의 말에 대해 엄마가 그 원인을 추측하고 있는 발화이다. 아들의 문제 해결을 도와주려는 엄마의 생각인 것이다. 여기에 대화 참여자 간의 의견 차이가 드러나 있지는 않다.

오답 피하기 | ① 엄마가 먼저 아들의 발표 결과를 묻는 것으로 보아, 엄마는 학교에서 발표가 있었음을 알고 있었다.

② 엄마의 질문에 아들은 부정적 대답을 말 대신 행동으로 표현하고 있다.

③ 엄마는 재차 질문을 하여 좀 더 자세한 대답을 유도하고 있다.

④ 아들의 이야기에 공감을 표현하여 좀 더 자세한 이야기를 이끌어 내고 있다.

수능의 感 익히기   본문 155~156쪽

01	④	02	①	03	④

01 사회적 상호 작용   정답 | ④

ⓔ은 화자의 태도를 반성하게 하려는 의도의 발화로 볼 수 없다. 선생님의 잘했다는 칭찬은 평가이기도 하지만 불안함을 느끼는 화자에게 긍정적인 반응을 보여 주어 자신감을 불어넣으려는 의도가 있다.

오답 피하기 | ① 자신에 관한 정보를 솔직하게 이야기함으로써 청자와의 관계를 발전시키려 하고 있다.

② 자신의 부탁을 정중하고 겸손하게 표현하고 있다.

③ 박수를 치는 비언어적 행동은 화자의 발화에 긍정적으로 화답하는 의사를 나타낸다.

⑤ 화자가 좀 더 자세한 정보를 이야기하도록 유도하는 질문이다.

02 사회적 상호 작용   정답 | ①

반어적 표현인 '(망설이다가)'는 '아뇨.'의 부정적 의미를 강화하지 않고 있다. 오히려 이러한 행동이 '아뇨.'의 표현을 약화시킨다.

오답 피하기 | ② 이가 썩을 것이라는 엄마의 말을 스스로 반복하여 확인하고 있다.

③ 엄마는 사탕을 좋아하는 아이의 특성을 언급하여 관심을 보이고 있다.

④ 문제 상황이 심각해질 경우를 상기시키고 있다.

⑤ 사탕을 그만 먹겠다는 반응을 보여 엄마의 요청을 받아들이고 있다.

03 자기표현   정답 | ④

사탕을 먹어서 발생할 수 있는 문제를, 차례차례 연쇄적으로 설명하여 아이에게 우려되는 상황을 이해시키고 있다.

오답 피하기 | ① 엄마의 두 번째 발언은 발생할 문제(우려)를 언급하는 것으로, '발생한 오해'가 아니다.

② 엄마는 사탕을 더 먹고 싶다는 아이의 발화 의도는 파악하고 있다. 따라서 아이의 말을 재진술하는 것을 발화 의도 확인으로 보는 것은 적절하지 않다.

③ 아이의 태도나 무지를 꾸짖거나 나무라는 태도를 취하지 않았다.

⑤ 방안들을 절충하고 있지 않다.

18 설명

01 중요한 내용 파악   정답 | ④

발표 내용에 따르면, 누에고치에서 처음 뽑은 실은 굵기가 가늘어 의복의 섬유를 만들기에 적절하지 않다고 언급되어 있다.

오답 피하기 | ① 발표 내용 중 누에가 만드는 고치를 통해 비단이라는 섬유를 만들 수 있다고 언급된 부분을 확인할 수 있다.

② 발표 내용에 따르면, 누에나방의 애벌레인 누에는 거의 움직임이 없고 돌아다니기 어렵다는 내용이 제시되어 있다.

③ 발표 내용에 따르면, 누에가 약 4주일이 지나면 몸이 빈투명해지고 고치를 만들 수 있는 숙잠이 된다고 설명하고 있다.

⑤ 발표 내용의 마지막 부분에 따르면, 유전자 재조합 누에의 등장으로 인해 색깔이 있는 비단이나 빛을 비추면 형광색으로 빛나는 비단 등이 만들어지고 있다는 내용이 제시되어 있다.

02 말하기 계획 평가   정답 | ④

발표 내용 중 비유적 표현이 사용된 부분을 확인할 수 없다.

오답 피하기 | ① 발표의 앞부분에 질문을 통해 청중의 호기심을 유발한 후 화제를 제시하고 있음을 확인할 수 있다.

② 발표의 중간 부분에 누에의 고치가 만들어지는 과정을 제시하고 있음을 알 수 있다.

③ 발표 내용에 따르면 누에의 고치에서 얻는 실은 굵기가 매우 가늘다는 언급이 제시되어 있다.

⑤ 발표의 마지막 부분에 유전자 재조합 누에를 통해 새로운 비단이 만들어지고 있다는 내용이 제시되어 있다.

01 말하기 계획 평가   정답 | ⑤

강연 내용 중, 강연의 핵심 내용을 중간중간 정리하는 부분을 찾아볼 수 없다.

오답 피하기 | ① 강연 내용 중 제세동 버튼을 누르기 전에 반드시 다른 사람들이 환자로부터 떨어져 있어야 한다는 내용을 전달하며 목소리를 높이는 부분을 확인할 수 있다.

② 강연 내용 중 화면을 가리키며 오른쪽 빗장뼈 아래와 왼쪽 겨드랑이 부분을 설명하는 부분을 확인할 수 있다.

③ 강연에서 심정지 환자에게 심장 자동 제세동기를 사용하는 과정을 순서에 따라 설명하고 있음을 알 수 있다.

④ 강연을 시작하며 청중들이 공공건물이나 지하철역에서 심장 자동 제세동기를 접한 경험을 환기하고 있음을 알 수 있다.

02 의사소통 전략 평가   정답 | ③

'학생 3'은 강연 내용을 듣고 심정지 환자를 확인하는 방법에 대해 의문을 가지게 되었음을 알 수 있다. 하지만 이러한 학생의 의문은 강연 내용이 신뢰할 만한 것인지 검토하며 듣는 것과는 무관하다.

오답 피하기 | ① '학생 1'은 심장 자동 제세동기 사용법을 숙지해 두면 응급 환자의 소중한 생명을 구할 수도 있다는 생각을 제시하고 있다. 따라서 '학생 1'이 강연의 목적에 공감하며 들었음을 알 수 있다.

② '학생 2'는 강연자가 다양한 준비를 한 덕분에 사용법을 정확히 이해했다고 하였으므로 강연 준비 정도를 고려하며 들었음을 알 수 있다.

④ '학생 4'는 심장 자동 제세동기의 사용 절차와 방법을 메모해 두었다고 하였으므로, '학생 4'는 강연의 핵심 내용을 정리하며 들었다고 볼 수 있다.

⑤ '학생 5'는 심장 자동 제세동기의 패드를 부착하는 위치와 관련하여 자신의 배경지식과 강연 내용을 비교하고 있으므로 배경지식을 활성화하며 들은 것이라고 볼 수 있다.

03 말하기 전략 평가   정답 | ④

위원장의 발언에서, 이번 전시회가 청소년들의 꿈과 희망을 키울 수 있는 좋은 기회라고 생각한다는 내용과 13일 전시회를 청소년들이 더욱 재미있어 할 것이라는 내용은 위원장의 주관적 견해가 드러난 부분으로 볼 수 있다.

오답 피하기 | ① 진행자는 이 방송을 청소년들이 많이 듣고 있다고 언급하며, 이번 전시회가 청소년들에게 어떤 도움이 될 수 있을지에 대해 질문하고 있다.
② 진행자의 마지막 질문에서 앞서 위원장이 말한 내용을 정리한 후 그 내용을 위원장에게 확인하는 부분을 확인할 수 있다.
③ 위원장의 마지막 발언 중 청소년들이 무료로 전시회에 입장할 수 있다는 내용은 진행자가 질문한 내용 이외의 추가적인 정보를 말한 것이라고 볼 수 있다.
⑤ 위원장은 4월 11일에는 비즈니스 데이로 일반인들의 관람이 제한된다는 주의 사항을 언급하고 있다.

19 설득

내신 탄탄	수능 탄탄			본문 164~167쪽
01	②	02	⑤	

01 화법 참여자의 공통점 추론 정답 | ②

'찬성 1'의 첫 번째 발언에서 국가가 노인 복지 시스템을 갖추어야 한다는 의견을 드러내고 있음을 알 수 있다. 또 '반대 1'의 첫 번째 발언에서도 국가가 나서서 노인 복지 시스템을 체계적으로 강화해야 한다는 입장이 제시되어 있음을 알 수 있다.

오답 피하기 | ① 찬성 측과 반대 측 모두 노인을 학대한 사람들에 대한 법적 책임을 강화해야 한다는 내용을 언급하고 있지는 않다. 다만 찬성 측에서 효를 법제화해야 한다는 입장을 제시하고 있을 뿐이다.
③ 찬성 측과 반대 측 모두 효를 장려하기 위한 유인책을 세대 간 합의를 통해 마련하자라고 언급한 부분을 확인할 수 없다.
④ 찬성 측과 반대 측 모두 노인 복지를 강화하기 위한 사회적 합의에 대해 언급한 부분을 확인할 수 없다.
⑤ 찬성 측과 반대 측 모두 정부가 사회의 고령화 속도를 늦추기 위한 다양한 정책을 적극적으로 시행해야 한다고 언급한 부분을 확인할 수 없다.

02 말하기 전략 평가 정답 | ⑤

'반대 1'은 효를 강제하는 법을 정하면, 오히려 그 법이 가족 불화의 원인이 되어 가족 공동체를 훼손할 수 있다는 점과 사회적 갈등의 양산, 노인 복지에 필요한 사회적 비용의 증가를 근거로 제시하며 찬성 측의 입장을 반박하고 있다. 하지만 제도 실시의 시의성을 근거로 찬성 측 주장을 반박한 부분은 확인할 수 없다.

오답 피하기 | ① '사회자'의 첫 번째 발언에서 토론의 배경을 소개하며 논제를 제시한 부분을 확인할 수 있다.
② '찬성 1'의 첫 번째 발언에서 싱가포르의 사례를 들어 찬성 측 입장을 뒷받침하고 있음을 확인할 수 있다.
③ '찬성 1'의 마지막 발언에서, 사회학자의 의견을 인용하여 반대 측 의견에 대한 반론에 활용하고 있음을 확인할 수 있다.
④ '반대 1'의 첫 번째 발언에서 효를 강제하는 법이 가족 불화의 원인이 될 수 있다는 점을 밝히고 있으며, 세 번째 발언에서 사회적 갈등의 양산, 노인 복지에 필요한 사회적 비용의 증가와 같은 문제점을 제시하고, 이를 근거로 반론을 제시하고 있음을 확인할 수 있다.

수능의 感 익히기					본문 168~170쪽
01	③	02	④	03	③

01 의사소통 전략 평가 정답 | ③

이 토의에서 학생회장이 토의 참여자가 제시한 해결 방안의 적절성을 평가한 부분을 확인할 수 없다.

오답 피하기 | ① 학생회장의 첫 번째 발언에서 토의의 주제가 분명하게 제시된 부분을 확인할 수 있다.
② 학생회장은 작년 체육 대회에서 노출된 문제점과 이를 개선하기 위한 방안은 무엇인지 질문을 던지며 토의를 진행하고 있음을 확인할 수 있다.
④ 학생회장의 두 번째 발언에서 토의 참여자들이 지적한 지난 체육 대회의 문제점을 학생회장이 정리하여 제시하고 있음을 알 수 있다.
⑤ 학생회장의 세 번째 발언에서, 학생회장이 문화 부장이 말

한 방안에 대해서는 잠시 후에 논의하고 먼저 체육 대회에 보다 적극적으로 참여할 수 있는 방안들을 이야기해 보자고 언급한 부분을 확인할 수 있다.

02 말하기 과정 분석 정답 | ④

[D]는 총무 부장의 발언으로, 총무 부장은 문화 부장의 견해와 같은 방향에서 많은 학생이 참여할 수 있는 구체적인 종목을 추가적으로 제시하고 있음을 알 수 있다. 따라서 문화 부장의 견해에 대해 이를 반박하는 새로운 사례를 소개한 것은 아니다.

03 말하기 계획 평가 정답 | ③

방송 연설 중 화자의 개인적 경험이 제시된 부분을 확인할 수 없다.

오답 피하기 | ① 연설의 처음 부분에서 우리나라가 노벨상 수상자를 배출하지 못하는 이유와 노벨상 수상자를 배출하기 위해 어떤 노력을 기울여야 하는지에 대한 질문이 제시되어 있으며 이를 통해 연설의 내용과 방향이 제시되고 있음을 알 수 있다.
② 연설의 처음 부분에서 2015 노벨상 수상자 발표를 언급하며 청중의 관심을 유도하고 있는 부분을 확인할 수 있다.
④ 실용적인 과학 분야만을 집중적으로 육성하는 과학 정책 방향, 과학 분야의 연구 성과를 평가하고 관련 투자를 결정하는 방식 등을 통해 연설의 소재와 관련한 문제점을 언급하고 있음을 확인할 수 있다.
⑤ 연설의 마지막 부분에서 기초 과학 분야에 대한 지속적인 투자를 통해 훌륭한 과학자가 나올 수 있는 연구 환경과 분위기를 조성해야 한다는 핵심적인 주장이 집약적으로 제시되고 있음을 확인할 수 있다.

수능의 感 완성하기

본문 171~175쪽

| 01 | ④ | 02 | ④ | 03 | ③ | 04 | ③ | 05 | ⑤ |
| 06 | ④ | 07 | ⑤ | 08 | ③ | | | | | | |

01 말하기 방식 정답 | ④

지원자의 대답을 반복하여 말하는 방식으로 대답의 의도를 확인하고 있지 않다.

오답 피하기 | ① 지원자의 제안이 문구류 제조 회사에서 긍정적으로 평가받았다는 대답에 '문구류 제조 회사에서 학생이 제안한 디자인을 긍정적으로 평가한 이유가 무엇이라고 생각하나요?'라고 추가 질문하고 있다.
② 가장 인상 깊게 본 디자인이 어떤 것이냐는 질문에 지원자가 '음…… 그게…….'라고 쉽게 답하지 못하자 '본인이 디자인해서 반응이 좋았던 것도 괜찮아요.'라고 말하며 대답을 떠올릴 수 있도록 질문의 내용을 보충하고 있다.
③ '네. 수고하셨습니다. 우리 학교에 애정을 가지고 면접에 적극적으로 임해 주셔서 감사합니다.'라고 말하며 면접을 마무리하고 감사의 뜻을 밝히고 있다.
⑤ '많이 긴장되나요? 좀 떨리더라도 평소 자신이 생각한 바나 준비해 온 내용을 침착하게 말하면 됩니다. 심호흡 크게 한 번 하고 시작할까요?'라고 말하며 지원자의 상태를 점검하며 면접을 시작하고 있다.

02 면접 상황의 이해 정답 | ④

디자인과 관련된 역사나 이론을 공부하고 싶다는 것과 자신의 이름을 내건 디자인 회사를 세우겠다는 구체적인 진로 계획을 말하여 준비된 대답을 하였다고 할 수 있다.

오답 피하기 | ① 우리 학부에 지원한 이유를 묻는 질문에 그림을 그리기 좋아한다는 자신의 경험과 그림이 직관적이고 효율적이라는 자신의 생각을 충실하게 대답하였다.
② 디자인이 문제를 해결해 가는 과정이라고 대답하며 생활에 필요한 물건을 사용할 때 불편함을 개선했으면 좋겠다고 대답했다.
③ 그림 그리기를 좋아했다거나 수정 테이프 디자인을 개선한 내용에 대해 말하였다.
⑤ 디자인이 문제를 해결해 가는 과정이라고 대답하였으며, ◇◇대학교가 디자인에 특화되어 있다고 대답하였다.

03 말하기 방식 정답 ③

ㄴ. 1문단에서 오늘 강연에서 소개할 내용이 코즈 마케팅임을

제시함으로써 청중이 예측하며 들을 수 있도록 하고 있으므로 적절하다.

ㄷ. 1문단, 3문단, 5문단에서 사진 자료를 활용하여 청중의 이해를 돕고 있으므로 적절하다.

오답 피하기 | ㄱ. 코즈 마케팅에 대한 비유적 표현을 활용한 부분은 찾아볼 수 없으므로 적절하지 않다.

ㄹ. 강연의 마지막 부분에서 질문을 던지고 있지만, 강연의 내용을 이해하고 있는 것을 확인하는 질문이 아니라 코즈 마케팅 동참을 권유하는 질문이므로 적절하지 않다.

04 강연 내용의 적절성　　　　　정답 | ③

5문단에서 생수를 구입한 이후에 소비자의 선택에 따라 기부를 결정할 수 있음을 알 수 있지만, 3문단에서 카드 회사의 경우는 소비자의 기부 의사와 관계없이 기부금을 내는 것이므로 적절하지 않다.

오답 피하기 | ① 2문단에서 소비자가 주머니에서 따로 돈을 꺼내지 않고 손쉽게 기부 활동에 참여할 수 있고, 기업은 선한 이미지를 알릴 수 있다고 했으므로 적절하다.

② 4문단에서 '내일을 위한 신발'이라는 캠페인은 한 켤레의 신발을 구입하면 신발 회사에서 다른 한 켤레를 기부한다고 했으므로 적절하다.

④ 6문단에서 코즈 마케팅을 시행할 때 유의점으로 소비자들이 공감할 수 있는 요소를 활용해서 꾸준히 진행하여 진정성을 담으려는 노력이 필요하다고 했으므로 적절하다.

⑤ 7문단에서 기업의 사회적 책임을 중시하는 문화와 소비자들의 윤리적 소비에 대한 관심으로 코즈 마케팅이 확대될 것이라고 했으므로 적절하다.

05 청중의 반응　　　　　정답 | ⑤

'청자 2'와 '청자 3'이 강연의 중심 화제인 코즈 마케팅에 대해서 부정적으로 인식하고 있었음을 확인하기 어려우므로 적절하지 않다.

오답 피하기 | ① '청자 1'은 코즈 마케팅이 시작하게 된 사실을 새롭게 알게 된 것에 대해 좋았다며 긍정적으로 생각하고 있으므로 적절하다.

② '청자 2'는 구체적으로 어떤 도움을 받았는지 자세하게 소개되지 않은 것에 대한 아쉬움을 드러내고 있으므로 적절하다.

③ '청자 3'은 코즈 마케팅이 실패한 사례에 대해 찾아보겠다는 추가적인 활동을 계획하고 있으므로 적절하다.

④ '청자 1'은 빵을 구입하면 기부할 수 있는 것에 대한 경험을, '청자 2'는 기부가 이루어지고 있는 언론 보도를 봤던 것에 대한 경험을 떠올리며 강연의 내용을 이해하고 있으므로 적절하다.

06 필요한 정보의 파악　　　　　정답 | ④

조합 대표는 첫 번째 발화에서 학생회장에게 인건비 증가에 대한 대책이 필요함을 언급하기는 하나, 매점의 홍보 부족에 대한 새로운 대안을 마련해 줄 것을 요청하는 부분은 확인할 수 없다.

오답 피하기 | ① 학생회장은 첫 번째 발화에서 아침 7시부터로 개방 시간을 조정해 달라는 요구 사항을 명확하게 제시하고 있다.

② 학생회장은 조합 대표가 학생회 주최의 홍보 활동과 행사라는 조건을 수용할 경우 매점의 매출을 높이는 이점을 얻을 수 있음을 언급하고 있다.

③ 학생회장은 조합 대표와 협의한 '학생회의 홍보 활동과 행사 진행'을 수행하는 데 기한이 더 필요함을 조합 대표에게 요구하고 있다.

⑤ 조합 대표는 매점의 매출을 높이는 데에 도움이 될지 판단하기 위해 '이번 달'이라는 조건을 달아 학생회장의 요구를 받아들이고 있다.

07 화법 참여자의 공통점 추론　　　　　정답 | ⑤

'저희 조합 매점은 외부 업체들보다 아주 적은 이윤으로 물건을 판매하기 때문에 지출이 늘어나는 것은 운영에 타격'이 크다는 조합 대표의 말과 '적은 이윤으로 운영해야 하는 고충'을 이해하고 인건비 부담을 덜기 위한 수익 확보를 위해 매점 매출을 높이려는 방안을 제시하는 학생회장의 말에서 확인할 수 있다.

오답 피하기 | ① 학생회의 활동을 통해 매점의 매출을 높일 수 있다고 주장하는 것은 학생회장 측의 입장이다.

② 조합 대표는 조합원 회의의 반응을 살펴 최종 결정을 내리겠다고 언급하고 있으나 조합원들이 학생들의 요구를 받아들

일지 여부는 알 수 없다.

③ 매점에서의 안전사고 예방에 대한 교육은 학생회 측에서 부수적으로 추진하겠다고 하는 사항이므로 이것이 실효성 있는 대안인지는 양측의 공통된 견해와 관계가 없다.

④ 학생회장과 조합 대표 간의 협상에서 결정된 내용이 효력을 발휘하기 위해서는 조합원 회의를 통한 최종 결정이 필요하다.

08 협상의 전략 평가 　　　　　　정답 | ③

조합 대표는 ⓒ에서 학생회장이 언급한 아침 시간에 학생들의 매점에 대한 수요가 많다는 것, 개방 시간에 인파가 몰려 불편함을 겪고 있다는 것을 충분히 알고 있다고 하며 학생회장에게 공감을 표현하고 있다.

오답 피하기 | ① ㉠은 상대의 요구를 수용한 결과가 상대측에 손해가 될 수 있음을 언급하는 발화이다.

② ㉡은 자신이 제시한 조건이 상대방에게 가져다줄 이점을 언급하는 발화이다.

④ ㉣은 상대방이 제시한 조건을 그대로 수용하기 어려움을 호소하는 발화이다.

⑤ ㉤은 자신의 목표를 달성하기 위해 상대방의 협조가 필요함을 호소하는 발화이다.

20 매체의 본질

본문 176~179쪽

내신 탄탄 | 수능 탄탄

01	②	02	④

01 매체 자료의 특성 이해

정답 | ②

인터넷 기사는 문자 언어, 음성, 이미지, 동영상 등이 결합된 복합적 형식으로 사실을 전달하는 경우가 많다. 이 인터넷 기사는 M87의 연구에 대한 사실을 문자 언어로 서술하고 있을 뿐만 아니라 '시간에 따라 흔들리는 것처럼 보이는 M87의 모습'을 동영상을 통해 제시하고 있으며, '2009년부터 2017년까지 관측한 M87 블랙홀의 모습'을 이미지로 제시하고 있다. 문자, 동영상, 이미지 등이 복합된 양식을 통해 M87 블랙홀에 관한 정보를 구체화하고 있는 것이다.

오답 피하기 | ① 기자에 의한 인터넷 기사의 정보 생산과 독자의 수용 간에는 시간 차이가 있을 수밖에 없다. 따라서 기사 정보의 생산과 수용이 실시간으로 동시에 이루어지고 있다고 설명하는 것은 적절하지 않다.

③ 인터넷 기사는 정보 생산자와 수용자가 인터넷이라는 매체를 매개로 하여 간접적으로 소통하는 것이다. 직접적 소통의 대표적인 예는 면 대 면 소통이다.

④ 이 인터넷 기사는 정보 생산자인 기자가 M87 블랙홀에 관한 연구 내용을 소개하고 있는 것이다. 즉 기사의 내용이 기자 자신과 독자 간의 상호 작용을 전제로 작성되지 않았다.

⑤ 기사문은 전문과 본문의 구성에 따라 작성된다. 이 인터넷 기사도 전문을 먼저 제시한 후 본문을 서술하고 있으므로 기사문 형식의 제약을 받지 않는다고 설명하는 것은 적절하지 않다.

02 매체의 구성 요소에 대한 이해

정답 | ④

[A]에 제시되어 있는 '관련 기사' 목록은 블랙홀과 관련 있는 내용을 클릭하여 지식의 확장을 가능하게 해 주는 것이다. 그리고 '댓글'은 블랙홀에 대한 여러 사람들의 관점을 알 수 있게 해 주고 있다.

오답 피하기 | ① '관련 기사'나 '댓글'에서 블랙홀의 모습이 시간에 따라 변화하는 것처럼 보이는 이유에 관한 내용은 찾아볼 수 없다.

② '관련 기사'나 '댓글'에는 EHT 연구 팀이 블랙홀의 모습을 연구하게 된 계기와 연구 목적이 제시되어 있지 않다.

③ '관련 기사'는 블랙홀의 발견, 블랙홀 촬영과 관련 있는 내용이며, '댓글'은 움직이는 것처럼 보이는 블랙홀의 모습에 대한 사람들의 다양한 반응을 보여 주고 있다. '관련 기사'나 '댓글'을 통해 기사와 상반된 관점에서 블랙홀의 특성에 접근한 내용은 확인할 수 없다.

⑤ '관련 기사'나 '댓글'에는 빛조차 흡수하는 블랙홀의 성질과 그로 인해 나타나는 결과를 단계적으로 제시하는 내용이 제시되어 있지 않다.

수능의 感 익히기

본문 180~181쪽

01	③	02	⑤	03	①

01 매체 자료의 특징 파악

정답 | ③

(나)는 휴대 전화 영상 통화를 매체로 사용하여 의사소통을 하고 있는 것을 보여 준다. (나)에서 철호와 할머니는 휴대 전화 영상 통화를 함으로써 공간의 제약을 극복하고 있다고 할 수 있다. 즉 (나)의 의사소통 상황에서는 공간의 특성이 매체의 사용 여부를 결정하는 제약으로 작용하고 있지 않다.

오답 피하기 | ① (가)에서 할머니는 웃는 표정의 그림말을 이용하여 기분이 좋다는 것을 드러내고 있으며, 철호는 시무룩한 표정의 그림말을 이용하여 할머니를 걱정하는 마음을 드러내고 있다.

② (가)에서는 구어체를 사용하고 있는 반면에, (다)에서는 문어체를 사용하고 있다.

④ (나)에서는 철호가 할머니에게 안부를 묻자 즉각적으로 할머니가 철호에게 답을 하고 있으며, 철호가 삼계탕을 먹으러 가자고 제안하자 할머니가 즉각적으로 답을 하고 있다. 즉각적인 상호 작용을 바탕으로 제안에 대한 수용 여부가 결정되고 있는 것이다.

⑤ (다)는 편지글이다. 편지글에는 일반적으로 사용되는 형식이 있다. 서두에서 호칭으로 글을 시작하며, 계절에 관한 내용으로 '시후'를 제시한다. 그리고 시후에 이어 편지를 받는 상

대의 안부를 묻고, 편지를 쓰는 당사자의 자기 안부를 제시한다. 그런 다음 본문에서 사연을 밝히고 결말부에서 인사말로 끝을 맺고 편지를 쓴 날짜와 서명을 제시한다. (다)에서는 호칭으로 글을 시작해 시후를 제시한 다음 할머니의 안부를 묻고 철호가 자기 안부를 제시하고 있다. 그런 다음 본문에서 사연을 서술하고 있다. 이러한 편지글과 달리 (가)에서는 형식에 구애를 받지 않고 자유롭게 대화를 나누고 있다.

02 매체의 특성 이해　　　　　　　　　　정답 | ⑤

(나)에서는 철호와 할머니가 휴대 전화로 영상 통화를 하고 있다. '걱정하는 말투'와 같은 준언어적 표현을 사용하고 있으며, '밝은 표정'과 같은 비언어적 표현을 사용하여 의미 전달의 효과를 높이고 있다.

오답 피하기 | ① 휴대 전화 영상 통화는 쌍방향적 소통의 특성을 지닌 매체이다.

② 휴대 전화 영상 통화에서는 구어를 사용해 말하기와 듣기가 이루어지기 때문에 문자 해독 능력의 영향을 받지 않고 소통이 이루어질 수 있다.

③ (나)의 휴대 전화 영상 통화 상황에서는 정보의 축적을 통해 다양한 정보가 체계적으로 제공되고 있지 않다.

④ (나)에서 철호와 할머니는 동시적인 의사소통을 하고 있다.

03 매체 언어의 기능 파악　　　　　　　　정답 | ①

(가)는 휴대 전화 메신저에서의 대화를 보여 준다. 철호는 휴대 전화 메신저를 이용하여 할머니께 말을 걸면서 라일락을 보고 할머니 생각이 났음을 밝힌 후, 라일락을 보셨는지를 할머니께 물음으로써 할머니의 주의를 환기하고 있다. 이렇듯 주의를 환기하면 대화의 분위기가 잘 조성되어 의사소통이 보다 원활하게 이루어질 수 있다. 그리고 (다)는 편지를 통한 의사소통을 보여 준다. 편지글에서 ⓒ은 계절에 관한 내용이다. 편지글에서 이와 같이 계절적 배경을 제시하는 내용은 편지를 읽는 상대를 호칭하는 말 다음에 주로 쓰여 상대의 주의를 환기하는 역할을 한다.

오답 피하기 | ② ㉠, ⓒ은 모두 의사소통의 상황에서 겪게 되는 어려움을 암시하고 있지 않다.

③ ㉠, ⓒ은 모두 의사소통을 통해 이루고자 하는 궁극적 목적을 알려 주고 있지 않다.

④ ㉠은 할머니께 라일락을 보셨는지를 묻고 있다. 이는 라일락에 대한 새로운 인식의 필요성을 강조하고 있는 것이 아니다. ⓒ도 할머니께 라일락이 피는 5월이 되었음을 환기하고 있는 것으로 라일락에 대한 새로운 인식의 필요성을 강조하고 있지 않다.

⑤ ㉠의 경우 철호가 라일락을 보고 할머니를 떠올렸다는 것을 할머니께 전달하고 있다. 그러나 ⓒ은 철호가 라일락을 보고 어떤 정서를 느꼈는지 할머니께 전달하고 있지 않다.

21 매체 언어의 탐구와 활용

본문 182~185쪽

내신 탄탄	수능 탄탄		
01	②	02	③

01 매체 자료 간의 공통점 파악　　　　　정답 | ②

(가)와 (나)는 태풍에 대한 정보를 제공하고 태풍에 대한 주의를 당부하기 위한 목적의 소통이 이루어지고 있다. (가)와 (나)는 모두 이러한 소통의 목적을 달성하기 위해 사실을 구체적으로 전달하는 데 중점을 두고 있다. (가)와 (나)는 모두 정서를 구체화하여 표현하는 것을 중시하고 있지 않다.

오답 피하기 | ① (가), (나) 모두 태풍의 영향권 아래 들어 피해가 예상되어 대비가 필요하다는 정보를 전달하기 위한 소통이 이루어지고 있다.

③ (가), (나) 모두 태풍에 관한 객관적 사실에 근거하여 매체 수용자가 태풍을 대비하는 데 필요한 정보를 전달하고 있다.

④ (가), (나) 모두 시간과 공간의 제약을 받지 않는 매체들이며, 다수에게 정보를 전달할 수 있는 파급력을 지니고 있다.

⑤ (가)는 텔레비전 뉴스이다. 텔레비전 뉴스는 기본적으로 음성 언어와 영상을 통해 정보를 전달하는데, 문자 언어로 자막을 사용하는 특징도 보여 주고 있다. 그리고 (나)는 누리 소통망 서비스를 사용한 매체 자료로 문자 언어와 동영상을 활용하여 소통이 이루어지고 있다. 태풍 시 지켜야 할 5가지 행동 요령에 관한 동영상은 음성 언어와 영상을 활용한 매체 자료이다.

02 매체 자료의 구성 요소 이해   정답 | ③

[A]는 텔레비전 뉴스를 통해 전달되고 있는 리포트의 한 부분이다. 텔레비전 뉴스 리포트는 일방향 소통을 통해 정보가 전달되는 특성을 지니고 있다. [A]는 태풍으로 인해 강수량이 많을 것으로 예상되므로 그에 대한 대비가 필요하다는 정보를 전달하고 있다. 그리고 [B]는 누리 소통망 서비스의 댓글 부분이다. 댓글 부분은 쌍방향으로 소통이 가능한 특징을 지니고 있다. 실례로 [B]에서 '시민 1'과 '시민 2'는 쌍방향 소통을 통해 태풍으로 인한 피해 발생에 대비해야 한다는 정보를 공유하고 있다.

오답 피하기 | ① 텔레비전 뉴스는 실시간으로 정보를 전달하는 특성을 지니고 있다. [A]는 실시간으로 태풍으로 인한 강우량 예측에 대한 정보와 함께 주의가 필요하다는 당부 사항을 전달하고 있다. 그러나 태풍으로 발생하는 사건을 실시간으로 전하고 있지는 않다.
② [B]는 태풍에 대한 주의의 필요성을 환기하고 있으나, 영상 자료에 대한 설명을 제시하고 있지는 않다. '시민 1'과 '시민 2'가 자신들이 경험한 내용을 공유함으로써 태풍에 대한 주의의 필요성을 환기하고 있다.
④ 텔레비전 뉴스와 누리 소통망 서비스는 모두 매체를 통한 간접적인 소통이 이루어지는 매체들이다. [A]에 대해서 직접적인 소통이 이루어진다고 설명하는 것은 적절하지 않다.
⑤ [A], [B] 모두 공적인 이익을 위한 소통이 이루어지고 있다.

     본문 186~188쪽

| 01 | ⑤ | 02 | ④ | 03 | ④ |

01 매체의 특성 이해   정답 | ⑤

(가)는 꽃이 피어나는 시각적 이미지와 "아름다운 말을 쓰는 당신이 아름답습니다."라는 문자 언어를 결합하여 매체 수용자가 고운 말을 쓰도록 설득하기 위한 메시지를 전달하며 끝을 맺고 있다. 그러나 (나)는 행사 활동에 대한 여러 선생님과 학생들의 반응을 전달하는 내용으로 끝을 맺고 있다.

오답 피하기 | ① (가)는 광고로 문제 상황에 대한 해설을 통해 문제의 원인을 밝히고 있지 않다. (나)는 신문 기사로 언어생활의 개선을 위한 활동 내용을 소개하고 있을 뿐, 문제 상황에 대한 분석을 통해 문제의 원인을 규명하고 있지 않다.
② (가)와 달리 (나)는 표제와 부제를 사용하고 있다. 그런데 표제와 부제를 통해 문제점을 구체적으로 제시하고 있지 않고 언어생활의 개선을 위한 활동이 펼쳐졌으며 그 활동에 전교생이 참여했다는 정보를 제시하고 있다.
③ (나)는 문어적 성격이 강한 문체를 사용하고 있다.
④ (가)에서는 매체 언어 중 음성 언어로 내레이션과 '어서 말을 해'라는 노래의 가사를 활용하고 있다. 이러한 음성 언어를 사용하여 욕설과 은어의 사용이 대인 관계에 미치는 부정적 영향을 지적하고 있지 않다.

02 매체 자료의 표현 전략 파악   정답 | ④

'어서 말을 해'라는 노랫말을 반복적으로 제시하는 것은 말을 잇지 못하는 학생들의 모습과 대조되어 욕설이나 은어를 일상적으로 사용하는 언어생활에 문제가 있다는 것을 부각하고 있다. '어서 말을 해'라는 노랫말을 반복적으로 제시하는 것은 문제를 해결하는 방안을 제시하는 역할을 하고 있지 않다.

오답 피하기 | ① 광고 시작 부분에서는 수용자의 주의를 끄는 전략을 사용한다. 장면 ❶, ❷에 제시되고 있는 일상의 시끄러운 상황은 수용자의 주의를 끌 수 있다.
② (가)의 광고는 욕설이나 은어를 일상적으로 사용하는 것에 대한 문제 제기를 하고 있다. 이 광고에서는 이러한 문제를 제기하기 위해 장면 ❸에서 욕설이나 은어를 쓰지 않고 말해 보라는 과제를 제시하고 있다.
③ 장면 ❹, ❺에서 말을 잇지 못하는 모습은 장면 ❶, ❷에서의 모습과 대비되고 있다. 이와 같은 대비는 문제를 구체적으로 인식할 수 있게 해 준다.
⑤ 광고를 통해 제시된 문제를 수용자가 자신의 문제로 수용할 수 있도록 이 광고에서는 '당신은 어떻습니까?'라는 매체 언어를 문자 언어로 제시하고 있다.

03 매체 언어의 특성 이해   정답 | ④

ⓔ에서는 '분류하여'의 '-여', '게시하고'의 '-고' 등의 연결 어미를 사용하고 있다. 그런데 이러한 연결 어미는 앞 절과 뒤 절이 인과 관계로 이어짐을 나타내지 않고 선후 관계를 나타내고 있다.

오답 피하기 | ① ㉠에서는 '학생들의 언어생활 개선을 위해'를 통해 캠페인과 행사의 목적, '지난 5월 11일부터 5월 18일까지 매일 등교 시간에', '5월 18일 자치 활동 시간에'를 통해 시간, '교문에서', '교실과 운동장에서'를 통해 장소를 제시하고 있다.

② ㉡에서는 '먼저', '그다음' 등의 담화 표지를 사용하여 시간적 순서에 따라 행사의 프로그램을 소개하였다.

③ ㉢에서는 '적혀'라는 피동 표현을 사용하고 있는데, 이 표현의 주어부에 종이비행기에 적힌 말들을 열거하여 그 내용을 부각하고 있다.

⑤ ㉤에서는 여러 선생님과 학생들의 말을 간접 인용하고 있다. 간접 인용된 말에는 이 활동이 언어생활의 개선에 기여할 수 있을 것이란 기대가 담겨 있다.

22 매체에 관한 태도

내신 탄탄 | 수능 탄탄

본문 189~191쪽

01	⑤	02	⑤	

01 매체 언어의 특성 이해

정답 | ⑤

(가)를 통해 학생 A가 게임 커뮤니티에 가입해 있음을 알 수 있다. 게임 커뮤니티 게시판의 매체 자료에 나타나는 매체 언어의 특성은 커뮤니티에서 유행하는 말투를 사용하고, 사진과 동영상을 활용하여 게임 관련 내용을 설명하는 것이다. 이를 통해 자신이 속한 게임 커뮤니티가 발전해 나가야 할 청사진을 확인할 수 없으므로, 자신이 속한 집단이 발전해 나가야 할 청사진을 제공해 준다는 것은 (가)를 통해 알 수 있는 내용으로 적절하지 않다.

오답 피하기 | ① 인터넷 신문에 사용된 매체 언어나 블로그에서 음악의 역사를 설명하는 데 사용된 매체 언어를 통해 필요한 지식과 정보를 습득할 수 있다.

② 블로그에 맛집을 소개하거나, 채팅을 통해 친구들과 대화를 하거나, 텔레비전을 통해 야구 경기 중계방송을 보는 과정에서 다양한 매체 언어를 사용하거나 접하게 된다. 이들 매체 언어는 즐거움을 주고 취미 활동을 할 수 있게 도와주는 역할을 하고 있다고 볼 수 있다.

③ 친구들과 휴대 전화 메신저로 대화를 하거나 블로그에서 정보들을 공유할 때 매체 언어를 접하고 사용하게 된다. 즉 타인과 친교 관계를 유지하는 데 매체 언어가 사용되는 것이다.

④ 블로그에 음식 맛에 대한 생각을 적고, 재미있는 스마트폰 게임의 선정 기준에 대한 생각을 적는 등의 활동을 할 때 문자 언어뿐만 아니라, 사진, 줄임말, 그림말, 동영상 등의 다양한 매체 언어를 사용한다. 이러한 매체 언어의 사용은 자신의 의견을 다양한 방식으로 표출할 수 있음을 보여 준다.

02 매체의 생산과 수용에 대한 점검

정답 | ⑤

학생 A는 블로그에서 줄임말을 사용했으며, 문자 메시지를 주고받을 때 줄임말, 유행어, 비속어 등을 사용했다. 그리고 게임 커뮤니티 게시판에서 유행하는 말투를 사용했다. 이러한 매체 언어의 사용은 언어 사용의 측면에서 성찰의 대상이 되는 것이지, 정보 공유의 적법성을 해치는 것은 아닌지를 검토하는 대상이 되는 것이 아니다.

오답 피하기 | ① (나)에서 출처를 밝혀야 한다는 것을 제시하고 있다. 이에 따라 음악의 역사에 관한 글이 다른 블로그에서 임의로 가져온 것이 아닌지 출처를 확인하는 활동은 매체 자료의 생산과 수용을 점검하는 활동으로 적합한 것이다.

② (나)를 통해 객관적인 태도로 정보를 전달해야 함을 알 수 있다. 이에 따라 블로그에 음식 맛을 평가하는 내용을 적을 때 평가의 객관적인 기준을 제시했는지를 확인하는 것은 매체 자료의 생산과 수용을 점검하는 활동으로 적합한 활동이다.

③ (나)를 통해 저작권을 침해하는 일이 없도록 유의해야 한다는 것을 알 수 있다. 이를 고려하여 게임 커뮤니티 게시판에 올린 사진, 동영상이 원저작자의 권리를 침해한 것은 아닌지 점검하는 것은 매체 자료의 생산과 수용을 점검하는 활동으로 적합한 것이다.

④ (나)를 통해 사실과 의견을 명확히 구분해 정보를 전달해야 함을 알 수 있다. 이에 따라 청소년기의 척추 건강에 관한 인터넷 신문 기사에서 사실과 의견을 명확히 구분하고 그 내용이 타당한지를 판단하는 것은 매체 자료의 생산과 수용을 점검하는 활동으로 적합한 것이다.

01 매체의 특성 이해 정답 | ⑤

(가)는 블로그의 매체 자료이고, (나)는 라디오를 통해 전달되는 매체 자료이다. 블로그의 매체 자료는 블로그를 이용하는 사람들에게 선택적으로 노출이 된다. 그렇기 때문에 블로그 이용자들의 선택을 전제로 블로그 정보의 전달이 이루어질 수 있다. 반면에 라디오는 매체의 특성상 정보가 불특정 다수에게 임의로 전달될 수 있다.

오답 피하기 | ① 블로그는 유사한 관심을 가진 이들 간의 소통이 가능한 매체이다. 반면에 라디오는 매체의 특성상 매체 수용자들 간의 쌍방향 소통이 어려운 매체이다.

② (가)는 블로그인데, 블로그는 글, 사진, 동영상, 음악을 동시에 복합적으로 활용하여 의미를 구성하는 것이 가능하다. 반면에 라디오는 사진이나 동영상 등의 시각 자료를 매체 언어로 사용하는 것이 어렵다.

③ (가), (나) 모두 정보 수용자들에게 전달하고자 하는 정보를 구성할 때 시간과 공간의 제약을 많이 받지 않는다.

④ (나)는 생방송인 경우 정보의 생산과 수용이 동시에 이루어져 정보 수용자들에게 실시간으로 정보를 전달하는 것이 가능하다. (가)도 정보를 수용하는 상황에 따라 수용자들에게 원하는 정보가 실시간으로 전달될 수도 있다.

02 매체 자료의 비판적 수용 정답 | ④

(나)에서 이 교수는 청소년의 중독 문제를 분석한 연구 결과를 인용하고 있다. 이 교수가 제시한 연구 결과의 내용은 청소년기의 게임 중독이 초기 성인기의 과음 및 흡연과 밀접하게 연관되어 있다는 것이다. 이는 청소년기의 게임 중독에 문제가 있다고 여기는 관점으로 행위 중독 관리가 필요하다는 이 교수의 입장과 연결된다. 그러나 이 교수는 게임의 순기능을 부정하는 입장을 지니고 있지 않다. 이 교수는 행위 중독 관리를 주장하는 어떤 연구자도 게임 산업의 위축을 바라지 않으며 게임의 긍정적 측면을 부정하고 있지 않다고 말하고 있다. 이는 이 교수가 라디오를 통해 전달한 (나)의 내용이 게임의 순기능을 부정하는 입장의 이해관계와 관련이 없음을 나타낸다.

오답 피하기 | ① (가)의 게임에 대한 정의를 보면, (가)의 생산자

가 게임을 이야기, 음악, 미술, 디자인이 어우러지는 종합 예술로 생각하고 있음을 알 수 있다.

② (가)에서는 최근의 사례를 근거로 들어 많은 아이들이 게임을 통해 학습을 하고 있다는 사실을 제시하고 있다. 근거가 될 수 있는 아이들의 사례를 들어 게임을 자기 학습을 유도하는 콘텐츠의 성격을 지닌 것으로 제시하고 있으므로 신뢰할 만한 내용이라고 평가하는 것은 적절하다.

③ (나)의 라디오 방송 대담에서는 행위 중독을 관리하는 것이 필요하다는 의미를 청취자들에게 전달하고 있다. 이를 통해 (나)의 매체 자료에 행위 중독을 관리하기 위한 정책의 필요성을 알리기 위한 목적이 반영되어 있음을 알 수 있다.

⑤ (가)에서 게임 중독을 별도의 질환으로 인정하지 않고 있다. 이러한 관점은 행위 중독을 질환으로 보는 (나)의 관점에서는 타당하지 않은 것으로 평가받을 수 있다.

01 매체 자료의 이해 정답 | ②

희수는 홍보 대상인 학부모님들이 누리집을 많이 이용한다는 특성과 누리집에서는 동영상 시청이 용이하다는 누리집의 매체 특성을 고려하여 홍보 효과가 클 것이라는 예상을 하고 있다. 매체 수용자들의 특성과 매체의 특성을 고려하여 매체 활용 효과에 대한 예상을 제시하고 있는 것이다.

오답 피하기 | ① 휴대 전화 메신저를 사용하여 대화를 나누는 것은 불특정 다수에게 대량의 정보를 전하는 방식으로 의사소통하는 것이 아니다. 특정 대상들과 대화하며 정보를 주고받는 것이다.

③ 준서는 'ㅎㅎ'과 같은 한글 자음자로 된 기호를 대화 상대가 제안한 것에 대해 동의하는 태도를 나타내는 것을 보조하는 매체 언어로 활용하고 있다. 상대의 제안에 반대하는 뜻을 나타내고 있는 것이 아니다.

④ 미영은 인쇄물이라는 매체의 특성을 전제로 홍보 효과가 제한적이었다는 문제점을 제시하고 있다. 의사소통 대상의 특성을 고려하여 작년에 이루어진 홍보의 문제점을 지적하고 있다고 설명하는 것은 적절하지 않다.

⑤ 준서는 'ˆ0ˆ'와 같은 그림말을, 철호는 ' ㄴ(ˆˆ)ㄱ '와 같은 그림말을 사용하고 있다. 두 사람은 이들 그림말을 사용하여 감정이나 태도를 드러내고 있다. 준서는 미영이 제안한 것에 대해 기대 효과를 제시하고 그에 대한 긍정적인 태도를 드러내는 데 그림말을 사용하고 있으며, 철호는 자선 장터 준비를 함께 열심히 하자는 의지와 태도를 나타내는 데 그림말을 사용하고 있다. 따라서 두 사람 모두가 아니라 철호만 그림말을 활용하여 행사 준비에 임하는 의지와 태도를 강조하고 있다.

02 매체 자료 제작 계획의 반영　　　　　정답 | ②

ⓒ에서는 학부모님들을 홍보 대상으로 추가하자는 제안을 하고 있다. 이와 관련하여 영상에서 학생회장의 설명을 통해 학부모님들의 물품 기부 참여가 자선 장터를 더 풍성하게 만든다는 의의를 제시한다는 계획을 수립했음을 ⓐ에서 제시하고 있다. 그런데 (나)를 보면 학생회장이 자선 장터의 목적을 간략하게 소개하고 그 핵심 내용이 '함께 나누는 기쁨, 함께 채우는 사랑'임을 제시하고 있다. 이는 학생회장의 설명을 통해 학부모님들의 물품 기부 참여가 자선 장터를 더 풍성하게 만든다는 의의를 제시하는 계획이 홍보물 제작 계획에 반영되지 않았음을 나타낸다.

오답 피하기 | ① ㉠에서 언급된 물품 기증과 사원봉사사 모집에 관한 내용을 담고 아울러 설득의 목적도 드러나도록 제목을 정한다는 계획이 홍보물 제작 계획에 반영되어 있다는 것을 #1에서 확인할 수 있다.
③ ⓒ에서 자원봉사자가 할 일을 홍보물에 담아야 한다고 제시하고 있다. 이와 관련하여 자원봉사에 참여했던 학생의 인터뷰를 통해 자원봉사 활동의 내용과 함께 그 활동을 통해 느꼈던 보람을 전달한다는 계획이 제시되어 있는데, 이러한 계획은 #4에 반영되어 있다.
④ ⓔ에서 수익금 사용 계획을 알리자고 언급하고 있다. 이와 관련하여 #5에 자선 장터 수익금의 기부 대상인 지역 복지 시설들의 모습을 보여 주면서 자막으로 시설명을 제시하는 계획이 반영되어 있다.
⑤ ⓜ에서 언급한 지난 3년간 기부한 금액을 제시하자는 의견과 관련하여, #6에서 막대그래프를 활용하여 지난 3년간의 연도별 기부 금액과 3년간의 기부 총액을 보여 주자고 하고 있다.

03 매체 자료의 비교　　　　　　　　　정답 | ①

A는 홍보 동영상이다. (나)의 홍보물 제작 계획을 보면, 동영상에 사진, 영상, 소리, 문자 언어 등의 매체 언어가 복합적으로 사용된다는 것을 확인할 수 있다. 이는 다양한 매체 언어를 사용하는 복합 양식적인 특성이 강함을 나타낸다. 이에 비해 B는 포스터로 사진과 문자 언어를 매체 언어로 사용하고 있다. 이는 소리, 영상 등까지 사용하는 A에 비해 복합 양식적 특성이 약하다는 것을 나타낸다.

오답 피하기 | ② 홍보 동영상인 A에서는 '함께 나누는 기쁨, 함께 채우는 사랑'을 자막으로 제시하고 있다. 이는 자선 장터의 목적을 대구를 활용해 간결한 형식으로 나타낸 것이라고 할 수 있다. 그런데 이와 동일한 표현이 B에도 사용되었다. 그렇기 때문에 '함께 나누는 기쁨, 함께 채우는 사랑'이란 자막을 근거로 A가 B에 비해 다양한 표현 전략을 사용하고 있다고 매체 자료의 효과에 대해 평가하는 것은 적절하지 않다.
③ B는 물품 기증과 자원봉사 신청에 대해 안내하는 내용을 항목별로 정리해 제시하고 있다. 이는 구체적인 정보를 전달하는 데 효과가 있는 것이다. 정보가 널리 퍼지는 힘인 전파력을 판단하는 근거로 적절하지 않다.
④ B는 사진을 활용하여 매체 자료의 수용자가 자선 장터에 관한 의미를 구성하도록 하고 있다. 이는 B에 사진과 문자 언어가 매체 언어로 사용되었음을 보여 준다. 그런데 A는 사진, 영상, 소리, 문자 언어 등 다양한 종류의 매체 언어를 사용하고 있다. 따라서 A가 B에 비해 사용된 매체 언어의 종류가 더 다양하다고 할 수 있다.
⑤ A는 영상, 소리, 자막 효과 등을 통해 매체 언어를 동적으로 활용하고 있다. 그러나 B는 사진과 문자 언어 중심으로 매체 언어를 활용하여 사용된 매체 언어가 정적인 특성을 보이고 있다.

04 매체 간의 공통점 파악　　　　　　　정답 | ①

(가)는 인터넷 포털 사이트에서 뉴스를 검색한 것이다. 링크를 통해 인공 지능과 관련해 검색해 얻고자 하는 정보를 확인할 수 있다. 이는 인터넷 포털 사이트의 뉴스 검색을 통해 지식을 확장시키는 것이 가능함을 나타낸다. (나)는 블로그이다. 블로그에는 '이 블로그 인기 글'이 링크되어 있다. 이 링크를 활용하면 화면에 제시되어 있는 글을 통해 얻을 수 있는 정보 외에

다른 정보들도 얻을 수 있다. 인공 지능이 로봇의 의식을 갖게 할 수 있는지, 인공 지능이 디지털 범죄를 찾아내는 것과 어떤 관련이 있는지 등에 대한 정보를 얻어 지식을 확장시킬 수 있는 것이다.

오답 피하기 | ② (가)는 인터넷 포털 사이트의 사용자가 자신에게 필요한 정보를 검색하기 위해 인공 지능 관련 뉴스를 검색한 결과이다. 여러 사람들이 동시에 협력적인 소통을 통해 정보를 생산할 수 있음을 보여 주지 않고 있다. (나)에 제시되어 있는 블로그의 경우 댓글 기능을 활용하면 여러 사람들이 동시에 협력적인 소통을 통해 정보를 생산하는 것이 가능할 수 있다.

③ (가), (나)의 매체 자료 모두 문자 언어로 되어 있는 정보를 이해해야 하기 때문에 정보의 수용 여부가 문자 해독 능력에 영향을 많이 받는다.

④ 매체와 관련하여 직접적인 소통은 면 대 면 소통을 의미한다. (가), (나) 모두 정보 생산자와 수용자가 간접적인 소통을 통해 정보를 주고받고 있다.

⑤ (가)는 검색 결과로 여러 기사가 제시되어 있다. 이 기사들은 정보 생산자들이 각기 다르며, 정보를 생산한 시간도 각기 다를 수 있다. 그렇기 때문에 (가)는 여러 정보 생산자가 정보 생산 과정에서 실시간으로 필요한 정보를 주고받을 수 있음을 보여 주지 못한다. (나)의 블로그의 경우, 댓글 기능을 활용하면 댓글을 통해 정보를 실시간으로 주고받으며 정보를 생산하는 것이 가능할 수도 있다.

05 매체 자료의 비판적 수용   정답 | ②

〈보기〉에 따르면 매체의 비판적 수용을 위해서는 매체 자료에 반영되어 있는 관점을 파악하는 것이 중요하다. (가)의 '인공 지능의 안전한 사용을 위한 윤리 기준 등을 마련해야'라는 인공 지능이 윤리 기준 없이 사용되면 안전하게 사용되지 않을 수 있다는 부정적 우려를 전제하고 있으며, '2050년 AI가 불러올 일자리의 붕괴… '인공 지능 권력이 부상한다''라는 기사는 인공 지능이 미래에 일자리를 없애고 권력을 발휘할 수 있다는 부정적 우려를 전제하고 있다. 두 기사 모두 인공 지능에 대한 부정적 관점을 반영하고 있는 것이다. 따라서 (가)에서 인공 지능이 미래에 초래할 결과에 대해 부정적 관점을 보여 주는 기사들이 검색 결과로 제시되지 않았다고 이해하는 것은

매체 자료에 반영되어 있는 관점을 제대로 파악하지 못한 것이다.

오답 피하기 | ① (가)의 검색 결과를 보면 기사의 주요 내용에 관한 이미지가 매체 언어로 활용되어 있는 것을 확인할 수 있다. 이러한 이미지가 해당 기사의 주요 내용과 관련이 있는 것인지 고려하는 것은 비판적 수용의 태도로 적절하다.

③ (가)는 인터넷 포털 사이트에서 '최신순'으로 검색한 결과를 보여 준다. '관련도순'으로 검색 기준을 바꾸면 기사들의 배열이 달라질 수 있다. 따라서 인공 지능에 대해 필요한 정보를 효율적으로 얻기 위해 순서를 재배열하여 활용할 필요가 없는지 확인하는 것은 비판적 수용을 위한 태도로 적절하다.

④ (나)의 블로그의 글을 보면 전염병 바이러스에 대한 대처와 관련하여 인공 지능을 중시하고 있다. 이처럼 매체 자료에 반영되어 있는 관점에 대하여 객관적인 근거를 확인하여 그 관점이 적절한 것인지 확인하는 것은 비판적 수용을 위한 태도로 적절하다.

⑤ (나)의 블로그 글에 표가 자료로 활용되어 있다. 출처가 제시되어 있는데, 그 출처가 정확한지, 출처에 해당하는 기관이 어떤 기관인지 등을 확인하는 것은 정보의 신뢰성을 점검하는 활동으로 적절하다.

인용 사진 출처

- '블랙홀', 북앤포토   176쪽
- '어서 말을 해' 공익 광고, 한국방송광고진흥공사(KOBACO), 2012   186쪽

최신 교재도, 지난 교재도 한눈에!
EBS 공식 네이버 스마트스토어!

EBS
북스토어
OPEN

EBS 북스토어   🔍

https://smartstore.naver.com/ebsmain

EBS

수능 감[感] 잡기

국어영역

국어

정답과 해설

고1~2 내신 중점 로드맵

과목	고교 입문	기초	기본	특화	+	단기
국어	고등 예비 과정	내 등급은?	윤혜정의 개념의 나비효과 입문 편/워크북 / 어휘가 독해다! / 정승익의 수능 개념 잡는 대박구문 / 주혜연의 해석공식 논리 구조편	**기본서** 올림포스 / 올림포스 전국연합 학력평가 기출문제집 / **유형서** 올림포스 유형편	**국어 특화** 국어 독해의 원리 / 국어 문법의 원리 / **영어 특화** Grammar POWER / Reading POWER / Listening POWER / Voca POWER / **고급** 올림포스 고난도	단기 특강
영어						
수학			**기초** 50일 수학 / 매쓰 디렉터의 고1 수학 개념 끝장내기		**수학 특화** 수학의 왕도	
한국사 사회		**인공지능** 수학과 함께하는 고교 AI 입문 / 수학과 함께하는 AI 기초	**기본서** 개념완성 / 개념완성 문항편	고등학생을 위한 多담은 한국사 연표	
과학					

과목	시리즈명	특징	수준	권장 학년
전과목	고등예비과정	예비 고등학생을 위한 과목별 단기 완성	●	예비 고1
국/수/영	내 등급은?	고1 첫 학력평가 + 반 배치고사 대비 모의고사	●	예비 고1
	올림포스	내신과 수능 대비 EBS 대표 국어·수학·영어 기본서	●	고1~2
	올림포스 전국연합학력평가 기출문제집	전국연합학력평가 문제 + 개념 기본서	●	고1~2
	단기 특강	단기간에 끝내는 유형별 문항 연습	●	고1~2
한/사/과	개념완성 & 개념완성 문항편	개념 한 권 + 문항 한 권으로 끝내는 한국사·탐구 기본서	●	고1~2
국어	윤혜정의 개념의 나비효과 입문 편/워크북	윤혜정 선생님과 함께 시작하는 국어 공부의 첫걸음	●	예비 고1~고2
	어휘가 독해다!	학평·모평·수능 출제 필수 어휘 학습	●	예비 고1~고2
	국어 독해의 원리	내신과 수능 대비 문학·독서(비문학) 특화서	●	고1~2
	국어 문법의 원리	필수 개념과 필수 문항의 언어(문법) 특화서	●	고1~2
영어	정승익의 수능 개념 잡는 대박구문	정승익 선생님과 CODE로 이해하는 영어 구문	●	예비 고1~고2
	주혜연의 해석공식 논리 구조편	주혜연 선생님과 함께하는 유형별 지문 독해	●	예비 고1~고2
	Grammar POWER	구문 분석 트리로 이해하는 영어 문법 특화서	●	고1~2
	Reading POWER	수준과 학습 목적에 따라 선택하는 영어 독해 특화서	●	고1~2
	Listening POWER	수준별 수능형 영어듣기 모의고사	●	고1~2
	Voca POWER	영어 교육과정 필수 어휘와 어원별 어휘 학습	●	고1~2
수학	50일 수학	50일 만에 완성하는 중학~고교 수학의 맥	●	예비 고1~고2
	매쓰 디렉터의 고1 수학 개념 끝장내기	스타강사 강의, 손글씨 풀이와 함께 고1 수학 개념 정복	●	예비 고1~고1
	올림포스 유형편	유형별 반복 학습을 통해 실력 잡는 수학 유형서	●	고1~2
	올림포스 고난도	1등급을 위한 고난도 유형 집중 연습	●	고1~2
	수학의 왕도	직관적 개념 설명과 세분화된 문항 수록 수학 특화서	●	고1~2
한국사	고등학생을 위한 多담은 한국사 연표	연표로 흐름을 잡는 한국사 학습	●	예비 고1~고2
기타	수학과 함께하는 고교 AI 입문/AI 기초	파이선 프로그래밍, AI 알고리즘에 필요한 수학 개념 학습	●	예비 고1~고2